CUIDAMOS LA EDUCACIÓN

50 AÑOS DE LA **DELEGACIÓN DIOCESANA** DE ENSEÑANZA DE MADRID

José Luis Guzón Nestar y
Carlos Esteban Garcés

DELEGACIÓN EPISCOPAL DE ENSEÑANZA

Fotografías: Delegación Episcopal de Enseñanza de la Archidiócesis de Madrid; iStock (foto de cubierta)

© 2026, Delegación diocesana de Enseñanza, Archidiócesis de Madrid
© 2026, PPC, Editorial y Distribuidora, S.A.
      Impresores, 2
      Parque Empresarial Prado del Espino
      28660 Boadilla del Monte (Madrid)
      ppcedit@ppc-editorial.com
      www.ppc-editorial.com

ISBN: 978-84-288-4349-2
Depósito legal: M-2210-2026
Impreso en la UE / *Printed in EU*

Prólogo

Memoria agradecida y compromiso renovado

Celebrar cincuenta años de la historia de la Delegación de Enseñanza de la archidiócesis de Madrid es, ante todo, un ejercicio de memoria agradecida. Memoria de personas, de comunidades educativas, de proyectos y de procesos que, a lo largo de medio siglo, han hecho posible que la tarea educativa de la Iglesia en Madrid haya sido un cauce privilegiado de evangelización, de servicio a la sociedad y de crecimiento humano y cristiano de varias generaciones.

A lo largo de estos años, la Delegación de Enseñanza ha sabido acompañar con fidelidad creativa los profundos cambios sociales, culturales y eclesiales de nuestra ciudad. En contextos diversos y no siempre fáciles, ha mantenido viva la convicción de que educar es una forma eminente de amar, de servir y de anunciar el Evangelio. Por ello, este aniversario no es solo una mirada al pasado, es también una invitación a reconocer la acción de Dios que ha ido tejiendo su obra a través del compromiso de tantos educadores, profesores, catequistas, equipos directivos y familias.

La educación ocupa un lugar central en la misión de la Iglesia diocesana. Así lo hemos querido subrayar en los últimos años, insistiendo en la necesidad de una formación sólida que ayude a todos los bautizados a profundizar en su vocación. Educar es ayudar a redescubrir la gracia del bautismo y a vivirla en clave discipular y misionera. De manera particular, la vocación laical encuentra en el ámbito educativo un espacio privilegiado para madurar y expresarse como corresponsabilidad real en la vida y en la misión de la Iglesia.

En este horizonte, la Delegación de Enseñanza ha sido y está llamada a seguir siendo un motor de procesos formativos comunes, bien estructurados y compartidos, que fortalezcan la identidad diocesana y la comunión eclesial. La profesionalización de la tarea educativa, la claridad organizativa y la coordinación entre instituciones no son fines en sí mismos, sino medios necesarios para ofrecer un servicio educativo de calidad, coherente con la misión evangelizadora que la Iglesia ha recibido.

Mirar hacia atrás con gratitud nos permite también aprender del camino recorrido. Cada etapa, cada curso pastoral, ha dejado enseñanzas valiosas que hoy nos ayudan a afrontar los desafíos presentes con mayor lucidez y esperanza. La educación cristiana no se improvisa: es un proceso continuo, paciente y exigente, que requiere evaluación, renovación y apertura constante a nuevos comienzos. Solo así puede responder a las preguntas profundas de nuestro tiempo y acompañar a las personas en su desarrollo integral.

La dimensión social y de la justicia de la educación forma parte inseparable de esta misión. Educar en Madrid significa formar hombres y mujeres capaces de reconocer los signos de la presencia de Cristo en medio de la realidad cotidiana, especialmente allí donde hay sufrimiento, fragilidad y necesidad. La enseñanza cristiana está llamada a generar una cultura del encuentro, de la reconciliación y de la solidaridad, aportando al ámbito público una voz serena y comprometida al servicio del bien común.

En un momento histórico marcado por la llamada a caminar juntos, la educación es también una escuela de sinodalidad. A través de procesos formativos compartidos, se cultiva la corresponsabilidad, la participación y la escucha mutua, ayudando a construir comunidades educativas y parroquiales vivas, abiertas y misioneras. La Delegación de Enseñanza tiene aquí una tarea decisiva: ayudar a articular una formación que sostenga estos dinamismos y los haga fecundos.

Este libro conmemorativo quiere ser, por tanto, un signo de gratitud y, al mismo tiempo, un estímulo para seguir avanzando. Agradecemos profundamente todo lo realizado en estos cincuenta años y animamos a cuantos hoy continúan esta misión a perseverar con ilusión renovada. Que la profesionalización, la estructuración y el servicio social sigan estando siempre al servicio de una perspectiva claramente evangelizadora, capaz de anunciar a Jesucristo con obras y palabras.

Pido al Señor que bendiga a la Delegación de Enseñanza de la archidiócesis de Madrid, a todas las personas que han formado parte de su historia y a quienes hoy la sostienen con su entrega. Que María, Sede de la Sabiduría, acompañe este camino educativo y misionero, para que sigamos siendo una Iglesia en comunión, participación y misión al servicio de la sociedad madrileña.

✠ **Mons. José (card) Cobo Cano**
Arzobispo de Madrid

Presentación

CUIDAMOS LA EDUCACIÓN

Entre las celebraciones conmemorativas de los 50 años de la Delegación Diocesana de Enseñanza de Madrid se encuentra la publicación de este libro que ahora presentamos en el que, por supuesto, hacemos memoria agradecida de lo vivido desde aquellos primeros pasos en los años setenta y durante estas cinco décadas; también describimos las tareas cotidianas que nos preocupan y ocupan en la actualidad, con la palabra abierta y compartida de profesores de Religión y de colegios diocesanos; finalmente, hacemos relato de cómo la historia de la delegación y de la enseñanza de la religión ha sido casi una historia paralela y entretejida en estos cincuenta años.

En el primer capítulo compartimos nuestra memoria agradecida de estos años. Ha sido emocionante recordar aquellos primeros pasos de lo que, a través del tiempo, acabará siendo la Delegación Episcopal de Enseñanza como hoy la conocemos. Las conversaciones con algunos de los que fueron testigos y protagonistas de aquellos primeros pasos en la década de los 70 hacían brotar enseguida sentimientos de profundo agradecimiento y de reconocimiento hacia los que, en contextos muy complejos, dieron los pasos necesarios para lanzar una historia que ha llegado hasta nuestros días. Además de los precursores, los diálogos siguieron con los que fueron artesanos y arquitectos del desarrollo posterior y la consolidación de la Delegación Diocesana de Enseñanza de Madrid, ya en las décadas de los 80 y 90. La riqueza de lo vivido la hemos compartido y agradecido a los que fueron pastores y delegados en estas cinco décadas, también con muchos que se han implicado activamente en la animación de la delegación a lo largo de esta historia. Este agradecimiento se inicia en este primer capítulo, a modo de primicia, con algunos profesores de Religión en centros públicos y de colegios diocesanos, pero será en el segundo capítulo cuando tomen la palabra.

En el segundo capítulo, porque la memoria agradecida es también una historia que continúa en la actualidad, describimos el proyecto y las tareas actuales que ocupan nuestro quehacer. En una primera parte describimos los objetivos de la Delegación Episcopal de Enseñanza en su proyecto actual y, en una segunda parte, toman la palabra los colegios diocesanos, una realidad educativa que va creciendo en red y que encarna la misión educativa de nuestra Iglesia diocesana. En este capítulo compartimos una breve descripción de estos centros educativos cuya historia también acumula décadas en muchos casos.

En el tercer capítulo compilamos los escritos de los profesores que han compartido su experiencia respondiendo a la invitación de la Jornada Diocesana de Enseñanza conmemorativa de los 50 años desde los primeros pasos de nuestra Delegación Episcopal de Enseñanza de Madrid. Compartimos sus escritos íntegramente sin que el orden tenga ningún significado, porque hay textos de profesores de reciente incorporación, otros de muchos años de ejercicio profesional, otros ya jubilados que recuerdan su vínculo con la delegación y la tarea compartida; hay profesores y directivos de colegios diocesanos y también algunos miembros que han estado o están en el equipo de la delegación; todos ellos recibidos y aquí recopilados en su literalidad, pero solo el título y los destacados se han trabajado en la edición.

Para completar este libro conmemorativo de nuestra Delegación Diocesana de Enseñanza de Madrid, tras la memoria agradecida, compartida y continua, en el cuarto capítulo proponemos una panorámica de la enseñanza de la religión en el sistema educativo. Esta temática fue una de las razones de su puesta en marcha y, sin duda, constituye uno de sus objetivos prioritarios a lo largo de su historia. De alguna manera, las historias de la DDE y de la ERE se han entretejido a lo largo del tiempo llegando a veces a fundirse en una misma historia. Por esta razón parece oportuno ofrecer un recorrido histórico de la ERE que, a su vez, también lo es de las preocupaciones y tareas propias de la DEE. Por supuesto, somos conscientes de que, con el paso del tiempo, la mirada a la misión educativa de la Iglesia se ha ido ampliando y cuidando otras realidades como, por ejemplo: los colegios diocesanos, la relación con Escuelas Católicas de Madrid o la atención a los educadores cristianos. Con esta panorámica de la enseñanza de la religión en la escuela hacemos también memoria en el contexto de la Delegación Diocesana de Enseñanza en estos 50 años y lo hacemos con el compromiso renovado de seguir construyendo un futuro mejor para todos desde la misión educativa de la Iglesia. En este sentido, estamos convencidos que la enseñanza de la religión en el sistema educativo es una buena contribución a la formación integral y al bien común.

José Luis Guzón Nestar
Delegado Episcopal de Enseñanza

Capítulo 1

Memoria agradecida

La Delegación Episcopal de Enseñanza.
Una memoria agradecida

José Luis Guzón Nestar

Contenidos:

1. Precedentes de la Delegación Diocesana de Enseñanza en Madrid

2. Desarrollo de la Delegación Diocesana de Enseñanza de Madrid

3. Capítulo de agradecimientos
    1. Gracias a nuestros pastores
    2. Gracias a nuestros delegados
    3. Gracias a las personas que han constituido el equipo ampliado de la delegación
    4. Gracias a nuestros profesores y profesoras

4. Índice de nombres (por orden alfabético)

Este primer capítulo del libro conmemorativo de los 50 años de la Delegación Diocesana de Enseñanza de la Archidiócesis de Madrid es, con toda seguridad, una memoria agradecida. Ha sido emocionante recordar aquellos primeros pasos de lo que, a través del tiempo, acabará siendo la Delegación Episcopal de Enseñanza como hoy la conocemos.

Las conversaciones con algunos de los que fueron testigos y protagonistas de aquellos primeros pasos en la década de los 70 hacían brotar enseguida sentimientos de profundo agradecimiento y de reconocimiento hacia los que, en contextos muy complejos, dieron los pasos necesarios para lanzar una historia que ha llegado hasta nuestros días.

Además de los precursores, los diálogos siguieron con lo que fueron artesanos y arquitectos del desarrollo posterior y consolidación de la Delegación Diocesana de Enseñanza de Madrid ya en las décadas de los 80 y 90.

La riqueza de la vida compartida la hemos compartido y agradecido a los que fueron pastores y delegados en estas cinco décadas, también con muchos que se han implicado activamente en la animación de la delegación a lo largo de esta historia.

Este agradecimiento compartido se inicia en este primer capítulo, a modo de primicia, con algunos profesores de Religión en centros públicos y de colegios diocesanos, pero será en el segundo capítulo cuando tomen la palabra.

Hace poco tiempo he descubierto en buena parte la riqueza y profundidad teológica de la palabra "gracia". Aunque algunas acepciones ya me eran conocidas, un autor contemporáneo, **André Fossion** (Leuze-Longchamps-Namur, Bélgica, 1944) me ha hecho caer en la cuenta de su profundidad teológica. Hablando de la acogida del discurso de fe, su modo de enunciar dice que ha de ser con un "estilo gracioso" y, continúa:

> "El riquísimo campo semántico de la palabra «gracia» puede ayudarnos a ello. Comporta las nociones de gratuidad, pero también el reconocimiento, como en «gratitud». Comporta la dimensión de perdón, como en «agraciar». Está ligada al placer y a la felicidad, como en «agradable, agrado». Está ligada a la belleza, como en «gracioso». Recoge también la mención de dulzura, de no violencia y de vulnerabilidad, como en «grácil». El estilo gracioso de la proposición de fe reúne todos estos rasgos de gratuidad, de gratitud, de perdón, de placer, de belleza y de dulzura. Y este estilo gracioso de la proposición de la fe es él mismo expresivo de la gracia de Dios que en él se encuentra enunciada. Así pues, proponer la fe es hacerla razonable y plausible para la inteligencia, de una manera que suscita al mismo tiempo un sentimiento de belleza, de placer, de gracia y de bondad".[1]

La memoria de la delegación, en mi opinión, debería recoger todos estos aspectos porque realmente existen y debemos tenerlos en cuenta.

1. Precedentes de la Delegación Diocesana de Enseñanza en Madrid

Una de las personas que realizaron tareas semejantes a las que después se realizarían desde la delegación fue **Antonio García del Cueto** que hizo de delegado de Enseñanza (1960-1973), pero con otra estructura diferente a la actual

---

[1] A. Fossion, *El Dios deseable. Un impulso hacia la fe*, Sal Terrae, Santander 2022, 37-38.

y centrada en la provisión, entre otras muchas encomiendas, de profesores a los institutos clásicos de Madrid (San Isidro, Cardenal Cisneros, Cervantes, Lope de Vega, Isabel la Católica, Ramiro de Maeztu, Beatriz Galindo, etc.). Un precedente inicial de lo que más tarde será la delegación.

Mons. José Manuel Estepa Llaurens (1926-2019) fue rector del seminario durante once años (1972-1983). En los últimos años como rector, se le asignó la tarea de supervisión de los secretariados. Junto a él estaban **Pilar Sanz** y **Antonio Bravo**. Podríamos decir que se trata de otro precedente remoto de lo que será posteriormente la delegación.

En este mismo periodo, durante la etapa del **cardenal Vicente Enrique y Tarancón** (1971-1983), se confió a **monseñor Echarren** y a **Antonio Bravo**, que ocupaban algunos cargos en torno a la evangelización, la reorganización de la curia. Se pensaba en establecer tres sectores en la curia: uno *ad intra*, hacia dentro (más confesional), que ocuparía Antonio Bravo posteriormente, en el que se incluían Enseñanza, Catequesis, Pastoral Familiar, Misiones y Liturgia; otro *ad extra* (apostolado seglar, caridad, etc.); y otro más general, germen de lo que después sería la Delegación de Enseñanza, que ocuparía **José María Díaz Mozaz**, al que se le encargaron otras tareas, entre ellas posteriormente la del Clero (que animaba **Federico Bellido**).

Recibido aquel encargo, Antonio Bravo hizo sus viajes (parece que alguno en *autostop*) por Francia y Bélgica con la finalidad de captar a algunos sacerdotes estudiantes para las tareas de las delegaciones. **Ángel Matesanz Rodrigo**, que estaba estudiando en el Instituto Católico de París fue uno de ellos. Ángel aceptó la invitación, de modo que pasó tres años al frente de la Delegación de Enseñanza (1976-1979). Aquí ya vemos una primera realidad de un órgano diocesano que se responsabilizará de la pastoral educativa.

En aquella década de los 70 el contexto español era complejo. Mientras los obispos presentaban el catecismo *Con vosotros está*, algunos profesores y sacerdotes sostenían posturas enfrentadas en torno a la enseñanza religiosa: por un lado, unos proponían una catequesis escolar desde un ecosistema eclesial, aunque fuera en la escuela; mientras que los otros, influenciados por el sínodo de Würzburg (1971-1975), hablaban de una mayor separación de la Enseñanza Religiosa Escolar, más cercana al ecosistema de la escuela que al de la comunidad cristiana; otros, incluso hablaban en términos de cultura religiosa, teniendo en cuenta el modo de impartir la enseñanza religiosa en las diversas escuelas. Aquella década concluyó con un documento oficial de la Comisión Episcopal de Enseñanza y Catequesis que definía la enseñanza religiosa en línea con las finalidades propias de la escuela y con dos fronteras que no debería traspasar: la catequesis, porque la escuela y la comunidad cristiana eran ámbitos diferentes y tendrían objetivos diferentes, aunque complementarios; la cultura religiosa, por el enfoque confesional elegido para la enseñanza religiosa. Se trata del documento *Orientaciones pastorales sobre la enseñanza religiosa*, de 11 de junio de 1979 [2].

La Iglesia en la Alemania de los años 60-70 se encontraba todavía sometida a los efectos del Muro de Berlín y fue muy creativa al elegir la diócesis de Würzburg para, desde ahí, sumar a las diócesis del lado oriental, buscando implementar así las orientaciones del concilio en las dos Alemanias. El sínodo de Würzburg fue presidido por el cardenal **Julius Döpfner** y tuvo resoluciones en torno a diversas cuestiones: la evangelización, las clases de Religión en las escuelas, la participación de los laicos, la celebración de la eucaristía, la pastoral sacramental y la pastoral juvenil, los migrantes, la familia y el matrimonio, la dimensión social de la fe, la formación, el sacramento del orden y las comunidades religiosas, los ministerios pastorales, la renovación de las estructuras pastorales y la administración de las diócesis, el ecumenismo, la misionalidad y los trabajos remunerados en la Iglesia. Aquel sínodo de 1974 permitió a la Iglesia en Alemania renovarse y ponerse al día con los cambios de la sociedad y la inspiración del Concilio Vaticano II.

En la diócesis de Madrid, las tareas entre catequesis y enseñanza no estaban tan delimitadas como anunciaba el sínodo alemán de 1974 y clarificaría el documento episcopal de 1979. Aquella primera Delegación Diocesana de Enseñanza estaba coordinada por **Ángel Matesanz**. Él y un grupo de colaboradores defendían la presencia de los cristianos en la escuela, no tanto la escuela católica, siguiendo la influencia del *Équipe enseignant*. Hubo muchas voces críticas: la Comisión Episcopal, FERE, CONCAPA. A este debate intraeclesial se sumó socialmente el *Manifiesto del Colegio de Doctores y Licenciados* con su propuesta "alternativa" para la escuela pública: una escuela laica. Así, los debates tanto en la Iglesia como en la sociedad eran intensos y complejos, a veces sin los necesarios diálogos y con posturas enconadas.

En la diócesis surgieron algunas voces que solicitaban el cambio del delegado de Enseñanza al cardenal Tarancón. **Antonio Bravo** habló con el cardenal y los dos animaron a **Ángel Matesanz** a continuar estudios en Roma, en la Universidad Pontificia Salesiana, donde realizó una tesis doctoral que llevará

---

[2] COMISIÓN EPISCOPAL DE ENSEÑANZA Y CATEQUESIS, *Orientaciones pastorales sobre la enseñanza religiosa escolar* (11.6.1979).

por título *El concepto de salvación en los catecismos de 1868-1898*, dirigida por el joven profesor **Luis A. Gallo**, SDB, y que estaba inspirada en otra semejante en la cultura francesa de **Élisabeth Germain**: *Parler du salut?*, que trabajaba el concepto de salvación en el contexto de la Restauración francesa, es decir, en el periodo posterior a Napoleón.

El documento de 1979 de la Comisión Episcopal de Enseñanza *Orientaciones pastorales sobre la enseñanza religiosa escolar* fue decisivo porque tomará una posición clara al respecto. Según **Avelino Revilla**, establece que "la enseñanza religiosa escolar tiene un estatuto propio, que la distingue tanto de la catequesis de la comunidad cristiana como de la propuesta de una enseñanza religiosa como cultura. Ese estatuto la concibe como síntesis de fe y cultura que se ofrece al alumno, por ser inseparable de la formación humana, y como materia escolar ordinaria, por ser exigencia de la escuela".[3]

2. Desarrollo de la Delegación Diocesana de Enseñanza de Madrid

En ese mismo año, 1979, Ángel Matesanz es relevado por **Fidel Herráez Vegas** (1944), actualmente arzobispo dimisionario de Burgos, a quien todos reconocemos como el arquitecto de una nueva Delegación Diocesana de Enseñanza, en colaboración con otros muchos sacerdotes, religiosos, religiosas y seglares que fueron integrando la misma. Algunos de los primeros fueron: **Vicente Contreras, Julio González-Tánago** (exmarianista), **Jesús Royo** (un jesuita que se encargó de la Educación Especial). **Tomás Zamarriego**, también jesuita, experto en temas de educación, que aportó al grupo en aquel momento asesoría, pensamiento y reflexión. **José Félix Blanco Fernández-Cañaveral** como encargado de los profesores de Bachillerato; **Francisco González López** (ya fallecido), era el responsable de la provisión de profesores en los colegios públicos; **Elvira Martínez Gómez**, que se ocuparía de la atención al educador cristiano y de la organización inicial de la actualización de los profesores, para la nueva labor que habrían de realizar en la escuela; posteriormente asumió la coordinación global del equipo, colaborando con Fidel en la animación e impulso de la tarea en conjunto. En aquellos comienzos entraron en la delegación **Isabel**

---

[3] A. Revilla, "Mi experiencia como sacerdote en la educación", *Educación y futuro: revista de investigación aplicada y experiencias educativas* 43 (2020) 73.

Álvarez, al comienzo coordinadora de la vicaría II, y **Emily Gutiérrez**, como secretaria, cargo en el que se mantuvo muchos años, prácticamente hasta su sustitución por **Nieves Salazar**.

Efectivamente, tras unos años de trabajo pastoral y al poco tiempo de terminar sus estudios en Roma, el cardenal Tarancón le confía a **Fidel Herráez** la organización de la Delegación de Enseñanza. Tras consultas y después de mucha reflexión, Fidel presenta al cardenal su construcción: un equipo central con un grupo nutrido de personas, un coordinador en cada una de las 11 vicarías... El cardenal intuyó la riqueza, el carácter ambicioso de la propuesta y las posibles objeciones de su consejo episcopal, pero animó al entonces joven sacerdote a ir adelante con la propuesta.

Según el propio Fidel, algunos puntos fuertes de su "construcción" fueron los siguientes: el Congreso de educadores cristianos, la atención a las familias, las reuniones quincenales del equipo, los encuentros trimestrales de El Espinar para formación y trabajo del grupo programando y evaluando la tarea, el diálogo con los inspectores, altamente provechoso; también fue importante el inicio de la Jornada anual de Enseñanza, abierta a toda la comunidad educativa, para informar, formar y difundir en aquel momento, el sentido y el alcance constructivo de la Enseñanza Religiosa Escolar. De aquellos años se recuerda el papel relevante de algunas figuras como **Santiago Martín Jiménez**, secretario general de la Federación Española de Religiosos de la Enseñanza, **Jesús Abad,** delegado de Enseñanza de Ciudad Real, y **Francesc Riu**, secretario de la Fundaciò Escola Cristiana de Catalunya, etc. En aquellos años fueron importantes las relaciones con otras diócesis y con la Comisión Episcopal de Enseñanza; también tuvo su importancia el Fórum Europeo de la Enseñanza de la Religión en la Escuela (EUFRES), del cual son diócesis fundadoras Múnich, Roma y Madrid, y que continúa hasta el momento presente.

Una de las claves de aquella etapa fundacional de la Delegación Diocesana de Enseñanza fue la incorporación de los laicos a las responsabilidades de la pastoral educativa.

En definitiva, la Delegación Diocesana de Enseñanza en Madrid debía hacer frente a tres retos: "El primero hace referencia a lo que, en sentido amplio, podríamos llamar educadores cristianos; la segunda apunta a la escuela católica, y la tercera consiste en la presencia de la ERE en la escuela pública".[4]

---

[4] A. REVILLA, art. cit., 77.

Mirando a su experiencia personal, Avelino Revilla, que años más tarde sería también delegado de Enseñanza y vicario general de la Archidiócesis, afirma:

"Pero transcurridos estos dos cursos, monseñor Herráez me propone formar parte del equipo de la Delegación Diocesana de Enseñanza, cuyo delegado era entonces el jesuita Santiago Martín Jiménez, ex-secretario general de la FERE y un gran experto de la educación católica. Ante este nuevo destino tengo que dejar mis ocupaciones en ESCUNI para dedicarme por entero a mi nueva tarea en dicha delegación. Sigo adscrito a una parroquia (Ntra. Sra. del Sagrario, en Carabanchel) en la que trabajo pastoralmente. Durante mi primer año en la delegación se me asigna la tarea de secretario de la misma, realizando tareas de coordinación del equipo y dependiendo directamente del delegado.

El equipo de la delegación al que me incorporo es un grupo amplio y consolidado, que lleva años funcionando con una estructura que en su día organizó el que fuera durante muchos años delegado diocesano de Enseñanza, Fidel Herráez. Hay un coordinador/a de enseñanza en cada una de las ocho vicarías, que se encarga de la relación con los profesores de Religión de los diversos niveles en los distintos centros educativos —públicos y privados— así como de la relación con los colegios católicos de dicha vicaría, sin olvidar la atención a los educadores cristianos.

En la sede de la delegación se encuentra, junto con el delegado, el responsable del departamento de formación del profesorado, así como los departamentos del profesorado de Infantil y Primaria y de Secundaria. Las reuniones quincenales del equipo —en el que participamos sacerdotes, religiosas y laicos— permitían un seguimiento coordinado de un trabajo grande, pues en los años que estuve de delegado episcopal de Enseñanza (2001-2015) el número de profesores de Religión en la escuela pública era de unos 625 y los centros católicos en torno a los 400".[5]

El 23 de julio de 1991 fueron erigidas canónicamente por el papa Juan Pablo II las diócesis de Alcalá y de Getafe, desmembrándose de la archidiócesis de Madrid-Alcalá. Fue por ello por lo que en ese momento se pasó de contar con 11 vicarías a 8 vicarías. Y las coordinadoras **Fuensanta Meléndez Jiménez** y **María Eugenia Iriarte Uriarte** pasaron a ser delegadas diocesanas de Enseñanza de Alcalá y Getafe.

Entre los recuerdos que mantienen aquellos responsables con los que hemos conversado se encuentran las referencias al espacio material donde estuvo ubicada la delegación. Al inicio se trabajaba en el palacio episcopal, pero en un determinado momento se trasladaron al seminario, donde hoy se en-

---

[5] A. REVILLA, art. cit., 72-73.

cuentra la Universidad Eclesiástica San Dámaso. Esos locales entonces fueron instalaciones de la delegación diocesana y también de ESCUNI. Así fue hasta el año 2000, cuando la Delegación Diocesana de Enseñanza de Madrid se trasladó a su actual sede en el arzobispado, en la calle Bailén.

Otra de las iniciativas nacidas, aunque no directamente vinculada a la delegación, que tuvo una cierta repercusión en el ambiente fue la puesta en marcha de la librería CECADI para dar publicidad a los libros de Religión y Catequesis.

Al comienzo de los años 70, cuando **Antonio Bravo** era delegado, se analiza la situación del servicio de librería de Catequesis, por entonces en la calle Villalar. Se encuentra con una deuda seria hacia EDICE por catecismos vendidos y no pagados. El secretariado de Catequesis se traslada a la calle Jerte y se solicita al seminario un sitio para instalar una librería sobre todo de catequesis. En el seminario ya funcionaba una librería propia, solo para servicio de los seminaristas y, en gran parte, para realizar pedidos de los mismos seminaristas. Entonces se plantea montar una librería que fuera compartida por Catequesis y Seminario y empieza a funcionar CECADI (Centro Catequético Diocesano). El primer director fue Julio González-Tánago, de Pastoral Familiar. Las cuentas se presentaban al consejo de librería, en que el obispado era solo un mero espectador. Después de saldar las cuentas procedentes de Villalar y Seminario, los beneficios, que sí había, eran para Catequesis y Seminario. Así hasta que se pasó a la calle San Buenaventura, a un inmueble comprado por el arzobispado.

Santiago Martín Jiménez, SJ, fue el delegado de Enseñanza que sustituyó a Fidel en 1997. Fue responsable de la delegación hasta 2001, fecha en la que falleció repentinamente. Santiago había trabajado activamente, como secretario general de FERE, en la vertebración de la Escuela Católica a nivel estatal y desempeñó un papel muy decisivo en los debates políticos sobre la "alternativa" a la enseñanza de la religión. Activó la cooperación no solo de la patronal de los centros religiosos, fortaleció su federación, impulsó el asociacionismo de los padres y madres de centros católicos, y también de estudiantes, fortificó la estructura de sindicatos de profesores y llevó a cabo otras muchas iniciativas que acabaron por ser decisivas para las siguientes décadas.

Con aquel bagaje, una vez concluida su etapa de trabajo para los centros religiosos, Santiago fue elegido por Fidel para dar continuidad al equipo de la Delegación Diocesana de Enseñanza de Madrid. Asumió con responsabilidad y entrega aquella responsabilidad, como indica la expresión que tantas veces utilizó hablando de la educación católica: en el presente y futuro será clave la "diocesaneidad". De aquellos años de Santiago Martín como delegado merecen ser recordadas dos aportaciones esenciales: una de ellas es el inicio de la atención y la coordinación de los colegios diocesanos; la otra es la propuesta y diseño de un convenio de cooperación entre la Provincia eclesiástica de Madrid y la Comunidad de Madrid.

Aquel convenio se firmó el 22 de marzo de 1999 por Alberto Ruiz Gallardón, presidente de la Comunidad de Madrid y por el cardenal-arzobispo monseñor Antonio María Rouco Varela. En aquel acuerdo se sentaron algunos principios para mejorar la consideración de la enseñanza de la religión en centros públicos y la atención al profesorado de Religión Católica (artículos 1 al 8). También se propuso la figura del profesor de Religión como asesor de formación y se alumbró su reconocimiento por parte de la administración en los centros de formación del profesorado (artículos 9 al 14). Se consideró también la inspección de la enseñanza de la religión por parte de la Iglesia (artículo 15), la debida aprobación de los libros y materiales de texto de Religión (artículo 16) y la necesaria comisión de seguimiento. Hoy día, aquel convenio sigue vigente y se actualiza cada año.

El primer paso de aquel convenio se dio reconociendo la figura del profesor de Religión Católica con función asesora técnica para trabajar en los centros de formación de profesores; Carlos Esteban Garcés, que era responsable de formación del profesorado, desde 1999, fue nombrado en el curso 2000-2001 asesor en uno de los Centros de Profesores y Recursos (CPR) para conocer la experiencia de su funcionamiento. A partir de aquella primera puesta en marcha, los profesores con función asesora fueron ampliándose e incorporándose a los centros de profesores que en el curso 2001-2002 pasaron a denominarse Centros de Apoyo al Profesorado (CAP). En aquel segundo año fueron profesores de Religión con función asesora: Angel Luis Antón María (CAP Alcobendas), Miguel Sanz de Miguel (CAP Madrid Ciudad Lineal), Gloria Pérez Muñoz (CAP Madrid Retiro), Pedro Barbancho (CAP Madrid Vallecas), María Dolores Redo García (CAP Madrid Latina-Carabanchel), Rubén Prieto Chaparro (CAP Majadahonda), además de Carlos Esteban Garcés (CAP Madrid Norte). Con el paso de los años, aquellos CAP pasaron a llamarse Centros Territoriales de Formación e Innovación (CTIF) y de ocho que había en nuestra diócesis pasaron a tres. Cristina Ortiz, Miriam Dueñas y Gregorio Llorente, profesores de Religión en Primaria, María Amorós, en Secundaria, fueron relevando a los asesores en la transición de los CAP a los CTIF.

Otro paso importante en el desarrollo del convenio fue cuando en junio de 2001 se designó con efectos para el curso escolar 2001-2002 a tres profesores de Religión de Secundaria para las tareas de supervisión en la delegación: José Félix

Blanco, Francisco González y Antonio Salas. Con la jubilación de José Félix Blanco pasó a ser supervisora María Eugenia Gómez Sierra y más recientemente, con la jubilación de Francisco González, se nombró para esta tarea a Cristina Ortiz Iglesias-Ussel.

Además de estos desarrollos del convenio, impulsados por Santiago Martín Jiménez, es necesario insistir en cómo la responsabilidad de la Delegación Diocesana de Enseñanza sobre los colegios diocesanos fue creciendo. La realidad de los centros estaba funcionando, pero no de forma coordinada. Se tardó un tiempo en ver la oportunidad de hacerlo. Los primeros pasos fueron de Santiago Martín y continuó Avelino Revilla, quien le sucedió como delegado de Enseñanza. Revilla señala la importancia de estos colegios diocesanos en el artículo citado:

> "Por otro lado, conviene saber que la archidiócesis de Madrid es titular de unos treinta centros diocesanos –desde Educación Infantil hasta Bachillerato– que, como colegios católicos, están integrados en Escuelas Católicas. La mayoría de estos colegios diocesanos ha nacido históricamente como consecuencia de las necesidades sociales surgidas en los entornos parroquiales. Aunque algunos de ellos se fueron construyendo para hacer frente a la necesidad de alfabetización y desarrollo social en los comienzos del siglo XX, muchos de ellos han sido iniciativas de sacerdotes beneméritos que, en la posguerra, fueron sensibles a las necesidades educativas de los barrios que se levantaban en los extrarradios de las ciudades y en zonas rurales deprimidas. Subyace a esta iniciativa la inquietud de los párrocos por ofrecer una educación cristiana, poniendo en manos de las parroquias un instrumento privilegiado de evangelización de niños y jóvenes".[6]

3. Capítulo de agradecimientos

La frase "el agradecimiento es la memoria del corazón" se atribuye generalmente al filósofo francés **Jean-Baptiste Massieu** (1772–1846). Fue un destacado educador sordo que colaboró con el célebre **Abbé Sicard,** y su frase expresa de manera poética cómo la gratitud nos permite recordar con afecto y reconocimiento los actos de bondad que otros tienen con nosotros.

---

[6] A. REVILLA, "Colegios diocesanos", *Educadores* 221-222 (2007) 219-220; ID., "Mi experiencia como sacerdote en la educación", *Educación y futuro: revista de investigación aplicada y experiencias educativas* 43 (2020) 75.

Ser agradecidos nos conecta con lo mejor de nosotros mismos y de los demás. La gratitud nos permite reconocer el valor de lo que tenemos en lugar de centrarnos en lo que nos falta. Cuando agradecemos, ampliamos nuestra percepción del bienestar y cultivamos una actitud positiva que fortalece nuestras relaciones y nuestra salud emocional. Agradecer no es solo una cortesía: es una forma de inteligencia emocional que transforma los desafíos en oportunidades para aprender y crecer.

Agradecemos a tantas personas que han construido la delegación. En primer lugar, a nuestros pastores. Sin su impulso y apoyo mucho de lo realizado habría quedado en bonitas ideas. Además, agradecemos a los delegados y delegadas el trabajo compartido y sus esfuerzos para que la fuerza del equipo se hiciera presente. Finalmente, a nuestros profesores y profesoras. Ellos cada mañana son los artífices de la belleza del acto educativo. Muchas gracias a todos.

1. Gracias a nuestros pastores

Monseñor Vicente Enrique y Tarancón

Nacido en 1907 (fallecido en 1994); arzobispo desde 1971 a 1983, cardenal clave en la transición de la Iglesia española posConcilio Vaticano II y en la etapa de la Transición política española.

Entre sus conquistas o avances educativo-pastorales podemos contar:

- Liderazgo en la recepción del Concilio Vaticano II en España.
- Promoción de una Iglesia más abierta y dialogante.
- Fortalecimiento del apostolado laical (impulso de la Acción Católica y otras iniciativas de formación de seglares).
- Puesta en marcha de reformas pastorales y educativas que modernizaron la acción formativa de la diócesis.

Su influencia fue decisiva para la reconciliación Iglesia-sociedad en los años de cambio político.

Monseñor Ángel Suquía Goicoechea

Nacido en 1916 (fallecido 2006), arzobispo desde 1983 a 1994, cardenal con dilatada carrera episcopal.

Entre sus conquistas o avances educativo-pastorales podemos contar:

- impulsó y completó grandes proyectos institucionales para la diócesis (se culminaron las obras de la catedral de la Almudena, que se consagró en 1993);
- trabajó en la renovación del seminario y en el impulso de instituciones formativas y culturales;
- reforzó la organización diocesana (nuevos obispos auxiliares, patronatos y organismos de formación),
- y presidió la Conferencia Episcopal Española, parte de su tiempo en Madrid, lo que le permitió influir en políticas educativas y pastorales a escala nacional.

Monseñor Antonio María Rouco Varela

Nacido en 1936 (retirado en la actualidad), arzobispo desde 1994 a 2014, cardenal y figura muy influyente en la Iglesia española durante su largo mandato en Madrid.

Entre sus conquistas o avances educativo-pastorales podemos contar:

- Organización y dirección de grandes eventos pastorales (destaca la Jornada Mundial de la Juventud 2011 en Madrid, con enorme movilización juvenil y proyección evangelizadora).
- Creación y consolidación de estructuras de formación (entre ellas el desarrollo institucional de la universidad/centros eclesiásticos locales) y políticas claras en educación católica y pastoral escolar.
- Fortalecimiento de la pastoral vocacional y de las estructuras diocesanas de atención catequética.

Fue el artífice del convenio entre la Comunidad de Madrid y el Arzobispado de Madrid, firmado el 22 de marzo de 1999. Su pontificado dejó huella por la capacidad organizativa y por poner énfasis en la transmisión doctrinal y en la educación católica.

Monseñor Carlos Osoro Sierra

Nacido en 1945 (retirado en la actualidad), arzobispo desde 2014 a 2023, con formación docente (Magisterio) y amplia experiencia episcopal en varias diócesis antes de Madrid. Fue conocido por su talante pastoral cercano y por impulsar la corresponsabilidad laical.

Entre sus conquistas o avances educativo-pastorales podemos contar:

- Un gran impulso a la Universidad Eclesiástica San Dámaso (fue gran canciller durante su pontificado y estrechó vínculos con la formación teológica).
- Promoción de espacios de sinodalidad y participación (consejos pastorales diocesanos, atención a la formación de seminaristas y a la pastoral juvenil).
- Refuerzo de iniciativas de acompañamiento familiar y formación permanente para religiosos y laicos.

Por otra parte, mantuvo un perfil que priorizaba la formación pastoral más que la confrontación ideológica.

Monseñor José Cobo Cano

Nacido en 1966, arzobispo desde 2023, sacerdote con larga trayectoria en la archidiócesis de Madrid, donde se formó (fue vicario episcopal de la vicaría 2, y obispo auxiliar antes de ser nombrado arzobispo y cardenal). Su nombramiento se leyó como un espaldarazo en favor de la continuidad pastoral con sensibilidad social y enfoque misionero.

Entre sus conquistas o avances educativo-pastorales podemos contar:

- El impulso a la línea pastoral diocesana ya iniciada por su predecesor (énfasis en acompañamiento, equipos laicales y formación de comunidades).
- Prioridad a la cercanía con los sacerdotes y revitalización de la presencia social y caritativa (Cáritas, pastoral social) desde una óptica acorde con *Evangelii gaudium*.

Queremos expresar un agradecimiento muy sincero y explícito a todos los arzobispos que, a lo largo de estos cincuenta años, han acompañado de manera tan generosa la vida y el trabajo de nuestra delegación diocesana.

Cada uno, con su estilo y su forma de estar, ha dejado huella en nuestro caminar compartido. Nos han animado a seguir adelante, aun en los momentos de cansancio o dificultad. Han estado presentes en nuestras iniciativas, apoyando con cercanía y confianza. Su palabra y su ejemplo han sido estímulo constante para crecer en fe y en servicio. Con ellos aprendimos a mirar la realidad con esperanza y responsabilidad. Su implicación nos recuerda que esta tarea nunca se hace en soledad, sino en comunión. Les debemos mucho más de lo que alcanzamos a expresar en estas líneas. Nuestra gratitud es sincera y profunda.

2. Gracias a nuestros delegados

Al frente de la gestión directa encontramos a los delegados que hicieron posible el día a día de la delegación y la fueron conformando con su trabajo y dedicación.

Ángel Matesanz Rodrigo (1976-1979; nombrado por monseñor Vicente Enrique y Tarancón)

Sacerdote de la Asociación del Prado, realiza sus estudios en el Instituto Catequético de París, culminando su trayectoria académica con un doctorado en la Universidad Pontificia Salesiana de Roma.

Realiza distintas funciones pastorales como párroco de un suburbio de Roma y posteriormente en Madrid hasta ser nombrado vicario de la vicaría 4.

Se incorpora al secretariado de Enseñanza en torno a 1975, cuando aún no existe una delimitación muy evidente entre Catequesis y enseñanza de la Religión. En aquel momento se distinguen en dicho secretariado un departamento dedicado a FP y otro a BUP, sin que esté muy definido el tema de las etapas educativas anteriores.

Con él se inicia lo que puede llamarse prehistoria de la Delegación Diocesana de Enseñanza. A su alrededor se vinculan personas que dedicarán con entrega fiel y creativa toda su vida en torno al mundo de la enseñanza religiosa escolar.

Monseñor Fidel Herráez Vegas (1979-1996; nombrado por monseñor Vicente Enrique y Tarancón; monseñor Ángel Suquía Goicoechea; monseñor Antonio María Rouco Varela)

Abulense afincado en Madrid, donde estudia en el seminario de 1956 a 1968. Continúa su tarea formativa hasta lograr doctorarse en Teología Moral por la Pontificia Universidad Lateranense en Roma en 1977.

Desempeña diversas tareas pastorales como consiliario de Hermandades del Trabajo de Madrid desde 1968. Posteriormente realiza tareas docentes como profesor de Teología Moral en el Instituto Superior de Ciencias Religiosas y Catequéticas (1977-1995), lo que le abre una pasión innovadora por el mundo de la enseñanza.

Fue secretario técnico de la diócesis de Madrid para las relaciones con la autonomía en la Enseñanza de 1983 a 1995 y vicepresidente del Consejo Diocesano y representante de los delegados diocesanos de Enseñanza en el Consejo General de la Educación Católica (1986 a 1995). Ha presidido el Fórum Europeo para la Enseñanza Religiosa (1993-1998).

Entre esa amplia experiencia, trabaja durante 17 años como delegado de Enseñanza. Durante todo este tiempo configura la delegación diocesana, dándole una estructura en la que se reconoce la presencia de las 12 vicarías que existen en ese momento antes de la división de la archidiócesis en 1991.

Su nombramiento como vicario general de Madrid, y más tarde como obispo auxiliar (1996), le separa de la tarea de la delegación físicamente, pero no en espíritu, porque, a distancia, continúa manteniendo un trocito de su corazón vinculado a esta querida casa.

Santiago Martín Jiménez (1997-2001; nombrado por monseñor Antonio María Rouco Varela)

Nacido, como su predecesor, en Ávila, entró en la Compañía de Jesús muy joven y se formó como maestro en el colegio de Areneros, aunque marchó muy pronto a Bélgica para estudiar Pedagogía. Fue allí mismo donde realizó sus estudios de Teología hasta conseguir la licenciatura en Eegenhoven en la facultad de la Compañía. Se ordenó sacerdote en Bruselas y volvió de nuevo a Lovaina para profundizar más en el campo de la Pedagogía.

Con experiencia de años como prefecto en el colegio de Chamartín en los momentos en los que se reestructura la enseñanza española por la ley Villar Palasí siguiendo las orientaciones de la UNESCO. En este momento clave se incorpora con fuerza el método individualizado y personal en vez del magistral, lo que supone una revolución interna que reclama el talante conciliador del P. Santiago y su convicción de la importancia del trabajo en equipo. Fue además delegado provincial de Educación en la provincia jesuítica de Toledo.

A principios de los años 90, siendo por entonces secretario general de la Federación Española de Religiosos de la Enseñanza, creó la Fundación Educación Católica, una institución de Iglesia cuya misión era fundamentalmente mantener y potenciar la Educación Católica en España, haciéndose cargo de aquellos colegios cuyas instituciones titulares decidían traspasar dicha titularidad ante la imposibilidad de hacerse cargo de esta. Fue, además, el impulsor del Consejo General de Educación Católica, por lo que fue definido como el luchador incansable de la Educación Católica.

Estuvo al frente de la delegación de Enseñanza durante un periodo de 4 años, en los que su experiencia como secretario general de FERE le permitió hacer de puente entre la escuela católica y los colegios diocesanos, así como conocer la escuela pública para la que nunca había trabajado.

Avelino Revilla Cuñado (2001-2015; nombrado por monseñor Antonio María Rouco Varela)

Madrileño de raigambre, como lo manifiesta su pertenencia a la Asociación de naturales de Madrid, nació en 1960. Tras iniciar estudios de Química en la Universidad Complutense de Madrid y realizar los estudios filosófico-teológicos necesarios para su ordenación sacerdotal, se dirige a la Universidad Pontificia de Comillas y realiza la licenciatura en Teología (1992), doctorándose, finalmente, en la Universidad Pontificia de Salamanca en diciembre del año 2000.

Su trabajo destacado como profesor en diversas instituciones como el Instituto de Ciencias Religiosas San Agustín (1995-2011), la Escuela de Magisterio "ESCUNI" (1998-2000) y la Facultad de Educación de la Universidad Complutense de Madrid (2005-2015), así como el Instituto Internacional de Teología a distancia y el Instituto de Ciencias Religiosas a distancia, le sitúa como como un experto tanto en el campo de la Teología actual como en el mundo de la cultura.

En 2001 es nombrado delegado de Enseñanza sustituyendo a Santiago Martín, fallecido de manera inesperada, hasta que 14 años más tarde abandona el puesto para desempeñar la tarea de vicario general.

En este amplio periodo al frente de la delegación ocupa el cargo de presidente del Fórum Europeo para la Enseñanza Religiosa (2010-2014), pero su mayor empeño se centra en el desarrollo y promoción de los colegios diocesanos, dando continuidad al trabajo iniciado por Santiago.

Su condición natural para fomentar el mundo de las relaciones le permite establecer un buen contacto con los delegados de Enseñanza de otras diócesis, así como con la administración educativa de Madrid. Avelino es respetado por su saber y querido por su buen hacer dentro del campo escolar.

Inmaculada Florido Fernández (2015-2023; nombrada por monseñor Carlos Osoro Sierra)

Nacida en Constantina (Sevilla) y miembro de la Institución Teresiana, se licencia en Pedagogía (Sevilla) y Ciencias Eclesiásticas en Córdoba. Con ella se abre un perfil femenino en la Delegación.

Su tarea en el campo de la educación se centra en la formación de profesores, tarea que desempeña en la diócesis de Jaén.

Trabaja posteriormente en la Conferencia Episcopal Española como directora del Secretariado de la Causa de los Santos, misión que abandona al comenzar su cargo como delegada de Enseñanza.

En este tiempo su aspecto más destacado ha sido el contacto con las autoridades educativas de la CAM con quienes busca con empeño la mejora de los profesores.

José Luis Guzón Nestar (2023; nombrado por monseñor José Cobo)

Es salesiano, palentino y, hasta su nombramiento, coordinador de enseñanza de la vicaría 8. Es doctor en Filosofía y Teología Dogmática, tiene una amplia experiencia docente en la Facultad de Teología del Norte de España, en la Universidad Pontificia de Salamanca, en el CES Bosco (UCM) y en el Instituto Superior San Pío X de La Salle. También ha ejercido diversas tareas de gestión y función directiva. Tiene numerosas publicaciones de reflexión teológica en diálogo con temas de actualidad y participa habitualmente en congresos y reuniones científicas. Ha dirigido las revistas *Pensar y educar* (2008-2012), *Familia* (2012-2016) y *Educación y Futuro* (2018-2021).

3. Gracias a las personas que han constituido el equipo ampliado de la delegación

La delegación ha contado siempre con unos brazos largos que han extendido la profunda tarea del equipo motor. Por eso, es justo el agradecimiento con un elenco amplio de personas, a las que no podemos olvidar:

Responsables de personal

José Félix Blanco Fernández-Cañaveral, responsable de los profesores de Enseñanza Media o Secundaria hasta su jubilación en 2012.

Francisco Puértolas Bandrés, que fue responsable de la gestión del profesorado de Primaria desde 1986 a 2020.

Departamento de formación del profesorado

María Jesús Bescansa Galán fue responsable de la formación permanente del profesorado de Religión desde 1988 hasta 1999.

Carlos Esteban Garcés es responsable de la formación permanente del profesorado de Religión desde 1999 hasta la actualidad.

Coordinadores/as de vicaría

Jesús Alonso Tapia, coordinador de la vicaría I desde el comienzo de la Delegación hasta 1990.

María Ángeles Caballero Garbe, colaboradora de la vicaría VI desde los comienzos y colaboradora posteriormente de la vicaría VII.

Luci Ortega Martínez, coordinadora de la vicaría IV también desde el primer momento hasta la actualidad.

Pilar Beltrán de Heredia, coordinadora de la vicaría II desde los comienzos de la delegación hasta el 2000.

Montserrat del Pino Valladares, que fue coordinadora de la vicaría III desde 1984 hasta 2015.

María Eugenia Iriarte Uriarte fue coordinadora de la vicaría VII desde 1979 hasta la creación de la diócesis de Getafe, donde pasó a ser delegada diocesana de Enseñanza en 1991.

Ramón Puértolas Bandrés, que fue coordinador de la vicaría VII desde 1979 hasta 2020.

Carmen Bartolomé coordinadora de la vicaría VIII desde 1993 hasta el 2000.

Milagros García Lomas, coordinadora en la vicaría I desde 1990.

Elena García Gallardo, coordinadora de la antigua vicaría VIII desde 1992 hasta 2000 con Ramón Puértolas como coordinador y coordinadora de la vicaría VI desde el 2000 hasta el 2006.

Amada Díaz León, coordinadora de las vicarías II y III desde la jubilación de Julita Huerga en el 2024.

Soledad Fernández Marcote coordinadora de la vicaría VI desde 2012.

Amparo García de la Herrera, coordinadora de la vicaría VIII desde 2000 hasta 2016.

José Luis Guzón Nestar, coordinador de la vicaría VIII desde 2017 hasta 2023, año en que el cardenal José Cobo le nombra delegado episcopal de Enseñanza.

Julita Huerga Cadenas comenzó como coordinadora de la vicaría II en enero de 2000 y asumió también la coordinación de la vicaría III tras la jubilación de Montse del Pino Valladares, hasta 2024.

Concha Liras Maté, coordinadora de la vicaría VI.

Amparo Martínez González coordinadora de la vicaría V desde 2018.

Fuensanta Meléndez Jiménez, coordinadora de la vicaría I hasta 1991 cuando se creó la diócesis de Getafe y pasó a ser delegada de Enseñanza de esa diócesis.

Josefina de Miguel Cruz coordinadora de la vicaría VII desde 2018.

Nieves Plaza Fernández, coordinadora de la vicaría I desde 2007 hasta 2024.

Olga Juarros González, coordinadora de la vicaría I desde el 2024.

Inmaculada Pérez Castillo, coordinadora de la vicaría VIII desde 2016 hasta 2017.

Josefina Pérez Cosgaya, coordinadora de la vicaría VI desde 1982 hasta 1989.

Ramón Puértolas Bandrés, que fue coordinador de la vicaría VII desde 1979 hasta 2020.

Mercedes Serrano Crespo, coordinadora de la vicaría I desde 1993 hasta 2016.

Mari Paz Tirapu Murillo, coordinadora de la vicaría V hasta 2018.

Miguel Ángel Toledo Fernández, coordinador de la vicaría VIII desde el 2024.

María Rosario Urdiain, coordinadora de la vicaría VIII hasta 1993.

Encarna Valerio Conde, coordinadora de la vicaría VII desde 2011 hasta 2019.

María Ángeles Díaz Adrián, colaboradora de la vicaría VII ayudando a Ramón Puértolas.

Profesores de Religión como asesores de formación

Desde el departamento de formación de la Delegación Episcopal de Enseñanza se coordinan los programas anuales de formación que gestionan en los centros de formación los profesores de Religión con función asesora.

Carlos Esteban Garcés (CPR Madrid Norte desde 2000 hasta 2001).

Angel Luis Antón (CAP Alcobendas desde 2001 hasta 2008 y CTIF Madrid Norte, desde 2008 hasta 2010).

Miguel Sanz de Miguel (CAP Madrid Ciudad Lineal desde 2001 hasta 2008).

Gloria Pérez Muñoz (CAP Madrid Retiro desde 2001 y CAP Madrid Norte desde 2002 hasta 2008).

Pedro Barbancho (CAP Madrid Vallecas desde 2001 hasta 2005).

Isabel **Vargas** (CAP Madrid Vallecas desde 2005 hasta 2008).

María Dolores Redo García (CAP Madrid Latina-Carabanchel, desde 2001 hasta 2008).

Juan José Ponce (CAP Villaverde, desde 2002 hasta 2008).

Enrique Moreno Benes (CAP Madrid Centro, desde 2001 hasta 2008 y CTIF Madrid Capital hasta 2010).

Miriam Dueñas Nieto (CTIF Madrid Norte, desde 2016 hasta 2019).

Cristina Ortiz Iglesias-Ussel (CTIF Madrid Norte, desde 1016 hasta 2022).

Rubén Prieto Chaparro (CAP Majadahonda desde 2001 hasta 2008 y CTIF Madrid Oeste desde 2008 a 2016 y desde 2019 hasta la actualidad).

María Amorós Nicolas (CTIF Madrid Norte desde 2008 hasta 2010 y CTIF Madrid Capital desde 2010 hasta la actualidad).

Gregorio Llorente Guijarro (CTIF Madrid Norte, desde 2022 hasta la actualidad).

Profesores de Religión como supervisores

José **Félix Blanco Fernández-Cañaveral,** supervisor de Religión desde 2001 hasta 2012.

María Eugenia Gómez Sierra, supervisora desde 2012 hasta la actualidad.

Francisco González Arranz, supervisor desde 2001 hasta 2024.

Antonio Salas Ximelis, supervisor desde 2001 hasta la actualidad.

Cristina Ortiz Iglesias-Ussel, supervisora desde 2024 hasta la actualidad.

Secretaría e informática

Emily Gutiérrez, como secretaria, cargo en el que se mantuvo muchos años, prácticamente hasta su sustitución por **Nieves Salazar** en 2014.

Nieves Salazar, secretaria desde 2011 hasta el 2019.

Concepción Miguel Yubero, secretaria de la delegación desde 2019 hasta la actualidad.

José Manuel Mansilla Morales, colaborador de la delegación en temas informáticos desde 1985 hasta la actualidad.

4. Gracias a nuestros profesores y profesoras

El agradecimiento se dirige también a quienes han sido protagonistas indiscutibles, nuestros docentes, los maestros y maestras, los profesores y profesoras que han ido jalonando la historia de la delegación en estos cincuenta años. Hay testimonios que son emocionantes y que bien merecen que iluminen –entre otros muchos posibles– nuestro agradecimiento. En la Jornada Diocesana de Enseñanza se expresaron algunos profesores, en nombre de todos, cuyo testimonio presentamos aquí, en síntesis. En el siguiente capítulo, presentaremos testimonio de todos los profesores que respondieron a la invitación de la Jornada para compartir su experiencia.

Elena Zabal Preciado, profesora que ha realizado su tarea en colegios de difícil desempeño –últimamente en el CEIP República del Paraguay, y el CEIP Vasco Núñez de Balboa–, señala cómo su intención en estos treinta y cinco años de profesora de Religión no ha sido otro que "intentar aportarles un espacio de respeto, acogida, cariño y alegría, mostrándoles que existe un mundo distinto en el que tienen todo el derecho a ser felices, a sentirse queridos, respetados y seguros".

Elena García Gallardo, que fue coordinadora de vicaría VI, hace una confesión bonita de cómo vivieron los años 90, que no estuvieron exentos de tropiezos y dificultades: "En la delegación me encontré de verdad con la Barca de Pedro. Con una verdadera Iglesia en marcha. Sacerdotes diocesanos, religiosos y religiosas de diferentes congregaciones, tres casados y una viuda. ¡Una verdadera Iglesia! Todos juntos remando contra corriente en unos tiempos nada favorables..., ganando millas... sentencia judicial tras sentencia..., de pleito en pleito con los artículos de la Constitución en la mano... En ocasiones parecía que el Señor se dormía en la popa en plena tormenta... ¡Que ahora quieren que la alternativa sea hacer peponas! ¡Que nos sacan del horario escolar! Y así día a día. Paso a paso. Disfrutábamos con cada hito que se conseguía. Siempre unidos, de verdad nos sentíamos «Iglesia militante». Y fieles a nuestras argumentaciones para dejar clara la diferencia entre la ERE y las catequesis parroquiales".

María Ángeles Casado, directora del Colegio diocesano San Ignacio de Torrelodones y profesora de Religión, señala: "La delegación nos ayudó a dar esta entidad a la asignatura y a abordar sus contenidos con rigor, haciendo entender al claustro en general la importancia de no confundir lo que era propio de la asignatura de Religión con otras muchas propuestas". Además, señala algo de lo que muchos estamos convencidos y es que: "la clase de Religión sigue siendo esa materia privilegiada que ayuda al alumno a entender el mundo, a descubrir su proyecto personal y que adquiera la responsabilidad para que desde este proyecto pueda colaborar en construir un mundo mejor. Pero no solo la clase de Religión, sino que cada una de nuestras asignaturas debe convertirse en un espacio que ayude a los alumnos a preguntarse por el sentido de las cosas, que los alumnos sean más reflexivos, más creativos, más críticos y mejores personas y profesionales".

Luci Ortega Martínez, religiosa rogacionista (Hija del Divino Celo), es uno de los miembros de la delegación que más años lleva en estas tareas. Ha pasado por ser profesora de Primaria y de Secundaria para, en la actualidad y desde hace mucho tiempo, ser coordinadora de la vicaría IV. Ella dice en su testimonio: "Añado a toda esta experiencia, el trabajo compartido con el equipo de la Delegación Episcopal de Enseñanza de la archidiócesis de Madrid, con los delegados, y coordinadoras y coordinadores, el gran apoyo que he encontrado para esta ardua y apasionante tarea; reconozco que ha sido una experiencia de comunión eclesial. En todo este recorrido he experimentado la presencia de Dios junto a mí. Es lo que deseo y siempre he deseado para todos los que estáis embarcados en esta maravillosa tarea. Ojalá, a través de vosotros, los alumnos también puedan percibir e incluso experimentar esa presencia en sus vidas".

Alberto Canora Lebrato, director del Colegio diocesano Institución Divino Maestro, nos envía un mensaje de agradecimiento y esperanza grande: "Dentro de esta gran misión, la Delegación Episcopal de Enseñanza ha sido y es un pilar fundamental para mí y para tantos compañeros. Nos recuerda que no estamos solos, que formamos parte de algo mucho más grande que nuestras propias aulas. Su labor nos apoya, nos guía y nos impulsa a seguir educando con identidad, con convicción y con alegría. Porque educar no es simplemente una tarea profesional: es una vocación que la Iglesia nos confía para ayudar a transformar la sociedad desde dentro. Que Dios nos ayude a seguir formando generaciones de alumnos que no solo sean buenos en sus estudios, sino firmes en su fe, generosos en su entrega y valientes para transformar el mundo con su forma de vivir".

En la delegación a través de los años nunca se ha olvidado a las personas con necesidades educativas especiales o diversidad funcional. Dos grandes educadoras aportan su testimonio.

La más veterana es **Patricia Mármol Luengo**, que lleva treinta años trabajando en Educación Especial, en la actualidad en el CPEE Vicente Ferrer de Alcobendas. Ella ha hecho del teatro su mundo, su proyecto, pero también el proyecto del centro: "Os puedo asegurar que, a lo largo de todos estos años, mis actores y actrices, decoradores, maquilladores, ayudante de sonido y de luces, etc., han superado con creces cualquier expectativa u objetivo que nos hubiéramos planteado al comienzo de esta aventura. Lo que empezó siendo una actividad de aula, con el paso del tiempo fue cogiendo forma y fuerza y conseguimos que se convirtiera en un proyecto de centro. Hemos conseguido que todos nuestros alumnos y alumnas y profesionales del colegio se contagiaran de la magia del teatro. Es más, en este curso hemos conseguido subir también a las familias a ese escenario de la Educación Especial garantiza una educación ajustada a las necesidades de cada alumno y, créanme, en algunos casos vitales para su desarrollo, de cada alumno es el protagonista de su propio aprendizaje y donde trabajamos día a día la inclusión, los valores, el sentido de la vida y el bien común. Valores todos ellos basados en el Evangelio".

El otro testimonio que aportamos es el de **Beatriz Martínez Álvaro**, una profesora joven que derrocha creatividad por los poros y que ha demostrado ya en su juventud experiencia y buen hacer: "En mi caso la vocación de maestra de Religión, y la vocación de ser maestra de Pedagogía Terapéutica se dan la mano. No es lo que yo soñaba o anhelaba cuando estudiaba bachillerato, siempre quise ser maestra, como mi madre, pero ni me imaginaba trabajar como maestra en un centro de Educación Especial, y mucho menos como maestra de Religión. Pero Dios puso en mi corazón el anhelo de estar con personas con diversidad funcional, algo que nadie de mi alrededor comprendía, ni siquiera yo misma, pero cada vez que lo pensaba, ardía mi corazón. Y fue precisamente, mi profe de Religión Católica, **Mercedes**, la que ayudó y me invitó a ponerlo en manos del Señor, y así acabé estudiando una carrera, en horario de tarde, que yo nunca había imaginado, pero disfrutando de cada asignatura y enamorándome cada vez más de la belleza de la diversidad".

Dos profesores jóvenes, pero con experiencia y trayectorias muy diferentes se suman al agradecimiento a la Delegación por este cincuentenario.

La primera es **Paloma Sanz Insausti**. Hija de profesora de Religión, nos indica alguna razón de nuestra tarea: "Y, ¿por qué enseñar Religión en la escuela? Porque la escuela está al servicio del crecimiento personal e integral del alumno, así de claro, de fácil y de difícil..., cultiva valores esenciales como la solidaridad, el respeto y la esperanza y juega un papel clave en el aprendizaje de una visión abierta y comprometida con el bien común. Cuesta entender que, después de tantos años, nuestra presencia sea todavía motivo de controversia en algunos centros. En este tiempo que llevo siendo profesora de Religión, he comprobado cierto rechazo e incomprensión por parte de algunos compañeros, pero también la cercanía de profesores que, lejos de esta, han apoyado nuestra labor. Los profesores de Religión nos ganamos a esos compañeros reticentes a través del trabajo, el compromiso y el testimonio. Es una gran responsabilidad, necesitamos una buena preparación personal y profesional, de ahí la necesidad de la formación permanente que la DEE nos propone".

Finalmente, **Gabriel Zorrilla de San Martín**, un profesor que ha descubierto su vocación educativa después de años de dedicación al emprendimiento en el sector de la moda y que nos traslada su admiración y la alegría que le produce su nueva vocación: "Me sobrecoge constatar el espacio privilegiado que es para los adolescentes la clase de Religión, y como, guiándolos, desde el diálogo con la cultura que les rodea, aparecen en ellos las preguntas últimas de la existencia. Muchas veces me han escuchado decirles que mi objetivo en el curso no es tanto que encuentren respuestas sino que se hagan preguntas, sabiendo que la búsqueda de la verdad es el camino propicio para que ella misma le salga al encuentro y los cautive para siempre. Esta es una de las grandes fortalezas y motivaciones que he encontrado en la enseñanza de nuestra asignatura, y que justamente constituye lo más genuino del proceso de enseñanza y aprendizaje. Pues son los alumnos quienes, al descubrir las preguntas y buscar las respuestas, construyen un auténtico y significativo conocimiento de lo que expresa, supone y aporta la Religión Católica, tanto para ellos a nivel personal como para el conjunto de la sociedad en que les ha tocado vivir".

4. Índice de nombres (por orden alfabético)

Isabel Álvarez Fernández

Nació en Bermeo, provincia de Vizcaya (España) el 6 de mayo de 1940. A los siete-ocho años ya era alumna del Colegio Divina Pastora de la calle Emilio Ortuño (Vallecas).

Habiendo experimentado la llamada del Señor a su seguimiento como religiosa Franciscana Misionera de la Madre del Divino Pastor, tras los meses de postulantado, inicia el noviciado el año 1964 en la Casa Madre (calle Santa Engracia 140, Madrid). En este mismo lugar, tan entrañable y significativo en la vida de la congregación, haría su profesión temporal (1966) y perpetua (1971).

Hermana con una buena formación pedagógica, eclesial, religiosa y franciscana, desarrolla su vida colaborando en distintos ámbitos educativo-pastorales.

Trabaja como profesora y directora en algunos de los centros educativos del Instituto en Toledo y Madrid, así como prestando su servicio en el Colegio Mayor Ana Mogas de Salamanca.

Entre los años 1979 y 2022 colabora activamente en la Delegación Diocesana de Enseñanza de Madrid, servicio que asume con sentido de responsabilidad y entrega generosa. Ella empezó en la vicaría II y después se encargó de la Educación Especial. Terminó colaborando en la secretaría de la delegación hasta su muerte en 2024.

Por otra parte, es muy reconocida y agradecida su colaboración y coordinación en distintas tareas de la familia franciscana. Cuando el sentido de obediencia se lo pide, simultanea las tareas educativas y pastorales formando parte del Gobierno Provincial (vicaria, administradora, etc.). Años más tarde, ya jubilada, continuará realizando variados servicios en ámbito educativo y pastoral.

Llamada al encuentro definitivo, la hermana Isabel murió en la paz del Señor a los 84 años de edad y 58 de vida religiosa, en la Comunidad de Fuencarral (calle Fuente Chica 17), el día 3 de mayo de 2024.

María F. Amorós Nicolás

Nació en Cartagena (Murcia). Es diplomada en Magisterio, licenciada en Filosofía y Letras por la Universidad de Murcia, y licenciada en Ciencias Religiosas por la Universidad de Comillas.

Inició su andadura profesional, como profesora de Religión, en la diócesis de Tenerife en el año 1991. Primero, en el Instituto de la Guancha, para pasar posteriormente al Instituto de Geneto. Desde el primer momento comprendió la importancia de la formación permanente del profesorado, asistiendo a numerosos cursos de actualización pedagógica y teológica.

Es nombrada, por la Delegación de Enseñanza de la diócesis de Tenerife, coordinadora del profesorado de la zona La Laguna-La Cuesta Taco hasta el curso 2005-2006, año que viene a Madrid.

Continúa como profesora de Religión en el IES Miguel Delibes y en el Instituto Rosa Chacel de Colmenar Viejo. En 2008 pasa a formar parte del Equipo de Formación de la DEE de la diócesis de Madrid. Es nombrada asesor técnico curricular para el CTIF Madrid Norte y, posteriormente, para el CTIF Madrid Capital. Desde aquí continúa trabajando para animar y mejorar la formación del profesorado de Religión, continuando con la firme convicción que le acompaña, desde el primer momento, de la importancia que esta tiene en el desempeño como docentes del profesorado de Religión.

María Jesús Bescansa Galán

María Jesús es religiosa del Sagrado Corazón. Pocas semanas después de cumplir 18 años descubrió su vocación religiosa e ingresó en la congregación. Desde que completó su formación ha estado siempre dedicada a la educación en diversas responsabilidades y diferentes lugares. Ha trabajado durante muchos años en centros públicos y en colegios de su congregación, fundada por Magdalena Sofía Barat, buscando manifestar el amor del Corazón de Jesús atendiendo a niños, adolescentes y jóvenes, y abriendo caminos a la justicia, la esperanza y a una vida más humana para todos.

Desde 2013 vive en Santa María de Huerta, un pueblo de Soria, donde le encanta pasar horas hablando con la gente del pueblo y con los monjes del monasterio cisterciense que tiene al lado. Los años anteriores, desde 1999 y hasta 2012, fue directora del Colegio Sagrado Corazón de Chamartín en Madrid. Justo antes de ser llamada para la responsabilidad de dirigir el colegio trabajó activamente en la Delegación Diocesana de Enseñanza de Madrid siendo, además, la responsable del departamento de formación.

Además de su formación teológica, es doctora en Teología, y de su formación pedagógica, le apasiona el pintor holandés Vincent van Gogh, y está enamorada del arte en general, no en vano en su tesis doctoral analizó la figura de Jesucristo a través de la pintura española de los siglos XVI al XX. También es apasionada de sus tres sobrinas a las que adora. Y sigue aprendiendo cosas... Su último descubrimiento fueron los torreznos de Soria, hace solo dos años.

José Félix Blanco Fernández-Cañaveral

Pepe Blanco nace en Mora de Toledo en 1947. Fue ordenado sacerdote en 1971 en Toledo. Al poco tiempo fue nombrado vicario parroquial de nuestra señora de Moratalaz y colaborador en la parroquia del Cristo Resucitado de Madrid. Fue profesor de Religión en el Instituto San Isidro y colaborador en la cadena COPE en los programas *El espejo de la educación* y *El espejo de la Iglesia*. En el curso escolar 1979-1980, el delegado de Enseñanza, Fidel Herráez, le incorpora a la Delegación Episcopal de Enseñanza y Cultura, hoy DEE, primero como coordinador de Enseñanza de la vicaría III y, después, como jefe del departamento de profesores de Secundaria con la encargada de Bachillerato, Elvira Martínez. Fue uno de los tres supervisores nombrados por Santiago Martín en 2001 hasta su jubilación. Hoy día sigue colaborando con su experiencia y recuerdos. Destaca de su tiempo en la DEE los nombramientos, las entrevistas y reuniones con los profesores.

Antonio Bravo Tísner

Natural de Angüés (1942, Huesca). Fue ordenado presbítero en 1965 en Madrid. Comenzó su andadura pastoral en la parroquia de Cristo Resucitado. Después se convirtió en el vicario pastoral de la zona del Alto de Extremadura. Fue también delegado episcopal de Extradiocesanos (1972-1975), delegado episcopal de Catequesis (1975-1983), delegado episcopal de Cáritas por un tiempo y, como miembro del Instituto Secular de Sacerdotes del Prado, ha dedicado muchos años a su animación (1983-2002). También fue relator del tercer sínodo diocesano.

Vicente Contreras Puerta

Nace en 1930 en Madrid donde es ordenado sacerdote en 1954. Nombrado vicario parroquial de la Asunción de Nuestra Señora (Colmenar Viejo) y del Cristo de la Salud de Madrid, antes de ser destinado a la Acción Católica, especialmente a la JOC (1959-1966). Fue párroco y colaborador de la Virgen de la Fuensanta y adscrito a Nuestra Señora de Europa. Desde 1976 hasta 1978, el delegado de Enseñanza, Ángel Matesanz, le nombra delegado de Formación Profesional en la Delegación Episcopal de Enseñanza y Cultura, hoy la DEE.

Amada Esperanza Díaz León

Es religiosa Hermana Agustina del Amparo. De nacionalidad peruana, entró en la congregación en el año 1985 en la ciudad de Trujillo (Perú). Después de sus estudios de Filosofía y Teología (1990-1995), en la Universidad Católica de Trujillo, ha desempeñado numerosos servicios tanto en España como en Perú. De 1996-2000: profesora en el Colegio público Víctor Raúl Haya de la Torre (Trujillo, Perú). De 2004-2008: consejera general de Obras Sociales de su Congregación (España). Ha sido titular del Colegio Santamarca desde 2006 a 2008. De 2013-2018: coordinadora de profesores de Religión (ODEC) en el departamento de Cajamarca-Perú. Ha sido fundadora de algunas casas de su congregación y se especializó también en el acompañamiento espiritual con los Misioneros del Espíritu Santo.

Carlos Esteban Garcés

Es aragonés de nacimiento y está afincado en Madrid desde sus inicios profesionales. Comenzó como profesor de Religión en 1990 y al finalizar su primer curso fue elegido para ejercer las funciones de vicedirector del instituto de Bachillerato Nuestra Señora de la Almudena en Madrid. Desde 1992 colaboró con el equipo de "multiplicadores" de María Jesús Bescansa para la formación de profesores en la Delegación de Madrid. Desde 1994 compatibilizó su docencia en secundaria con la universitaria siendo profesor en el Instituto San Pío X (UPSA) y en la Universidad Pontificia Comillas hasta 2005 que se incorporó al Centro Universitario La Salle (UAM). En 1996 fue nombrado director de la revista *Religión y Escuela*, responsabilidad que ocupó casi 20 años.

Siendo colaborador del equipo de formación de la delegación, en 1999 le llama Santiago Martín Jiménez para hacerse cargo del departamento, responsabilidad que ejerce desde entonces hasta la actualidad. Es experto en formación del profesorado y su principal línea de investigación se centra en la enseñanza de la religión, sobre todo en centros públicos. Es consultor y ponente habitual en numerosas instituciones educativas públicas y eclesiales en programas, cursos, congresos y encuentros de formación permanente. Ha publicado numerosos libros y artículos especializados sobre la enseñanza de la religión en las reformas de la LOGSE, la LOCE, la LOE, la LOMCE y la LOMLOE. Es miembro de la comisión pedagógica del Colegio Oficial de Doctores y Licenciados, miembro del Foro Europeo sobre la Enseñanza de la Religión, del que ha sido su secretario general, y de consejos de revistas como *Sinite* y *Cuadernos de Pedagogía*.

Como profesor e investigador tiene amplia experiencia en gestión directiva de centros educativos y en liderazgo de equipos tanto en la universidad como en otras instituciones educativas. Actualmente, además de ser el responsable del departamento de formación del profesorado en la Delegación Episcopal de Enseñanza de Madrid, es profesor titular de Pedagogía de la Religión en la Facultad de Educación del Centro Universitario La Salle y en el Instituto Superior San Pío X. Es director del Instituto de Estudios sobre Religiones y Mundo Actual de La Salle. Es director del Observatorio de la Religión en la Escuela. Y desde 2025 es secretario general del Consejo General de la Iglesia en la Educación, órgano de la Conferencia Episcopal Española para coordinar los diversos proyectos educativos de la Iglesia en diferentes ámbitos.

José Ramón Fernández-Baldor y Hernando de Larramendi

Fue el fundador del Colegio San Ignacio de Loyola en Torrelodones. Respondiendo a la necesidad en el municipio de dar una educación cristiana a los niños y jóvenes, en septiembre de 1964 inició esta aventura educativa en torno a la parroquia San Ignacio, que acoge hoy a más de 2000 alumnos. El teatro del colegio lleva la denominación Fernández-Baldor en su memoria. Nació en Santander el 18 de abril de 1929 y murió en Torrelodones el 14 de marzo de 2015. Fue ordenado sacerdote el 17 de diciembre de 1950 y destinado en Torrelodones durante 52 años. En 1983 inició también la residencia parroquial Santa María de los Ángeles que hoy acoge a 33 ancianos, principalmente del municipio. En 2006, el cardenal Antonio María Rouco le entregó la distinción de Prelado de Honor de su Santidad el papa Benedicto XVI.

Soledad Fernández-Marcote López, stj

Es licenciada en Ciencias de la Educación. DEI para Secundaria, Directora de tiempo libre. Especialista en: Asesoramiento Educativo, Coaching Educativo y Evaluación del Desempeño Docente, Dirección de Centros y Pastoral Educativa.

Ha sido directora de varios centros educativos de la Compañía de Santa Teresa de Jesús, en Madrid, Valladolid, y de la "Facultad Padre Ossó" en Oviedo, durante más de 20 años. A lo largo de todos estos años ha coordinado diversos departamentos: Orientación, Religión... Ha sido tutora y docente de numerosas asignaturas, en distintos niveles y centros.

Ha participado y colaborado en equipos de: innovación educativa, elaboración de planes de estudio, elaboración de materiales didácticos, programaciones y documentos de centros educativos, formación y acompañamiento de profesores, organización de centros en pastoral y coordinación de proyectos y voluntariados, tanto a nivel nacional como en otros países de Latino América y África.

Desde 2012 forma parte del equipo de la Delegación de Enseñanza de Madrid, coordinando la vicaría VI, suroeste de Madrid.

Antonio García del Cueto (1922-2005)

Provenía del sector de la banca. Tras algunos años de trabajo, inicia el seminario y es ordenado en 1950. Después de siete años de trabajo pastoral en Colmenar de Arroyo y Chapinería, en los que fue ecónomo y encargado respectivamente, ya siempre estuvo vinculado con la curia diocesana, desempeñando cargos de secretario, canciller secretario, encargado de Acción Católica, vicario de la VI, Colegio de Consultores, Consejo de Asuntos Económicos, Canónigo. Su paso por nuestra delegación, por su precedente, con el nombramiento de inspector diocesano o delegado de Enseñanza (1960-1973) fue largo. También ejerció de profesor en el Instituto Isabel la Católica desde 1953 a 1972.

María Eugenia Gómez Sierra

Madrileña de origen y de costumbres, nace en el barrio de Canillas, donde comienza sus primeros pasos en el Colegio público Rubén Darío, que influye para siempre en su pasión por la educación.

Arropada por la vida familiar realiza estudios de magisterio en la Escuela Universitaria de Santa María de Madrid y más tarde se doctora en Teoría e Historia de la Educación en la Universidad Complutense, donde realiza, a la vez, los estudios de experta en Psicopatología. Concluye también sus estudios de licenciatura en Ciencias Religiosas en el Instituto Superior de Ciencias Religiosas a distancia San Agustín. Ha impartido clases en el Instituto Internacional de Teología a Distancia, en el ISCRD San Agustín y en la Universidad Complutense de Madrid donde trabaja actualmente.

Comienza su andadura como profesora de Religión en BUP en el año 1990, en el IES Severo Ochoa de Alcobendas, sustituyendo al sacerdote, José Antonio García Camón, del que aprende la importancia de la planificación para las clases y la huella que se puede dejar en un centro enseñando esta asignatura desde una actitud de servicio.

La vida de aula desarrolló en ella un talante comprensivo y paciente que le permite acercarse a realidades muy diversas, desde la marginación de Hortaleza, donde los alumnos viven los efectos de la pobreza, a la abundancia de Arturo Soria donde se vive, con frecuencia, las consecuencias de las carencias afectivas, que aprendió a reconocer y a tratar con ternura maternal.

De las experiencias vividas en el voluntariado, en las campañas con Cáritas, Manos unidas, teatros, festivales y colaboración con otras organizaciones surgieron auténticas amistades que se han mantenido con el paso del tiempo y que le han servido de ayuda para su crecimiento personal.

Su dedicación a las relaciones con compañeros de trabajo y otro personal de los centros le han permitido crear un clima de familia muy gratificante y ampliar su mirada descubriendo las aportaciones de otras asignaturas a la clase de Religión, provocando así, un verdadero intercambio interdisciplinar.

Su reto en estos años ha sido que los alumnos aprendieran a ser libres con la libertad de los hijos de Dios, sin dejarse llevar por prejuicios o por falsos adoctrinamientos; enseñándoles a descubrir que la fe tiene una dimensión racional no solamente experiencial y una cabida en el sistema educativo.

Desde 2012 abandona su querida tarea como docente en Secundaria para ayudar en la delegación en las tareas de supervisión, donde intenta acompañar a otros compañeros en sus dificultades laborales o personales. Durante todo este tiempo ha vivido también experiencias ricas en humanidad, dando y recibiendo cariño, consejos y opiniones.

Está agradecida a todos estos años de aprendizaje y de servicio en los que ha podido crecer acompañada de otras personas que han sido testimonio directo de la obra de Dios en sus vidas.

Francisco González Arranz

Nacido en Coca (Segovia) en 1957 y madrileño de adopción desde 1968. Licenciado en Geografía e Historia por la Universidad Autónoma de Madrid (1980) y en Ciencias Religiosas por la Universidad Pontificia de Salamanca (1999). Profesor de Religión en Secundaria desde 1990 en varios IES de la archidiócesis de Madrid, con más años de permanencia en los IES Vallecas Magerit y Villa de Vallecas. Profesor de DECA en ESCUNI (2007 a 2019), Cardenal Cisneros de Alcalá de Henares (2008 a 2012), San Agustín (2009 a 2025) y Universidad de San Dámaso (2012 a 2025). Incorporado en septiembre de 2001 al equipo de la delegación de Enseñanza como supervisor de las vicarías 4, 5, 6 y 7 y, más adelante, de las vicarías 1, 4 y 5 hasta octubre de 2024, en estrecha colaboración con la coordinadora de enseñanza correspondiente de cada vicaría. Además de las tareas como supervisor, colaboró varios años con Paco Puértolas en la gestión del profesorado de Primaria. Y desde 2018 hasta octubre de 2024, siguiendo las directrices marcadas por Inmaculada Florido, primero, y por José Luis Guzón, después, asumió la gestión del profesorado de Primaria y de Secundaria, en coordinación con la Dirección General de Recursos Humanos de la Comunidad de Madrid.

Julio González-Tánago Barrera (1935-2024)

Aunque nace en Cádiz en 1935, fue en Friburgo, Suiza, donde estudió Teología y fue ordenado sacerdote en 1968. Marianista y posteriormente diocesano, fallece en 2024. Nombrado vicario parroquial de San Estanislao de Kostka, de Nuestra Señora de la Estrella, también como adscrito, durante algún tiempo realizó su ministerio como delegado de Pastoral Familiar. En 2003 es nombrado capellán durante diecisiete años en el Colegio Mayor Chaminade en la Ciudad Universitaria de Madrid. Supo ganarse la confianza de todos para su labor pastoral y su último servicio consistió en celebrar la eucaristía de las 12 del mediodía los domingos. Anteriormente, desde 1976 hasta 1978, estuvo con el delegado de Enseñanza, Ángel Matesanz, como delegado de Bachillerato en la Delegación Episcopal de Enseñanza y Cultura, hoy la DEE.

Emily Gutiérrez

Formó parte también de los inicios de la delegación. Entró como secretaria en 1980 y finalizó su servicio en 2011.

Monseñor Fidel Herráez Vegas

Natural de Ávila (1944), Fidel ha estado vinculado con Madrid desde sus años más jóvenes. Fue superior del Seminario Menor de Alcalá de Henares (1968-1972), consiliario de las Hermandades del Trabajo (1970-1980). Desde 1972 a 1977 estuvo residiendo en el Colegio Español mientras realizaba sus estudios de especialización teológica en Moral en la Universidad Urbaniana de Roma. A su regreso, el cardenal Vicente Enrique y Tarancón le encomendó la tarea de delegado diocesano. La fisonomía que la delegación tiene en la actualidad es prácticamente fiel reflejo del diseño realizado por Fidel. Ha desempeñado también otros trabajos: en la Conferencia Episcopal Secretario Técnico de Relaciones con las Autonomías (1983-1995), Comisión Episcopal de Enseñanza (1985-1995), profesor de la Universidad Eclesiástica San Dámaso (1977-1995), vicario general (1995-1996), obispo auxiliar y vicario general (1996-2015). De 2015 a 2020 fue arzobispo de Burgos, tarea que ha compaginado con la de consiliario de Acción Católica de Propagandistas −ACdP− desde 2012 a 2016.

Olga Juarros González

Es burgalesa, miembro de la Institución Teresiana y profesora de Lengua y Literatura, cuya vida y carrera se han centrado profundamente en el campo de la educación, un ámbito vocacional que ha guiado cada una de sus etapas. Su trayectoria profesional es rica y diversa, abarcando desde el trabajo en el entorno universitario, concretamente en colegios mayores y residencias, en espacios de reflexión pedagógica en el Instituto de Estudios Pedagógicos Somosaguas (IEPS), hasta el desempeño de distintas funciones de liderazgo en centros educativos, donde ha ejercido como profesora, jefa de estudios y directora de Centro. Movida por su vocación y misión, su tarea y vida la han llevado a residir y trabajar en múltiples lugares como Bélgica, León, Salamanca, Ávila, Valladolid y, finalmente, Madrid, enriqueciendo su experiencia con colaboraciones y miradas a otros países como Guinea y Perú, reflejando así un compromiso constante con el servicio educativo a lo largo del mundo.

Gregorio Llorente Guijarro (Goyo Llorente)

Es maestro de Religión en el Colegio público Carmen Laforet y colaborador en la Delegación Episcopal de Enseñanza como asesor de formación en el área de Humanidades/Religión en el CTIF Madrid-Norte. Su trayectoria se caracteriza por el compromiso con la innovación educativa, la inclusión, el desarrollo profesional docente y la formación continua del profesorado. Su compromiso con la mejora de la práctica docente se refleja en su participación en congresos, seminarios y cursos de actualización pedagógica en la UNIR. Ha coordinado múltiples actividades formativas centradas en metodologías activas, el *Visual Thinking*, la robótica, la Gamificación, el ABJ y el Aprendizaje Basado en Proyectos, especialmente aplicadas a la enseñanza de la Religión. Además de su labor pedagógica, es autor de materiales didácticos y publicaciones que reflejan su enfoque y compromiso religioso, humanista y creativo. Su trabajo busca tender puentes entre la tradición y la contemporaneidad, promoviendo una educación abierta al diálogo y al pensamiento crítico. Su trabajo refleja una profunda sensibilidad hacia la diversidad y una firme apuesta por la innovación educativa.

José Manuel Mansilla Morales

Nació en Madrid en 1963. Es licenciado en Ciencias Eclesiásticas por la Universidad Pontificia de Salamanca (UPSA) y en Teología por la Universidad Pontificia Comillas, máster en Informática Educativa y doctor en Educación por la UNED.

En 1985 se incorporó a la delegación de Enseñanza, siendo todavía estudiante de Teología, de la mano de su profesor Fidel Herráez. Durante su primer año colaboró con María Ángeles Caballero en la coordinación de la vicaría VI. Al curso siguiente, el obispado adquirió por primera vez varios ordenadores de relevancia, destinando el más potente a la delegación de Enseñanza con el fin de optimizar la gestión del profesorado de Religión.

La información recopilada entonces sobre la labor de estos docentes en los centros públicos resultó decisiva para conseguir, años más tarde, una compensación económica por el trabajo realizado y, durante mucho tiempo, precariamente remunerado.

Al finalizar sus estudios, José Manuel ejerció como profesor de Religión Católica en el Instituto San Isidro y, posteriormente, en el Centro Universitario de Magisterio ESCUNI. Desde entonces, y con distinta intensidad a lo largo del tiempo, ha mantenido siempre su compromiso de colaboración en la gestión informática de la delegación de Enseñanza.

Fausto Marín Sánchez

Nació en Jaén en 1936 y falleció en Madrid en 2024. Licenciado en Teología, se ordenó diácono permanente de la diócesis de Madrid. Formó una familia junto con Dolores y tuvieron cuatro hijos. Tras la muerte de su esposa, decidió dar un paso más en su vocación y se ordenó sacerdote. Se dedicó a la enseñanza, siendo director titular durante muchos años de los colegios San Bernardo y María Cristina, donde dejó una huella imborrable con su vocación cristiana y pedagógica.

Su carisma, amabilidad y dedicación total a su misión y a las personas que le rodeaban hicieron de él un referente en las comunidades educativas de los colegios y en la diócesis. Sus enseñanzas siguen resonando entre sus alumnos, quienes lo recuerdan con cariño, como la frase del lema que marca el 60 aniversario de los colegios este año: "Las palabras mueven, el ejemplo arrastra". Su legado perdura en los corazones de quienes tuvieron la fortuna de conocerlo. Su vida y su pensamiento está en el germen de la visión actual de los colegios diocesanos.

Santiago Martín Jiménez, SJ

Santiago Martín había nacido en Ávila en 1929, pero realizó sus estudios de Primaria y Secundaria en Madrid. Entró en la Compañía el día 10 de septiembre de 1946 en Aranjuez. Su formación fue oceánica (licenciado en Filosofía por la Facultad de Filosofía y Letras de Murcia –1955–, licenciado en Teología por Lovaina –1962–; licenciado en Pedagogía por Lovaina –1966–). Después de una formación intensa, tuvo la oportunidad de aplicarla a su paso por algunas obras de la Compañía de Jesús (prefecto en San José de Villafranca de los Barros, al mismo tiempo que encargado del Departamento de Orientación y profesor de Historia de la Filosofía; prefecto y profesor de Historia de la Filosofía también en Nuestra Señora del Recuerdo de Chamartín). Después iniciaría una etapa de amplia colaboración con la Iglesia española (Comisión Episcopal de Enseñanza, 1973-1975; delegado de Educación de la Provincia de Toledo de la Compañía de Jesús, 1975-1981; secretario nacional de FERE, 1977-1993; secretario ejecutivo de la Fundación Educación Católica, 1993; y delegado episcopal de Enseñanza de Madrid, 1997-2001). Su paso por la delegación fue breve, pero la huella muy honda.

Elvira Martínez Gómez

Elvira es miembro de la Institución Teresiana y está convencida de la capacidad humanizadora y transformadora del Evangelio en el campo de la educación al que ha dedicado su vocación con máximo empeño en todas sus tareas a lo largo de su trayectoria profesional. Está orgullosa de sus orígenes turolenses, donde estudió su primera carrera universitaria haciendo Magisterio. Más tarde completaría su formación con la licenciatura de Pedagogía en la Universidad de Valencia y con la licenciatura en Teología ya en Madrid. Sus primeros pasos docentes fueron como profesora de Religión en Valencia en el Colegio El Armelar, de la Institución Teresiana; en aquella diócesis también fue secretaria del Instituto Teológico *Sedes Sapientiae*. Posteriormente, ya en Madrid, continuó su vocación docente a la que añadió la dirección pedagógica de EGB en el Instituto Véritas en Madrid, también un colegio de la Institución Teresiana.

La formación del profesorado ha sido siempre una preocupación en su trabajo. En este sentido, trabajó en el CENIEC (Centro Nacional de Enseñanza y Catequesis), de la Comisión Episcopal de Enseñanza, para la formación en metodologías aplicadas a la clase de Religión en la Escuela. También desarrolló sus tareas en el Instituto Jaris, un centro de la Institución Teresiana para la elaboración de materiales y actualización teológica y didáctica de profesores y catequistas.

A finales de los años 70 inició su trabajo en la Delegación de Enseñanza del arzobispado de Madrid a la que dedicó veinte intensos años, primero como responsable del departamento de educadores cristianos y enseguida asumió la coordinación global del equipo colaborando con el delegado diocesano Fidel Herráez Vegas hasta el año 2000. Cuando Fidel fue nombrado obispo auxiliar de Madrid, pasó a ejercer como su secretaria particular hasta su jubilación en 2016.

Amparo Martínez González

Religiosa de la Congregación de Jesús. Su misión central y dedicación se han enfocado ininterrumpidamente hasta el año 2018 en el ámbito de la educación dentro de los centros de su institución. Durante este periodo, su labor se caracterizó por la versatilidad e implicación integral, habiendo desarrollado diferentes roles esenciales, ocupando diversas responsabilidades en el plano de la educación formal. Liderando y coordinando actividades de pastoral y carisma, formación y acompañamiento incluyendo la coordinación de la ERE, entre otras funciones. Además de la labor en los centros, colabora activamente como voluntaria de Cáritas.

Desde 2018, desempeña funciones en la Delegación Episcopal de Enseñanza, específicamente en la coordinación ERE en una de las vicarías. Su labor implica un compromiso integral con la calidad de la enseñanza de la religión y moral católica en el entorno escolar. La tarea central es el acompañamiento y la coordinación de los profesores de Religión en los centros educativos públicos. Su labor incluye garantizar la coordinación efectiva con diversos organismos de la pastoral (delegaciones, arciprestazgos y parroquias), asegurando la integración y el aporte específico y complementario de la pastoral educativa.

Ángel Matesanz Rodrigo

Natural de Honrubia de la Cuesta (1945, Segovia), Ángel es sacerdote de la archidiócesis de Madrid desde 1968. Tras un breve paso por parroquias rurales, Gargantilla de Lozoya, Pinilla de Buitrago y Navarreda, en 1971 lo vemos ya como vicario parroquial en Nuestra Señora de la Montaña (Madrid). Fue profesor del Instituto Rey Pastor (1969-1972) y secretario de la vicaría III. Tras una estancia de estudios en el Instituto Católico de París (1974-1976) se le encomendaron los primeros pasos de lo que hoy consideramos la actual Delegación de Enseñanza (1976-1979). Ha desempeñado, entre otras encomiendas, la de delegado de Catequesis (1986-1994), profesor de San Dámaso (Instituto de Ciencias

Religiosas, 1983-1990 y Universidad, 2008-2016) y del Instituto de Pastoral (1989-1996), vicario de la IV (1995-2007) y de la V (2012-2015), secretario general del tercer sínodo diocesano de la archidiócesis (2005). En estos primeros pasos fue decisiva la separación de Enseñanza Religiosa Escolar de Catequesis, tema en el que no faltaron dudas, problemas y controversias.

Josefina de Miguel Cruz

Su trayectoria profesional se ha desarrollado en dos ámbitos fundamentales y complementarios: la educación y la intervención social.

Los primeros años de su carrera estuvieron dedicados a la educación formal y al desarrollo de la pastoral escolar y parroquial en los colegios de la congregación Instituto de la Bienaventurada Virgen María ("Irlandesas"), actualmente Congregación de Jesús. En el campo del liderazgo educativo, asumió tareas de dirección de centros en Sevilla y Madrid. Por otro lado, en el campo de la innovación y gestión del cambio, fue responsable de implantar la ley educativa LOGSE, lo que la llevó a impulsar la formación del profesorado para afrontar los retos pedagógicos del momento.

Por lo que se refiere a la intervención social, años más tarde, tanto ella como su Institución reconocieron la necesidad de expandir su labor al ámbito social. Con este propósito, se formó en la Facultad de Trabajo Social de la Universidad Pontificia de Comillas, buscando dedicarse a las personas más vulnerables de la sociedad. Aquí desarrolló labores en Cáritas Madrid: Comenzó su labor social en Cáritas Madrid, asumiendo roles de responsabilidad en varias vicarías (IV, V y VI). Fue responsable de programas centrados en la mujer, la familia, la infancia-juventud y las aulas de cultura. Posteriormente, fue subdirectora de la vicaría VI. Esta dedicación le proporcionó un profundo conocimiento de la realidad social y una gran satisfacción personal.

Posteriormente, regresó al entorno educativo de su congregación para asumir la dirección del equipo titular de los centros del Instituto B. V. María (Irlandesas). Desde este rol, impulsó el proceso de formación pedagógica y pastoral denominado "Profesores para el cambio y la innovación".

Desde 2018 se incorporó a la Delegación de Enseñanza de la diócesis en la vicaría VII, donde continúa desarrollando su labor actualmente.

Otras competencias y formación: *Coaching* ejecutivo-educativo; Marketing educativo: Especializada en el uso de cartas de compromiso, Dirección por valores, Desarrollo de personas y equipos y Especialista en Modelo sistémico aplicado a familias: Terapia familiar sistémica (Centro *Kines*).

Luci Ortega Martínez

Religiosa Hija del Divino Celo-Hna. Rogacionista fundada por San Aníbal María di Francia en Italia (Messina) en el 1887.

Desde 1969 Luci vivió en Roma sus años de formación y preparación para la profesión religiosa y otros estudios de especialización como el de la FIRAD, y el diploma de Magisterio. Durante un tiempo en Italia también estuvo dedicada a la enseñanza y en concreto a clases de Religión en la escuela Elementare y en el Liceo en Vittorio Veneto (Treviso) y en Monza (Milán), siempre integrada en tareas pastorales en las diferentes parroquias hasta el 1979 que regresó a España.

En Barcelona realizó la convalidación de sus estudios italianos y en 1983, en Madrid, convalidó los de Magisterio y realizó su licenciatura en Teología. Ha colaborado en la parroquia de San Buenaventura (coordinando la catequesis y siendo la responsable de la pastoral juvenil). Desde hace muchos años lleva la dirección del centro de día Betania en Vallecas, en el que se da acogida a menores y sus familias en situaciones de vulnerabilidad.

A partir de 1988 asumió la coordinación de las clases de Religión en la vicaría IV-Vallecas, que compaginó algunos años con clases en Primaria y Secundaria. Actualmente es delegada personal de la madre general de su congregación para las comunidades de España.

Cristina Ortiz Iglesias-Ussel

Nacida en 1969 en Ferrol, vive en Madrid desde finales de 1981 y sigue considerándose muy gallega por sus veranos con familia y amigos en esa tierra. Casada, tiene tres hijos y un nieto con el que disfruta mucho. Profesora de EGB por CES Don Bosco y licenciada en Geografía e Historia por la UCM. Hace memoria agradecida de sus 35 años vinculada a la DEE. Comienza en septiembre de 1990 hasta octubre 2024 como profesora de Religión en el CEIP Alhambra, algún curso compartida con CEIP Escuelas Bosque y con la EEI La Plazuela. Durante seis cursos, de 2016-2022, como asesora de Religión en el CTIF Norte y, desde noviembre de 2024, como supervisora en la delegación en la que se considera aún en proceso de aprendizaje. Destaca muchos ratos con el alumnado, su pasión por su labor de enseñanza-aprendizaje con obras de arte, el educar para ser, y recuerda con cariño los encuentros con antiguos alumnos. Valora la relación y trabajo con compañeros de Religión en temas de formación, con compañeros de claustro, con coordinadores de vicaría, con los asesores de formación y con los delegados. Agradece el apoyo recibido por todos y por sus antecesores, el acompañamiento, la formación en cursos, seminarios y ahora en Ciencias Religiosas y los momentos compartidos.

Rubén Prieto Chaparro

Es un apasionado de la educación y la innovación en la enseñanza de la religión, un campo al que ha dedicado toda su vida profesional. Su trayectoria refleja un compromiso constante con la mejora de la calidad educativa y la adaptación de las metodologías de enseñanza a las demandas del siglo XXI.

Rubén es licenciado en Filosofía y Letras y en Teología. Además, ha cursado un máster en Informática Educativa, lo que demuestra su interés por integrar las tecnologías de la información y la comunicación en el ámbito educativo.

Desde 1996, Rubén ha sido profesor de Religión en Educación Secundaria, trabajando tanto en la escuela concertada como en la pública. Ha trabajado en el CC Raimundo Lulio, en IES Antonio Machado, IES Isabel la Católica, IES Lope de Vega, IES Valmayor e IES El Burgo-Ignacio Echeverría.

Su dedicación a la enseñanza se extiende más allá del aula, ya que ha trabajado activamente en la gestión y promoción de la actualización teológica y pedagógica del profesorado. Ha sido director y ponente en numerosos cursos de formación, siempre buscando la excelencia educativa.

Rubén es autor de libros de texto de Religión Católica para Educación Primaria publicados por editoriales destacadas como Bruño y SM. Junto a Carlos Esteban Garcés, es coautor de varios volúmenes sobre la implementación de las competencias clave en el currículo de Religión, contribuyendo a transformar las programaciones didácticas de esta asignatura.

Durante 11 años, Rubén ha sido responsable de la sección "Panorama del área de Religión" en la revista *Religión y Escuela*, aportando su conocimiento y experiencia al análisis y la reflexión sobre las prácticas educativas en este ámbito.

Rubén mantiene un contacto activo con la docencia a nivel universitario. Durante una década, fue profesor en la Escuela Universitaria de Magisterio ES-CUNI. Actualmente imparte asignaturas de DECA en el Centro Universitario La Salle, donde sigue formado a futuras generaciones de profesores de Religión.

Su actividad investigadora se centra en la innovación metodológica del currículo de Religión y en la implementación de TIC, TAC y TEP en la enseñanza de la religión. Con este enfoque, Rubén busca mejorar la comunicación y la interacción en los nuevos espacios tecnológicos, adaptando la educación religiosa a las exigencias del siglo XXI.

En la actualidad es asesor técnico curricular de Religión en un Centro de Innovación y Formación del Profesorado de la Comunidad de Madrid. Desde esta posición sigue trabajando para mejorar la formación y el desempeño del profesorado de Religión, contribuyendo así al avance de la educación en este ámbito. Su trayectoria se complementa como director de la revista *Religión y Escuela*, subrayando su compromiso con la enseñanza de la religión y su profesorado.

Francisco Puértolas Bandrés

Nace el 4 de junio de 1944 en Santa Cilia (Huesca). Es licenciado en Filosofía y Teología por la Universidad Pontificia de Comillas, así como licenciado en Filosofía y Letras por la Universidad Complutense de Madrid. En 1982 ganó la oposición de Magisterio en Zaragoza. De 1968 a 1969 ya lo vemos de colaborador como diácono en la parroquia de San Buenaventura. Su ordenación sacerdotal tuvo lugar el 19 de junio de 1969 en la parroquia de San Pedro, en Broto (Huesca). Algunas tareas pastorales realizadas han sido: parroquias de Biescas y Valle del R. Onsella (1970-1972), párroco de San Esteban Protomártir (1972-1983) en Sos del Rey Católico, también profesor en el Colegio diocesano, así como director de la Escuela-Hogar. De 1983 a 1990 colabora en la parroquia Santa Catalina Mártir de Madrid. De 1984 a 1986 será coordinador de vicaría VII-Oeste y en 1986 entra a formar parte del equipo de la delegación, tarea en la que estará treinta y cuatro años (desde 1986 hasta 2020), sin por ello dejar de atender otras actividades pastorales como capellán del Colegio del Sagrado Corazón (1969-1970), capellán de la Residencia de Mayores Josefinas Trinitarias (Aravaca) o consiliario de Equipos de Nuestra Señora (1984-2022). Ha colaborado asiduamente con la Delegación Diocesana de Migraciones y también en el centro Entre culturas (Majadahonda). Es coautor de diversos libros de Religión, como su hermano Ramón.

Ramón Puértolas Bandrés

Ramón nace el 6 de septiembre de 1941 en Santa Cilia (Huesca). Realiza los estudios seminarísticos en el seminario de Jaca y es ordenado el 16 de enero de 1966 en Sos del Rey Católico (Zaragoza). Su ministerio pastoral comienza atendiendo varios pueblos de la diócesis (1966-1967). Durante dos años lo vemos como profesor de EGB del Colegio diocesano de Sos del Rey Católico (1967-1969). Del año 1969 a 1976 será profesor de Francés del seminario de Jaca, al mismo tiempo que realiza tareas pastorales como párroco "in solidum" de la parroquia de Santiago (Jaca). Después pasará tres años en la Universidad Católica de París, donde realiza su licenciatura en Teología catequética. Durante sus estudios en el país galo colabora pastoralmente en la parroquia de la Asunción de París, al mismo tiempo que realiza actividades con inmigrantes. Más tarde volverá como profesor de Francés al Colegio seminario de Jaca y como párroco "in solidum" de la iglesia de Santiago (1979-1987). Es en este año cuando se traslada a Madrid donde realizará tareas de coordinador de la vicaría VII y vicario de la parroquia "Cristo Resucitado" (1987-1988). De 1988 a 1990 pasará a ser colaborador de la parroquia Santa Catalina Mártir de Majadahonda. En 1990 Ramón empieza otra tarea pastoral apasionante: capellán de la Facultad de Farmacia de la Universidad Complutense. Al mismo tiempo comienza su largo periodo como coordinador de Enseñanza de la vicaría VII-Oeste. También de 1990 a 2002 será colaborador de la parroquia Santa María de Majadahonda. En 1992 es nombrado párroco de San José de las Matas, Las Rozas, tarea que desempeñará hasta 2022, año de su jubilación. Es de destacar también en Ramón Puértolas que es coautor de algunos libros de Religión, publicados por la editorial Santillana. También participó muchos veranos (1967-2010) como Capellán de Peregrinos en Lourdes.

Toni Salas Ximelis

Nació en Palma de Mallorca en 1957. En el año 1977 se trasladó a Madrid. Aquí acabó los estudios de Teología en la Universidad Pontificia Comillas. Es diplomado en Profesorado de EGB por ESCUNI y doctor en Ciencias de la Educación por la Universidad Complutense de Madrid. Fue profesor de Religión de EGB en el Colegio Raimundo Lulio de Madrid (1977-81). El 11 de noviembre de 1981 fue nombrado profesor de Religión de FP en el Instituto Moratalaz de Madrid, en el que desempeñó los cargos de secretario y jefe de estudios. Mientras, fue designado por la Comisión Episcopal de Enseñanza como asesor técnico docente para la elaboración del currículo de Religión para la LOGSE en el Ministerio de Educación. Desde el curso 1989-90 fue profesor de Religión en el IES Rivas Vaciamadrid; posteriormente ha estado dando clase en el IES Felipe II; IES Carlos III y Valdebernardo. En el curso 2001-2002 fue propuesto por Santiago Martín Jiménez, delegado episcopal de Enseñanza de Madrid para las tareas de supervisión de las clases de Religión. Desde entonces es supervisor de

Religión, al principio encargándose de las vicarías 1, 2 3 y 8. Posteriormente de las vicarías 2, 3 y 8. Es el profesor de Religión con más años en Secundaria de las tres diócesis madrileñas.

Ha sido profesor de DECA en la Universidad Pontificia de Comillas desde 1994 hasta 2022. Profesor de DECA en ESCUNI desde 1994 a 1998 y en el Centro Universitario Cardenal Cisneros de Alcalá desde el 2000. También profesor de Pedagogía y didáctica de la Religión en el Instituto Internacional de Teología a distancia desde 2009 y en la Universidad de San Dámaso desde 2012.

Es autor de varios libros, destacando *Jaque a la enseñanza de la Religión* de PPC y *Didáctica de la enseñanza de la Religión* con otros autores de CCS. Ha sido director de varios proyectos de Religión con la editorial EVEREST (Aldebarán, Deba, Aldebarán XXI, Abbacanto), con Algaida (Abbacanto y Estela), con Vicens Vives (Lanikai, Comunidad Lanikai). Fue director de la revista *Religión y Escuela* de PPC hasta 1996. Fundó la revista *Aldebarán* para profesores de Religión en el año 1996. Desde entonces es su director, ahora con la editorial Vicens Vives.

Mercedes Serrano Crespo

Desde 1984 estuvo dedicada a dar clases de Religión en colegios públicos. Lo acogió como una bendición porque sus hijos eran mayores y tenía tiempo para dedicarse a la enseñanza, su verdadera vocación. En 1993, Fidel Herráez la llamó para llevar junto a Milagros García Lomas la vicaría I.

Le costó tomar la decisión porque perdía el aula y a los alumnos que era lo suyo y pasó a ser la única seglar, y casada, en un grupo de sacerdotes y monjas. Aunque le consta que ellos también tendrían algo de prevención, Fidel Herráez conseguía un clima de acogida y acompañamiento y agradecimiento por el trabajo realizado que le hizo sentir bien desde el primer momento.

Los delegados fueron cambiando (Santiago Martín y Avelino Revilla), pero ella siguió hasta 2007. Fueron unos años maravillosos, pero tenía que jubilarse.

Miguel Ángel Toledo Fernández

Nace en Madrid, el 16 de mayo de 1982, siendo el pequeño de dos hermanos. Su infancia trascurre igualmente en Madrid donde cursa la EGB en el Colegio Sagrado Corazón de las Hijas de la Caridad, situado en la calle Don Pedro, en pleno centro de Madrid. Posteriormente pasa a cursar tres años en el Instituto público Gran Capitán, pasando a cursar el módulo de Formación profesional de grado medio en Gestión Administrativa y Comercio. En la actualidad es Bachiller en Teología por la Universidad de San Dámaso de Madrid. Finalizados los estudios de formación profesional, pasó a formar parte de la plantilla de empleados de Carrefour, donde ejerció diversas funciones durante 16 años, acabando como formador de personal de las nuevas tiendas franquicias que se siguen abriendo en la actualidad por toda España. En la actualidad ejerce el ministerio sacerdotal como sacerdote diocesano en la parroquia de San Germán de Constantinopla de la Vicaría 8, donde además es el coordinador de Enseñanza de la misma.

Tomás Zamarriego, SJ (1924-1992)

De ascendencia segoviana, se sentía también muy madrileño. Ingresó en el ámbito de la Compañía el año 1940, en el colegio de Areneros para cursar el 7.º curso de Bachillerato. Después iniciaría el noviciado en Aranjuez (1943) donde además realizó tres cursos de humanidades. Durante la Filosofía residió en Chamartín. La Teología la inicia en 1952 en Dublín y la termina en Granada. De 1956 a 1958 se dedica a finalizar estudios. De 1959 a 1962 vive en Madrid y es ministro de estudiantes en Alberto Aguilera al tiempo que hace su tesis doctoral y se embarca en alguna otra empresa, como la Enciclopedia de orientación bibliográfica (DIRCON). En 1962 es nombrado director del Recuerdo, cargo que deja en 1964 para proseguir su tarea con el DIRCON. En 1965 se inicia en el ICAI como vicerrector académico, cargo en el que estuvo muy poco tiempo para pasar a otro tipo de responsabilidades en la Casa de Escritores que la Compañía de Jesús tiene en Madrid: Editorial Razón y Fe, director del Apostolado Laical, codirector de Reseña, etc.

Desde 1968 trabajó incansablemente en el asesoramiento de la Delegación Diocesana de Enseñanza de Madrid como asesor técnico y animador de grupos dedicados a la tarea educativa. En 1983 se le encomendó un nuevo proyecto intelectual que exigía colaboración de muchos y coordinación de esfuerzos: la edición bilingüe del *"Policraticus* de John de Salisbury". En 1988 se le propuso ser rector de la comunidad del ICAI y para ello fue atemperando, siempre por recomendación de la salud, su trabajo en Razón y Fe y la colaboración en la Delegación Diocesana de Enseñanza. Su tarea en la delegación fue fundamentalmente de asesoramiento. Gozó de la confianza de muchos de los miembros del equipo, entre otros de Fidel, de Pepe Blanco, etc. Fue requerido en Roma por la Congregación para la Educación Católica para elaborar con otros el documento "El laico católico testigo de la fe en la escuela" (1982).

Capítulo 2

Memoria continua

La realidad actual de la Delegación Episcopal de Enseñanza

Contenidos:

7. Colegio diocesano María Inmaculada - Luis Ruiz
8. Colegio diocesano Nuestra Señora de Moratalaz
9. Colegio Institución del Divino Maestro
10. Colegio María Cristina
11. Colegio Nuestra Señora de las Delicias
12. Colegio Nuestra Señora de Fátima
13. Colegio Nuestra Señora de la Paz
14. Colegio San Bernardo
15. Colegio San Eulogio
16. Colegio San Francisco
17. Colegio San Ignacio de Loyola - Torrelodones
18. Colegio San Jaime Apóstol
19. Colegio San Pedro Apóstol de Barajas
20. Escuela Infantil Los Ángeles
21. Escuela Infantil Nuestra Señora de las Victorias
22. Escuela Infantil Nuestra Señora del Camino
23. Escuela Infantil Nuestra Señora de los Dolores
24. Escuela Infantil San Pedro Apóstol - Alcobendas
25. Escuela Infantil San Roque
26. Escuela Infantil San Simón y San Judas
27. Escuela Infantil San Víctor
28. Escuela Infantil Santa Rosalía

La memoria agradecida del primer capítulo no solo se refiere a nuestra historia, a los 50 años que la Delegación Diocesana de Enseñanza de Madrid acumula cuidando la educación, es también una historia que continúa. Por ello, en este segundo capítulo del libro conmemorativo de los 50 años desde aquellos primeros pasos de lo que hoy es nuestra delegación diocesana, describimos el proyecto y las tareas actuales que ocupan nuestro quehacer. En una primera parte vamos a compartir los objetivos de la Delegación Episcopal de Enseñanza en su proyecto actual y, en una segunda parte, daremos la palabra a los colegios diocesanos, una realidad educativa que va creciendo en red y que encarna la misión educativa de nuestra Iglesia diocesana.

En este capítulo haremos una breve descripción institucional de estos centros educativos cuya historia también acumula décadas en muchos casos. En el siguiente capítulo daremos la palabra a los profesores y directivos, tanto de colegios diocesanos como profesores de Religión en centros públicos, para que esta memoria continua sea también compartida.

1. La Delegación Episcopal de Enseñanza. Identidad y proyecto

La Delegación Episcopal de Enseñanza es un organismo diocesano al servicio de la pastoral educativa, labor que la archidiócesis de Madrid realiza en los diversos ámbitos de la educación, principalmente a través de la animación y cuidado de: la enseñanza de la religión católica en todos los centros educativos, los colegios diocesanos, el compromiso de los cristianos que trabajan en la educación y las escuelas católicas de la diócesis.

Las principales responsabilidades de la Delegación Episcopal de Enseñanza de Madrid tienen que ver, por tanto, con la enseñanza escolar de la religión, con en el trabajo en red de los colegios diocesanos, con los proyectos educativos de las escuelas católicas y con el reconocimiento y apoyo al trabajo profesional de tantos educadores cristianos, en cualquiera de los ámbitos en lo que se desarrolla, porque allí son testigos de la fe cristiana.

Las tareas más relevantes y visibles que se desarrollan habitualmente en los trabajos diarios de la Delegación Episcopal de Enseñanza de Madrid son:

- la enseñanza de la religión católica en todos los centros educativos,
- los colegios diocesanos,
- las escuelas católicas de la diócesis,
- el compromiso de los cristianos que trabajan en la educación,
- los centros de educación especial de ideario católico,
- la presencia de la Iglesia en las universidades y centros teológicos,
- los profesores que imparten la formación DECA en la educación superior,
- las familias de alumnos (CONCAPA, COFAPA, Educación y Familias de ECM...),
- la relación con la Comisión Episcopal de Educación y Cultura,
- el intercambio con la realidad educativa de otras diócesis europeas (EuFRES),
- la colaboración con el Colegio Profesional de Docentes
- y la coordinación pastoral con otras delegaciones diocesanas.

1. La Delegación Episcopal de Enseñanza de Madrid en la actualidad

Los principales objetivos y tareas de la Delegación Episcopal de Enseñanza de Madrid en la actualidad son estos cuatro:

Objetivo 1.º: Promover y animar la dimensión humanizadora y evangelizadora de la enseñanza escolar de la religión y apoyar la profesión y la vocación educadora de su profesorado

Animados por las palabras del papa Francisco (Roma, 1 de febrero de 2024) que nos pide no descuidar el papel esencial de la religión en la educación de las personas. Y propone de nuevo "tres lenguajes como base de la misión educativa de la Iglesia":

- *Cabeza* para desarrollar el conocimiento a través del estudio y el papel de la religión que nos compromete, entre otras cosas, a construir un mundo mejor, enseñando la convivencia, la solidaridad fraterna y la paz.
- *Corazón* para establecer relaciones auténticas entre educadores y alumnos, caminando juntos y comprendiendo las necesidades e interrogantes de la vida.
- *Manos* entendidas sobre todo como empeño solidario ante las necesidades de los más desfavorecidos.

Nos proponemos las siguientes prioridades:

1.1. Compartir en la comunidad diocesana, con especial incidencia en las familias, la importancia que tiene en el momento actual la enseñanza de la religión en la escuela en la educación integral de los alumnos.
1.2. Promover el derecho fundamental que asiste a las familias para elegir la educación moral y religiosa que esté de acuerdo con sus convicciones, ayudándoles a tomar una postura responsable.
1.3. Apoyar el ejercicio profesional de los profesores de Religión en los centros públicos, privados y concertados, promoviendo su actualización teológica y pedagógica, y acompañando la vocación educadora.
1.4. Impulsar la participación de los profesores de Religión en la ceremonia del envío, en la Jornada Diocesana de Enseñanza, en el encuentro de

final de curso, y en otras acciones de la vida diocesana para afianzar su identidad y su vinculación eclesial.

1.5. Continuar con el seguimiento y el apoyo al profesorado de Religión en los centros privados y concertados, visibilizando su eclesialidad por medio la *missio canonica* y otras acciones formativas.

Objetivo 2.º: Colaborar y apoyar los proyectos educativos de las escuelas católicas fortaleciendo los rasgos de su identidad cristiana

Impulsados por el mensaje del Concilio Vaticano II, *Gravissimum educationis* 8, sabemos que "Siendo la escuela católica tan útil para cumplir la misión del pueblo de Dios y para promover el diálogo entre la Iglesia y la sociedad humana en beneficio de ambas, debemos conservar su importancia trascendental también en los momentos actuales. Por lo cual, este Sagrado Concilio proclama de nuevo el derecho de la Iglesia a establecer y dirigir libremente escuelas de cualquier orden y grado, declarado ya en muchísimos documentos del Magisterio, recordando al propio tiempo que el ejercicio de este derecho contribuye grandemente a la libertad de conciencia, a la protección de los derechos de los padres y al progreso de la misma cultura".

Nos proponemos las siguientes prioridades:

2.1. Animar a la comunidad diocesana para que conozca la realidad e importancia de las escuelas católicas como servicio eclesial a los niños y jóvenes de nuestro tiempo.

2.2. Fomentar la cultura del encuentro y el caminar conjunto de todos los colegios de ideario católico, por ejemplo, participando en la celebración del envío y de la jornada diocesana de enseñanza.

2.3. Coordinar y apoyar la dimensión evangelizadora de los colegios católicos y su proyecto pastoral abriendo espacios de diálogo, conocimiento mutuo e intercambio de buenas prácticas.

2.4. Participar en la Federación Española de Religiosos de la Enseñanza-Titulares de Centros Católicos (Escuelas Católicas de Madrid) para apoyar la identidad católica de los proyectos educativos.

2.5. Apoyar y defender el derecho de las familias a elegir el tipo de educación que quieren para sus hijos mediante la elección de proyectos educativos católicos conforme con sus convicciones religiosas.

Objetivo 3.º: Coordinar y avanzar en el trabajo en red de los colegios diocesanos apoyando su identidad y su servicio educativo a la sociedad

Inspirados por el último documento de la Congregación para la Educación Católica (2022) –*La identidad de la escuela católica para una cultura del diálogo* 30–, compartimos que "la escuela católica es sujeto eclesial. Como tal, comparte la misión evangelizadora de la Iglesia, y es lugar privilegiado en el que se realiza la educación cristiana" (*La escuela católica en los umbrales del tercer milenio* 11). Además, el diálogo es su dimensión constitutiva ya que la misma encuentra su desarrollo precisamente en la dinámica dialógica trinitaria, en el diálogo entre Dios y el hombre y en el diálogo entre los hombres. Por su naturaleza eclesial, la escuela católica comparte este elemento como constitutivo de su identidad. El diálogo combina la atención a la propia identidad con la comprensión de los demás.

Nos proponemos las siguientes prioridades:

3.1. Acompañar la vida de las comunidades educativas de los colegios diocesanos compartiendo las diversas realidades de la Iglesia diocesana para crecer en comunión y sinodalidad.

3.2. Apoyar los rasgos de identidad eclesial en el ideario católico de los colegios diocesanos y de sus proyectos pastorales en coordinación con el trabajo de estos colegios a nivel nacional.

3.3. Animar el conocimiento de los documentos eclesiales sobre la educación, en especial, las propuestas del Pacto Educativo Global, propuesto por el papa Francisco.

3.4. Avanzar en el trabajo en red de los colegios diocesanos creando espacios de encuentro y de intercambio de experiencias en los niveles de alumnado, profesorado y familias.

3.5. Cuidar en los colegios diocesanos la formación cristiana de sus comunidades educativas y la iniciación cristiana en coordinación con la parroquia y los planes de pastoral de la diócesis.

Objetivo 4.º: Reconocer el trabajo profesional de todos los educadores cristianos en cualquiera de los ámbitos en lo que se desarrolla porque allí son testigos de la fe cristiana

Recordando con agradecimiento al papa Francisco, en su mensaje de *Lanzamiento del Pacto Educativo Global*, 12 de septiembre de 2019, acogemos su invitación "a todos a promover juntos y a impulsar, a través de un pacto educativo común, aquellas dinámicas que dan sentido a la historia y la transforman de modo positivo. Junto a vosotros, apelo a las personalidades públicas que a nivel mundial ocupan cargos de responsabilidad y se preocupan por el futuro de las nuevas generaciones [...]. Busquemos juntos las soluciones, iniciemos procesos de transformación sin miedo y miremos hacia el futuro con esperanza. Invito a cada uno a ser protagonista de esta alianza, asumiendo un compromiso personal y comunitario para cultivar juntos el sueño de un humanismo solidario, que responda a las esperanzas del hombre y al diseño de Dios".

Nos proponemos las siguientes prioridades:

4.1. Apoyar la vida profesional y la vocación cristiana de los educadores cristianos informando de la vida diocesana y acercándoles las claves de la misión educativa de la Iglesia a nivel universal y particular.

4.2. Convocar encuentros para el conocimiento mutuo, la convivencia y la formación permanente de los educadores cristianos en su diversidad de situaciones y contextos.

4.3. Potenciar la participación de los educadores cristianos a través de la información eclesial y otras propuestas que cuiden su vocación educadora y su vinculación eclesial.

4.4. Compartir con los educadores cristianos el mensaje espiritual y pastoral que *Gravissimum educationis,* del Concilio Vaticano II, y el Pacto Educativo Global nos proponen para inspirar su misión evangelizadora.

4.5. Participar en las convocatorias de educadores cristianos promovidas por la Comisión Episcopal de Educación como oportunidades de encuentro y reflexión de las instituciones y personas que promueven la concepción cristiana de la educación.

2. TAREAS Y DATOS DE LA DELEGACIÓN EPISCOPAL DE ENSEÑANZA DE MADRID

Para llevar a cabo estos cuatro objetivos, la Delegación Episcopal de Enseñanza de Madrid desarrolla, entre otras, las siguientes tareas y acciones:

- Cuidado de la clase de Religión Católica en los colegios para que todos los niños y jóvenes que deseen recibirla sean atendidos.
- Información a las familias para que se animen a elegir los centros educativos y la enseñanza de la religión católica como parte de la formación integral de sus hijos.
- Selección, propuesta y animación a los profesores de Religión, en orden a que realicen su tarea con la mayor calidad posible.

- Promoción y coordinación de la formación permanente de los profesores de Religión en su actualización didáctica y teológica.
- Atención e impulso de la presencia de los educadores cristianos, cualquiera que sea la materia que impartan o el centro de trabajo.
- Apoyo y coordinación con la escuela católica, en orden a que se responda a las actuales demandas de la Iglesia.
- Coordinación de los planes de acción de la delegación diocesana con las propuestas con la Comisión Episcopal de Educación.
- Apoyo del trabajo en red de los colegios diocesanos para ir avanzando conjuntamente en la Iglesia diocesana.
- Impulso de la coordinación necesaria con otros organismos y ámbitos de la pastoral diocesana (vicarías, delegaciones, arciprestazgos, parroquias...).
- Promoción en toda la comunidad diocesana de un mayor conocimiento, corresponsabilidad y colaboración sobre la presencia y acción de la Iglesia en el campo educativo.
- Atención a las relaciones necesarias con las administraciones educativas (Ministerio de Educación, Consejería de Educación de la Comunidad de Madrid, Inspección Técnica de Educación...) relacionadas especialmente con el campo de la educación.
- Coordinación y apoyo a los profesores que imparten la DECA en centros universitarios, de la Iglesia y públicos, como formación inicial de los futuros profesores de Religión Católica.
- Relación con universidades, centros universitarios e institutos superiores de la diócesis para fortalecer la comunión eclesial de la tarea educativa.

Para completar este panorama de tareas de la delegación puede ayudar compartir algunos datos y estadísticas que forman parta de la memoria del último curso académico 2024-25.

Profesorado de Religión

- 569 centros públicos en los que trabajan 542 profesores de Religión, mas 63 sustitutos:
    - 432 profesores en 409 centros de Educación Infantil y/o Primaria.
    - 137, en 160 centros de Educación Secundaria y/o Bachillerato.
- 28 centros diocesanos con 216 profesores de Religión.
- 202 centros de titularidad canónica con 3.521 profesores de Religión.
- 218 centros de titularidad civil con 1.736 profesores de Religión.

- En total, la diócesis está presente en 1.017 centros educativos.
- Total de centros educativos en la diócesis de Madrid: 1.017.
- Total de profesores de Religión Católica en la diócesis de Madrid: 6.013.

Alumnado de Religión

Alumnado de Religión Católica en la diócesis de Madrid	%	Total
Centros públicos	30,04 %	81.046
Centros de titularidad canónica	97 %	146.303
Centro de titularidad civil	63,5 %	77.609
Total de alumnos en Religión	59,6 %	304.958

Colegios diocesanos

Colegios diocesanos	28
Empleados totales	946
Profesorado	785
Alumnado	8.839

3. UN EQUIPO AL SERVICIO DE LA TAREA

La Delegación Episcopal de Enseñanza tiene su sede central en el arzobispado de Madrid cuyo responsable es el Delegado Episcopal de Enseñanza: **José Luis Guzón Nestar**. El Departamento de Formación del Profesorado está dirigido por **Carlos Esteban Garcés**. Los temas de personal y contratación están coordinados por **María Eugenia Gómez Sierra**.

La secretaría de la delegación la desarrolla **Concepción Miguel Yubero** que cuenta con el apoyo de **José Manuel Mansilla Morales** en documentación, web y archivo.

En cada vicaría territorial existe un coordinador o coordinadora que se responsabiliza de los objetivos de la delegación en esa zona en coordinación con el vicario.

Vicaría 1. **Olga Juarros González**
Vicarías 2 y 3. **Amada Díaz León**

Vicaría 4. **Luci Ortega Martínez**
Vicaría 5. **Amparo Martínez González**
Vicaría 6. **Soledad Fernández-Marcote López**
Vicaría 7. **Josefina de Miguel Cruz**
Vicaría 8. **Miguel Ángel Toledo Fernández**

Además, tenemos un equipo de apoyo técnico de supervisores: **Cristina Ortiz Iglesias-Ussell** y **Antonio Salas Ximelis.**

Finalmente, disponemos de un equipo de apoyo técnico de asesores de formación: **María Amorós Nicolás, Rubén Prieto Chaparro** y **Gregorio Llorente Guijarro.**

4. Una de las prioridades: apoyar al profesorado a través de la formación

La formación permanente del profesorado, tanto los que imparten Religión Católica en centros púbicos, como los de centros concertados, así como los profesores de colegios diocesanos, constituye una prioridad esencial en la Delegación Episcopal de Enseñanza de Madrid. Así ha sido desde sus inicios. Es nuestro mejor modo de apoyar la tarea educativa de los profesores y nuestra mejor oportunidad de acompañar y animar su trabajo en los centros educativos. Para desarrollar esta prioridad, la delegación cuenta con un Departamento de Formación que dinamiza y coordina las diferentes actividades de formación que son pertinentes en cada momento. El equipo de formación tiene, además, tres profesores de Religión liberados de sus clases para gestionar las actividades en los centros de formación propios de la Comunidad de Madrid. De esta manera, las iniciativas de formación que se proponen desde la delegación pueden ser gestionadas en las estructuras de la administración educativa que asume su financiación y certificación oficial en virtud del convenio con la Comunidad de Madrid.

La memoria 2024-25 del Departamento de Formación de la DEE fue presentada y evaluada en las reuniones de equipo de final de curso. En los documentos allí entregados se sistematizaron los datos de la formación promovida por la delegación durante este curso académico 24-25. De esos datos, aquí solo presentamos lo esencial:

49 actividades realizadas.
Cursos y seminarios (20 horas de media cada una).
33 actividades realizadas en los CTIF.
2 actividades realizadas en la DEE.

1 actividad realizada en el Colegio Oficial de Docentes.

10 actividades de formación dirigidas a los Colegios diocesanos.

Simposio TED (Teología y Educación en Diálogo).

Cursos de formación del proyecto Audi Filia.

638 certificados oficiales emitidos por la Comunidad de Madrid.

492 certificados de profesores de Religión.

146 certificados de profesores de Colegios diocesanos.

980 horas de formación.

Gratuita para los profesores y reconocida por la Comunidad de Madrid.

▶ Para ver la actividad realizada en formación, consultar **la web de la DEE**

5. Animación y seguimiento de la realidad educativa desde las vicarías

En el desarrollo de los objetivos de la delegación es esencial el trabajo que se realiza desde la cercanía de las vicarías a través de la coordinadora de enseñanza. En cada una de las 8 vicarías territoriales de la archidiócesis de Madrid hay un coordinador de enseñanza que forma parte del equipo de la Delegación Episcopal de Enseñanza. Entre otras acciones, participan en las reuniones del Consejo de Pastoral de sus respectivos territorios, así como en los consejos escolares de los colegios diocesanos.

La atención de los profesores de Religión de los centros públicos se realiza de forma cercana desde las coordinadoras de vicaría. También la relación con los centros católicos se realiza desde las vicarías. En el seguimiento de los profesores, que compete a los coordinadores de vicaría, cuando requiere una intervención técnica que afecta al incumplimiento de la legislación vigente, cuenta con el apoyo de los supervisores que tienen competencia para intervenir.

Entre las tareas habituales de las coordinadoras de vicaría podemos mencionar las siguientes actividades:

- Acompañamiento a los profesores de Religión de centros públicos.
- Seguimiento a los profesores sustitutos.
- Entrevistas a futuros profesores.
- Visitas a centros públicos a petición del profesorado o del equipo directivo.
- Visitas a los colegios diocesanos.
- Visita a los colegios religiosos.
- Gestión de la *missio* canónica en los colegios privados y concertados.

- Visitas a centros con alguna incidencia con el apoyo de los supervisores.
- Animación de las actividades de formación.
- Convocatoria de reuniones al inicio, mitad y final de curso.
- Participación en los consejos de vicaría y coordinación con el vicario.

6. La responsabilidad en la propuesta y seguimiento del profesorado

La memoria de personal y supervisión recoge el trabajo realizado durante el curso académico 2024-25 desde la supervisión, siguiendo las tareas acostumbradas. La preparación de aquel comienzo de curso fue realizada teniendo en cuenta los resultados del concursillo, las vacantes que quedaban libres o los centros que deberían ser sustituidos por: liberación sindical, formación o supervisión para el curso completo. Posteriormente se procedió a cubrir las excedencias y las bajas de incapacidad temporal de las que se tenía constancia en aquel momento.

El número de sustitutos de partida fue de 67, de los cuales 6 no comienzan el curso 2024-25. Dos de ellos porque aprueban la oposición, otros dos porque se marchan de interinos y los dos restantes porque piden que no se les llame para trabajar más en la delegación. De los 18 calificados como indefinibles se nombra a 16 como indefinidos para empezar el curso (todos los nombramientos enviados a RRHH antes del 1 de septiembre).

Este procedimiento se llevó a cabo teniendo en cuenta las instrucciones de inicio de curso publicadas por la Comunidad de Madrid desde la Viceconsejería de Política y Organización Educativa el 5 de julio de 2024. A lo largo del curso se continuó con la propuesta de nombramientos que iban siendo necesarios.

7. Proyecto Audi Filia y Espacio 3c

En septiembre de 2024 pusimos en marcha el **Proyecto Audi Filia** (Sal 44,11), una iniciativa para fortalecer el cuidado y la escucha en nuestra práctica personal y educativa. Era una respuesta a las crecientes necesidades que se detectan tanto en el alumnado como en los docentes de cuidar su persona integralmente, su bienestar emocional, la salud mental y su espiritualidad. También era una respuesta a la invitación del cardenal-arzobispo de Madrid, José Cobo, de activar iniciativas de cuidado y escucha desde la delegación. El proyecto está centrado en fortalecer la pedagogía del diálogo, la escucha y el cuidado de profesores y alumnos, se inició en el curso 2024-25 y continuará este 2025-26.

El proyecto ha desarrollado en su primer año iniciativas de formación con impacto en los protagonistas de nuestras comunidades educativas, sobre todo, profesores de Religión de centros públicos y educadores de colegios diocesanos, también para el alumnado de nuestros entornos educativos. Durante el segundo año se convocarán nuevas acciones formativas para profesores y para el alumnado que presentaremos a continuación.

Como fruto de las formaciones del Proyecto Audi Filia surgió un grupo de profesores que se comprometieron a dar continuidad a los objetivos de cuidado y escucha. Este equipo de voluntarios puso el nombre de **Espacio 3c,** por la referencia a tres palabras que empiezan por c, "comunicación", "café" y "cuidado", que definen la identidad del grupo y la propuesta que se puso al servicio de la comunidad educativa de la Iglesia en Madrid, que ha funcionado durante la segunda parte del curso 2024-25 y que tendrá continuidad en el curso 2025-26.

Espacio 3c es un lugar de encuentro, de comunicación, de apoyo y reflexión para que las personas que lo necesiten puedan expresarse libremente. Este grupo está abierto a todos y hay varias formas de participar: asistir a las reuniones mensuales e invitar a otros a unirse. Todos los que participen se sentirán escuchados y valorados generando conversación y escucha activa. Se ha tenido en cuenta la experiencia del grupo de escucharnos y cuidarnos, lo que nos ha hecho bien, y creemos que puede hacer bien a otros.

▶ Más información, programas formación y encuentros:
Audi filia: una iniciativa de cuidado y escucha (Curso 2025-2026)
Delegación Episcopal de Enseñanza

8. Simposio TED. Teología y Educación en Diálogo

Desde 2024 iniciamos este nuevo espacio de diálogo entre la teología y la educación dirigido al encuentro y reflexión académica sobre cuestiones esenciales de la pedagogía de la religión, cuidando el diálogo de la teología con la educación, con especial atención a sus implicaciones sobre la enseñanza de lo religioso y la formación de su profesorado.

Los objetivos —sobre los temas que se van planteando en cada edición— son analizar el estado de la cuestión y explorar implicaciones para la teología y la pedagogía. En la primera edición abordamos la inteligencia espiritual y la experiencia religiosa buscando actualizar las consecuencias pastorales y pedagógicas para nuestras presencias educativas en la sociedad actual. En la segunda edición se analiza la secularidad y lo religioso en sociedades plurales y democráticas, desde la sociología, actualizando sus consecuencias pedagógicas desde la antropología cristiana en diálogo abierto.

Los destinatarios son el equipo y colaboradores de la Delegación diocesana de enseñanza, los profesores de DECA de universidades, centros adscritos y centros teológicos, los responsables de la pastoral y liderazgo en identidad cristiana de centros educativos y los docentes de Religión que trabajan en la formación del profesorado.

▶ Más información:
Publicación del **I** Simposio sobre Teología y Educación en **D**iálogo:
Educar la inteligencia espiritual y la experiencia religiosa | PPC Editorial

Programa del **II** Simposio sobre Teología y Educación en **D**iálogo:
II Simposio Teología y Educación en Diálogo: Religión a la intemperie (Curso 2025-2026) | Delegación Episcopal de Enseñanza

9. Colaboración de la **DEE** en el Colegio Oficial de Docentes

Una de las acciones de formación del profesorado de la Delegación Episcopal de Enseñanza se realiza, desde hace más de 25 años, en coordinación con el Colegio de Doctores y Licenciados, ahora llamado Colegio Oficial de Docentes (CDL). Se trata de una presencia pública y académica de la Iglesia en la sociedad civil y sus estructuras sociales. Los cursos de Religión se realizan en relación con otras disciplinas escolares y se ofrecen en el marco de la Universidad de Otoño al menos una vez al año.

El reconocimiento de esta presencia viene avalado por la calidad de los cursos y la participación de los profesores. Tanto la Delegación Episcopal de Enseñanza, a título institucional, como su responsable de formación, Carlos Esteban Garcés, a título personal, han sido reconocidos con la Medalla de Honor del CDL. En 2016, el cardenal Osoro fue nombrado Colegiado de Honor por su dedicación a la docencia. Además, el responsable de formación de la DEE forma parte de la Comisión Didáctica del Colegio de Doctores y Licenciados, y es miembro de su Consejo Asesor.

Cada año académico, a propuesta de la Delegación y en coordinación con el Colegio, se realiza un curso que aborda temas de actualidad adecuados para la formación del profesorado. Por ejemplo, el curso de 2024 tuvo lugar en septiembre, con el tema *Música y Religiones, recursos para el área de Religión*; y, en 2025, el curso se centró en el *Cine y la religión, recursos para el profesorado de Religión.*

Además, en el Boletín del CDL, su órgano de comunicación, Carlos Esteban Garcés escribe habitualmente, haciendo presente la realidad de la educación católica y tratando temas de interés para la presencia pública de la Iglesia en el mundo educativo.

10. LA DEE, UN PROYECTO EN COMUNIÓN CON LA IGLESIA EN SALIDA

En la actualidad, la misión educativa de la Iglesia en todo el mundo viene marcada por la iniciativa del papa Francisco del **Pacto Educativo Global**. Su primera propuesta se formuló el 12 de septiembre de 2019, en un mensaje en el que Francisco invitaba a "reactivar el compromiso por las generaciones más jóvenes renovando la pasión por una educación más humanista". En aquel momento el Papa decía: "os invito a promover juntos y a impulsar las propuestas que dan sentido a la historia y la transforman de modo positivo. Invito a cada uno a cultivar juntos el sueño de un humanismo solidario, que responda a las esperanzas del ser humano y al sueño de Dios".

Sin duda, esta iniciativa de **Francisco** da continuidad a la *Emergencia educativa*, explicada por Benedicto XVI, hunde sus motivaciones en el impulso a la vocación educadora de *Gravissimum educationis,* del Concilio Vaticano II, y es coherente con su magisterio de una Iglesia en salida (*Evangelii gaudium*), la propuesta de la cultura del encuentro y la casa común (*Laudato si*) y el compromiso con la fraternidad universal (*Fratelli tutti*). En todas estas enseñanzas eclesiales se percibe con nitidez que la educación es patrimonio de la humanidad, no es una realidad exclusiva de la Iglesia; sin embargo, en esa educación de todos, la Iglesia tiene una presencia que es expresión de su identidad, una propuesta propia, y un compromiso para contribuir al bien común por encima incluso de su propia identidad.

La propuesta del Pacto Educativo Global se enmarca en el **horizonte humanista** de la dignidad y la fraternidad. Por ello propone un camino fundamental: tener la valentía de colocar a la persona en el centro. Desde esta clave humanizadora, dicha iniciativa invita, con una **sana antropología**, a que en todos los procesos educativos pongamos en el centro a la persona, su valor y su dignidad. Así, "las prioridades y compromisos del Pacto Educativo Global"[1]

---

[1] Puede consultarse en <https://www.conferenciaepiscopal.es/el-pacto-educativo-global/>.

son una inspiración para la tarea educativa de los profesores de Religión, los colegios diocesanos y todas las escuelas católicas.

El actual tiempo educativo de la Iglesia también viene marcada por la Instrucción de 2022 de la Congregación para la Educación Católica, *La identidad de la escuela católica para una cultura del diálogo*,[2] que nos ha recordado la necesidad de renovar la identidad de nuestros proyectos educativos católicos en el marco de la diversidad y de la cultura del encuentro. Lo hace en el marco de las palabras del papa Francisco: "no podemos construir una cultura del diálogo si no tenemos identidad". Sin duda, esta instrucción de la Iglesia debe inspirar los planes de la pastoral educativa en nuestra pastoral diocesana y alentar la cercanía y apoyo a las escuelas católicas.

En este contexto de la identidad de las escuelas católicas tiene especial relevancia la reciente "carta de mayo de 2023",[3] compartida por el Dicasterio para la Cultura y la Educación y el Dicasterio para los Institutos de Vida Consagrada y las Sociedades de Vida Apostólica. Es inspirador este diálogo entre la educación y la vida religiosa en el que se describen algunas de las **potencialidades y las fatigas** de la misión educativa de la Iglesia en esta etapa de la historia. Sus orientaciones invitan a un camino de diálogo y encuentro, abriendo espacios de comunión y sinodalidad, y nos estimula a escucharnos más unos a otros porque todos tenemos algo que aprender.

En síntesis, la misión educativa de una Iglesia en salida nos impulsa hacia la renovación de nuestra pasión por la educación humanizadora, hacia el despertar de la dignidad humana de todas y todos, y hacia la construcción de la casa común para hacer de este mundo la familia humana sin descarte de nadie.

11. LA DEE, UN PROYECTO DE LA IGLESIA DIOCESANA EN COMUNIÓN CON LA IGLESIA EN ESPAÑA Y LA UNIVERSAL

Nos parece oportuno indicar aquí algunos documentos eclesiales actuales que constituyen nuestra referencia para el trabajo de la Delegación Episcopal de Enseñanza de la diócesis de Madrid porque en ellos se inspiran los objetivos y las prioridades.

---

[2] Puede consultarse en <https://www.vatican.va/roman_curia/congregations/ccatheduc/documents/rc_con_ccatheduc_doc_20220125_istruzione-identita-scuola-cattolica_sp.html>.

[3] Puede consultarse en <https://haciaelcongreso2024.educacionyculturacee.es/wp-content/uploads/2023/07/CartaConjuntaEscuelaCatolicaDCE_DIVCSVAJunio2023.pdf>.

Documentos clave de la Santa Sede sobre la educación

- ▶ "Carta a todos los que participan en la misión educativa de las escuelas católicas", Dicasterio para los Institutos de Vida Consagrada y las Sociedades de Vida Apostólica, Dicasterio para la Cultura y la Educación (28 de junio de 2023).

- ▶ "La identidad de la Escuela Católica para una cultura del diálogo", Congregación para la Educación Católica (25 de enero de 2022).

- ▶ "Discurso con motivo del Encuentro Religiones y Educación", Papa Francisco (5 de octubre de 2021).

- ▶ Videomensaje con ocasión del encuentro promovido y organizado por la Congregación para la Educación Católica: "Global compact on education. Together to look beyond", Papa Francisco (15 de octubre de 2020).

- ▶ Carta encíclica *Fratelli tutti* sobre la fraternidad y la amistad social, Papa Francisco (3 de octubre de 2020).

- ▶ "Mensaje en el lanzamiento del Pacto Educativo Global", Papa Francisco (12 de septiembre de 2019).

- ▶ Constitución apostólica *Veritatis gaudium* sobre las universidades y facultades eclesiásticas, Papa Francisco (27 de diciembre de 2017).

- ▶ "Educar al humanismo solidario", Congregación para la Educación Católica (16 de abril de 2017).

- ▶ Carta encíclica *Laudato si'* sobre el cuidado de la casa común, Papa Francisco (24 de mayo de 2015).

- ▶ "Educar al diálogo intercultural en la escuela católica. Vivir juntos para una civilización del amor", Congregación para la Educación Católica (28 de octubre de 2013).

- "Carta a los Eminentísimos y Excelentísimos presidentes de las Conferencias Episcopales sobre la enseñanza de la religión en la escuela", Congregación para la Educación Católica (5 de mayo de 2009).

- "Discurso a un grupo de profesores de Religión en las escuelas italianas", Papa Benedicto XVI (5 de abril de 2009).

- Presentación del documento "Educar juntos en la Escuela Católica. Misión compartida de consagrados y fieles laicos", Congregación para la Educación Católica (20 de noviembre de 2007).

- "Educar juntos en la Escuela Católica. Misión compartida de personas consagradas y fieles laicos", Congregación para la Educación Católica (8 de septiembre de 2007).

- "Las personas consagradas y su misión en la escuela", Congregación para la Educación Católica (20 de octubre de 2002).

- "La Escuela Católica en los umbrales del tercer milenio", Congregación para la Educación Católica (28 de diciembre de 1997).

- "Discurso a un simposio internacional sobre la enseñanza de la Religión católica en la escuela", Papa Juan Pablo II (15 de abril de 1991).

- "Dimensión religiosa de la educación en la escuela católica", Congregación para la Educación Católica (7 de abril de 1988).

- "El laico católico, testigo de la fe en la escuela", Sagrada Congregación para la Educación Católica (15 de octubre de 1982).

- "La Escuela Católica", Sagrada Congregación para la Educación Católica (19 de marzo de 1977).

- Declaración *Gravissimum educationis* sobre la educación cristiana, Concilio Vaticano II (28 de octubre de 1965).

Documentos clave de la Conferencia Episcopal Española sobre la educación

- ▶ "Currículo de Religión Católica", Comisión Episcopal para la Educación y Cultura para el sistema educativo (aprobado por el Ministerio de Educación, BOE de 24 de junio de 2022).

- ▶ "Orientaciones pastorales para la coordinación de la familia, la parroquia y la escuela en la transmisión de la fe", XCVII Asamblea Plenaria de la Conferencia Episcopal Española (25 de febrero de 2013).

- ▶ "La escuela católica. Oferta de la Iglesia en España para la educación en el siglo XXI", LXXXIX Asamblea Plenaria de la Conferencia Episcopal Española (27 de abril de 2007).

- ▶ "El profesor de Religión católica. Identidad y misión", Comisión Episcopal de Enseñanza y Catequesis (1998).

- ▶ "El derecho a la educación", XXXVIII Asamblea Plenaria de la Conferencia Episcopal Española (24 de junio de 1983).

- ▶ "La identidad católica de los colegios amenazada", Secretaría General de la Conferencia Episcopal Española (12 de junio de 1983).

- ▶ "Orientaciones Pastorales sobre la ERE. Su legitimidad, carácter propio y contenido", Comisión Episcopal de Enseñanza y Catequesis (1979).

12. La DEE, un proyecto en diálogo con la educación

A la hora de repensar y actualizar la misión educativa de la Iglesia en nuestro tiempo también sentimos la urgencia de estar atentos a todo lo que está aconteciendo con la educación en nuestros contextos socioculturales y políticos, a nivel local y global, para dialogar con todo ello desde nuestra visión cristiana de la vida y para orientar nuestros proyectos educativos hacia la construcción de la casa común.

Entre las referencias sociales, culturales y de política educativa internacional, fundamentales para la misión educativa de la Iglesia, mencionaremos:

- La "Declaración Universal de los Derechos Humanos" de 1948, que reconoce el derecho de todos a una educación integral y el derecho preferente de las familias a elegir el tipo de educación que habrá de darse a sus hijos e hijas.

- Derechos y libertades fundamentales así reconocidos en el "Pacto Internacional de Derechos Económicos, Sociales y Culturales" de 1966; la "Convención sobre los Derechos del Niño" de 1989; y la "Carta de Derechos Fundamentales de la Unión Europea" del año 2000.

- Estas referencias básicas del derecho internacional han sido ratificadas por el Estado español dando cumplimiento a lo establecido en la "Constitución española" de 1978 en su Título primero sobre derechos y libertades fundamentales, en lo referido a la libertad religiosa y el derecho a la educación.

- Y así han sido refrendadas en las últimas reformas legislativas de nuestro sistema educativo general, "LOMLOE" de 2020, y de la "Formación Profesional" en 2022.

Otras referencias supranacionales que también afectan a la antropología de la educación, y con la que estamos llamados a dialogar desde nuestra visión eclesial, son:

- La "Declaración de Incheon" de 2015, como marco de acción de la Agenda 2030 y de los ODS, especialmente centrada en una educación inclusiva y equitativa de calidad para todos.

- El "último informe de la UNESCO" de 2021 sobre los futuros de la educación que representa una referencia internacional humanizadora de la educación.

- La referencia al "Área Europea de Educación" de 2025 y la propuesta de "competencias clave" redefinida en 2018 para el aprendizaje permanente.

- La "brújula del aprendizaje" 2030 de la OCDE y su reciente documento sobre "Construir el futuro de la educación" de 2023, ambas referencias fortaleciendo enfoques humanistas de la educación.

- También es una referencia que podemos tener en cuenta la reflexión sobre una educación para la "ciudadanía global" que se trabaja de manera creciente en las instituciones mundiales.

En síntesis, valoramos que, a la hora de pensar la pastoral educativa de la Iglesia diocesana, además de tener en cuenta las claves del magisterio eclesial a nivel universal, debemos tener en cuenta también las claves de la educación a nivel social y cultural, en lo local y en lo global. Máxime cuando estas referencias internacionales ponen de relieve una creciente preocupación por la humanización y la democracia, cuestiones que hacen emerger una realidad antropológica con la que nos sentimos llamados a dialogar desde nuestra identidad eclesial; sentimos la responsabilidad de compartir nuestra visión cristiana de la vida para contribuir en la actual construcción cultural de la persona y de la sociedad.

2. Los colegios diocesanos en Madrid, una realidad de esperanza

Los colegios diocesanos de Madrid son actualmente 28 centros con concierto o convenio educativo para enseñanza reglada, que en el curso 2023-24 atendían a 9664 alumnos de todos los niveles educativos no universitarios. Difieren en cuanto a la figura jurídica de su titularidad ya que existen centros pertenecientes a fundaciones canónicas, fundaciones civiles, titularidad parroquial y otros con titularidad del arzobispado de Madrid. A continuación presentamos una breve información de cada uno de ellos.

Actualmente se avanza en su coordinación a través de diferentes comisiones educativas integradas por los miembros de los centros educativos diocesanos con el objetivo de analizar e identificar las necesidades y fortalezas de cada centro para potenciar la identidad común y el Proyecto Educativo Diocesano - Fundación Virgen de la Almudena.

RELACIÓN CENTROS EDUCATIVOS

1. Colegio arzobispal - Seminario menor
2. Colegio Beata Filipina
3. Colegio Beata María Ana de Jesús
4. Colegio diocesano Cristo de la Guía
5. Colegio diocesano María Inmaculada - Joaquín Turina
6. Colegio diocesano María Inmaculada - Mogambo
7. Colegio diocesano María Inmaculada - Luis Ruiz
8. Colegio diocesano Nuestra Señora de Moratalaz
9. Colegio Institución del Divino Maestro
10. Colegio María Cristina
11. Colegio Nuestra Señora de las Delicias
12. Colegio Nuestra Señora de Fátima
13. Colegio Nuestra Señora de la Paz
14. Colegio San Bernardo
15. Colegio San Eulogio
16. Colegio San Francisco
17. Colegio San Ignacio De Loyola - Torrelodones
18. Colegio San Jaime Apóstol
19. Colegio San Pedro Apóstol de Barajas
20. Escuela Infantil Los Ángeles
21. Escuela Infantil Nuestra Señora de las Victorias
22. Escuela Infantil Nuestra Señora del Camino
23. Escuela Infantil Nuestra Señora de los Dolores
24. Escuela Infantil San Pedro Apóstol - Alcobendas
25. Escuela Infantil San Roque
26. Escuela Infantil San Simón y San Judas
27. Escuela Infantil San Víctor
28. Escuela Infantil Santa Rosalía

1. Colegio arzobispal - Seminario menor

DIRECCIÓN: Plaza San Francisco 5. 28005 Madrid

DIRECTOR: Marcos Hermosel

TELÉFONO: 91 364 17 34

CORREO ELECTRONICO: marcos.hermosel.chamorro@colegioarzobispal.com

WEB: https://colegioarzobispal.com

TITULARIDAD: Arzobispado de Madrid

ETAPAS EDUCATIVAS: ESO y Bachillerato

Situado hoy día en un histórico edificio en el barrio de La Latina en Madrid, el origen del Colegio arzobispal se remonta a octubre de 1885, cuando nace el Seminario de Madrid. En este siglo y medio de historia hemos entendido siempre la educación como un cuidado de la llamada. Una llamada que proviene de lo alto y que cobra sentido para la vida de los jóvenes. Sentido en sus dos acepciones: lugar al que ir, al que caminar, casa a la que acudir; pero también sentido como significado. Que la vida tiene una dirección y un significado resume bien la raíz vocacional que tiene para nosotros el acto educativo.

Por lo tanto, el deseo que nos mueve en la actualidad es el mismo que el de nuestros predecesores: el acompañamiento de la llamada vocacional del alumno como camino para su realización personal a través de la educación de personas libres, responsables y profesionalmente preparadas. Como seminario, queremos cuidar singularmente a aquellos que se sienten llamados, desde edades tempranas, al sacerdocio. Con ese fin, el Seminario Menor dispone de un espacio para acoger a una comunidad que es animada y acompañada por dos sacerdotes formadores.

El Colegio arzobispal es una "familia" inserta en el mundo. Así, el ambiente, un idóneo número de alumnos, la relación con familias, parroquias y movimientos posibilita una cercanía y familiaridad. Todo con el fin de que nuestros alumnos puedan crecer, superar sus dificultades, ser comprendidos y escuchados y constituirse en fermento de la sociedad.

La metodología del Colegio arzobispal bebe de diversas fuentes con el ánimo de ser capaces, cada vez más, de individualizar el aprendizaje. El acompañamiento, en todos los ámbitos de la vida del alumno, es uno de los pilares del centro; y con ese propósito, los grupos cuentan con profesores, tutor, orientadores y formadores para no descuidar ninguna faceta de la persona. El profesor cuida, acompaña y muestra la verdad a los alumnos, consciente –y haciéndolos conscientes– de que son ellos los que, mediante su esfuerzo y voluntad, van a liderar su propio aprendizaje. Sabedores de que los chicos tienen un esquema de diferentes capacidades y aprenden de manera diferente, mantenemos una sana tensión y renovación en nuestras prácticas metodológicas.

La enseñanza del Evangelio y la transmisión de la fe son pilares fundamentales y guía de toda nuestra vida. Así, todos los educadores y el personal del centro estamos en continua formación personal para transmitirles a los alumnos la experiencia de vida en Jesucristo.

Un equipo de varios profesores se encarga de que en nuestro colegio todos los alumnos reciban cada día un módulo de media hora de formación variada que se entronca en este deseo de dotar de sentido verdadero la vida de los chicos. A este tiempo de pastoral y formación humana lo llamamos "Siembra".

2. COLEGIO BEATA FILIPINA

DIRECCIÓN: C/ José de Cadalso, 50. 28044 Madrid

DIRECTOR: Cristina Sánchez

TELÉFONO: 91 706 30 21

CORREO ELECTRÓNICO: bfilipinaffv@planalfa.es

WEB: https://beatafilipina.org/

TITULARIDAD: Fundación Feliciana Viértola. Arzobispado de Madrid

ETAPAS EDUCATIVAS: Educación Infantil, Primaria y ESO

El Colegio Beata Filipina-Fundación Feliciana Viértola se remonta al año 1960 en el que se instala el centro en unos barracones situados en la zona de la parroquia del Cristo del Amor. En 1970 se termina la construcción en el emplazamiento actual. En la actualidad el colegio dispone de 18 unidades de Primaria y 8 de Secundaria, además de unidades de Apoyo a la Integración y Compensatoria.

En nuestra historia como centro encontramos referentes históricos muy importantes. En primer término, Feliciana Viértola. Vivió en el siglo XIX y su generosidad hizo posible la existencia de nuestro colegio, ya que parte de su fortuna fue cedida al arzobispado de Madrid, patrono de la Fundación Feliciana Viértola. El obispado confió la dirección del colegio a la orden del Sagrado Corazón. El colegio debe su nombre a Santa Filipina Duchesne, que fue la primera misionera de esta orden.

El colegio ha tratado de dar respuestas a las necesidades del barrio, además de la formación integral de nuestros alumnos y alumnas, como son: gratuidad de la enseñanza, concierto, coeducación, plan de Integración, voluntariado, atención a las minorías étnicas, interculturalidad, apoyo en la parroquia. También participamos en diferentes proyectos de centro que implican a toda la comunidad: Semana Cultural, Día de la Paz, Feria de la Ciencia –Madrid es Ciencia, campañas de educación ambiental, educación para la salud, proyectos solidarios (Perú, Guatemala, Argentina).

La fundación Feliciana Viértola es una fundación civil cuyo patrono siempre ha de ser el arzobispo de Madrid. Se trata de una organización sin ánimo de lucro sujeta a la ley de transparencia. El patronato tiene la titularidad de sus actividades, que son ejecutadas por el personal del Colegio Beata Filipina.

Nuestro colegio es un centro educativo concertado católico con más de 50 años de experiencia que se inspira en una visión cristiana de la vida y trata de promover el cambio social a través de la educación, colaborando en la construcción de una sociedad democrática y justa.

Pretendemos educar a nuestros alumnos para ser ciudadanos del mundo y como seres irrepetibles, capaces de crecer, de rendir de acuerdo con lo que han recibido y compartirlo.

Aunamos eficazmente la innovación con la tradición. Educamos en valores cristianos, fomentando un ambiente positivo y alegre, desde la tolerancia y el respeto a las diferencias, incidiendo en el trabajo bien hecho, con constancia e interés y favoreciendo la ayuda mutua.

Ofrecemos una educación de calidad inspirándonos en una visión trascendente de la condición humana y en el principio de dignidad de la persona, características primordiales del espíritu cristiano.

El alumno es el centro de la actividad educativa teniendo en cuenta su singularidad para el desarrollo de los aspectos: intelectual, humano y social.

Ofrecemos una educación personalizada para ayudar a cada alumno a descubrir y potenciar lo mejor de sí mismo, a dotarle de independencia y autonomía personal para que sea capaz de construir su propio proyecto personal de vida.

Nuestra educación debe capacitar al individuo para ser libre y responsable ante la elección entre diversas opciones que la vida nos presenta en cada momento.

Las normas de convivencia siempre tienen como finalidad desarrollar la responsabilidad general de los alumnos.

3. COLEGIO BEATA MARÍA ANA DE JESÚS

DIRECCIÓN: C/ Guillermo de Osma 12. 28045 Madrid

DIRECTOR: Mario F. Peñas

TELEFONO: 91 109 57 90

CORREO ELECTRÓNICO: director@bmajesus.es

WEB: https://www.educa2.madrid.org/web/colegiobeatamanadejesus.madrid

TITULARIDAD: Parroquia Beata María Ana de Jesús. Arzobispado de Madrid

ETAPAS EDUCATIVAS: Educación Infantil, Primaria y ESO

La historia del Colegio parroquial y diocesano Beata María Ana de Jesús está íntimamente ligada a la de la parroquia homónima, siendo su párroco en cada momento el titular del centro. El embrión del colegio ocurre en 1940, cuando Julio Morate, primer párroco (y que tiene una calle en su honor en el barrio), comienza su labor pastoral en esta zona devastada del Madrid de la posguerra y adquiere un local en la calle José Miguel Gordoa para diversos usos sociales, entre ellos enseñar a leer y escribir a los niños.

Pronto, en un cercado próximo se construyó el colegio parroquial, donde se ubica actualmente, dedicado a la enseñanza básica, pero que también se usa como capilla, consultorio y dispensario de medicamentos para los vecinos del barrio. Entre 1943 y 1952, pegado al colegio, se construye la parroquia actual. En 1997 se autoriza la Educación Primaria, posteriormente, en 1999 el segundo ciclo de Educación Infantil, y finalmente, en 2005, la ampliación a la ESO completando todas las etapas concertadas.

Desde su origen, a pesar de las luces y sombras de su historia, y no sin dificultades en el camino, en el ADN del colegio se mantiene esta vocación hacia los más desfavorecidos, igual que la de la Beata María Ana de Jesús, copatrona de Madrid, de la que celebramos en 2024 el cuarto centenario de su muerte.

El Colegio Beata María Ana de Jesús es una institución educativa vinculada al arzobispado de Madrid y cuya titularidad corresponde a la parroquia Beata María Ana de Jesús. Su carácter propio es el de un centro católico e imparte niveles educativos de Infantil, Primaria y Secundaria, que están todos concertados.

El centro se encuentra dentro del distrito de Arganzuela, que está formado por siete barrios y posee una población que, en enero de 2022, ascendía a 152.638 habitantes. El barrio de Chopera, donde se ubica nuestro centro, tiene una población de 19.734 habitantes. En esta misma zona, el número de habitantes de origen extranjero, con fecha de 1 de enero de 2022, representa el 13, 86 % de los vecinos.

Entendemos que el desarrollo integral de nuestros alumnos debe abarcar cinco dimensiones que forman la totalidad y unicidad de la persona:

- Dimensión académica e intelectual.
- Dimensión espiritual y transcendente.
- Dimensión afectiva y emocional.
- Dimensión social.
- Dimensión física.

Como entendemos que la comunión parroquia-colegio es parte misma de la identidad del centro, desde esa perspectiva se desarrollan todas las actividades de pastoral del centro.

4. Colegio diocesano Cristo de la Guía

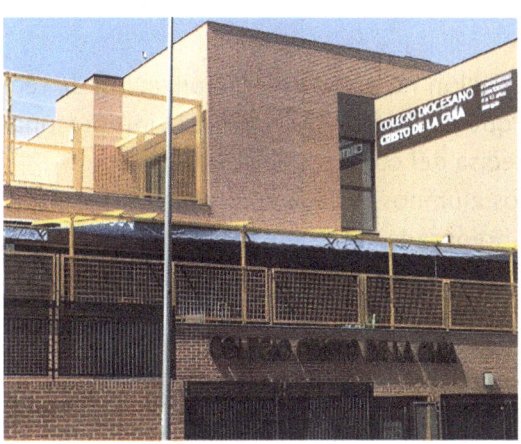

DIRECCIÓN: C/ Ezcaray 1.
  28032 Madrid
DIRECTORA: Pilar Villaverde
TELÉFONO: 91 776 85 93
CORREO ELECTRÓNICO:
  colegio@colegiocristodelaguia.es
WEB: https://colegiocristodelaguia.es/
TITULARIDAD: Fundación Cristo de
  la Guía. Arzobispado de Madrid
ETAPAS EDUCATIVAS:
  Educación Infantil y Primaria

El actual Colegio diocesano Cristo de la Guía está enclavado en el barrio de Vicálvaro. Fue en 1970 cuando el crecimiento de Vicálvaro toma fuerza y en esta fecha se erige la parroquia Smo. Cristo de la Guía. Desde el primer momento de la creación de la parroquia está presente la atención escolar con lo que entonces se designaba como "guardería laboral". Su intención era el cuidado de los niños de modo que ambos progenitores pudieran acudir al trabajo. Pioneros desde el principio y preocupados por ayudar a los padres en su responsabilidad de educar a sus hijos, no solo se daba una atención asistencial, sino que, con el paso del tiempo, se cuidó la educación hasta el punto de estar hoy dentro del sistema educativo reglado español. Adecuándose a las necesidades del momento y adaptándose a las diferentes normativas de forma ininterrumpida se ha adaptado a las necesidades de los padres y de los alumnos y hoy es ya un gran colegio dentro de la CAM.

El Colegio diocesano Cristo de la Guía es un centro cuya titularidad corresponde al arzobispado de Madrid. Está conveniado y concertado. Está dirigido por un Equipo Directivo (Titular del centro, Director General, Director de Administración) que guía la marcha del centro.

El claustro de profesores y educadores, junto con el resto de personal no docente y los padres de los alumnos, configuran una unidad educativa implicada responsablemente en todos los aspectos e iniciativas del centro.

El personal de Administración y Servicios forma parte del Proyecto Educativo y está a disposición de todo el conjunto del centro para contribuir al buen funcionamiento de este.

En el colegio sabemos que educar es ayudar a conocer la realidad en todos sus aspectos, yendo al fondo de su significado. Abordar este último aspecto —el hecho de que la realidad tiene un sentido y que el hombre puede llegar a conocerlo— es fundamental para que se dé en la educación un conocimiento significativo.

Entendemos, además, que la educación no es una mera aplicación de técnicas o estrategias didácticas, sino que es, ante todo, una relación personal entre el profesor y el alumno que precisa del compromiso de ambos.

Queremos ser un centro donde los alumnos reciban una educación tal que lleguen a ser personas que, estando preparadas sólidamente para afrontar los desafíos y oportunidades del siglo XXI, sean:

- Conscientes de su propia humanidad.
- Poseedores de su propia visión del mundo fruto de una crítica inteligente y sincera.

- Apasionados por la realidad entera, sintiéndose responsables del mundo y deseosos de construir una sociedad mejor.
- Sabedores de que Cristo es su amigo y nos guía.

5. COLEGIO DIOCESANO MARÍA INMACULADA – JOAQUÍN TURINA

DIRECCIÓN: C/ Joaquín Turina 58. 28044 Madrid

DIRECTORA: M.ª Amparo Triguero

TELÉFONO: 91 509 30 05

CORREO ELECTRÓNICO: ma.triguero@fmariainmaculada.org

WEB: https://mariainmaculadaturina.es/

TITULARIDAD: Fundación Pía Autónoma de las Congregaciones Marianas la Inmaculada y San José. Arzobispado de Madrid

ETAPAS EDUCATIVAS: Educación Infantil, Primaria, ESO y Bachillerato

El Colegio María Inmaculada es un centro concertado de la Fundación Pía Autónoma de las Congregaciones Marianas, La Inmaculada y San José, perteneciente a la archidiócesis de Madrid, que surgió hace más de 60 años en el seno de las Congregaciones Marianas. La Fundación Pía Autónoma de las Congregaciones Marianas, La Inmaculada y San José, es una Fundación constituida sin ánimo de lucro por voluntad de sus fundadoras.

Los fines fundamentales de la fundación son:

- Impulsar la evangelización mediante una formación educativa integral de la persona, inspirada en los valores del evangelio y de acuerdo con el Magisterio de la Iglesia Católica.
- Desarrollar actividades benéficas asistenciales, principalmente de atención sociosanitaria a los ancianos

Nuestro colegio fue fundado a comienzos de la década de los 50 gracias a la iniciativa de M.ª Emilia Igartua, Esclava del Sagrado Corazón. Ella, junto con otras maestras y funcionarias, pertenecientes a las Congregaciones Marianas, pusieron en marcha este centro y otros dos más en distintos barrios de la capital, así como una residencia de ancianos y un colegio mayor. En sus inicios este centro estaba situado entre los barrios de Usera y de Carabanchel Bajo, era un barracón sobre la tierra, dividido en dos habitaciones, donde se recogían niños y niñas de todas las edades.

Más tarde los niños fueron trasladados a un centro masculino y se dividieron las niñas en dos grados. Las condiciones del barracón obligaron a comprar, en Carabanchel Alto, un Grupo Escolar que se había puesto en venta. Poco a poco la matrícula fue creciendo y se consiguió dotar al edificio de todas las instalaciones necesarias para facilitar la educación.

Desde el curso 2019-2020 el colegio se encuentra ubicado en un nuevo edificio con nuevas instalaciones, albergando cerca de 900 alumnos y más de 50 profesionales de la educación. Nuestro colegio está integrado por las etapas educativas de Ed. Infantil, Ed. Primaria, E.S.O. y Bachillerato y está acogido al régimen de conciertos educativos.

Hoy podemos decir con satisfacción que hemos conseguido formar y educar a muchas generaciones de alumnos desde una visión cristiana del mundo y de la vida, asumiendo la realidad sociocultural y el compromiso de servicio a la sociedad. Procurando en todo momento establecer un diálogo vital y una integración entre la fe, la cultura y la vida.

Nuestra opción por la formación integral implica una concepción de escuela que va más allá de los límites del horario escolar y ayuda a los alumnos a abrirse a un mundo de dimensiones cada vez más amplias.

En el colegio nos sentimos una comunidad educativa testigo del Evangelio. Queremos hacer explícita una propuesta de vida que presente a Jesús como alguien que da sentido a nuestra vida. Una comunidad abierta a una sociedad multicultural que permita, desde el centro, crear una sociedad más justa y solidaria, dando respuesta a los que más nos necesitan. Una comunidad con la misión y el fin de educar, favoreciendo el desarrollo integral y de calidad de la persona, en todas sus dimensiones.

DIRECCIÓN: C/ Mogambo 5. 28018 Madrid

DIRECTORA: Nuria García López

TELÉFONO: 91 777 46 51

CORREO ELECTRONICO: colegio mogambo@fmariainmaculada.org

WEB: https://mariainmaculada mogambo.es/

TITULARIDAD: Fundación Pía Autónoma de las Congregaciones Marianas la Inmaculada y San José. Arzobispado de Madrid

ETAPAS EDUCATIVAS: Educación Infantil, Primaria, ESO y Bachillerato

El Colegio diocesano María Inmaculada – Mogambo es un centro concertado de la Fundación Pía Autónoma de las CC. Marianas, La Inmaculada y San José, perteneciente a la archidiócesis de Madrid.

La Fundación Pía Autónoma de las Congregaciones Marianas, La Inmaculada y San José, es una Fundación constituida sin ánimo de lucro por voluntad de sus fundadoras.

Los fines fundamentales de la fundación son:

- Impulsar la evangelización mediante una formación educativa integral de la persona, inspirada en los valores del evangelio y de acuerdo con el Magisterio de la Iglesia Católica.
- Desarrollar actividades benéficas asistenciales, principalmente de atención sociosanitaria a los ancianos.

El colegio nació por la iniciativa, dedicación y esfuerzo de la Congregación Mariana de Madre Emilia Igartua (Esclava del Sagrado Corazón) en el Madrid de los años 50.

En aquel entonces nuestro centro se inicia como una escuela parroquial de párvulos en el barrio conocido como "Huerta del Hachero" (hoy, Palomeras Bajas, Puente de Vallecas) y en comunión con la parroquia de San Diego, desarrollando una labor con tintes muy variados: escuela de primera enseñanza, dispensario y visitas domiciliarias de asistencia social.

Pocos años más tarde se construyó un hogar-escuela que se inauguró en 1955. En él durante la semana se impartían clases y los sábados por la tarde y las mañanas de los domingos se celebran funciones teatrales, festivales de bailes regionales, talleres de bordado y se pone en marcha una biblioteca ambulante. Desde aquel instante el objetivo no fue otro más que extender esta presencia en el barrio con el deseo y la ilusión de trasladar una formación integral... una sólida formación humana, intelectual y social... desde el amor y con coraje. Sucesivamente irían apareciendo los distintos niveles de enseñanza que quedan ya consolidados en los años sesenta.

Desde el año 2009 pertenecemos a la archidiócesis de Madrid. Nuestro colegio tiene todos los niveles de enseñanza concertados, desde la Educación Infantil hasta Bachillerato. Contamos con 500 alumnos, con un profesorado altamente cualificado e involucrado en la formación de los alumnos y acompañamiento de las familias, con un personal de administración y servicios que colabora en esta dedicación para configurar una unidad educativa cristiana que se consolida en el barrio.

Como en nuestros orígenes la relación con la parroquia, ahora la unión pastoral del Buen Pastor y Ntra. Señora del Consuelo, es una constante y la pastoral del centro es un buen ejemplo de ello.

En el campo de la innovación estamos sumergidos en el Programa BEDA desde el curso 2009-2010. Contamos con una profesora nativa de inglés que indudablemente agiliza el aprendizaje del idioma y prepara a nuestros alumnos para un futuro en el que el dominio de la lengua inglesa será imprescindible para un mayor éxito en el mundo universitario y laboral. A su vez estamos trabajando las nuevas tecnologías y la robótica, acorde con las necesidades de formación actuales.

Estructuralmente el colegio está situado en una parcela de 5000 m², y presenta pabellones diferenciados por cada nivel de enseñanza, además de un gimnasio y comedor.

En nuestros comienzos, allá por los años 50, el colegio estaba enclavado en un barrio marginal desde el punto de vista social y económico. Hoy estamos a escasos metros de la sede de la Asamblea de Madrid, con grandes superficies comerciales a nuestro alrededor, pero hoy tanto como ayer creemos en la necesidad de inculcar esa formación integral, trascendente, basada en el humanismo cristiano.

DIRECCIÓN: C/ Luis Ruiz, 26. 28017 Madrid

DIRECTORA: Valle Jiménez

TELÉFONO: 91 367 58 38

CORREO ELECTRÓNICO: v.jimenez@fmariainmaculada.org

WEB: https://mariainmaculadaluisruiz.es/

TITULARIDAD: Fundación Pía Autónoma de las Congregaciones Marianas La Inmaculada y San José. Arzobispado de Madrid

ETAPAS EDUCATIVAS: Educación Infantil (3-6 años)

El Colegio diocesano M.ª Inmaculada es un centro concertado de Madrid capital, ubicado en la calle Luis Ruiz 26, en el barrio de Pueblo Nuevo del distrito de Ciudad Lineal, donde se imparte segundo ciclo de Educación Infantil, línea 1. El centro consta de 3 aulas de 3, 4 y 5 años y somos 3 tutoras y 1 profesora de apoyo con la especialidad en inglés. Fue fundado en los años 50 por Congregaciones Marianas para dar servicio de educación al barrio y apoyar su evangelización. En sus comienzos era un centro integrado de E.G.B. y en el curso 1996-97 pasó a ser un centro de Educación Infantil, tal y como sigue en la actualidad.

En el año 2009 pasamos a formar parte de la Fundación Pía Autónoma de las CC. MM. La Inmaculada y San José, junto a otros 4 centros de actividad (2 colegios más M.ª Inmaculada, el Colegio mayor universitario Juan XXIII, adscrito a la Universidad Complutense de Madrid, y una residencia de mayores). Los colegios son diocesanos, dependemos de la archidiócesis de Madrid.

Por ser un colegio católico participamos de la misión docente y evangelizadora de la Iglesia católica, estando abierto a todos con especial atención a los más necesitados: apostamos por la inclusión. Nuestro lema es: "juntos somos el mejor equipo".

Nuestra seña de identidad es la relación de cercanía hacia las familias, el trato familiar y personal, una educación rica en valores y el amor a los niños y niñas que educamos desde el cariño y el respeto. Como dijo el papa Francisco: "La educación es un acto de esperanza para una sociedad mejor".

DIRECCIÓN: Avenida de Moratalaz 91 Dupl. 28030 Madrid

DIRECTOR: Javier G. Viedma

TELÉFONO: 91 439 21 46

CORREO ELECTRÓNICO: nsmoratalaz@planalfa.es

WEB: https://nsmoratalaz.com/

TITULARIDAD: Parroquia Nuestra Señora de Moratalaz. Arzobispado de Madrid

ETAPAS EDUCATIVAS: Educación Infantil, Primaria y ESO. Aula TEA

El Colegio diocesano Nuestra Señora de Moratalaz nace como un servicio más de la parroquia Nuestra Señora de Moratalaz. Es por tanto un colegio católico diocesano, integrado en la red de Escuelas Infantiles y Colegios diocesanos de Madrid, cuya entidad titular es la archidiócesis de Madrid, representada en el centro por el párroco de Nuestra Señora de Moratalaz.

El centro se fundó en el año 1962, cuando se crearon las primeras unidades escolares de las que, con el paso de los años, se constituiría el actual Colegio Nuestra Señora de Moratalaz.

Abarca las tres etapas educativas obligatorias: Educación Infantil, Primaria y Secundaria. Nuestros alumnos, por tanto, pueden estar en el colegio desde los 3 a los 16 años.

Es un centro de línea uno que ofrece una educación integral, abierta, personalizada, crítica, accesible a todos, que promueve el desarrollo de todas las dimensiones de la persona desde un ambiente de familia.

Desde un principio, la entidad titular del colegio se fijó unos fines de actuación que, sin olvidar la formación cultural de los alumnos, a la que se da toda la importancia que debe tener, se concretan, al mismo tiempo, en conseguir para nuestros alumnos y alumnas una formación integral: académica, humana y cristiana.

Para lograr ese tipo de educación, la entidad titular del centro estableció unos principios básicos que deberían impregnar toda la labor educativa y que quedaron formulados de la siguiente manera:

- El Colegio se inspira en una visión cristiana de la vida y, enraizado en su comunidad parroquial, promueve y promociona el cambio social a través de la educación, colaborando a construir una sociedad democrática y justa.
- Su concepción de la sociedad se concreta en estos valores:
  - El destino trascendente de la persona.
  - La igualdad y libertad de los seres humanos.
  - La solidaridad con los demás a través de la cooperación, el respeto y el diálogo.
- Para hacer realidad estas inquietudes, la comunidad educativa del Colegio aspira desde sus comienzos a fomentar las relaciones humanas entre sus estamentos y a favorecer, por todos los medios a su alcance, que los padres y madres se sientan responsables directos y primeros en la educación de sus hijos.
- La comunidad escolar del Colegio parroquial "Nuestra Señora de Moratalaz" ha de estar al servicio de la liberación y educación integral de la persona. Para ello establece los siguientes objetivos generales:
  - Fomentar una educación que tenga por objeto "el pleno desarrollo de la personalidad humana y el fortalecimiento del respeto a los derechos humanos y a las libertades fundamentales (D.H. art 26.2)
  - Desarrollar una educación integral de la persona, potenciando un espíritu crítico y creativo.
  - Promover una educación enriquecida por los valores cristianos.
  - Respetar la individualidad de cada alumno, atendiendo a la diversidad.
  - Conseguir una comunicación cercana y fluida con alumnos y familias.
  - Fomentar el sentido de la responsabilidad de todos los miembros de la comunidad educativa.
  - Promover el espíritu comunitario, el trabajo cooperativo y la participación de alumnos y familias en la acción educativa.
  - Generar estrategias que faciliten en el alumnado la adaptación al cambio de la sociedad actual.

Desde el curso 2021-22 el colegio cuenta con el convenio subvención del Programa PROA+ FSE+ para la Orientación, Avance y Enriquecimiento Educativo en centros de especial complejidad educativa dentro del marco de los fondos sociales europeos, tratando de buscar la plena inclusión educativa y mejorando la atención al alumnado más vulnerable dando sentido a nuestro ideario de centros educativos diocesanos.

DIRECCIÓN: C/ San Vicente Ferrer, 82. 28015 Madrid

DIRECTOR: Alberto Canora

TELÉFONO: 91 521 31 97

CORREO ELECTRÓNICO:
cc.instituciondivinomaestro.
madrid@educa.madrid.org

WEB: https://www.educa2.madrid.org/
web/colegio-institucion-del-divino-
maestro

TITULARIDAD: Fundación Virgen de la Almudena. Arzobispado de Madrid

ETAPAS EDUCATIVAS:
Educación Infantil, Primaria y ESO

Somos un centro de enseñanza diocesano, perteneciente a la Fundación canónica Virgen de la Almudena, un centro educativo de identidad católica cuya misión es ofrecer a los alumnos la visión cristiana del mundo y de la persona que el ideario propone, teniendo en cuenta las características propias del contexto cultural en que nos movemos.

Mediaba el tercer decenio del siglo xx en un proceso desintegrador de España. El obispo de Madrid-Alcalá, Eijo y Garay, concibió y llevó a la práctica el proyecto de fundar la Institución del Divino Maestro para la educación de alumnos sólidamente formados conceptual y espiritualmente.

La institución abrió las puertas a sus 30 primeros alumnos en régimen de internado en el mes de septiembre de 1926 en un escaso edificio del número 82 de la calle de San Vicente, que dos años más tarde habría de ampliarse para dar cabida a centenar y medio de alumnos.

Desde entonces el colegio ha crecido mucho, pero el objetivo fundamental de la Institución sigue estando claro y es la formación académica, humana y cristiana. Formamos alumnos competentes, conscientes, compasivos y comprometidos. Potenciamos el desarrollo de sus habilidades físicas, intelectuales, técnicas y artísticas. Personalizamos la atención en el alumno y colaboramos con las familias.

En todo lo que a recursos materiales se refiere, el centro cuenta con los precisos para el desarrollo de su labor educativa tratando de armonizar los criterios de austeridad y necesidad. El centro está ubicado en dos edificios independientes:

- Edificio A. Edificio con acceso independiente en el que se encuentran las etapas de Educación Infantil, 1.º y 2.º ciclo, y Educación Primaria. En este edificio están centralizadas la cocina, el comedor, la secretaría, la administración, el salón de actos y los despachos de la fundación.
- Edificio B. Edificio con acceso independiente en el que se encuentra la etapa de Secundaria Obligatoria, laboratorio de Biología y Química, laboratorio de Física y taller de Tecnología y despachos.

Cada edificio dispone de recursos propios como son aula de informática y multimedia, biblioteca (rincón de clase), capilla (Edificio A), aulas de apoyo (Edificio A).

Además, el Edificio A cuenta con la portería. El edificio A comparte instalaciones con la residencia universitaria. Ambos edificios están comunicados por el recreo e instalación deportiva. La etapa de E. Infantil y el primer ciclo de Primaria poseen su propio espacio de recreo.

10. Colegio María Cristina

DIRECCIÓN: C/ Antillón, 6. 28011 Madrid
DIRECTORA: Amparo Garrudo
TELÉFONO: 91 464 31 75
CORREO ELECTRÓNICO: amparo. garrudo@fundacionsanbernardo.es
WEB: https://fundacionsanbernardo. es/mariacristina/el-centro-mc/
TITULARIDAD: Fundación San Bernardo. Arzobispado de Madrid
ETAPAS EDUCATIVAS:
Educación Infantil y Primaria

Las Escuelas de María Cristina fueron fundadas por S. M. la Reina María Cristina de Habsburgo y Lorena el año 1894, y su dirección fue encomendada a las Hijas de la Caridad de San Vicente de Paul.

Nacido de la misión educativa de las Hijas de la Caridad, en el año 2011 el Colegio María Cristina se convierte en centro diocesano manteniendo el mismo espíritu: acompañar en su aprendizaje a los alumnos en sus primeras etapas. Caracterizado por la acogida se trabaja el servicio al desarrollo integral del alumno.

El colegio está concertado en Educación Infantil y Primaria, ofreciendo una formación integral de la persona que le aporte no solo excelencia académica, sino también sólidos valores y virtudes cristianas.

En el año 2011 entra a formar parte de la familia de los centros de la Fundación San Bernardo.

La Fundación San Bernardo es titular de dos colegios diocesanos: el Colegio San Bernardo y el Colegio María Cristina, ambos situados en el distrito de Latina.

En nuestros colegios se respira una rica diversidad cultural, religiosa y social que convierte el proyecto educativo en una experiencia profundamente enriquecedora para toda la comunidad. Participamos activamente en la misión evangelizadora de la Iglesia y en las propuestas pastorales de la diócesis, con las que compartimos visión y compromiso.

El proyecto educativo de la Fundación busca realizar una auténtica síntesis entre fe, cultura y vida, con el objetivo de formar personas íntegras, responsables y comprometidas con la construcción de una sociedad más humana, justa y solidaria. Entendemos la educación como un proceso integral que acompaña al alumno en todas sus dimensiones: intelectual, física, afectiva, social, estética, ética y trascendente. No se trata solo de adquirir conocimientos, sino de crecer como persona, desarrollando una identidad sólida, libertad responsable y sentido de compromiso con los demás.

Promovemos metodologías activas, abiertas y flexibles, que estimulan el pensamiento crítico, la creatividad y la autonomía. Cuidamos especialmente los hábitos de vida saludable, el aprecio por el propio cuerpo y el desarrollo de una autoestima fuerte, así como de relaciones personales sanas, basadas en el respeto, la cooperación y la solidaridad. Fomentamos la participación consciente en la vida escolar y la pertenencia a una comunidad educativa viva.

Asimismo, cultivamos la sensibilidad hacia la belleza, el arte y el entorno natural, integrando una educación en valores desde una perspectiva cristiana. Acompañamos a cada miembro de la comunidad educativa en su búsqueda espiritual y de sentido, iluminando ese camino con el mensaje de Jesús.

Se promueve una identidad personal fuerte y equilibrada, basada en la autonomía, la responsabilidad, la apertura al cambio y el amor al prójimo.

En la convivencia, fomentamos el respeto mutuo, la empatía, el sentido de la justicia y el compromiso con los derechos humanos. También educamos en el cuidado del medioambiente y en el aprecio por los avances científicos y tecnológicos puestos al servicio de la dignidad humana.

Nuestro estilo educativo se caracteriza por un ambiente familiar, sencillo y acogedor, donde la presencia de Dios y la centralidad de la persona son pilares fundamentales. Inspirados por el Evangelio y la espiritualidad mariana —bajo la advocación de Nuestra Señora de la Almudena—, promovemos una vivencia alegre de la fe y una actitud de servicio, con especial atención a los más pobres y desfavorecidos.

Desde un enfoque psicopedagógico personalizado, atendemos a cada alumno como un ser único, abierto a la relación con los demás y a la trascendencia, y protagonista de su propio desarrollo. Este principio se articula en torno a tres pilares esenciales: individualización, socialización y autonomía.

11. Colegio Nuestra Señora de las Delicias

DIRECCIÓN: Paseo de las Delicias 67. 28045 Madrid

DIRECTORA: Lucía García Sánchez

TELÉFONO: 91 527 49 34

CORREO ELECTRÓNICO: admin.nsdelicias@planalfa.es

WEB: https://colegionsdelicias.es/

TITULARIDAD: Arzobispado de Madrid (gestión: Cruzadas de Santa María)

ETAPAS EDUCATIVAS: Educación Infantil, Primaria y ESO

Hablar del Colegio Nuestra Señora de las Delicias es hablar de una historia centenaria que se ha ido tejiendo con dedicación, generosidad y fe. Su origen se remonta a comienzos del siglo xx, cuando Pedro Sánchez Blanco y su esposa Pilar Sainz Hernando, matrimonio sin descendencia, decidieron legar sus bienes para la creación de un asilo de artes y oficios destinado a niñas huérfanas de Madrid. Así nació la institución que hoy conocemos, con la misión clara de ofrecer no solo formación académica, sino también un hogar y un horizonte de esperanza para quienes más lo necesitaban, con una clara formación cristiana.

Los primeros años estuvieron marcados por la atención a las niñas internas y la construcción de un edificio emblemático en el barrio de Arganzuela, Instituto Nuestra Señora del Pilar, que incluía una preciosa capilla para albergar los restos de sus fundadores. Con el paso del tiempo, y tras superar periodos difíciles como la Guerra Civil y la posguerra, el colegio siguió creciendo bajo la dirección de la comunidad religiosa salesiana que mantuvo viva su esencia y que se abrió a niñas del barrio ya externas.

El año 1976 supuso un cambio decisivo: el centro se convirtió en colegio diocesano Nuestra Señora de las Delicias dependiente de la parroquia, de la que tomó su nombre, se suprimió el internado y se abrió la enseñanza a niños y niñas, adaptándose así a la realidad educativa del momento. El párroco, Antonio Astillero Bastante, rodeado de un equipo de profesores jóvenes e ilusionados, llevaron a cabo esta transformación que no supuso una ruptura, sino una evolución que permitió que la obra de Pedro y Pilar continuara floreciendo en nuevas generaciones de alumnos. Celebraremos este curso nuestro 50 aniversario como colegio diocesano.

Desde el año 2000, el cardenal Antonio María Rouco Varela, entonces arzobispo de Madrid, encomendó la dirección y gestión del colegio al Instituto Secular Cruzadas de Santa María, que ha aportado una renovada visión basada en la pedagogía del hoy venerable P. Tomás Morales S. I. Su proyecto educativo, enraizado en los valores del humanismo cristiano, tiene como objetivo la formación integral de la persona, atendiendo a su dimensión intelectual, afectiva, social y espiritual. Educar, en este sentido, no es únicamente transmitir conocimientos, sino acompañar procesos de vida, cultivar talentos, fortalecer la voluntad y abrir caminos hacia la trascendencia. En palabras de su fundador entienden que "educar es enseñar a pensar hondo, querer con eficacia y amar con intensidad".

El colegio se caracteriza por un ambiente cercano y familiar, donde cada alumno es conocido por su nombre y atendido en su singularidad. Las tutorías personales, la participación activa de las familias y el compromiso del profesorado crean una comunidad educativa cohesionada. La educación se entiende como una tarea compartida, donde escuela y familia trabajan en sintonía para guiar a los niños y adolescentes en su crecimiento personal.

En el plano académico, el centro apuesta por la calidad y la combinación de las metodologías tradicionales con la innovación. El bilingüismo, el fomento de la lectura, la integración de las nuevas tecnologías y la atención a la diversidad son pilares de su propuesta. Todo ello acompañado de una sólida formación en valores, inspirada en el Evangelio y en la tradición cristiana. El objetivo no es solo preparar a los alumnos para superar etapas escolares, sino dotarlos de criterios, virtudes y herramientas que les permitan afrontar la vida con responsabilidad, libertad y compromiso social. Todo este espíritu de la educación se ve plasmado en el lema del colegio "Siempre más, siempre mejor".

En definitiva, un colegio que, fiel a sus raíces, mira al futuro con confianza y responsabilidad, consciente de que educar es, en última instancia, un acto de amor.

12. Colegio Nuestra Señora de Fátima

DIRECCIÓN: C/ Alcalá 292. 28027 Madrid

DIRECTORA: Juana Trigo

TELÉFONO: 91 326 04 55

CORREO ELECTRÓNICO:
direccion@colegiodefatima.es

WEB: www.colegiofatimamadrid.es

TITULARIDAD: Parroquia
Nuestra Señora de Fátima.
Arzobispado de Madrid

ETAPAS EDUCATIVAS:
Educación Infantil y Primaria

La historia de nuestro colegio está ligada a la de la parroquia a la que pertenece y de la que recibe el nombre. En 1951 se funda la iglesia Nuestra Señora del Rosario de Fátima. Se ubica en una zona limítrofe de la capital, que empezaba a experimentar el flujo creciente de la llegada de personas procedente del éxodo rural a la capital.

De hecho, las calles que rodean a la parroquia, y todas las que quedan por detrás en sentido a Avenida de Daroca, ni siquiera existían y eran zona de campo o caminos de tierra que conducían a vaquerías, tierras de labranza y pequeños talleres artesanales relacionados con el mármol y la cerrajería por la cercanía al cementerio de la Almudena.

El primer párroco que fue nombrado por el arzobispado y que se hace cargo de la parroquia fue Cesáreo Barroso, en quien confluían las dos vocaciones: sacerdotal y docente; motivo por el que no tarda en habilitar diferentes zonas del recinto parroquial para dar cabida a aulas en las que acoger a los hijos de las familias que llegaban a una zona en la que no existían aún servicios públicos ni asistenciales. No tardó tampoco en decidirse a ceder espacio dentro del corazón de la parroquia para la construcción de un pequeño edificio destinado a educación, creando el colegio en su propio huerto perteneciente a la vivienda parroquial en la que residía.

Tal era la necesidad de la época, que el propio BOE autoriza el centro y le asigna dotación de profesorado funcionario para facilitar el necesario servicio a la población. Podemos decir que fuimos los primeros del barrio; que la iglesia llegó primero y estaba donde se necesitaba.

Posteriormente, en los años 70 el colegio se amplía, dotándolo de comedor escolar para lo que se construye un anexo dentro del recinto que aún quedaba vacío y que hace que las dependencias del colegio queden localizadas detrás de la iglesia y dispuestas de modo que abrazan la nave del templo.

El barrio va cambiando y se suceden las etapas de envejecimiento y renovación de este; y el colegio sigue adaptándose a ellas y dando respuesta a sus necesidades. En los años 90, la situación de falta de matrícula parece que llegó a ser preocupante, pero Nuestra Virgen de Fátima hizo valer la misión inicial del centro y la identidad e intención con que Cesáreo lo construyó y volvió a llenar nuestras aulas de niños; alumnos que esta vez no venían del campo, sino de otros países producto de los fenómenos migratorios que se sucedían en esa época.

Ello resultó tan motivador como reconfortante. Pudimos revivir el sentido de nuestro fin. Se dio y se recibió mucho amor y mucha ayuda, se creó comunidad, y para los profesionales del centro fue una de las etapas más bonitas y enriquecedoras. Y sin duda ese ha sido el impulso que está detrás de la profunda renovación pedagógica que hemos llevado a cabo en el centro ya en la primera década del nuevo milenio, a partir de 2013.

Hoy día el perfil de alumnado inmigrante ha ido cambiando, y se diferencia poco generalmente de muchos de los rasgos o características del de origen nacional, porque es reflejo de nuestra sociedad y en general nos centramos en atender de forma integral sus necesidades socioafectivas y emocionales, dotarles de referentes y de estructura que permita su adecuado desarrollo y garantice su seguridad e integridad física y moral. Y esa es nuestra razón de ser y el valor que podemos aportar.

De esta forma, bajo el liderazgo de Jorge González, actual párroco y representante de la titularidad, se acomete una profunda renovación del Proyecto Educativo de centro, que se inicia en el año 2014. Comenzamos por rescatar ese rumbo que debía suponer nuestro ideario, nuestra historia e impulsar el cambio y la innovación con el objetivo de alcanzar nuestra meta y razón de ser, y gracias a Dios y con la ayuda de Nuestra Señora y de unas cuantas personas buenas se consiguió modernizar el Proyecto a todos los niveles: el pedagógico, el pastoral y el del propio edificio, aun coincidiendo con la crisis del coronavirus, o el azote de Filomena, que no lograron frenar nuestras ganas de seguir adelante.

En la actualidad, nuestro Proyecto Educativo se asienta en tres pilares básicos: pastoral, innovación educativa y educación personalizada e integral. Y dentro de él podemos encontrar programas tan importantes para nosotros como:

- Pastoral-Convivencia, con subprogramas como: Bienestar, Educación emocional, Resolución de conflictos, Mindfulness o Pastoral social.
- Metodologías activas con técnicas de estudio, Cultura de pensamiento, Programa Artes, Actividades educativas de éxito, Cooperativo, Proyecto propio en Lengua extranjera...
- Programa de Integración, Programa de Compensación educativa y Programa de Estimulación de las habilidades básicas.
- Programa de Desarrollo profesional docente de formación y acompañamiento.

Tenemos que decir que, en nuestro centro, tanto el claustro de profesores como el personal de Administración y Servicios han respondido siempre de la mejor forma, remando siempre a favor del proyecto y convirtiéndose en grandes profesionales y en un excelente grupo humano del que su equipo Titular y Directivo no puede estar más satisfecho y orgulloso.

Creemos que el esfuerzo ha merecido la pena porque contamos con un proyecto de gran calidad educativa que se asienta en el evangelio y pone al alumnado en el centro del aprendizaje para que, de forma activa, pueda construir su conocimiento y desarrollarse como cristianos viviendo esos valores, con el cuidado atento y el ejemplo de sus profesionales que emplean la pedagogía del amor de Dios y su mensaje de esperanza.

DIRECCIÓN: C/ Valderribas 37.
28007 Madrid

DIRECTORA: Isabel Hermosell

TELÉFONO: 91 551 48 17

CORREO ELECTRÓNICO:
direccion@colegionsdelapaz.es

WEB: https://colegionsdelapaz.es/

TITULARIDAD: Parroquia
Nuestra Señora de la Paz.
Arzobispado de Madrid

ETAPAS EDUCATIVAS:
Educación Infantil y Primaria

En 1952, viendo las necesidades que presentaba el barrio obrero de Pacífico, se construye un aula para ayudar a los hijos de los trabajadores y familias necesitadas del barrio dentro de la parroquia a la que pertenece y da nombre: Nuestra Señora de la Paz.

La demanda va aumentando y, poco a poco, se van construyendo aulas hasta llegar al edificio que hoy conocemos, construido a finales de los años 70. Con la ley E.G.B., que regía entonces la educación de nuestro país, el colegio albergaba desde los 4 años (parvulitos) hasta 8.º de E.G.B.

Con el cambio de ley, en los años 90, el colegio llegó a tener alumnos hasta 2.º de ESO, teniendo adscripción con el Colegio Santa María del Pilar y el IES Isabel la Católica. Posteriormente, se decide que los alumnos cursen desde 1.º de Educación Infantil hasta 6.º de Educación Primaria, oferta que, a día de hoy, se sigue manteniendo.

En 2002 se celebraron los 50 años de la fundación del colegio con la participación del entonces arzobispo de Madrid, Antonio M.ª Rouco Varela.

En 2016, el colegio cambia de Director Titular y se da un nuevo impulso al centro con cambios metodológicos y el inicio de un plan de Pastoral adaptado a las nuevas familias del barrio, fomentando la participación del colegio en la parroquia. Durante este periodo, el colegio amplía su adscripción de secundaria con el Colegio Virgen de Atocha.

Desde este cambio de titularidad, se impulsa la colaboración máxima con la parroquia en todas las actividades pastorales haciendo que el colegio forme parte muy activa de la vida parroquial. Una actividad muy importante que realiza el colegio es la actividad de coro. Una actividad que lleva a participar en varios actos de la archidiócesis y en la parroquia, cantando en la eucaristía dominical de las familias. Ello conlleva una mayor participación por parte de las familias del centro.

Durante el año 2022, celebramos en el centro los 70 años de su fundación con diversas actividades que culminaron en el mes de mayo con la visita del arzobispo de Madrid, Mons. Carlos Osoro, que bendijo una imagen de la Virgen María que hemos instalado en el claustro del colegio en recuerdo de este aniversario.

Continuamos potenciando ese cambio metodológico con programas de educación competencial favoreciendo la inclusión de cada alumno en los grupos y fomentando una relación familia- colegio que ayude a caminar en la misma dirección.

En manos de la Virgen de la Paz ponemos todo nuestro esfuerzo para continuar con este bonito legado de casi 75 años: "En el corazón de Pacífico, el Corazón de Pacífico".

14. COLEGIO SAN BERNARDO

DIRECCIÓN: Avda. del Manzanares 20. 28011 Madrid

DIRECTOR: Fausto Marín

TELÉFONO: 91 366 64 13

CORREO ELECTRONICO: direccion titular@fundacionsanbernardo.es

WEB: https://fundacionsanbernardo. es/sanbernardo/

TITULARIDAD: Fundación San Bernardo. Arzobispado de Madrid

ETAPAS EDUCATIVAS: Educación Infantil, Primaria, ESO y Bachillerato

El Colegio Fundación San Bernardo es un colegio diocesano del Arzobispado de Madrid que desde 1966 tiene un compromiso con la formación integral del alumnado a través de los valores del Evangelio. El centro Colegio San Bernardo se encuentra ubicado en la zona suroeste de Madrid, en la avenida del Manzanares 20-22. Desde 2011 forma parte de la Fundación San Bernardo junto al Colegio María Cristina.

El colegio está concertado desde Educación Infantil a Bachillerato, ofreciendo una formación integral de la persona que le aporte no solo excelencia académica, sino también sólidos valores y virtudes cristianas. Se propone, desde estos valores que ofrece, colaborar para hacer una sociedad más humana, justa y solidaria.

En nuestros colegios se respira una rica diversidad cultural, religiosa y social que convierte el proyecto educativo en una experiencia profundamente enriquecedora para toda la comunidad. Participamos activamente en la misión evangelizadora de la Iglesia y en las propuestas pastorales de la diócesis, con las que compartimos visión y compromiso.

El proyecto educativo de la Fundación busca realizar una auténtica síntesis entre fe, cultura y vida, con el objetivo de formar personas íntegras, responsables y comprometidas con la construcción de una sociedad más humana, justa y solidaria. Entendemos la educación como un proceso integral que acompaña al alumno en todas sus dimensiones: intelectual, física, afectiva, social, estética, ética y trascendente. No se trata solo de adquirir conocimientos, sino de crecer como persona, desarrollando una identidad sólida, libertad responsable y sentido de compromiso con los demás.

Promovemos metodologías activas, abiertas y flexibles, que estimulan el pensamiento crítico, la creatividad y la autonomía. Cuidamos especialmente los hábitos de vida saludable, el aprecio por el propio cuerpo y el desarrollo de una autoestima fuerte, así como de relaciones personales sanas, basadas en el respeto, la cooperación y la solidaridad. Fomentamos la participación consciente en la vida escolar y la pertenencia a una comunidad educativa viva.

Se promueve una identidad personal fuerte y equilibrada, basada en la autonomía, la responsabilidad, la apertura al cambio y el amor al prójimo. En la convivencia, fomentamos el respeto mutuo, la empatía, el sentido de la justicia y el compromiso con los derechos humanos. También educamos en el cuidado del medioambiente y en el aprecio por los avances científicos y tecnológicos puestos al servicio de la dignidad humana.

Nuestro estilo educativo se caracteriza por un ambiente familiar, sencillo y acogedor, donde la presencia de Dios y la centralidad de la persona son pilares fundamentales. Desde un enfoque psicopedagógico personalizado, atendemos a cada alumno como un ser único, abierto a la relación con los demás y a la trascendencia, y protagonista de su propio desarrollo. Este principio se articula en torno a tres pilares esenciales: individualización, socialización y autonomía.

El Colegio diocesano Fundación San Bernardo fue pionero en integración escolar y continúa fiel a su compromiso con una educación inclusiva, solidaria y transformadora. Nuestra misión es acompañar a cada alumno en su crecimiento integral, para que llegue a ser una persona libre, feliz, comprometida con la sociedad y abierta al sentido trascendente de la vida.

En este marco, y con motivo del 60.º aniversario del Colegio San Bernardo durante el curso 2025-2026, celebramos esta significativa efeméride con un lema que refleja nuestra esencia educativa: "Las palabras mueven, el ejemplo arrastra".

A lo largo del curso se desarrollarán diversas actividades en ambos centros, orientadas a reforzar nuestro compromiso con una educación que se construye desde el testimonio: desde la actitud positiva, el esfuerzo constante y el trabajo bien hecho. Porque las palabras pueden inspirar, pero es el ejemplo el que verdaderamente transforma.

15. COLEGIO SAN EULOGIO

DIRECCIÓN: C/ De la Revoltosa 17-19. 28031 Madrid

DIRECTOR: M.ª Amparo Albero González

TELÉFONO: 91 332 28 48

CORREO ELECTRÓNICO: colegiosaneulogio@yahoo.es

WEB: https://colegiosaneulogio.com/

TITULARIDAD: Fundación Virgen de la Almudena. Arzobispado de Madrid

ETAPAS EDUCATIVAS: Educación Infantil, Primaria y ESO

En los años cincuenta, un grupo de jóvenes, acompañadas por un equipo de miembros del Instituto de Misioneras Seculares, organizó una guardería con el objetivo de responder a las enormes necesidades de un barrio humilde que estaba empezando. Poco a poco se fueron organizando diferentes clases y niveles educativos hasta que, en 1966, se constituyó el colegio dentro del patronato diocesano de Madrid. Con los años, el colegio ha ido creciendo y adaptándose a las diferentes legislaciones. La última gran ampliación fue la creación de la etapa de Educación Infantil en el año 2010.

Nuestros principales proyectos a corto plazo pasan por la competencia digital, las medidas de atención a la diversidad y el trabajo sobre educación emocional y convivencia pacífica.

Somos un colegio de una línea, desde segundo ciclo de Infantil hasta 4.º de E.S.O., que cuenta con diversos programas para la mejor atención de nuestro alumnado, entre los que destaca el funcionamiento, desde hace más de 20 años, de dos aulas de enlace por las que han pasado más de 400 alumnos de 40 nacionalidades diferentes.

Igualmente, debemos buscar fórmulas imaginativas que busquen una mayor implicación de nuestras familias en el proceso educativo de sus hijos. Juntos, somos mejores.

16. COLEGIO SAN FRANCISCO

DIRECCIÓN: C/ Fortaleza 4.
28047 Madrid

DIRECTORA: M.ª Teresa Rueda

TELEFONO: 91 376 15 99

CORREO ELECTRONICO: cc.sanfran cisco.madrid@educa.madrid.org

WEB: https://www.educa2.madrid.org/ web/centro.cc.sanfrancisco.madrid

TITULARIDAD: Fundación Virgen de la Almudena. Arzobispado de Madrid

ETAPAS EDUCATIVAS:
ESO y Bachillerato

Somos un centro concertado diocesano de enseñanza secundaria y bachillerato. El 1 de septiembre de 2005 nos encontramos por primera vez quince profesores alrededor de una mesa. Se trataba de soñar. Contábamos con unas instalaciones que había que adaptar a una enseñanza secundaria, un entorno privilegiado en plena naturaleza, cien alumnos, un gran reto: hacer un Proyecto y andar juntos el camino. Así, uno, otro día, uno, otro año, vamos reenfocando nuestra visión y aprendiendo de nuestra propia experiencia.

¿Qué decir de nuestra filosofía? Nuestra tarea es formar personas. La razón de ser del colegio son los alumnos. La clave es el equipo de profesores. "Para educar al alumno hace falta toda la tribu" (proverbio chino). Padres, profesores, vecinos, entidades sociales del entorno, personal no docente... son necesarios y deben complementarse. Todas las dimensiones de la persona necesitan ser educadas; inteligencia, sentimientos, relaciones interpersonales, trascendencia, compromiso, etc. Optamos por el diálogo y la participación como medios privilegiados para la construcción de la persona y del grupo.

Apostamos conscientemente por un humanismo cristiano. En la persona de Jesús de Nazaret encontramos el referente de plenitud humana al que todo hombre puede aspirar. Y ¡cómo no! pedirnos la dura tarea de evaluar y evaluarnos para seguir avanzando.

El Colegio San Francisco cuenta en sus raíces con más de un siglo de historia. Desde el comienzo de su actividad el colegio se integró plenamente con la comunidad local de El Pardo con el fin de responder a sus necesidades educativas.

Perteneció a la orden de los Capuchinos hasta el curso 2003-2004 en el que dicha Orden decide dedicarse a otras actividades. En este momento, un gran número de padres de alumnos, interesados en que se mantuviera una oferta educativa católica en El Pardo, solicitó a la diócesis de Madrid la posibilidad de formar parte de los colegios diocesanos, asegurando así la continuidad del centro y la labor educativa que este venía prestando.

Desde el curso 2005-2006, el Colegio pasa a formar parte de la Fundación Virgen de la Almudena de la diócesis de Madrid y se convierte en un centro concertado de la Comunidad de Madrid para impartir los niveles de Enseñanza Secundaria Obligatoria y Bachillerato, incluyendo las modalidades de "Ciencias y Tecnología" y "Humanidades y Ciencias Sociales".

Gracias a un entorno singular, en pleno Monte de El Pardo, el colegio ofrece unas condiciones inmejorables para desarrollar su labor educativa de forma personalizada, enfatizando la relación de los alumnos con la naturaleza.

El gran esfuerzo realizado por la comunidad educativa del centro y la integración en el colectivo de colegios de la diócesis ha contribuido enormemente al afianzamiento del Colegio San Francisco en esta nueva etapa.

DIRECCIÓN: C/ Arroyo de Viales 4. 28250 Torrelodones (Madrid)

DIRECTORA: M.ª Ángeles Quesada

TELEFONO: 91 854 49 89

CORREO ELECTRONICO: mquesada@sanignaciotorrelodones.es

WEB: https://sanignaciotorrelodones.com/

TITULARIDAD: Parroquia San Ignacio. Arzobispado de Madrid

ETAPAS EDUCATIVAS: Educación Infantil, Primaria y ESO. Bachillerato Nacional e Internacional y Formación Profesional

El Colegio San Ignacio de Loyola es un colegio diocesano de ideario cristiano, perteneciente a la parroquia San Ignacio de Loyola de Torrelodones, que abarca la educación de todos aquellos que acepten su propuesta educativa.

Nace en 1964 y tiene como eje vertebrador del proyecto educativo, la innovación, los idiomas y el desarrollo personal de cada alumno como sujeto. El claustro de profesores cuenta con una amplia experiencia profesional.

En régimen de concierto educativo con la Consejería de Educación de la Comunidad de Madrid imparte, actualmente, el segundo ciclo de Educación Infantil, Educación Primaria y Educación Secundaria. El primer ciclo de Educación Infantil y Bachillerato en régimen privado. Además, incorpora a su oferta educativa tres Ciclos de Formación Profesional de Grado Básico y Medio (en régimen de concierto) y Superior (en régimen privado, aunque con acceso a becas).

Sin duda, los valores del Colegio San Ignacio constituyen el marco fundamental de la formación que se imparte a los alumnos del centro. Pero, además, podemos destacar una serie de atributos y servicios adicionales que repercuten directamente en el alumnado y sus familias:

- Apertura al mundo
  - Centro bilingüe de la Comunidad de Madrid.

- Miembro del programa BEDA de Escuelas Católicas (nivel de excelencia).
- Centro examinador de Cambridge.
- Erasmus+.
- Escuela embajadora del parlamento europeo (2025).
- Programa del Diploma. Bachillerato Internacional.

- Apuesta por el arte

  - Miembros del Programa de Artes de Escuelas Católicas.

- Apuesta por el deporte

  - Con Club Deportivo propio y amplio abanico de actividades extraescolares.

- Educación personalizada

  - Plan Impulsa (para alumnos con alto potencial).
  - Departamento de Orientación (con profesionales especializados).
  - Acompañamiento personalizado de los alumnos.
  - Atención a la diversidad con profesionales especializados.
  - Patios diferenciados para cada etapa.
  - Aula Estable.
  - Premio EduCaixa por el proyecto Escuela de Padres de Infantil (2025).

- Innovación en el aprendizaje. Metodologías innovadoras de aprendizaje sustentadas por unas instalaciones que lo hacen posible:

  - Teatro (aforo 414).
  - Pabellón deportivo (aforo 232).
  - Radio.
  - Laboratorios.
  - Comedor propio.
  - Biblioteca.

El Colegio San Ignacio de Loyola acoge a más de 1.800 alumnos desde el primer ciclo de Infantil hasta Bachillerato y Formación Profesional y cuenta con dos centros ubicados en Torrelodones, uno para los alumnos de Formación Profesional y otro para los alumnos del resto de etapas.

El centro pone a disposición de alumnos y familias espacios diseñados para dar respuesta a las necesidades educativas de los jóvenes: pabellón deportivo, gimnasio, aulas de informática, teatro, laboratorios, capilla, salas de ensayo, camerinos, cafetería, enfermería, patios exteriores, salas de música, comedores, zona de profesores, salas de reuniones, despachos de atención personalizada.

Durante el curso 25-26, el Colegio San Ignacio camina hacia:

- El cuidado de las familias
    - Itinerario de Matrimonios.
    - Encuentros Mensuales.
    - Escuela de Familias.
    - Familias Coordinadoras.
    - Club de Lectura.

- El cuidado de la salud
Salud mental y emocional
    - Emooti.
    - Enfermería.
    - Orientación.
    - Cuidado del Sueño.
    - Fisioterapia.
    - Nutrición.

- La mejora de la convivencia
    - Reuniones Semanales.
    - Coordinadores de Convivencia.
    - Cuenta Conmigo.
    - Mediación.
    - Buzón de Convivencia.
    - Trabajo en Virtudes.
    - Banderines.

- El ámbito pedagógico
    - Modelo Didáctico San Ignacio.
    - Objetivos de Aprendizaje.
    - Evaluación Formativa.
    - Educación desde la Belleza y la Realidad.
    - Reflexión Tecnológica Plan Digital .

18. Colegio San Jaime Apóstol

DIRECCIÓN: C/ Juan José Martínez Seco. 28021 Madrid

DIRECTOR: Francisco Mora

TELÉFONO: 91 798 08 89

CORREO ELECTRÓNICO:
infosanjaime@gmail.com

WEB: https://colegiosanjaimeapostol.org/

TITULARIDAD: Parroquia San Jaime Apóstol. Arzobispado de Madrid

ETAPAS EDUCATIVAS: Educación Infantil, Primaria y ESO. Aula TEA

La historia de este colegio surge como respuesta de la Iglesia, y de las parroquias en los barrios, ante la necesidad de las madres de familia de acceder al mundo laboral. En 1969, la parroquia San Jaime Apóstol pone en marcha la Guardería Laboral San Jaime Apóstol, gestionada por las Hermanas de la Caridad de Nevers. Al año siguiente, al no poder continuar con la gestión, se encargó la Congregación religiosa de las Siervas de San José que, con tanto cariño y entrega durante casi 40 años, han contribuido tan eficazmente a la educación de los niños de nuestro barrio.

En 1985 se consiguió el concierto para 2.º Ciclo de Educación Infantil (3-5 años) y se creó un aula mixta para 1 y 2 años. En 2008, siendo párroco y director del centro Francisco Mora, viendo la gran ventaja económica que suponía para las familias del barrio, se firmó con la Consejería de Educación el Convenio para primer Ciclo de Educación Infantil, pasando a configurarse como Escuela Infantil San Jaime Apóstol y ofreciendo al barrio toda la etapa de Educación Infantil (0-5 años).

Desde hacía años era un constante deseo, tanto de las familias como del propio centro educativo, la necesidad de que los niños pudieran continuar su formación en la etapa de Primaria. Tras la construcción de los nuevos edificios, se implantó la etapa de Educación Primaria en el año 2009 y, posteriormente, con la construcción del último edificio (C/ José del Pino), se remodelaron todas las instalaciones del primer Ciclo de Educación Infantil y se implantó, en 2017, la Enseñanza Secundaria Obligatoria. Por último, en 2018, nos convertimos en centro de escolarización preferente de alumnos TGD, con la implantación del Aula TEA.

Queremos aprovechar para dar las gracias a todos aquellos que han hecho posible con su dedicación, trabajo y esfuerzo, tanto laboral como de manera desinteresada, la creación, construcción y mantenimiento de este colegio.

Gracias a todas las congregaciones religiosas, alumnos, profesores, educadores, trabajadores y padres que han dedicado parte de su vida y tiempo porque este centro siempre tendrá una parte de ellos.

El Colegio San Jaime Apóstol tiene como misión promover la educación integral de nuestros alumnos para vivir la dignidad de ser persona. Es decir, llevar al alumno a desarrollar todas sus potencialidades, a la plenitud de su desarrollo individual, social y trascendental para que alcance la madurez como ser humano e hijo de Dios.

La educación integral de sus valores personales desde una propuesta evangelizadora cristiana de la persona de Jesús y los valores del Evangelio son la referencia más importante. La caridad, la transmisión de la fe católica, la libertad, la confianza, el esfuerzo y la exigencia personal han llevado adelante el lema heredado del carisma de Santa Bonifacia, fundadora de nuestras queridas Siervas de San José: fe, trabajo y amor.

Para desarrollar en el alumno un alto nivel de competencia en sus logros educativos, contamos con un equipo de profesionales competentes, siendo la mejora continua y la innovación nuestros referentes. El personal docente y no docente encuentra en el colegio la posibilidad de desarrollar un puesto de trabajo acorde con su propia vocación.

Consideramos a cada alumno como el valor más importante. Todos nuestros valores quedan recogidos en estos: responsabilidad, convivencia, solidaridad, compromiso, innovación y participación.

- Vivencia de la educación como servicio a la evangelización.
- Vivencia vocacional de la educación.
- Las actitudes de diálogo, escucha, apertura, sentido crítico y propositivo.
- El crecimiento de su responsabilidad, esfuerzo personal y trabajo en equipo. Centralidad de cada alumno y alumna en el proceso educativo.
- La confianza y colaboración con las familias de los alumnos para apoyar y complementar toda la tarea educativa y colaborar estrechamente con los padres, primeros y fundamentales educadores de sus hijos.

DIRECCIÓN: C/ Babilonia 19.
28042 Madrid

DIRECTOR: Jorge Javier Flores

TELÉFONO: 91 305 56 05

CORREO ELECTRÓNICO: jorge
javierflores@sanpedroapostol.es

WEB: https://www.sanpedroapostol.es/

TITULARIDAD: Parroquia San Pedro
Apóstol. Arzobispado de Madrid

ETAPAS EDUCATIVAS:
Educación Infantil, Primaria,
ESO y Bachillerato. Aula TEA

El Colegio San Pedro Apóstol es un centro docente diocesano y parroquial, cuya titularidad corresponde al arzobispado de Madrid y es regentado por el párroco de la iglesia parroquial San Pedro Apóstol.

El año 1946, Máximo Martínez de Castro, párroco de Barajas, ante la absoluta carencia de medios por parte de la Administración para dar formación a los jóvenes de esta población y el inminente desarrollo de la zona, con gran visión de futuro crea una Escuela de Aprendices de Oficios en los locales parroquiales. Su objetivo fue la educación y capacitación de jóvenes comprendidos entre los 14 y 18 años para el aprendizaje de la mecánica aplicada a la aviación. El prestigio que alcanzaron los certificados de esta escuela no se apreciaron solamente en España, sino que eran valorados también en el extranjero, particularmente en Alemania.

Ante la carencia de suficientes escuelas en la zona, sensible a esta situación y como un objetivo de su labor pastoral, en el año 1949 creó las dos primeras unidades escolares de enseñanza Primaria, una de niños y otra de niñas. ¡Es el comienzo del actual Colegio San Pedro Apóstol!

Atendiendo siempre a las necesidades que se iban planteando, el colegio siguió creciendo hasta formar una escuela graduada completa. En 1950 se creó el Patronato parroquial y se incorporó al diocesano.

En ese mismo año se creó un gabinete de Psicología, que mereció elogios en la UNESCO, con el fin de organizar según métodos científicos el estudio de las actitudes físicas e intelectuales de los alumnos y así promover la pedagogía individualizada.

En 1965, ante la necesidad existente en Barajas de escolarizar a niños con deficiencias psíquicas y gracias al espíritu innovador de Máximo, se crea la primera unidad de Educación Especial. En el año 1969, la segunda. Fuimos pioneros en España, ya que en aquel momento no existían centros escolares que tuvieran también de forma simultánea, y compartiendo programas, aulas con alumnos de Educación Especial.

En la actualidad y ante la nueva configuración del sistema educativo, el colegio se ha ido transformando, cubriendo todos los requisitos exigidos por la Administración para la implantación de las sucesivas leyes educativas. Su formación abarca a todos los niveles educativos obligatorios desde Educación Infantil, Primaria y Secundaria y Bachillerato.

El claustro de profesores es el auténtico motor del colegio, junto a la colaboración de los padres. Siguiendo los caminos de nuestros antecesores estamos entusiasmados con nuestra tarea, sin escatimar ningún esfuerzo. Queremos que nuestros alumnos reciban una formación integral, educando en valores cristianos y abriéndoles el camino para la realización personal en el campo de la cultura y del trabajo, ilusionándoles en la tarea de construir una sociedad más justa y en la disposición de servicio a los demás.

20. Escuela Infantil Los Ángeles

DIRECCIÓN: Camino Viejo de Leganés 186. 28025 Madrid
DIRECTORA: Laura de la Viuda
TELÉFONO: 91 461 86 16
CORREO ELECTRÓNICO: lacdireccion@hotmail.com
WEB: https://eilosangelescarabanchel.es/
TITULARIDAD: Arzobispado de Madrid
ETAPAS EDUCATIVAS: Educación Infantil (primer ciclo)

Nuestra escuela está abierta a todas las familias que deseen matricularse en ella sin distinción de ningún tipo. Ofrecemos una educación excelente, que abarca el crecimiento integral de la persona y acompaña a cada uno desde el afecto y el respeto en el descubrimiento del mundo al que llegan.

Es un centro educativo conveniado con la Consejería de Educación de la Comunidad de Madrid. Cuidamos la relación con las familias y colaboramos en la educación de sus hijos e hijas con una responsabilidad compartida.

Nuestro deseo es lograr un desarrollo integral de las capacidades cognoscitivas, afectivas, críticas y de sociabilidad que constituyen la vida de la persona de acuerdo con una concepción cristiana del hombre, de la vida y del mundo.

Les introducimos en valores de inspiración cristiana como son:

- La paz mediante el desarrollo de habilidades emocionales que les permitan resolver los conflictos de manera pacífica, esperar el turno, iniciarse en la habilidad de compartir y conversar "a su nivel".
- El respeto acompañándolos en el reconocimiento de sus emociones y la de los demás.
- La amabilidad iniciándose en las normas de cortesía social como el saludo, gracias, por favor.
- La amistad fomentando las relaciones entre iguales y el disfrute de ellas.
- Nuestra enseñanza ofrece el desarrollo y los contenidos académicos exigidos por la legislación vigente, desarrollándose en un clima de confianza entre la criatura y su entorno educativo, siempre acompañado de sus educadoras que le ofrecen en todo momento una propuesta llena de afecto y respeto que les permitirá alcanzar un aprendizaje significativo.

Nuestro Proyecto Educativo garantiza una educación inclusiva de calidad. Nuestro trabajo se basa en una metodología activa en la que las criaturas crecen construyendo sus propios aprendizajes acompañados por el adulto y en relación con este y con sus iguales.

Utilizamos el juego como herramienta imprescindible para el conocimiento. Favorecemos la curiosidad posibilitando la observación, la manipulación y la experimentación mediante las cuales el asombro les permite tener una relación con lo que les rodea y crear hipótesis.

Llevamos a cabo propuestas que permitan un desarrollo cognitivo adecuado, favoreciendo el movimiento, el control del equilibrio, la coordinación óculo manual, el lenguaje, la autonomía, la relajación y el silencio. Para ello trabajamos por "zonas", por proyectos desde la disciplina positiva y todo ello reconociendo al niño o niña como una persona digna de derechos y de respeto al que ofrecemos una atención integral de calidad.

Toda la escuela está pensada para ellos, la organización del tiempo, las propuestas, las rutinas y el ambiente. Los espacios del aula están organizados en "zonas" que respetan el trabajo y el ritmo personal de cada niño y que responden a las diferencias e intereses de cada cual.

El aprendizaje por Proyectos nos permite investigar sobre un tema por el que las criaturas muestran interés, descubrir contenidos de las tres áreas que nos marca el currículum: "Crecimiento en Armonía", "Descubrimiento y Exploración del Entorno" y "Comunicación y Representación de la Realidad", permitiéndoles descubrir y comprender el mundo que les rodea.

La disciplina positiva nos da herramientas para poder iniciarles en el desarrollo de habilidades socioemocionales, a reconocer sus emociones y las de los demás, llenando nuestro hacer educativo de amabilidad y firmeza.

Nuestras criaturas se inician en la lengua inglesa a través de momentos lúdicos y lo planteamos desde el Programa Beda Kids. Y sobre todo "nuestro deseo" es llenar nuestra escuela de sonrisas y afectos.

21. Escuela Infantil Nuestra Señora de las Victorias

DIRECCIÓN: C/ Fray Junípero Serra 26. 28039 Madrid

DIRECTORA: Patricia Navarrete

TELÉFONO: 91 570 34 62

CORREO ELECTRÓNICO: secretaria@escuelansvictorias.es

WEB: http://www.escuelansvictorias.es/

TITULARIDAD: Parroquia Nuestra Señora de las Victorias. Arzobispado de Madrid

ETAPAS EDUCATIVAS: Educación Infantil (primer ciclo)

La Escuela Infantil Nuestra Señora de las Victorias es una obra parroquial, cuyo titular es la parroquia Nuestra Señora de las Victorias, perteneciente a la diócesis de Madrid. La fundación de la escuela está unida en sus comienzos a las Hijas de la Caridad, que han llevado la dirección del centro y han trabajado como profesoras y educadoras hasta 2019.

Hacia 1934, las hermanas tienen su primera actuación en el barrio de Tetuán de las Victorias en una humilde cocina económica. Pronto se organizan otras obras parroquiales como el dispensario, que ofrecía alivio tanto a los enfermos que a él llegaban como a aquellos impedidos que podían asistir, visitándolos en sus domicilios.

En 1969 un problema candente que envolvía el ambiente del barrio llegó a cuestionar al párroco y a las hermanas: "Si las madres tienen que trabajar y les buscamos trabajo, ¿dónde dejarán a sus hijos?" Y así proyectan una "guardería" en los terrenos de la parroquia. Comenzó en 1969 como Escuela de primer y segundo ciclo albergando unos 150 alumnos: cunas, jardín de infancia y preescolar, sufriendo varios cambios a lo largo de los años.

En 1976 fue calificada como Guardería Laboral. En 1987, concertada con el Ministerio de Educación y Ciencia. En 2002, convenio con la Comunidad de Madrid. En la actualidad la escuela es de primer ciclo de Educación Infantil con cinco aulas: un aula con 8 niños de 0 a 1 año; dos aulas con 28 niños de 1 a 2 años y dos aulas con 40 niños de 2 a 3 años. Nuestro proyecto educativo, actual y dinámico, se centra en el desarrollo integral del niño a través del juego, la exploración y la expresión creativa.

Entendemos la educación como una tarea compartida, por eso fomentamos una relación estrecha con las familias, ofreciendo orientación, talleres y un diálogo constante que facilita la conciliación y enriquece la experiencia educativa. Con el paso de los años, hemos tenido la suerte de recibir a diferentes generaciones de familias del mismo barrio, lo que refuerza el vínculo de confianza y continuidad que nos caracteriza.

La escuela mantiene además un vínculo muy positivo con el barrio, participando en actividades comunitarias, parroquiales, colaborando con otros centros y generando un entorno de cercanía y pertenencia. Queremos que cada familia sienta que forma parte de una comunidad educativa abierta, inclusiva y comprometida.

Como centro de inspiración cristiana y de identidad diocesana, cuidamos especialmente la educación en valores, transmitiendo a los niños y a sus familias un ambiente de acogida, fraternidad y respeto. La dimensión espiritual está presente en nuestro día a día de manera natural, ofreciendo una mirada esperanzada de la vida y fomentando la alegría de crecer en comunidad.

En nuestro día a día, cuidamos con mimo los ambientes, proponemos experiencias adaptadas a cada etapa del desarrollo y trabajamos valores como la cooperación, la autonomía y el respeto, siempre desde una mirada cálida y respetuosa hacia la infancia.

DIRECCIÓN: C/ Martínez de la Riva 127.
28018 Madrid

DIRECTORA: Paloma Fernández

TELÉFONO: 91 786 23 31

CORREO ELECTRÓNICO:
caminoinfantil@planalfa.es

WEB: https://caminoinfantil.com/

TITULARIDAD: Arzobispado de Madrid

ETAPAS EDUCATIVAS:
Educación Infantil (primer ciclo)

La Escuela Infantil Nuestra Señora del Camino abrió sus puertas en 1972, fruto del diálogo y la colaboración entre las religiosas dominicas de la Congregación Romana de Santo Domingo y la parroquia de San Pedro Regalado. Nació como respuesta a las necesidades sociales del momento, ofreciendo un espacio educativo y de acompañamiento a las familias del barrio.

Desde sus inicios, nuestra escuela se ha caracterizado por ser un centro católico. Hoy formamos parte de la red de Escuelas Católicas de Madrid y estamos integrados en los colegios diocesanos de la archidiócesis de Madrid, lo que refuerza nuestra identidad eclesial y nuestro compromiso educativo.

En el año 2002, la escuela pasó a estar sostenida con fondos públicos de la Comunidad de Madrid, lo que implica que su funcionamiento y normativa dependen directamente de las instrucciones establecidas por la Consejería de Educación.

Actualmente contamos con cuatro aulas: dos destinadas al nivel de 1-2 años y otras dos al nivel de 2-3 años, con una capacidad total para 68 niños. Cada aula es un espacio cuidado y adaptado en el que se busca favorecer el desarrollo integral de los pequeños, acompañándolos con cercanía y profesionalidad.

Nuestro proyecto educativo es propio, elaborado por el equipo de la escuela con dedicación y experiencia, siempre en coherencia con los principios que nos definen como centro católico y en pleno respeto a la normativa educativa vigente. Este proyecto sitúa al juego como eje fundamental del aprendizaje, pues a través de él los niños exploran, experimentan, descubren y comprenden el mundo que les rodea. Apostamos por una metodología activa, participativa y basada en el aprendizaje por descubrimiento, que despierta la curiosidad, estimula la creatividad y fomenta la autonomía en cada niño.

Nuestro objetivo es ofrecer a cada niño un entorno seguro, acogedor y lleno de afecto, donde puedan crecer, aprender y comenzar a descubrir el mundo. Para nosotros, la educación en estas edades tempranas es mucho más que un proceso de enseñanza: es la oportunidad de sembrar valores, cultivar la confianza, despertar la curiosidad y transmitir la alegría de vivir. En nuestra escuela acompañamos a cada niño de manera personalizada, respetando su ritmo y necesidades, y ayudándole a dar sus primeros pasos en la construcción de su identidad.

De la misma manera, queremos que las familias se sientan parte esencial de este camino. Por eso promovemos una relación cercana y constante con los padres, compartiendo con ellos la tarea de educar y creando un clima de confianza y colaboración. Entendemos que la escuela es una extensión del hogar y, por tanto, un lugar donde los niños se sienten queridos, escuchados y valorados. Así, juntos, escuela y familia, ofrecemos a los pequeños.

23. Escuela Infantil Nuestra Señora de los Dolores

DIRECCIÓN: C/ San Bernardo 99, bis. 28015 Madrid

DIRECTORA: M.ª Luisa López Morcillo

TELÉFONO: 91 448 34 26

CORREO ELECTRÓNICO: eidolores@eidolores.com

WEB: https://eidolores.com/

TITULARIDAD: Arzobispado de Madrid

ETAPAS EDUCATIVAS: Educación Infantil (primer ciclo)

La Escuela Infantil Nuestra Señora de los Dolores nace en septiembre de 1970 para atender a niños de 2 a 6 años y forma parte del complejo parroquial Nuestra Señora de los Dolores, gracias a la valentía de su párroco Luis Marcos. Está situada en la calle San Bernardo 99 de Madrid. Desde el principio, nace con la intención de ser una alternativa válida a la pretendida dicotomía colegio-guardería; no fue fácil, pero los objetivos estaban claros:

- Promover el desarrollo integral y armónico del niño (fuera cual fuera el poder adquisitivo de su familia).
- Optar por una buena calidad de la enseñanza (fue pionera en la creación del proyecto educativo, ideario del Centro, incorporación al M.E.C, Escuela de Padres...).

En nuestro ya largo caminar nos hemos sabido adaptar a los diferentes problemas que han ido surgiendo, como la falta de alumnos, los problemas económicos, etc. También fijándonos nuevas metas con la participación de las familias, fomento de la lectura, intervención del psicólogo y del pediatra.

En la actualidad contamos con seis aulas de 0 a 3 años. El equipo educativo está formado por maestras y técnicos en educación infantil con especial interés en su formación continua.

Afortunadamente, desde el año 2.000 contamos con una subvención de la Comunidad de Madrid, lo que nos permite seguir trabajando en lo que fue la base en la creación del centro: poder atender a todo tipo de familias.

24. Escuela Infantil San Pedro Apóstol – Alcobendas

DIRECCIÓN: C/ De la Iglesia 1.
28100 Alcobendas
DIRECTORA: Marta Menéndez Sánchez
TELÉFONO: 91 653 57 21
CORREO ELECTRÓNICO: eissanpedro apostol@archidiocesis.madrid
WEB: https://eisanpedroapostolal. archimadrid.es/
TITULARIDAD: Arzobispado de Madrid
ETAPAS EDUCATIVAS:
Educación Infantil (primer ciclo)

La titularidad de la Escuela Infantil pertenece a la parroquia de San Pedro Apóstol. Imparte los niveles del primer ciclo de educación infantil (0 a 3 años).

Los alumnos se reparten por año de nacimiento en cuatro aulas: aula de bebés (nido 0-1) con ratio de 8 alumnos, aula de 1 año (1-2) con ratio de 14 alumnos y dos aulas de 2 años (2-3) con ratio de 20 alumnos.

La Escuela Infantil San Pedro Apóstol está situada en el centro antiguo de la ciudad de Alcobendas. Dentro del complejo parroquial ha ido renovándose, año tras año, adecuándose a los tiempos y requisitos vigentes. Tiene autorizadas cuatro aulas para impartir las enseñanzas del primer ciclo de Educación Infantil, atendiendo niños de 0 a 3 años.

Además de las aulas adaptadas a las necesidades de los pequeños, baños adecuados y cocina propia, consta de una sala multiusos/comedor y una sala de psicomotricidad. La escuela, la más antigua de Alcobendas y que lleva en funcionamiento más de cincuenta años, tiene autorizadas cuatro aulas por la Comunidad de Madrid: Las ratios permitidas por la Comunidad de Madrid nos permiten acoger hasta 62 niños, aunque en algunos cursos, y según demanda, las agrupaciones de distintas edades precisan disminuir este número.

El equipo docente está integrado por siete profesionales, maestros y técnicos superiores en educación infantil. Y completan la plantilla personal de cocina y administración. Nueve personas en total que forman equipo para una meta común con mucho esfuerzo, trabajo y empeño, donde nadie es prescindible y todos se complementan.

La fundación de la Escuela se remonta a 1970. En sus orígenes nace como un proyecto de Cáritas Parroquial y se constituye como asociación sin ánimo de lucro, en 1973, para ayudar a las madres con menos recursos que necesitaban incorporarse al mercado laboral. En 1976 se autorizó por el Ministerio de Trabajo como Guardería Laboral.

El 22 de marzo de 1999 (BOCM de 29 de junio) se suscribió un Convenio General de Cooperación entre la CM y la Provincia Eclesiástica de Madrid, cuyo artículo 18.2 prevé expresamente la posibilidad de firmar convenios especiales con los centros que atienden a poblaciones marginadas, como era el caso de las Guarderías laborales.

En 2001, con las reformas reflejadas en la LOGSE, la Comunidad de Madrid concedió la autorización como Escuela Infantil y se firma la *Addenda* nº1 al Convenio General entre la CM y el Arzobispado que incluye nuestra escuela.

En 2019 se disuelve la Asociación y pasamos a ser actividad de la parroquia.

El convenio de sostenimiento se ha ido renovando cada cuatro cursos y el último, firmado el 19 de mayo de 2022 y vigente hasta el momento, está pendiente de renovación ya solicitada por la Consejería de Educación hasta 2028.

Figura también en los textos que la escuela carece de ánimo de lucro ya que, desde su constitución, nació para ayuda de las familias.

Nuestra escuela, como centro diocesano, es una institución educativa vinculada al arzobispado de Madrid. Un colectivo formado, en la actualidad, por una treintena de centros entre escuelas infantiles y colegios que imparten desde la educación infantil hasta el bachillerato. Todos ellos se caracterizan por compartir una línea educativa inspirada en los valores cristianos: el amor y la caridad con y para todos. Por esto, somos una pequeña gran familia. Cada alumno es único y se atienden sus necesidades de manera individual. Creemos en un proyecto de formación integral y personalizado buscando, de la mano de las familias, el mayor desarrollo en todos los ámbitos de nuestros pequeños con atención a la diversidad. Contamos y vamos de la mano con el Equipo de Atención Temprana, que sentimos como nuestro y que nos enseña y ayuda con todos los niños con una necesidad especial.

Aspiramos a ser un centro de referencia en la educación infantil, donde la metodología basada en la experimentación, el movimiento y la exploración activa permita a los niños desarrollarse en libertad y seguridad, respetando sus ritmos individuales y fortaleciendo su autonomía. Nuestros valores son:

- Ambiente familiar: Creamos un entorno cálido y cercano, donde cada niño se sienta querido y seguro.
- Aprendizaje activo: Favorecemos el descubrimiento y la autonomía a través del juego y la experimentación.
- Respeto a los ritmos individuales: Cada niño es único, y adaptamos nuestra intervención a sus necesidades.
- Colaboración con las familias: Fomentamos la comunicación y la participación de los padres en la educación.
- Bienestar y salud: Cuidamos la alimentación y la higiene, ofreciendo comida casera del día y promoviendo hábitos saludables.
- Desarrollo sostenible: Apostamos por el uso de materiales reciclados en nuestras actividades, promoviendo la conciencia ecológica desde la infancia.
- Igualdad de trato y no discriminación: Garantizamos un entorno inclusivo donde todos los niños reciben las mismas oportunidades y un trato equitativo, fomentando la diversidad y el respeto mutuo.

Nuestra escuela infantil se caracteriza por la diversidad cultural, contando con alumnado de distintas nacionalidades. Esta riqueza cultural nos permite fomentar un ambiente de respeto, inclusión y aprendizaje mutuo, donde cada niño y su familia se sienten valorados y parte de la comunidad educativa.

Nuestra metodología se basa en un enfoque activo y vivencial, donde el niño es el protagonista de su propio aprendizaje. Aplicamos estrategias como:

- Aprendizaje basado en la experimentación: Los niños exploran su entorno a través de los sentidos, manipulando materiales y descubriendo relaciones.
- Esquemas de acción: Respetamos los intereses naturales de cada niño, permitiendo que repitan acciones hasta integrarlas en su desarrollo.
- Instalaciones y provocaciones: Diseñamos espacios y situaciones que invitan a la exploración libre y la interacción con los materiales.
- Juego libre y estructurado: Combinamos momentos de juego espontáneo con propuestas dirigidas que amplían sus habilidades y conocimientos.
- Psicomotricidad vivenciada: A través de nuestra sala de psicomotricidad, fomentamos el movimiento libre y la expresión corporal.
- Rutinas y hábitos: Establecemos estructuras diarias que aportan seguridad y refuerzan la autonomía.
- Conciencia ecológica: Todas las actividades se realizan con materiales reciclados, fomentando la reutilización y el cuidado del medio ambiente.

25. Escuela Infantil San Roque

DIRECCIÓN: C/ Abolengo 10 y Oca 35. 28025 Madrid

DIRECTORA: Beatriz Muñoz Ochoa

TELÉFONO: 91 461 71 09

CORREO ELECTRÓNICO: direccion@escuelasanroque.es

WEB: http://escuelasanroque.es/default.aspx?where=1

TITULARIDAD: Arzobispado de Madrid

ETAPAS EDUCATIVAS: Educación Infantil (primer ciclo)

El Centro educativo San Roque abrió sus puertas hace más de 40 años y, desde entonces, se dedica a educar a niños y niñas de 0 a 3 años en un ambiente adecuado para su edad, enriquecedor, lúdico y afectivo, imprescindible en estos primeros años de vida.

La escuela infantil depende del arzobispado de Madrid al pertenecer a la parroquia de San Roque. Tiene como finalidad favorecer el crecimiento y la maduración integral del alumno dentro de una visión cristiana de la realidad, fomentando la autoestima mediante el juego y las diferentes actividades que se organizan a lo largo del año escolar. Sus rincones de juegos contribuyen de forma positiva al desarrollo de habilidades como: explorar, observar, predecir, analizar, crear, encontrar soluciones, etc.

Nuestro equipo docente pone toda su ilusión y dedicación en ayudar a los niños a construir los primeros cimientos de su personalidad, cimientos que les permitirán, en el futuro, llegar a ser personas felices.

La relación con las familias es un punto muy importante en la metodología de la escuela, ya que el encuentro y la comunicación entre padres y educadores es imprescindible para analizar el modo de actuar con los alumnos.

El edificio principal ha sido reformado totalmente e inaugurado en 2022, por lo que las instalaciones son modernas y adaptadas a la edad de nuestros alumnos. Están pensadas y diseñadas para el bienestar y cuidado de los más pequeños, cumpliendo la normativa exigida en Educación Infantil. La Escuela consta de tres plantas, siendo la planta baja y la primera donde se encuentran ubicadas las 9 aulas de los diferentes niveles educativos del Primer Ciclo de Educación Infantil (0 a 3 años). En la planta tercera se encuentra la cocina y es de uso exclusivo para adultos.

La escuela cuenta con un patio amplio que supone un buen lugar de esparcimiento para nuestros pequeños. Las aulas, acogedoras y luminosas, disponen de baños y cambiadores individuales y de una zona habilitada para comedor.

El centro, con un diseño que ofrece la máxima seguridad y comodidad, consta de:

- 2 Aulas para niños de entre 0-1 año (8 niños por aula).
- 3 Aulas para niños de entre 1-2 años (14 niños por aula)
- 4 Aulas para niños de entre 2-3 años (20 niños por aula).
- 1amplia zonas de usos múltiples.
- 1 patio.

DIRECCIÓN: C/ Campotejar 39.
28041 Madrid

DIRECTORA: M.ª Ángeles García

TELEFONO: 91 317 92 88

CORREO ELECTRÓNICO:
eisansimon@escuelainfantil
sansimonysanjudas.com

WEB: https://escuelainfantil
sansimonysanjudas.com/

TITULARIDAD: Arzobispado de Madrid

ETAPAS EDUCATIVAS:
Educación Infantil (primer ciclo)

Somos una escuela infantil dedicada a la atención de niños y niñas de 0-3 años, de carácter privado-conveniado con la Comunidad de Madrid. Estamos en Orcasitas, en la zona sur de Madrid. Disponemos de 6 aulas:

- 2 aulas de 0-1 año (8 niños por aula).
- 2 aulas de 1-2 años (14 niños por aula).
- 2 aulas de 2-3 años (20 niños por aula).

Fue fundada en 1976. Desde entonces nos avalan muchos años de experiencia en los que hemos ido desarrollando y adaptando nuestro proyecto educativo según la normativa actual.

Nuestro principal objetivo siempre ha sido conseguir un desarrollo integral de todos nuestros alumnos y alumnas, cubriendo sus necesidades básicas, proporcionándoles seguridad, confianza y cariño; utilizando el juego como base metodológica, donde podrán descubrir, explorar, investigar y comunicar. Promovemos la toma de contacto con un segundo idioma, el inglés.

Nuestra función de educadoras la entendemos como una ayuda y apoyo a la de los padres y madres, principales educadores de sus hijos, fomentando para ello una comunicación constante entre familia y escuela.

La finalidad de la educación infantil es la de contribuir al desarrollo físico, sensorial, intelectual, afectivo y social de los niños, más concretamente en el Primer ciclo. Se dará respuesta a las necesidades de los niños y de sus familias con el fin de que puedan conciliar la vida familiar y laboral.

El desarrollo de las capacidades del niño es un proceso continuo. Nuestra tarea es cubrir sus necesidades básicas respecto a la alimentación, higiene y descanso, y educarle en los hábitos, rutinas y valores de la vida cotidiana. Las pautas que van a marcar esta metodología, y lograr así el desarrollo integral de los niños, partirán de las características psicoevolutivas y las necesidades básicas de nuestros alumnos. Dichas pautas son:

- La construcción de su propia identidad personal.
- La exploración e interacción con el entorno.
- El establecimiento de relaciones sociales.
- El desarrollo de comunicar y expresar sus experiencias y sentimientos.

Para conseguir todo esto es necesario una comunicación y colaboración constante entre el equipo educativo y las familias. Para ello, antes de comenzar el curso se realiza una entrevista inicial con la tutora del niño o niña. Durante el año se desarrollan reuniones generales de cada aula, una por trimestre, y también cada tutora dispone de un día a la semana de atención a padres y madres para atender cualquier duda.

La escuela trabaja con una propuesta pedagógica de elaboración propia, utilizando sus recursos y materiales y apostando por las instalaciones y provocaciones de juego, a través de materiales reciclables, naturales, de nuestro entorno inmediato, etc.; y también promovemos la iniciación al inglés.

Nuestra propuesta pedagógica está basada en atender fundamentalmente las siguientes áreas, que son: crecimiento en armonía; descubrimiento y exploración del entorno; comunicación y representación de la realidad.

Los principios pedagógicos en los que nos basamos para trabajar con los alumnos son los siguientes: actividad y juego, comunicación y lenguaje, socialización, globalización, diversidad, aprendizaje significativo, desarrollo afectivo (gestión emocional) y autonomía.

Actividades complementarias:

- Celebración de fiestas.
- Fiesta del otoño
- Fiesta de Navidad.
- Fiesta del invierno.
- Fiesta de carnaval.
- Día del libro.
- Fiesta de la primavera.
- Fiesta de San Isidro.

- Fiesta de graduación (aulas 2-3 años).
- Actividades complementarias.
- Realización de un cuentacuentos en la escuela.
- Visita a la granja escuela (aulas 2-3 años).

27. ESCUELA INFANTIL SAN VÍCTOR

DIRECCIÓN: Plaza Pico de
  Salvaguardia s/n. 28035 Madrid
DIRECTORA: Nuria Nombela
TELÉFONO: 91 738 77 14
CORREO ELECTRÓNICO:
  ceisanvictor@gmail.com
WEB: https://www.educacion
  infantilsanvictor.es/
TITULARIDAD: Arzobispado de Madrid
ETAPAS EDUCATIVAS:
  Educación Infantil (primer ciclo)

El centro se inauguró en 1968, es una escuela privada perteneciente al arzobispado de Madrid y cuya titularidad actual es la parroquia de San Víctor. Desde 2002 suscribió un convenio con la Consejería de Educación y funciona como un centro privado sostenido con fondos públicos.

Creemos que es de vital importancia la relación con las familias. Cuidamos espacios, tiempos y formas que hacen posible su participación favoreciendo la confianza y colaboración mutua. Somos un centro abierto a la familia, donde cada día se accede al aula con el niño.

Basamos nuestra metodología y funcionamiento en favorecer un desarrollo respetuoso y una atención personalizada al alumno y su familia, respetando los ritmos individuales de aprendizaje, fomentando la autonomía, seguridad y cariño, así como la atención a la diversidad en los casos necesarios.

Todo el equipo se encarga de elaborar el proyecto educativo y la propuesta pedagógica, a partir de la cual se elaboran las programaciones de aula. Nos comprometemos con la formación continua del profesorado.

Los objetivos y contenidos que trabajamos se ajustan al momento evolutivo del niño, siendo el juego el recurso principal de aprendizaje. Trabajamos con la metodología activa, participativa y vivencial, gracias al juego, rincones en el aula, psicomotricidad y propuesta de instalaciones.

Buscamos que, a través del juego, los niños descubran el mundo, desarrollen habilidades cognitivas, motoras, sociales y emocionales que les ayuden a construir su identidad personal. Fomentamos la curiosidad, la experimentación y la autonomía desde edades tempranas.

Todo nuestro entorno está pensado para garantizar la seguridad, el bienestar emocional y la libertad de movimiento para un desarrollo integral.

28. Escuela Infantil Santa Rosalía

DIRECCIÓN: C/ Motilla del Palancar 36. 28043 Madrid

DIRECTORA: Visitación García

TELÉFONO: 91 300 19 88

CORREO ELECTRÓNICO: dir.starosalia@planalfa.es

WEB: https://escuelasantarosalia.es/

TITULARIDAD: Arzobispado de Madrid

ETAPAS EDUCATIVAS: Educación Infantil (primer ciclo)

El Centro es una escuela privada perteneciente a la parroquia de Santa Rosalía. Comienza en 1978, en unos bajos de la parroquia. En 1993 se hace parte del edificio nuevo y el antiguo se reforma para adaptarlo a la normativa. El 25 de noviembre de 1994 obtiene la autorización de funcionamiento.

Desde 2002 suscribió un convenio con la Consejería de Educación y, desde entonces, funciona como un centro privado conveniado, sostenido con fondos públicos, y se obliga al cumplimiento de las normas que establezca la Consejería de Educación sobre organización y funcionamiento de las Escuelas de Educación Infantil.

Creemos que es de vital importancia la relación con las familias. Cuidamos espacios, tiempos y formas que hacen posible su participación, favoreciendo la confianza y colaboración.

La escuela constituye una comunidad educativa en la que educadores, padres y alumnos participan con funciones propias, porque la educación integral solo se hace posible con la colaboración responsable de todos, en un ambiente familiar. Disponemos de 1 aula de bebés, 3 aulas de 1-2 años y 2 aulas de 2-3 años, con un total de 90 niños.

Elementos más propios para destacar:

- Proyecto educativo:
  - Como escuela católica nos proponemos formar niños en valores que configuren su personalidad.
  - Fomentar una formación integral que lleve a los alumnos a insertarse en el medio sociocultural.
- Pastoral:
  - Iniciar al niño en su formación cristiana en un ambiente de amor, justicia y paz.
  - Llevarlo al conocimiento de la igualdad entre todos los hombres y mujeres para la creación de un mundo más solidario y fraterno.
- Innovación: introducción diaria de inglés a todas las edades.

Capítulo 3

Memoria compartida

La experiencia compartida de nuestros profesores

Contenidos:

13. Me siento una privilegiada, la EE me atrapó desde el primer minuto
Patricia Mármol Luengo, profesora de Religión en Educación especial

14. Nuestro camino no se recorre en soledad, el acompañamiento me ha ayudado a mí misma y en el trabajo
Pilar Yuste Cabello, profesora de Religión en Secundaria

15. Comencé a trabajar en el año 2020, en plena pandemia
Ana Galán Jiménez, profesora de Religión en Educación Infantil y Primaria

16. Gracias, Delegación Episcopal de Enseñanza
José María Martínez Manero, profesor de Religión en Secundaria (jubilado)

17. Creo profundamente en lo que enseño
Lourdes Martínez Díez, profesora de Religión en Educación Infantil y Primaria

18. La DEE ha jugado un papel fundamental en la educación católica de nuestra diócesis
Fausto Marín Chiva, director del Colegio diocesano San Bernardo y María Cristina

19. El seguimiento cercano y personal a los profesores ha sido esencial
Luci Ortega Martínez, coordinadora de enseñanza de la vicaría 4

20. Lo mejor de mi tarea han sido los profesores que tenía a mi cargo
María Elena García Gallardo, coordinadora de Enseñanza de vicaría (jubilada)

21. Nuestros alumnos necesitan maestros que sean testigos de la vida buena
María Ángeles Quesada, directora del Colegio diocesano San Ignacio

22. Dios puso en mi corazón el anhelo de estar con personas con diversidad funcional
Beatriz Martínez Álvaro, profesora de Religión en Educación especial

23. Desde mi Educación Primaria descubrí que quería ser maestra
Joanna Trawinska, profesora de Religión en Educación Infantil y Primaria

24. Soy miembro del Comité de Empresa de los profesores de Religión por USIT-EP
Roberto Lastra Muiña, profesor de Religión en Secundaria

25. Ser profesora de Religión ha sido un regalo
Berta Patricia De la Peña Escardó, profesora de Educación Primaria

26. Educar es dejar huella: una vida entre pizarras, pupitres y esperanza
Jorge Dueñas Macías, profesor de Religión en Educación Infantil y Primaria

27. Los profesores de Religión hacen presente la Iglesia en el mundo educativo
Alejandro de la Cocha Alba, profesor de Religión en Secundaria

28. La Religión complementa el resto de las materias del currículo escolar
Alodía Sánchez Fernández, profesora de Religión en Educación Infantil y Primaria

29. Escribo esto en acción de gracias a Dios
José Fernando Lorente Álvarez, profesor de Religión en Educación Secundaria

30. La Doctrina Social de la Iglesia ha iluminado el camino de la ERE
Juan Souto Coelho, profesor de Religión en Secundaria (jubilado)

31. Siempre había tenido clara mi vocación, ya intentaba enseñar a leer a mi abuelo
Cristina María Muñoz Román, profesora de Religión en Educación Infantil y Primaria

32. Lo que me mueve cada día es el deseo de acompañar a los alumnos en su crecimiento
Fréderic Essomba Essomba, profesor de Religión en Secundaria

33. Me he sentido desde el primer momento parte de ti, Delegación
Cristina Ortiz Iglesias-Ussel, supervisora de Religión en la DEE

34. Mi vida siempre ha estado atravesada por una llamada de Dios
Gabriel Zorrilla de San Martín, profesor de Religión en Secundaria

35. Mi trabajo es humanizar en las clases
Judith Ayuso, profesora de Religión en Educación Infantil y Primaria

36. Mi vinculación con la fe se remonta a mis padres
Carlos-Andrés Álvarez Gómez, profesor de Religión en Educación Infantil y Primaria

37. Nuestras escuelas van de vida
Laura de la Viuda Pérez, directora de la Escuela Infantil diocesana Los Ángeles

38. La asignatura de Religión abre espacios para el diálogo con el alumnado
Alberto Güendián Sánchez, profesor de Religión en Educación Infantil y Primaria

39. ¡Qué hermosa es nuestra labor!
Lidia-Salor Gil Molano, profesora de Religión en Educación Infantil y Primaria

40. Conocer la historia de la Delegación ha sido una grata sorpresa
Daniel Dávila, profesor de Religión en Secundaria

41. Los compañeros me han ayudado en todo para esta tarea educativa
Lucía Reyes González, profesora de Religión en Educación Infantil y Primaria

42. Mi objetivo es ayudar a los alumnos a desarrollar una comprensión más profunda de sí mismos, de los demás y del mundo
David López Pons, profesor de Religión en Educación Infantil y Primaria

43. El cristianismo se caracteriza por resucitar, recuperar su identidad en momentos de dificultades
María del Rosario Ferreira Aparicio, profesora de Religión en Educación Secundaria

44. Mi vocación está escrita en mis padres
Luis Carlos Malo Gozalo, profesor de Religión en Educación Infantil y Primaria

45. Una maestra de Religión que sueña con cambiar la sociedad
María del Rosario Fuster González, profesora de Religión en Educación Infantil y Primaria

46. Me preocupo y me implico en las situaciones emocionales de mis alumnos
Marina Encinas Arribas, profesora de Religión en Educación Infantil y Primaria

47. Se trata de presentar, de proponer, porque la fe no se impone
María Isabel Portilla Gutiérrez, profesora de Religión en Secundaria

48. Doy clase de Religión porque creo que es una asignatura que toca el corazón
Marta Alcocer Martín, profesora de Religión en Educación Infantil y Primaria

En este segundo capítulo se compilan los escritos de los profesores que han compartido su experiencia respondiendo a la invitación de la Jornada Diocesana de Enseñanza conmemorativa de los 50 años desde los primeros pasos de nuestra Delegación Episcopal de Enseñanza de Madrid. Compartimos sus escritos íntegramente sin que el orden tenga ningún significado, porque hay textos de profesores de reciente incorporación, otros de muchos años de ejercicio profesional, otros ya jubilados que recuerdan su vínculo con la delegación y la tarea compartida; hay profesores y directivos de colegios diocesanos y también algunos miembros que han estado o están en el equipo de la delegación. Todos ellos recibidos y aquí recopilados en su literalidad, solo el título y los destacados se han trabajado en la edición.

1. Tengo una historia repleta de alegría, profesionalidad, tesón y recuerdos

Amparo Castillo López, profesora de Religión en un centro de Educación Especial

Empecé mi vida profesional en el año 1995. He sido profesora de Religión en los colegios públicos Aldebarán, Ciudad de Nejapa, Rabindranath Tagore y Francisco del Pozo.

En primer lugar, quiero dar las gracias a todos los que forman parte de mi historia como profesora. Una historia repleta de anécdotas, alegría, profesionalidad, tesón, vivencias y recuerdos.

Quiero resaltar el trabajo realizado por los diferentes miembros de la DEE que me han acompañado y que con su colaboración, entrega, profesionalidad e interacción me han permitido mejorar en todos aquellos aspectos relacionados con la asignatura. Sin ellos no hubiera sido posible alcanzar tantos objetivos.

Con el trabajo de todos conseguimos que la asignatura fuera dinámica, integradora y con una gran proyección educativa. Extiendo ese agradecimiento a todos los compañeros con los que he compartido mi larga vida profesional, en los diferentes centros donde he estado, todo lo que de ellos he aprendido y que me ha permitido conseguir los objetivos propuestos con estímulos renovados.

El perfil del alumnado ha variado mucho a lo largo de mi experiencia docente. En muchos casos porque la Administración ha ido modificando el enfoque de los alumnos que debían atenderse en los centros de Educación Especial, las edades de los alumnos que podían matricularse tanto en su iniciación como en su finalización, la modificación de la integración en los centros ordinarios, la zonificación de los centros, es decir, que la educación se lleve a cabo en la zona geográfica de la persona, la atención multiprofesional e individualización de la enseñanza, el incremento de los centros públicos, privados y concertados... con atención a los alumnos de Educación Especial. En la reforma LOGSE de 1990 adquirieron un gran valor todos estos principios, apareció el concepto de necesidades educativas especiales que llevaría a sustituir términos como deficiente, disminuido, inadaptado o minusválido. Las ya recientes leyes educativas LOE y LOMCE, de 2006 y 2013 respectivamente, mantienen lo expuesto en normas anteriores con incidencia en la integración e inclusión de estas personas.

El Real Decreto 696/1995 sobre la ordenación de la educación del alumnado con necesidades educativas especiales señalaba que solo se propondrá su escolarización en centros de Educación Especial cuando se requieran adaptaciones significativas y en grado extremo en las áreas del currículo oficial que corresponda a la edad del alumno. Este decreto marcó la piedra angular en el colegio, caracterizado por la baja matrícula con un perfil de discapacidad más acentuado.

En la Orden 2808/2023 de 30 de julio se regula la escolarización y atención educativa a las diferencias individuales del alumnado en centros o unidades de Educación Especial en centros ordinarios. Esta orden marcará el momento bisagra en los colegios.

Todo ello repercute cada curso escolar en el incremento o disminución de los alumnos matriculados en la asignatura, en la adecuación de la organización de las clases e incluso en la modificación de las infraestructuras de los centros.

En la última Resolución de 21 de junio de 2022 se publican los currículos de Religión Católica correspondientes a Educación Infantil, Educación Primaria, Educación Secundaria Obligatoria y Bachillerato. No se han publicado currículos específicos de Religión ni de otras materias para Educación Especial, lo que supone un exceso de trabajo para el profesorado que tiene que adaptar los contenidos de la Educación Infantil y Primaria al nivel de competencia curricular de todos los alumnos de los colegios de Educación Especial.

En mi dilatada experiencia como profesora he notado a lo largo del tiempo, en relación con mi trabajo y con el propio colegio, cambios en infraestructuras: incremento de aulas, incremento de juegos educativos en el patio y en las diferentes aulas, potenciación de recursos específicos, dotación de materiales y recursos, instalación de pantallas digitales, creación de aula multisensorial, adecuación de servicios sanitarios (enfermería), creación del aula hogar en la antigua vivienda del conserje para potenciar la autonomía de los alumnos, creación del aula de informática y aula de música, mobiliario específico en fisioterapia, colchones de agua, camillas hidráulicas, colchonetas, grúas, bipedestadores, talleres (maquinaria de carpintería, habitáculo horno en cerámica), camilla en enfermería, ordenadores en los diferentes despachos y en todas las aulas, adquisición de fotocopiadoras, instalación taller de encuadernación para Garantía Social, instalación de ascensor, modificación de servicios sanitarios adaptados (baños), internet, intranet, donaciones de material informático de la empresa Indra… Fueron y son cambios constantes de acuerdo con las diferentes normativas administrativas, presupuestos y exigencias según las necesidades del centro donde he permanecido durante treinta años.

Los desafíos a los que me he enfrentado en el centro de Educación Especial Francisco del Pozo han sido constantes porque es un centro complejo, con profesionales de perfil diferente y con competencias muy diferentes, con modificaciones legislativas que han supuesto inestabilidad en el desarrollo profesional y con vacíos normativos.

Dentro del marco de la legislación vigente todos los centros escolares deben ofrecer enseñanzas de Religión para que los padres o tutores puedan elegirlas, si lo estiman oportuno. Esto es una desventaja y a la vez un fuerte estímulo en relación con el resto de las asignaturas curriculares que son obligatorias y ha sido un desafío constante por mis exigencias profesionales.

Un reto importante ha sido la coordinación entre los distintos profesionales que intervienen en mis alumnos, el exceso de reuniones, la variedad de alumnos, la elaboración de evaluaciones iniciales individuales, adaptaciones curriculares, memorias, objetivos de la PGA, informes individuales trimestrales para las familias, concreciones curriculares.

He sido representante del profesorado en el Consejo Escolar durante muchos cursos participando de forma muy activa en las elecciones, coordinadora del equipo de trabajo de la Biblioteca. Siempre he intentado ser receptiva a las exigencias educativas, a las necesidades de mis alumnos y he querido potenciar la colaboración y confianza de los padres. Agradezco muy sinceramente la colaboración de los padres en el Consejo Escolar destacando a la presidenta del AMPA.

He tenido alumnos en sillas de ruedas, alumnos que no tenían control de esfínteres, los menores y mayores de seis años, invidentes, con pérdida de audición, con ataques epilépticos, ventilación asistida, sondas de alimentación gástrica, con trastornos del espectro autista, con deficiencias persistentes en la comunicación social y en la interacción social, con patrones restrictivos del comportamiento, con síndromes genéticos, con alteraciones en el desarrollo físico, síndromes de Down, síndromes de X frágil, atrofia muscular espinal, etc.

A lo largo de mi vida profesional he intentado incrementar mi formación profesional con cursos específicos de actualización teológica y curricular, planes de formación permanente y cursos de competencia digital que me han permitido alcanzar los objetivos de acreditación y mejorar la función educativa.

Los desafíos a los que me he enfrentado en el centro de Educación Especial han sido constantes porque es un centro complejo, con profesionales de perfil diferente y con competencias muy diferentes, con modificaciones legislativas que han supuesto inestabilidad en el desarrollo profesional, con vacíos normativos.

2. LA CLASE DE RELIGIÓN ERA EL MODO COMO EL SEÑOR ME LLAMABA EN MI CONDICIÓN DE LAICA

Ana María Lazarte Moro, profesora de Religión en Educación Infantil y Primaria

Soy Ana María Lazarte Moro, nací en Lima, Perú, y vine a España hace más de 20 años con la intención de realizar los estudios de doctorado en la Universidad de Navarra. Mi aventura en este mundo apasionante de la ERE empezó en el año 2009, cuando una hermana de mi comunidad parroquial, que trabajaba en la vicaría V, me comentó que se necesitaban maestros para impartir la asignatura de Religión en colegios públicos. Después de obtener la DEI, pasado un tiempo, tuve la entrevista personal con Paco Puértolas en la Delegación y desarrollé un examen de conocimientos. Finalmente me llamaron para mi primera sustitución, un momento clave en mi vida, en mi paso por España y Madrid, que nunca olvidaré.

Esta primera etapa de sustituciones la realicé en dos colegios, CEIP El Greco en Villaverde y CEIP Pradolongo en Usera. Fue un tiempo muy enriquecedor. Conocí de cerca el trabajo realizado por otras compañeras con más experiencia. Descubrí y fui más consciente de la importancia de la ERE en la enseñanza pública. Desde un principio entendí que la clase de Religión era el modo concreto cómo el Señor me llamaba y me enviaba a una misión, en mi condición de laica en medio del mundo, dando testimonio de mi fe. Esto es lo que me ayudó a seguir adelante a pesar de las dificultades y el ambiente, algunas veces bastante adverso.

Puedo afirmar que fueron los mismos alumnos quienes me ayudaron a descubrir, con sus propias palabras y vivencias, hasta qué punto la clase de Religión podía convertirse en una luz para sus vidas y un camino de esperanza. Son muchas las experiencias recogidas y vividas durante estos dieciséis años, pero entre todas estas experiencias nunca olvidaré una que marcó mi vida profesional, como un antes y un después. Sucedió en el CEIP Bravo Murillo, mi destino definitivo durante catorce años; fue a la vuelta de la Semana Santa y en el contexto de la alegría de la Resurrección. Ese curso decidí empezar el segundo trimestre acogiendo a mis alumnos en la alegría de la Pascua, hablándoles del gran Amor de Dios, cómo el Señor nos ama infinitamente, así como somos, y que con Él no teníamos que dar la talla, ni ser los mejores, ni seguir los modelos sociales para ser aceptados. Cuando finalizó la clase se me acercó un alumno emocionado para decirme que era la primera vez que escuchaba que alguien le Amaba… Nunca me olvidaré de este alumno, ese día regresó a casa con una palabra de esperanza que ambos guardamos en nuestro corazón. Saberse amado significó para él un modo distinto de estar en el mundo, un modo distinto en su relación consigo mismo y con los demás. Esta experiencia me hizo ver con mayor claridad que hacer de la clase de Religión un espacio para estas experiencias, era una manera educativa de desarrollar en mis alumnos esa dimensión afectiva y emocional, saberse como criaturas vinculadas de manera radical al amor de Dios.

Aunque nuestra tarea del día a día puede ser algo solitaria, sin embargo, durante estos dieciséis años siempre he estado acompañada por la delegación. Aún recuerdo el trienio de formación impartido por Avelino Revilla, que puso las bases para iniciarme en mi tarea docente, los encuentros de profesores cristianos, las misas del envío a inicio de cada curso, las jornadas diocesanas de enseñanza, la universidad de otoño, las reuniones en la vicaría VIII convocadas por José Luis Guzón como coordinador, los cursos de formación, etc. Estos encuentros hacían visible que en esta aventura y en esta misión no estaba sola, estaba acompañada y caminaba con otros hacia un mismo objetivo, evangelizar la escuela pública, y en esta evangelización promover el valor educativo de la ERE.

Durante estos años, un gran reto personal siempre ha sido el claustro, intentar a través de mi testimonio de fe y coherencia ayudar a que descubran la función de los profesores de Religión en el colegio, y cómo esta área es esencial en el desarrollo integral de los alumnos. A veces ha sido un reto conseguido, otras veces quizás no, pero siempre con la convicción de ser una pequeña luz que se deja ver en los pasillos, en los patios, en las excursiones, en las celebraciones y en la vida de los colegios.

Tengo la alegría de haber participado con los alumnos de 5.º y 6.º en la presentación de un villancico en el festival navideño del colegio, con la intención de hacer brillar la Navidad como tiempo de alegría y esperanza, rescatando de alguna manera el sentido cristiano de la Navidad.

Durante el tiempo de la pandemia la clase de Religión fue un instrumento para llevar, a través de los videos preparados desde casa y subidos a mediateca, y el material educativo que enviaba a mis alumnos, una palabra de esperanza, no solo para ellos, sino también para las familias, que respondían a mis correos con gratitud. Este fue un tiempo para fortalecer esa relación con las familias y con mis alumnos y alumnas.

Si tengo que hacer un recorrido de mi larga permanencia en mi destino definitivo, CEIP Bravo Murillo, puedo decir que los inicios no fueron fáciles, las condiciones no eran las mejores, el claustro era difícil, y tenía que focalizar mi atención en mis alumnos para evitar que el ambiente no me afectase negativamente. Sin embargo, gracias a la ayuda recibida, la disponibilidad de Toni Salas, que me apoyó y orientó para reconducir determinadas situaciones, pasaron los años y mi estar en el colegio poco a poco fue mejorando, también mis condiciones. Empecé a tener más recursos educativos para el desarrollo de mis clases y finalmente me gané la confianza del equipo directivo y gran parte del claustro, con la alegría de formar parte del Consejo Escolar. Estoy muy agradecida por estos años en el CEIP Bravo Murillo, años de luces y de sombras, pero con la alegría de haber estado allí donde me envió el Señor, sosteniéndome en cada momento.

Finalmente dar gracias a Dios por estos 50 años de la delegación, por haberme permitido formar parte de esta historia caminando juntos desde la clase de Religión.

> Un curso decidí empezar el segundo trimestre acogiendo a mis alumnos en la alegría de la Pascua, hablándoles del gran Amor de Dios, cómo el Señor nos ama infinitamente, así como somos, y que con Él no teníamos que dar la talla, ni ser los mejores, ni seguir los modelos sociales para ser aceptados. Cuando finalizó la clase se me acercó un alumno emocionado para decirme que era la primera vez que escuchaba que alguien le Amaba... Nunca me olvidaré de este alumno, ese día regresó a casa con una palabra de esperanza, que ambos guardamos en nuestro corazón.

3. DOY LAS GRACIAS A MIS ALUMNOS, TODO MI TRABAJO ES POR ELLOS

César Gaibisso Maquieira, profesor de Religión de Secundaria

Llegué a la Delegación de Enseñanza por primera vez en septiembre de 2015, siendo Inmaculada Florido la primera que me recibió en la sede de la calle Bailén y a quien siempre estaré profundamente agradecido.

Soy César Gaibisso Maquieira (por aquel entonces solo portaba mi apellido paterno, al no contar aún con la nacionalidad española que también suma el materno), argentino. Licenciado en Teología Espiritual por la Universidad de Comillas (había estudiado en el CITES de Ávila y en Comillas entre 1999 y 2003).

Al llegar a España en aquel 2015 pensaba que el ejercicio de la profesión docente sería muy parecido al de mi país y que el ingreso a los colegios también sería similar, por lo que me presenté en la delegación con mi CV de profesor y licenciado argentino, creyendo que sería suficiente con eso. Allí comenzó un intenso recorrido que duraría varios años en este apasionante camino hacia ser profesor de Religión en España, que supuso cumplimentar un pequeño detalle que había omitido: obtener la nacionalidad española, sin la que no podría ejercer, y homologar todos los títulos, que yo solamente traía indicados en el CV. Ante la imposibilidad de trabajar todavía, volví a Argentina a realizar todos estos trámites que llevaron fácilmente 2 años.

Al mismo tiempo me matriculé en La Salle para cursar la DECA on line, que yo desconocía por completo que era otra de las exigencias para poder dar clases. Allí conocí a Carlos Esteban Garcés, otra de las personas a las que recordaré siempre con agradecimiento y cariño, ya que en momentos en que flaqueaba el ánimo y en los que me cuestionaba si realmente valía la pena tanto esfuerzo a mi edad (ya tenía 53 años), él me siguió animando en la distancia o cuando venía algunas semanas para que culminara la DECA. Yo por aquella época había vuelto a mi labor como profesor de Filosofía y Religión en el Colegio del Alfarcito, en los cerros salteños, al norte de Argentina, con alumnos que en su mayoría eran pastores de ovejas. No era extraño que el ánimo flaqueara cuando a la par de mis clases en ese lugar, estudiaba las leyes de Educación de la democracia española y los trabajos de Didáctica para sacar el título que me permitiría acceder al profesorado.

Así fue como, con todo cumplimentado, regresé a España el 1 de enero de 2018. Faltaba todavía la nacionalidad sin la que no podría ser profesor, a pesar de los denodados esfuerzos de Inmaculada y de Paco González por presentarme a algunos colegios concertados o privados, para ver si desde Recursos Humanos podían admitir a alguien con la residencia pero sin la nacionalidad. No hubo caso: solo la perseverancia y la fe me ayudaron en aquellos momentos, y el acompañamiento de estas personas que he mencionado anteriormente.

Finalmente, mientras atravesábamos la pandemia, obtuve la nacionalidad española, lo que me permitió comenzar con mi actividad docente. Me presenté en las tres diócesis (Alcalá, Madrid y Getafe) y, al haber sido Madrid la primera que me llamó en septiembre de 2021, aquí me quedé. Recordando ahora mientras escribo estas líneas, me viene a la memoria la persona de Javier Segura, delegado de Getafe, que también fue de enorme ayuda y delicado acompañamiento durante esa época, y que también había hecho todos los esfuerzos para que pudiera trabajar cuando todavía era solo residente.

Desde entonces he estado en 3 centros: el IES Margarita Salas de Majadahonda (2 años), en el García Nieto de Las Rozas el año pasado, y desde este curso en el IES Diego Velázquez de Torrelodones, donde, después de tantas peripecias, he obtenido plaza definitiva. Solo tengo puro agradecimiento a la Providencia y en ella a cada una de estas personas que me han seguido acompañando y animando a pesar de las dificultades del camino.

Una mención especial para Josefina de Miguel y María Eugenia Gómez Sierra, que también han estado siempre presentes para lo que necesitara, en especial durante el segundo curso en el Margarita Salas en el que tuve COVID, y sobre todo en este último mes de noviembre de 2024, en que murió mi madre, con todo lo que ha significado emocionalmente para mí: las dos han acompañado y gestionado lo mejor posible este proceso doloroso por lo que les estaré siempre infinitamente agradecido.

Por último, y no por ello menos importante, unas palabras para quienes son la razón de mi misión, enraizada en la vocación docente: mis alumnos. Reconozco que los equipos directivos han sido maravillosos en los tres centros en los que he estado, pero mis alumnos son, con todo lo que significa acompañar adolescentes en su crecimiento integral, los que han seguido dando razón para continuar en España, en varios momentos en que la duda me asaltaba de si volver a Argentina o seguir por acá. Han sido y siguen siendo cercanos, empáticos, cariñosos y tan adolescentes, con la mucha vida que transmiten y de la que me han hecho y siguen haciendo partícipe. Les doy gracias a todos y a cada uno de ellos de corazón.

Para finalizar, recuerdo que Santiago Arzubialde, mi director de tesina en Comillas, me repetía una y otra vez durante aquellos años de estudio: "Algún día deberás devolver a España lo mucho que ha invertido en tu formación". En eso estoy. Y en eso sigo: conectando, profundamente agradecido a Dios, con mi vocación y misión de estar en España, transmitiendo la fe, allí donde Él quiera, a quien quiera y el tiempo que quiera. Por momentos toca el misterio de no comprender muchas cosas que vivo en mi labor docente, pero es ahí cuando me zambullo y confío en que Él sabe más.

¡Felicidades, delegación, por estos primeros 50 años y a seguir sembrando sus semillas en nuestros institutos!

Por último, y no por ello menos importante, unas palabras para quienes son la razón de mi misión, enraizada en la vocación docente: mis alumnos. Mis alumnos son, con todo lo que significa acompañar adolescentes en su crecimiento integral, los que han seguido dando razón para continuar en España, en varios momentos en que la duda me asaltaba de si volver a Argentina o seguir por acá. Han sido y siguen siendo cercanos, empáticos, cariñosos y tan adolescentes, con la mucha vida que transmiten y de la que me han hecho y siguen haciendo partícipe. Les doy gracias a todos y a cada uno de ellos de corazón.

4. Tengo pasión por educar compartiendo mi vocación con el profesorado

Alberto Canora Lebrato, director del Colegio diocesano Institución Divino Maestro

Soy Alberto Canora Lebrato, hijo de Jesús y de María, a quiénes se lo debo todo, padre de Daniel y Laura, maravillosos, felizmente casado con mi mujer Beatriz. Desde hace 25 años tengo el privilegio de acompañar a niños desde 1 hasta los 16 años en su aprendizaje, en el Colegio diocesano Institución del Divino Maestro de Madrid, como profesor de ciencias desde el 2000 y como director desde el 2017. Es para mí una obligación presumir y dedicar un recuerdo emocionado y entrañable a aquellos que fueron mi inspiración y que tantas veces me ilustraron con su conducta: Francisco Abajo y Francisco Javier Martínez, anteriores directores de la residencia universitaria y del colegio respectivamente. Las dos organizaciones que constituyen la Institución del Divino Maestro, pertenecientes a la Fundación Virgen de la Almudena.

Dirigir no es solo un trabajo, como no lo es dar clase, sino una dedicación, una misión, un compromiso, un arte, que cada día me recuerda que la educación es un acto de entrega y de amor. Llega para ocuparlo todo. Por eso, aunque cada jornada trae sus desafíos, no cambiaría este camino, si de verdad ayudé a mis alumnos. Agradezco de corazón esta oportunidad de compartir este momento con todos vosotros.

Mi vocación como docente nace de una convicción profunda: educar no es simplemente transmitir conocimientos, sino colaborar en la formación integral de las personas. Personas con criterio, con espíritu crítico, con valores, con una mirada abierta al mundo, pero con raíces firmes. La educación católica ofrece algo único: la integración entre el saber y el sentido de la vida. No educamos solo para que nuestros alumnos sepan cosas, sino para que entiendan quiénes son y qué pueden aportar a los demás.

Vivimos en un tiempo en el que hay tanta información, que se transmite tanta información; pienso que debemos pasar de la información a la comprensión del otro. Es tiempo para exigir conocimiento, simpatía, acercamiento, aceptación de otros como otros que son. Los jóvenes de nuestro tiempo son jóvenes, pero también son diferentes; luego en el proceso de reconocimiento, existe un movimiento de unidad y de diversidad.

Nuestros jóvenes son lo que son, en función del contexto en el que han nacido y los agentes de socialización que han tenido. En primer lugar, el agente socializador de mayor relevancia es la familia. Pero la familia de nuestro tiempo, ¿es familia? En nuestro tiempo, Internet empieza a tener mayor relevancia como agente socializador que la familia y la escuela.

El amor debe vencer todos los inconvenientes. Algo por el estilo a los primeros ensayos del vuelo en las aves. Primero, el nido, que brinda refugio y sustento, calor constante; después, los primeros ensayos próximos al árbol en que viven; luego, más espaciados, siempre ante la vigilancia de los padres, y, por último, ya la vida independiente, bajo sus propios impulsos. Si deseas que te quieran tus discípulos, quiérelos y demuéstrales con dulzura, hablándoles con afecto, que te interesas por su bien, y pon en tus palabras esos tiernos acentos que tienen la virtud de llegar al corazón y despertar en él las más dulces emociones.

Evidentemente, el camino no siempre es fácil. A veces nos enfrentamos a dificultades: la falta de medios, la presión de una sociedad que mide el éxito en resultados inmediatos, la prisa, la ansiedad por preparar el futuro sin disfrutar del presente. Pero ¿qué nos sostiene? Nos sostiene la comunidad que formamos: alumnos, familias y docentes que creemos en la educación como un acto de esperanza. Nos fortalece saber que no trabajamos solos, sino que somos parte de un proyecto común que da frutos mucho más allá de lo que podemos ver en una calificación o en un diploma.

Y si algo quisiera subrayar hoy es nuestra apuesta por el esfuerzo. Ni la dificultad extrema que ahoga el ánimo ni la facilidad absoluta que adormece la voluntad. Educamos para la vida, y la vida exige perseverancia. Nuestro ideal es que aprendan a pensar, a cuestionar, a descubrir... Pero, sobre todo, que aprendan a no rendirse y a ser buenas personas.

Vivimos en una época en la que todo parece inmediato, en la que a veces se busca la recompensa sin esfuerzo. Pero la educación nos enseña que el verdadero aprendizaje requiere constancia, requiere dedicación, requiere voluntad. Y es ahí donde nosotros, como educadores católicos, tenemos un papel esencial: ayudar a nuestros alumnos a encontrar sentido en el esfuerzo, a descubrir que cada paso que dan con esfuerzo los hace más fuertes y más libres.

Dentro de esta gran misión, la Delegación Episcopal de Enseñanza ha sido y es un pilar fundamental para mí y para tantos compañeros. Nos recuerda que no estamos solos, que formamos parte de algo mucho más grande que nuestras propias aulas. Su labor nos apoya, nos guía y nos impulsa a seguir educando con identidad, con convicción y con alegría. Porque educar no es simplemente una tarea profesional: es una vocación que la Iglesia nos confía para ayudar a transformar la sociedad desde dentro.

Que Dios nos ayude a seguir formando generaciones de alumnos que no solo sean buenos en sus estudios, sino firmes en su fe, generosos en su entrega y valientes para transformar el mundo con su forma de vivir.

> Dentro de esta gran misión, la Delegación Episcopal de Enseñanza ha sido y es un pilar fundamental para mí y para tantos compañeros. Nos recuerda que no estamos solos, que formamos parte de algo mucho más grande que nuestras propias aulas. Su labor nos apoya, nos guía y nos impulsa a seguir educando con identidad, con convicción y con alegría. Porque educar no es simplemente una tarea profesional: es una vocación que la Iglesia nos confía para ayudar a transformar la sociedad desde dentro.

5. LOS ALUMNOS SON LOS QUE ME MUEVEN CADA DÍA

Elena Zabal Preciado, profesora de Religión en Educación Infantil y Primaria

Soy maestra de Religión desde el año 90. Pertenezco a la vicaría VIII y formo parte de la Mesa de Enseñanza. A lo largo de estos años he pasado por varios colegios. Actualmente comparto dos centros públicos, el CEIP República del Paraguay y el CEIP Vasco Núñez de Balboa, ambos en el distrito de Fuencarral-El Pardo.

Estos centros, debido a su complejidad, los conocemos como colegios de "difícil desempeño", aunque siempre digo lo que aprendí en ellos y es que los que verdaderamente lo tienen difícil son nuestros niños y niñas que, desde su nacimiento, están marcados por la exclusión social.

En un principio al colegio acudían niños y niñas pertenecientes a las clases sociales más bajas, fundamentalmente de etnia gitana. Con el paso de los años y, gracias a la inmigración, estos colegios se nutren de alumnado de diferentes países, etnias y religiones que, lejos de ser un problema, son una fuente de riqueza inagotable. Muchos de nuestros niños y niñas nacen y crecen en familias desestructuradas, con malos tratos, visitan cárceles y conviven con la droga y el alcohol.

Desde la asignatura de Religión intento aportarles un espacio de respeto, acogida, cariño y alegría, mostrándoles que existe un mundo distinto en el que tienen todo el derecho a ser felices, a sentirse queridos, respetados y seguros. Estos alumnos son los que me mueven cada día, cada mañana, dándome las fuerzas necesarias para trabajar por y para ellos.

No ha sido un camino fácil, mentiría si dijera lo contrario, pero he tenido la gran suerte de contar con directores y directoras que han valorado y respetado la asignatura, reconociendo la importancia y la influencia de la religión en el día a día de estos niños y niñas.

También he contado con el apoyo incondicional de la vicaría y la delegación, desde aquí todo mi agradecimiento porque siempre me he sentido valorada y respetada, tanto a mi persona como a mi trabajo, un trabajo que he ido enriqueciendo a lo largo de todos estos años con una formación continua y variada que me ha hecho crecer a nivel personal y profesional.

Gracias infinitas a todos, vicario, coordinadores, delegados, formadores, asesores, compañeros de cursos y seminarios con los que tanto he compartido y aprendido. Por supuesto, gracias a Dios por llevarme hasta aquí, por dirigir mi camino en este trabajo sin soltarme de la mano, por todas las bendiciones que me llegan a través de Él, porque me ha dado todas las fuerzas para superar desafíos y crecer en mi trabajo, que pongo cada día en sus manos.

> He contado con el apoyo incondicional de la vicaría y la delegación, desde aquí todo mi agradecimiento porque siempre me he sentido valorada y respetada, tanto a mi persona como a mi trabajo, un trabajo que he ido enriqueciendo a lo largo de todos estos años con una formación continua y variada que me ha hecho crecer a nivel personal y profesional. Gracias infinitas a todos. Por supuesto, gracias a Dios por llevarme hasta aquí, por dirigir mi camino en este trabajo sin soltarme de la mano.

6. Descubrí que Dios me quería ahí, en medio de aquellos chicos, para estar cerca de ellos

José Antonio Pérez Carcedo, profesor de Religión en Secundaria

Al terminar Relaciones Laborales y Recursos Humanos, en la Universidad de Burgos, y Ciencias Religiosas, de las que me diplomé en el Instituto Pío XII de San Sebastián, adscrito a la Facultad de Teología del Norte de España, sede de Vitoria, y con los créditos de Pedagogía y Didáctica de la Religión, que obtuve en la sede de Burgos de la misma facultad, pude solicitar la DECA a la Conferencia Episcopal.

En 2016, justo un mes después de morir mi madre, entraba en un instituto de Madrid. No hace mucho de esto y es que a los 50 años hice un cambio de vida y de ciudad, vine de Burgos, porque aquí es donde encontré la oportunidad para comenzar a ser profesor de Religión.

En el primer año de ejercicio hice sustituciones en seis centros y la experiencia fue muy enriquecedora. Me di cuenta de que cada instituto es un mundo, aunque estén muy cerca uno del otro. Pero sobre todo descubrí que Dios me quería ahí, en medio de aquellos chicos, para estar cerca de ellos. Este tiempo fue un tiempo de empezar a aprender un oficio nuevo y de descubrirlo como misión.

Los dos siguientes años impartí clase en el mismo centro, el IES Gregorio Marañón. De este periodo destaco la importancia de comenzar a conocer personas en Madrid a las que pedir colaboración para dar charlas en las aulas o en el centro, en horario nocturno, con información de sus instituciones o sus experiencias en las mismas como voluntarios, como personas participativas en la sociedad, etc. Y es que desde el principio me ha interesado que la realidad de la vida llegue a las aulas o que los chicos vayan a la realidad de su barrio o ciudad y, después de prepararla, la lleven al aula y la presenten.

Los seis cursos siguientes y últimos, hasta la fecha, los he pasado en un centro en el sur de Madrid, el IES Pradolongo, en el distrito de Usera. La vida en este centro es muy diferente a la de los otros que he conocido, sobre todo porque el alumnado es diferente. Se trata, principalmente, de hijos de emigrantes venidos, en su gran mayoría de Latinoamérica, en situaciones muy precarias. En él han surgido inquietudes diferentes y en él también he concretado un proyecto que venía gestando en los centros anteriores de Aprendizaje-Servicio como herramienta de promoción de la persona, justicia social, participación en la sociedad, construcción del currículum vitae, etc. En definitiva, la vida cristiana y la vida de los jóvenes.

Además, en este centro ha sido necesario organizar un desayuno para niños en cuyas casas hemos sabido que no era fácil disponer de alimentos para ello y para darles un almuerzo en la hora del recreo, queriendo que todos se sientan bien en el centro y que todos puedan aprovechar en el instituto lo que en él hay para ellos. Hemos intentado animar la solidaridad, también en el claustro, para poder mantenerlo. Este tiempo ha sido un tiempo de formación muy importante, buscando mejorar la forma de hacer las cosas y asumir nuevos retos y compromisos.

> Ha sido un tiempo de formación muy importante, buscando mejorar la forma de hacer las cosas y asumir nuevos retos y compromisos. Me he dado cuenta de que cada instituto es un mundo, sobre todo descubrí que Dios me quería ahí, en medio de aquellos chicos, para estar cerca de ellos. Este tiempo fue un tiempo de empezar a aprender un oficio nuevo y de descubrirlo como misión.

7. CADA VEZ QUE ME ACERCO A LAS CLASES DE RELIGIÓN ME CAMBIA LA VIDA

Paloma Sanz Insausti, profesora de Religión en Educación Infantil y Primaria

La primera vez fue en 1987, el año que nací, mi madre cuidaba de mi hermana y de mí cuando un amigo de la familia le habló de la Religión en la escuela pública, le interesó mucho y fue a la Delegación Episcopal de Enseñanza a solicitar información para empezar a formarse. Ella, una maestra vocacional, se dio cuenta de la importancia de nuestra labor. La situación laboral de los profesores de Religión en aquel momento era tan precaria que había muchos puestos sin cubrir y, a pesar de que ella quería dedicarse a su vida familiar, le dijeron que la necesitaban, y ese fue mi primer cambio, conocí lo que antes se llamaba guardería.

Durante más de veinte años todos los domingos por la tarde el salón de casa se llenaba de libros, música, marionetas, papeles y telas de colores... "Todo lo que haga falta para que mis niños cojan cariño a Jesús", decía mi madre. Ahí aprendí algo que ahora me está sirviendo mucho: la didáctica es muy necesaria, pero sin olvidar nunca que lo esencial es el mensaje y la vivencia que transmitimos.

Treinta y tantos años después, mucha experiencia profesional en centros concertados y una familia numerosa a la espalda, me vuelve a cambiar la vida. Así que, más madurita, la Religión en la escuela pública se cruza otra vez en mi vida, me brinda una gran oportunidad, y aquí estoy empezando esta maravillosa tarea.

Como la enseñanza de la Religión ha formado parte de mí desde que nací, siempre me ha gustado que también estuviera presente en mi labor profesional, no solo en los valores que me gusta transmitir a mis alumnos, sino también involucrándome en diferentes voluntariados y participando en la pastoral de los colegios concertados en los que he trabajado.

Veo esta tarea como un privilegio que me brinda la oportunidad de estar donde muchos de nuestros niños tienen el primer contacto con la Religión porque en su familia no se ha dado el primer anuncio, el despertar religioso, y a la parroquia no van salvo en momentos puntuales. Además, ellos mismos colaboran en el descubrimiento de la figura de Jesús para aquellos alumnos que no acuden a la clase de Religión cuando comparten lo vivido en ella.

Me encanta y tranquiliza saber que hay algo más, que cuando nuestros niños salen de clase y van a sus casas, se encuentran con su familia y su vida, el Espíritu sigue actuando en ellos.

Y, ¿por qué enseñar Religión en la escuela? Porque la escuela está al servicio del crecimiento personal e integral del alumno, así de claro, de fácil y de difícil... cultiva valores esenciales como la solidaridad, el respeto y la esperanza y juega un papel clave en el aprendizaje de una visión abierta y comprometida con el bien común. Cuesta entender que, después de tantos años, nuestra presencia sea todavía motivo de controversia en algunos centros. En este tiempo que llevo siendo profesora de Religión, he comprobado cierto rechazo e incomprensión por parte de algunos compañeros, pero también la cercanía de profesores que han apoyado nuestra labor.

Los profesores de Religión nos ganamos a esos compañeros reticentes a través del trabajo, el compromiso y el testimonio. Es una gran responsabilidad. Necesitamos una buena preparación personal y profesional, de ahí la necesidad de la formación permanente que la DEE nos propone.

Hoy la felicitamos. Ella es una ayuda indispensable, con su acompañamiento, para que los profesores de Religión realicemos nuestra labor con la mayor calidad posible, sobre todo, a través de sus programas de formación donde compartimos recursos y experiencias educativas. Ella es, también, parte fundamental para que se reconozca la trascendencia educativa de la materia de Religión Católica en la formación integral de los alumnos al transmitir los valores del Evangelio.

Los encuentros de profesores cristianos nos hacen sentirnos acompañados en nuestro trabajo, y juntos nos identificamos como Iglesia, confirmando que un profesor de Religión debe tener clara su identidad eclesial y vivir con coherencia su amistad con Dios. Al celebrar este aniversario, renovamos nuestro compromiso con esta hermosa misión. Sigamos adelante con la certeza de que nuestra labor deja huella.

Gracias por compartir este camino y por hacer de la enseñanza religiosa una luz en la educación.

> Y, ¿por qué enseñar Religión en la escuela? Porque la escuela está al servicio del crecimiento personal e integral del alumno, así de claro, de fácil y de difícil... cultiva valores esenciales como la solidaridad, el respeto y la esperanza y juega un papel clave en el aprendizaje de una visión abierta y comprometida con el bien común. Cuesta entender que, después de tantos años, nuestra presencia sea todavía motivo de controversia en algunos centros.

8. ENSEÑAR RELIGIÓN EN EL MUNDO DE LA EDUCACIÓN HA SIDO ALGO EXTRAORDINARIO

José Antonio Sánchez Márquez, profesor de Religión en Secundaria (jubilado)

En primer lugar, mi agradecimiento sincero a la Delegación de Enseñanza de la diócesis de Madrid por esta invitación a participar, aportando mi experiencia a lo largo de toda mi trayectoria como profesor de Religión en esta delegación.

Mi historia como profesor de Religión en Madrid comienza en 1987, cuando presenté mi petición a José Blanco (Pepe Blanco, como le conocemos). Tras un tiempo de espera, recibí la llamada, que agradecí muchísimo, para firmar un contrato parcial en Colmenar Viejo, en el Instituto de FP entonces, en el polígono de la Mina. Allí empecé en noviembre de ese año. Era el curso 1987-88. El curso siguiente ya tuve horario completo. Fue de los primeros centros que luego pasó a ser un IES, con Secundaria y FP, tomando el nombre de Alexander Graham Bell. Pasados unos años se le cambió por el de Ángel Corella, que aún conserva.

Allí permanecí hasta el curso 2002-2003, aunque desde el 2001-2002 ya estaba compartiendo con el nuevo IES de Soto del Real, Sierra de Guadarrama, recién creado como Sección nuestra, hasta el 2002-2003 en que será centro independiente. En el curso 2003-2004 ya me quedo en Soto solamente, con horario completo, pues Colmenar había perdido alumnos en general, que estaban ya en Soto. Aquí he permanecido hasta el 2 de septiembre de 2024 en que me jubilo.

En el curso 2004-2005 comparto con la nueva Sección recién creada, esta vez desde el IES de Soto, en Guadalix de la Sierra. Será el IES Luis García Berlanga, que poco después será centro independiente también. Estuve compartiendo con Guadalix, desde Soto, hasta el curso 2016-2017, pues en Soto no había horario completo, ya que muchos alumnos se quedaron en Guadalix. Fueron en total trece cursos compartidos. En el curso 2017-2018 me quedo ya solo en Soto, pues el número de alumnos aumentó en el centro como para tener horario completo.

Toda mi actividad se ha desarrollado en estos tres centros, muy vinculados entre sí, de la sierra norte de Madrid. Una experiencia llena de riqueza y de la que estoy profundamente agradecido. Aunque siempre he vivido en Madrid capital, ¡por lo que he realizado unos cuantos kilómetros en desplazamientos, creo que más de 600.000!

A nivel personal y de formación tengo que decir que mi vida empieza en un pueblecito de la "ruta de los pueblos blancos" de la provincia de Cádiz, Prado del Rey, allá por 1959. Allí viví y crecí, junto a mis padres y hermanos, que somos 4, permaneciendo hasta los 16 años. Allí hice mi Primera Comunión y la Confirmación. Mi acercamiento a la Iglesia fue influencia mayormente de mi madre, que me llevaba siempre, y de adolescente participé en los grupos de la parroquia. A esa edad, me traslado a Granada, con los Misioneros Claretianos, pensando que quizá tenía vocación misionera. Con ellos termino mis estudios y realizo la carrera de Teología en la facultad de Teología de Granada, con los Jesuitas, que finalizo en 1985. Es en ese curso, 85-86, cuando soy trasladado a Madrid para terminar la licenciatura. Durante el Bienio de Licenciatura en San

Dámaso, tras el primer curso, realizado en Teología Catequética, decido abandonar la orden, viendo que no era mi camino. Durante el curso 86-87, realicé pequeños trabajos por Madrid para mi sustento hasta que en noviembre del 87 comienzo a trabajar como profesor de Religión, como ya dije antes. En este momento colaboraba en la parroquia de la Encarnación del Señor, en la calle Hermanos García Noblejas. Y en estas circunstancias, difíciles para mí, recibí el apoyo, la ayuda y el cariño del párroco, Francisco Pérez, con el que aún mantengo una relación de cercanía y amistad. Fue en esa parroquia donde conocí a mi esposa. Formamos una familia, en la que Dios nos ha concedido dos hijos. Así comenzó una nueva y preciosa etapa en nuestra vida.

En el curso 88-89 terminé el segundo año del Bienio, que interrumpí tras el abandono de la orden, ya enfocado directamente a Ciencias Religiosas y ERE. En los cursos 96-97 y 97-98 realicé un Máster universitario en Ciencias de la Religión en la Universidad de Comillas. Y desde los años 90 he participado en casi todas las Universidades de Otoño, organizadas por la Delegación y el Colegio de Doctores y Licenciados, en las que he aprendido mucho y me han motivado como profesor de Religión y como cristiano. También participé en muchos cursos y seminarios de formación, a través de los CTIF y de la Delegación. Mantengo un gran agradecimiento por tan buen apoyo y formación continua.

En relación con mi vocación como profesor y a mi propia experiencia a lo largo de toda mi vida como docente de Religión, tengo que decir que lo primero que me brota al pensar en ello es un "gracias" con mayúsculas. Ha sido una tarea apasionante y preciosa. Doy gracias a Dios, que me ha conducido por este camino para transmitir su Buena Noticia en el mundo de la educación y de la cultura, a unos niños, jóvenes y familias que la buscan y la necesitan, aunque muchas veces no lo reconozcan.

La experiencia para mí en estos treinta y siete años enseñando Religión en el mundo de la educación ha sido algo extraordinario, que me ha llevado a crecer y evolucionar como profesor, como persona y como cristiano. Es verdad que al principio, y durante cierto tiempo, me sentía como un profesor marginal, que daba una materia a la que casi nadie le daba importancia, y yo mismo acababa creyéndolo así. Pero luego, por mi propia experiencia y formación, y porque Dios fue despertando mi corazón, llegué a comprender el verdadero valor de lo que hacía y transmitía. Los alumnos, sus familias y los propios compañeros necesitan que alguien les hable de hondura humana, de sentido, de significado de la vida, de trascendencia, de belleza, de Dios... Para eso yo había sido enviado.

Fui comprobando cómo los alumnos se sentían a gusto y agradecían que les diera las clases con convencimiento, con respeto, cariño y cercanía, sin dejar de lado la autoridad y la exigencia, pero sin imposición. Les planteaba la Religión desde una doble perspectiva, por un lado, la dimensión cultural, por la que percibían su importancia histórica, cultural y social, donde veían también su relación con las demás materias. Y por otro, su dimensión de oferta de sentido para la vida, viendo cómo fue así para tantos cristianos, que encontraron y encuentran en este camino, un sentido y un significado para vivir. Siempre presentada como oferta libre, respetando la libertad de cada uno y mostrando el gran bien que suponía caminar hacia la plenitud y la felicidad verdadera, construyendo un mundo más hermoso, donde nos tratemos como hermanos y no como enemigos, siguiendo el camino que propone Jesús.

Este planteamiento y forma de enfocar y desarrollar la materia hacía que los alumnos, por lo general, se sintieran bien y les apeteciera la "clase de reli", muchos se apuntaban por los comentarios de los compañeros y así me iba aumentando el número de alumnos por clase.

Poco a poco fui considerando que esta materia era de las más importantes, ya que suponía un gran bien para la escuela y para la sociedad, que podía y debía servir de luz al resto. Se convierte para mí, por tanto, en lo que es, un reto, una misión apasionante, llevar la luz de Dios al corazón y a la inteligencia de cada alumno, siendo testigo ante ellos y ante toda la comunidad educativa de una realidad que transforma y llena la vida de alegría y de gozo, que no está reñida con la razón y que enriquece, engrandece y ennoblece nuestra humanidad, llenándola de esperanza, de paz y de gozo, llevándonos a luchar por un mundo mejor, donde Dios pueda habitar y reinar. Por eso, doy gracias a Dios por haberme puesto en este camino, en esta misión, pues es una tarea increíble, preciosa y necesaria.

En este recorrido de mi tarea educativa, quiero mostrar mi agradecimiento a la Delegación de Enseñanza, por la que siempre me he sentido apoyado y valorado, promovido e impulsado a desarrollar esta preciosa tarea, especialmente, a todos los que han ido componiendo a lo largo de los años el equipo de la Delegación. Gracias por la cercanía y la preocupación por cada uno. Siempre se nos han facilitado estupendas vías de formación, y se nos ha ilusionado y aumentado nuestra pasión por transmitir la grandeza y la belleza de un mensaje que ilumina la cultura y transforma el corazón de los hombres.

Y cómo no reconocer también y agradecer, en este camino, a tantos compañeros y compañeras de Religión, con los que he compartido a lo largo de este tiempo la ilusión, el esfuerzo, la formación, los encuentros, los cursos, los seminarios..., la pasión por educar y transmitir el mensaje de Dios. Todos juntos nos hemos sentido unidos, más fuertes y más ilusionados, también ante las dificultades y luchas que hemos tenido ante la Administración, las leyes educativas, las circunstancias de cada centro...

A través de este recorrido en todos mis años como profesor de Religión he podido comprobar, por tanto, la extraordinaria y preciosa misión que tiene la Iglesia en la educación, contribuyendo a poner luz en el mundo de la cultura, a crear una sociedad más fraterna, más libre y más llena de esperanza y de caridad, ofertando sentido y significado a la vida, indicando nuestra verdadera esencia y destino a unos jóvenes y niños, a veces tan perdidos y anhelantes de felicidad.

Somos, especialmente los profesores, los que tenemos que llevar a cabo esta extraordinaria misión. Apasionándonos cada día más en esta tarea, creyendo y amando lo que hacemos y a quienes tenemos delante; que los alumnos vean y sientan que son importantes para nosotros y que lo que hacemos y transmitimos es algo grande y precioso.

Debemos mostrarles que el Dios de los cristianos no empequeñece al hombre, sino que lo engrandece, lo ennoblece y le da plenitud y gozo. Tengamos en cuenta que transmitimos mucho más con nuestro ejemplo, con nuestra manera de relacionarnos, de resolver los problemas, de afrontar las situaciones, de cómo les tratamos a ellos y cómo nos tratamos entre los compañeros, que con los propios contenidos de la materia, muchas veces. Por eso, vivamos lo que enseñamos y seamos testigos de una humanidad con mayúsculas, viviendo conectados y alimentándonos siempre de la Fuente verdadera.

Para mí ha sido y es mi deseo que sea, para todos los que trabajamos en ella, una tarea apasionante y grandiosa: ¡Reconocer y hacer presente en el Reino de la tierra, como educadores, el Reino de los cielos! Muchas gracias, y que se puedan celebrar otros 50 años y muchos más en esta delegación.

Fui comprobando cómo los alumnos se sentían a gusto y agradecían que les diera las clases con convencimiento, con respeto, cariño y cercanía, sin dejar de lado la autoridad y la exigencia, pero sin imposición. Les planteaba la Religión desde una doble perspectiva, por un lado, la dimensión cultural, por la que percibían su importancia histórica, cultural y social, de veían también su relación con las demás materias. Y por otro, su dimensión de oferta de sentido para la vida, viendo cómo fue así para tantos cristianos, que encontraron y encuentran en este camino, un sentido y un significado para vivir. Siempre presentada como oferta libre, respetando la libertad de cada uno y mostrando el bien que suponía.

9. Lo que me mueve a seguir siendo maestra de Religión es la fe

Ana Belén Jiménez Redondo, profesora de Religión en Educación Infantil y Primaria

Mi nombre es Ana Belén Jiménez y llevo trabajando como profesora de Religión en Educación Infantil y Primaria desde el mes de febrero de 2016. Creo que lo mío fue cosa del destino y de Dios, porque me llamaron del arzobispado a los seis años de dejar el currículum en la vicaría de la calle Atocha. Cuando dejé el CV me dijeron que había muchísimas personas delante de mí y que mejor me dedicase a otra cosa. Pues bien, eso hice, estuve en varios trabajos y el último de ellos, antes de entrar a trabajar como maestra de Religión, fue de cuidadora en un centro ocupacional de adultos con discapacidad. Pero un día, por sorpresa, me llamaron del arzobispado para empezar cubriendo una baja por embarazo, y me dieron solo media hora para decidirme. Dije sí a ser maestra ya que para ello había estudiado y mi sacrificio me había costado sacarme la carrera de magisterio con especialidad en Pedagogía terapéutica. Me saqué la DECA a la vez que estudiaba la carrera de magisterio, pero lo que nunca me imaginé es que acabaría siendo maestra de Religión y es que "los designios de Dios son inescrutables". He de decir que me ha favorecido bastante estudiar Pedagogía terapéutica ya que se me han abierto las puertas en colegios de Educación especial. Una vez que acabé magisterio cursé la licenciatura de Psicopedagogía.

He perdido la cuenta de los colegios en los que he estado haciendo sustituciones (entre colegios ordinarios y de Educación Especial). Recuerdo que fui a un colegio que estaba en Navagalamella a cuarenta y pico kilómetros de Madrid, donde encontré mucha paz y sosiego entre el profesorado al ser un colegio pequeño y rural. Actualmente trabajo en un colegio de Educación Especial y he de decir que es una experiencia muy gratificante, a la vez que dura en algunas ocasiones. Aun así es maravilloso hacerles llegar el mensaje de Jesús a alumnos que tienen más dificultades para ello, un gran reto por supuesto.

Sin duda, lo que me mueve y da fortaleza para seguir trabajando hoy día como maestra de Religión es cuestión de fe. Hay que hacer tanto hoy día en los coles... Yo, por ejemplo, que trabajo en un colegio de Educación Especial, hay tanto que evangelizar a diario entre los niños y los propios compañeros.

Trabajar en Educación Especial me está enseñando a tener paciencia en dosis elevadas, tolerar la frustración, entender los tiempos de los niños, mejorar a nivel personal frente a los desaires de algunos compañeros, madurar y sobre todo dejar a Dios que él mismo actúe frente a las dificultades y piedras de diferentes tamaños que aparecen en mi camino día a día. También es un gran reto para mí hoy día, en la escuela pública, demostrar que no solo imparto la asignatura de Religión, sino que de alguna forma Dios me ha enviado a evangelizar llevando su mensaje a los demás y sobre todo a intentar mejorar como persona día a día.

Las experiencias más positivas para mí son: el amor puro e incondicional de los niños, remover a través de tus acciones y palabras a compañeros que no están de acuerdo en que la Religión Católica esté inmersa en la escuela, escuchar a algunos compañeros decir: "Yo también creo y rezo el rosario", etc. Por supuesto también valoro, y mucho, los cursos y seminarios que nos plantea la DEE donde, a la vez que aprendes, compartes experiencias con otros compañeros. Así como las eucaristías y diversos encuentros que te hacen sentir que no estás solo en esta misión educativa.

Las dificultades que encuentro en mi trabajo son, por ejemplo, no disponer de un aula de Religión ni de espacios para dejar materiales y recursos que necesito a diario; y sobre todo, de las mayores dificultades que me estoy encontrando en Educación Especial desde que empecé a trabajar en 2016, es que veo que cada vez están entrando en los colegios niños con conductas más problemáticas, conductuales e incluso con temas de salud mental, que bajo mi punto de vista compruebo que a la escuela se le escapa de poder atender en condiciones a este tipo de alumnado. Aparte de que se ven cada vez más número de niños por aula, lo cual hace que sea difícil darles una educación de calidad como se merecen.

La DEE es muy importante en mi tarea educativa ya que facilita que, en todo momento, los profesores estemos actualizándonos con la formación, ofrece un gran abanico de temáticas formativas y eso se agradece y mucho. También es de valorar el impulso que nos dan a que los profesores participemos en la eucaristía de envío, la Jornada Diocesana de Enseñanza etc., para que así de esta forma nos sintamos arropados y acompañados en nuestra misión evangelizadora.

Por otro lado, es muy importante la misión educativa que la Iglesia realiza en la sociedad, ya que hace frente a los retos y desafíos que hoy día se plantea la educación. La Iglesia también tiene un papel fundamental porque contribuye al desarrollo integral de la persona en todas sus dimensiones, a la vez que lucha contra el individualismo promoviendo la unión de todos para constituir una sociedad que retrate el mensaje cristiano de que todos necesitamos de todos, y que hemos de remar juntos para intentar conseguir una sociedad más justa y humana.

> He perdido la cuenta de los colegios en los que he estado haciendo sustituciones. Actualmente trabajo en un colegio de Educación Especial y he de decir que es una experiencia muy gratificante, a la vez que dura en algunas ocasiones. Aún así es maravilloso hacerles llegar el mensaje de Jesús a alumnos que tienen más dificultades para ello, un gran reto por supuesto. Sin lugar a duda, lo que me mueve y da fortaleza para seguir trabajando como maestra de Religión es cuestión de fe.

10. SER PROFE MOLA, PERO SER PROFE DE RELI ES "TOP", ES JUGAR EN LA MEJOR LIGA

Juan Luis Torres Sola, profesor de Religión en Infantil y Primaria

Me considero una persona activa, empática y me entrego al máximo en todo aquello que me apasiona, como ser profe, en el intento de que mis alumnos y alumnas aprendan y disfruten al mismo tiempo.

Llevo trabajando de profesor de Religión desde hace cinco cursos En plena pandemia empecé esta aventura. Concretamente inicié mi labor en el CEIP Cantos Altos (Collado Villalba) y CEIP Concha Espina (Vallecas); los dos cursos siguientes desempeñé mi labor en los centros CEIPSO Los Ángeles (Pozuelo de Alarcón) y CEIP Maestro Padilla (Carabanchel). El siguiente curso estuve en los centros CEIP Regimiento Inmemorial del Rey (Moratalaz) y CEIP Concha Espina. En el curso actual me encuentro en el CEIP Pasamonte (Moratalaz) que pertenece a la vicaría 3.

Ser profe mola, pero ser profe de reli es TOP, es decir, es jugar en la mejor liga. Los inicios nunca son fáciles, ya que surgen inquietudes, miedo de cómo enfrentarte a una clase, sobre todo en Infantil; y, aunque soy de Primaria, ahora también me encanta esta etapa de Infantil. Sin duda con confianza y ayuda, poco a poco, he ido superando las dificultades, aprendiendo de los compañeros de claustro de cada colegio y haciendo que la clase de Religión sea única y especial.

Mi experiencia más positiva ha sido ver la evolución del alumnado, ver cómo van aprendiendo e interiorizando todo lo que vamos tratando en el curso, cómo van a clase con alegría e ilusión en el reto nuevo que les espera, y contagiando esa ilusión a los compañeros de clase de Atención educativa, fomentando la curiosidad en ellos hacia Religión.

Como narraba anteriormente, al principio existían miedos e inseguridades, pero todo el equipo de la Delegación de Enseñanza siempre me ha estado acompañando para todas las dudas y preguntas que he tenido. Me ha ofrecido formación inicial y permanente, como a todo el profesorado, a través de los distintos CTIF. ¡Qué importante es la formación, ya que nos permite actualizar conocimientos, conocer nuevas ideas y adaptarnos a la legislación educativa con una variedad de cursos y seminarios de cara a ponerlo en práctica en nuestras clases!

Sin duda, la Delegación de Enseñanza es un equipo perfecto que más de un profe de otras áreas envidia y querría tener, ya que es esa segunda familia que está en todos los momentos, acompañando y preocupándose por ti, especialmente en momentos de debilidad.

Cumplir 50 años es un momento de especial relevancia, ya que eso significa que las cosas han ido por el buen camino. Sobre todo, en el inicio, como nos han contado, no fue fácil. Nuestros compañeros dieron lo mejor de ellos de una forma totalmente altruista y desinteresada. Sin duda, mi agradecimiento desde estas sencillas líneas a todos ellos y ellas, ya que fueron testimonio público de la Iglesia en la enseñanza. También mi agradecimiento a todo el equipo por la labor encomiable que hace por la defensa de la Religión en la escuela pública de una manera justa y del mismo modo a todo el profesorado implicado.

La misión educativa en la sociedad a través del área de Religión es muy importante, ya que ofrece una visión más amplia y global de nuestra sociedad, abarcando desde aspectos más sencillos y fundamentales de nuestra vida hasta los más históricos y trascendentales. Por ello dotar al alumnado de una formación completa es fundamental. Formando hombres y mujeres del futuro, no de forma aislada, sino en conjunto, caminando juntos, en sinodalidad. Teniendo en el centro a los más débiles y aquellos que están atravesando alguna dificultad.

Por todo ello doy gracias a Dios, por formar parte de este gran equipo de profesores de Religión que damos lo mejor a nuestros alumnos, educando con el corazón.

Cumplir 50 años es un momento de especial relevancia, ya que eso significa que las cosas han ido por el buen camino. Sin duda, mi agradecimiento desde estas sencillas líneas a todos ellos y ellas, ya que fueron testimonio público de la Iglesia en la enseñanza. También mi agradecimiento a todo el equipo por la labor encomiable que hace por la defensa de la Religión en la escuela pública de una manera justa y del mismo modo a todo el profesorado implicado. La misión educativa en la sociedad a través del área de Religión es super importante, ya que ofrece una visión más amplia y global de nuestra sociedad.

11. No hay año en que no me emocione al comenzar el curso

Elena García Matamoros, profesora de Religión en Educación Infantil y Primaria

Hace seis años comencé esta hermosa aventura de ser maestra de Religión Católica. No imaginaba entonces todo lo que este camino me regalaría: aprendizajes profundos, momentos llenos de emoción, desafíos que me hicieron crecer y, sobre todo, la certeza de estar haciendo el mejor camino.

Mi primer colegio fue un CRA. Lo recuerdo con cariño y gratitud, porque fue ahí donde todo comenzó. Fue una experiencia única, que marcó un antes y un después en mi vida. Estar en un lugar como ese, donde se valora la fe, la comunidad y el crecimiento interior, fue transformador. Te das cuenta de que, si estás abierta, la experiencia pasa por ti, te atraviesa, te cambia. Y así ha sido en cada uno de los colegios donde he tenido la oportunidad de trabajar.

Cada nuevo curso escolar lo vivo con alegría renovada. Saber que voy a compartir con alumnos una experiencia única de encuentro con Dios, con ellos mismos y con los demás, es motivo de profunda gratitud. No hay año en que no me emocione al comenzar, al ver sus rostros llenos de curiosidad, esperanza o incluso dudas. Todos esos sentimientos son parte del camino de fe que recorremos juntos.

Durante estos años, he participado en jornadas que han tenido una magnitud impresionante. Eventos cargados de emoción, de entrega, de lágrimas y risas, donde uno puede ver claramente cómo Dios se manifiesta a través de cada persona. Son momentos que me han marcado profundamente y que me recuerdan la importancia de este trabajo: no se trata solo de enseñar contenidos, sino de tocar corazones, de sembrar esperanza y valores que perduren más allá del aula.

Además, he tenido la oportunidad de realizar una formación verdaderamente maravillosa, que ha enriquecido no solo mis conocimientos, sino también mi vocación y compromiso con esta labor.

Saber que la DEE crece, y que tú creces con ella, es una sensación maravillosa. Es sentirse parte de algo grande, de una misión que transforma. Estar en un espacio que te permite desarrollarte no solo como profesional, sino también como persona y creyente, es un privilegio que valoro inmensamente.

Por supuesto, no todo ha sido fácil. Momentos difíciles ha habido, aunque afortunadamente han sido pocos. Recuerdo especialmente uno, cuando me encontré con un equipo dividido, y esa división me hizo daño; pero, gracias al trabajo realizado, se ha logrado superar y al gran apoyo por parte de la DEE.

Hoy, mirando hacia atrás, solo tengo palabras de agradecimiento. Agradezco los retos, las risas, las oraciones, las preguntas difíciles y los silencios significativos. Todos han sido parte de este camino.

Ser maestra de Religión Católica no es simplemente un rol dentro del sistema educativo. Es una vocación, una misión, una oportunidad constante de servir, amar y acompañar. Y mientras Dios me lo permita, seguiré caminando con alegría y entrega, sabiendo que cada paso vale la pena.

> Saber que la DEE crece, y que tú creces con ella, es una sensación maravillosa. Es sentirse parte de algo grande, de una misión que transforma. Estar en un espacio que te permite desarrollarte no solo como profesional, sino también como persona y creyente, es un privilegio que valoro inmensamente.

12. Soy maestra por vocación, lo supe desde niña

Miriam Dueñas Nieto, profesora de Religión en Educación Infantil y Primaria

Al ponerme frente una hoja en blanco, me doy cuenta de que tengo ante mis ojos la friolera de 37 años de mi vida. Sí. Se dice pronto, pero llevo dando clase de Religión los últimos 37 años.

Empecé casi sin darme cuenta, como por casualidad. He de decir que soy maestra por vocación. Desde que tenía 5 años decidí que yo quería dedicarme al maravilloso arte de enseñar. El hecho de que fuese la asignatura de Religión fue algo totalmente accidental.

Vivo en Navacerrada donde solo hay un colegio público que yo inauguré como alumna cuando cursaba 8.º de E.G.B. La maestra a la que yo tanto admiraba seguía trabajando allí y fue ella la que me comunicó que se necesitaba una profesora de Religión para dar las clases en el cole. Acababa de nacer mi hija y trabajaría 2/3 de jornada. Me pareció adecuado porque así estaría en contacto con alumnos, profesores y padres, sin descuidar demasiado la atención a mi hija.

Me dirigí a hablar con Paco Puértolas y comenzó mi aventura. Empecé a trabajar sin cobrar. Sí. No se cobraba un sueldo. Ya nos lo advirtieron, pero era tal el entusiasmo que sentía que no me importó nunca. Fueron varios años en los que el sueldo no se correspondía con el trabajo que realizábamos. Ni siquiera estábamos afiliados a la Seguridad Social. Pero todo ello se suplía con la ilusión propia de una persona que había conseguido su sueño de ser maestra.

Ahora que echo la vista atrás, me doy cuenta de todo lo que he aprendido y solo siento gratitud ante lo vivido. Es curioso porque nuestra misión es enseñar, pero es justo reconocer que la balanza se equilibra perfectamente entre lo enseñado y lo aprendido.

Tenía 21 años cuando empecé y daba clase a alumnado que cursaba hasta 8.º de EGB, donde podías encontrar alumnos con 16 años. ¡Madre mía, si eran casi como yo! ¡Qué inexperiencia la mía! Siempre he sentido la presencia de Dios en momentos difíciles y puedo asegurar que hubo muchos en esos primeros años. Preguntas de difícil respuesta, comportamientos altamente disruptivos, clases numerosísimas, compañeros muy críticos con la presencia de la Religión en la escuela... los obstáculos eran muchos y variados, pero, no sé cómo (quizás por el guiño de Jesús en muchas ocasiones), pude ir solventando todos esos momentos críticos.

Cada momento difícil era un aprendizaje nuevo para mí. Así que ahora se puede entender por qué digo que he aprendido tanto como he enseñado. Pero no solo era con los momentos difíciles, también he vivido momentos emocionantes, preocupantes, tristes, alegres, comprometidos... y casi tantos calificativos como queráis añadir. En la misma proporción se encuentra la gratitud. Nació mi segundo hijo con una malformación congénita del sistema renal. Su primer año de vida era un continuo ir y venir al hospital con ingresos continuos. Jamás me pusieron un problema para acompañar a mi hijo en esos difíciles momentos, ni por parte de la dirección del centro, ni por parte del arzobispado. Es algo que no puedo ni quiero olvidar.

Toda mi vida laboral la he desarrollado en tres colegios: "Príncipe de Asturias" de Navacerrada, "Vía Romana" de Cercedilla y "Miguel de Cervantes" de Collado Villalba. En el Príncipe de Asturias me sentía como en mi casa. Era mi colegio. Tuve algunos compañeros contrarios a que la Religión se impartiera en la escuela, pero nunca tuve ningún problema con ellos. El respeto hacia mí y hacia mi trabajo eran máximos.

Me fui de allí porque me pidieron desde la delegación que me fuese a Cercedilla porque en el Colegio Vía Romana había problemas con el sacerdote que impartía allí las clases; él quería dejarlo y necesitaban una persona con cierta experiencia y que no le importase llegar hasta este pueblo de la sierra madrileña. Yo llevaba ya 10 años trabajando y me trasladé hasta allí con el miedo de enfrentarme a nuevos niños, nuevos compañeros y nuevos retos. El recibimiento fue duro porque, al entrar en la clase de los mayores, el tutor tenía colgadas cartulinas con mensajes tales como: "no a los privilegios de la Iglesia Católica", "La Religión fuera de la Escuela" y otros eslóganes parecidos. Sin arredrarme desarrollé mi trabajo con tal ahínco que acabó con una fabulosa relación de amistad con ese tutor. Él siempre se justificaba apoyándose en su ideología, aunque siempre me remarcaba que contra mí no tenía nada. Y mi respuesta siempre era la misma: no puedo diferenciar a la Miriam persona, de la Miriam profesora de Religión. Creo que llegamos a entendernos siempre desde el máximo respeto.

Mis dos últimos años en ese colegio tuve que compartir horario con un colegio de Galapagar, el CEIP San Gregorio. No me sentía de ningún colegio y fue la época más dura de mi vida laboral. Después de 17 años, tomé la difícil decisión de irme a otro colegio con jornada completa. Es así como aterricé en el CEIP Miguel de Cervantes, en Collado Villalba, donde todavía estoy trabajando, en el que llevo ya 10 años y donde espero me llegue el momento de la jubilación, cada día más cercano.

No puedo obviar en estos años uno de los momentos más importantes de mi trabajo. Nunca tendré palabras suficientes para agradecer a la delegación, y más concretamente a Carlos Esteban Garcés, la posibilidad que me ofreció de trabajar en el CTIF Madrid Oeste. ¿Por qué? Son varias las causas: me brindó la ocasión para conocer con mayor profundidad a compañeros con los que llevaba ya compartidos 27 años de mi vida trabajando en cursos, seminarios o distintos eventos propuestos desde la delegación; posibilitó que conociera a otros muchos, incluso de Educación Secundaria, con los que aún mantengo una bonita amistad; me permitió ayudar y estar al servicio de todos estos compañeros intentando dar respuesta a sus demandas de formación; y estreché lazos y conocí a otras personas trabajadoras de la DEE que, sin este motivo, no hubiera tenido posibilidad alguna de conseguirlo.

La DEE siempre ha estado en la vanguardia en formación del profesorado. Tengo un currículum inmenso de certificados que acreditan toda la formación que hemos recibido. Una de mis últimas experiencias ha culminado con una situación que siempre considero enriquecedora: conocer y compartir a nuevos profesores con los que he disfrutado de una velada extraordinaria en Navacerrada poniendo el colofón a un curso 2024-2025 que ha sido inmensamente emocionante. Y todavía sigo aquí.

Mi preocupación, a lo largo de estos años, siempre fue la inestabilidad laboral. Siempre he sentido miedo de que se me acabase el trabajo y luego... ¿qué? Y, sin darme cuenta porque se ha pasado en un suspiro, llevo 37 años trabajando en la profesión más bonita del mundo. Aunque aún me quedan algunos años para la jubilación, ahora sí que veo factible que pueda llegar a ese momento aún desempeñándola.

En la fiesta de graduación de los niños de 6.º de este curso, me preguntaron que si alguna vez me hubiera gustado impartir otra asignatura que no fuese Religión. Esta fue mi contestación: "Hubo unos años en que me hubiese gustado impartir Matemáticas y Lengua porque son asignaturas que me apasionan, pero pude satisfacer ese deseo dando clases de Educación de Adultos en Navacerrada; sin embargo, ahora no lo cambiaría por ninguna asignatura. Es la mejor posible para sembrar en esos corazones la semilla de la bondad y la única que permite desarrollar la dimensión espiritual de la persona".

Con estas reflexiones que he plasmado en este escrito quiero poner de manifiesto que el camino para llegar hasta aquí no ha sido fácil. Todo en la vida requiere esfuerzo. No ha sido fácil, pero ha sido precioso. El mensaje de Jesús es tan sencillo y tan complicado de cumplir al mismo tiempo que somos nosotros los que podemos transmitirlo, aunque para ello haga falta ilusión, amor y energía. Deseo que nunca me falte ninguna de ellas para poder seguir desempeñando mi labor.

Gracias a todas las personas que me han acompañado y ayudado en este camino.

> Empecé a trabajar sin cobrar. Sí. No se cobraba un sueldo. Ya nos lo advirtieron, pero era tal el entusiasmo que sentía que no me importó nunca. Fueron varios años en los que el sueldo no se correspondía con el trabajo que realizábamos. Ni siquiera estábamos afiliados a la Seguridad Social. Pero todo ello se suplía con la ilusión propia de una persona que había conseguido su sueño de ser maestra.

13. Me siento una privilegiada, la EE me atrapó desde el primer minuto

Patricia Mármol Luengo, profesora de Religión en Educación Especial

Soy maestra de Pedagogía terapéutica y especialista en Religión. Mi labor como profesora de Religión comenzó en 1994 en el colegio de Educación Especial de Alcobendas. El centro Gonzalo Lafora fue uno de los primeros de EE de la Comunidad de Madrid que acogía alumnos y alumnas con diferentes discapacidades de toda la zona Norte. El alumnado era de lo más variopinto y diverso con edades comprendidas desde los 3 a los 22 años. Después cambiamos de lugar y el colegio pasó a llamarse Vicente Ferrer en San Sebastián de los Reyes.

Desde el primer día que pisé el colegio, me cautivó y me asustó a partes iguales. Todo un gran reto que Dios me había puesto delante. Así comenzó mi maravillosa, pero a la vez compleja, labor como docente, una verdadera misión que no sabía a dónde me llevaría, pero que estaba segura de que me iba a gustar. Hoy puedo decir que soy quien soy gracias a cada uno de los alumnos que han pasado por mi aula a lo largo de estos 30 años. Me siento una privilegiada, no recuerdo nunca haber querido ser otra cosa que no fuera maestra. La EE me atrapó desde el primer minuto.

Ilusión, compromiso, aprendizaje, retos, vínculo… son mis fortalezas consagradas y trabajadas a lo largo de estos años. Ilusión en cada proyecto que hemos ido creando juntos donde el proceso es más importante que el producto final. Compromiso de hacerlo cada día lo mejor que puedo, cuando no todo es posible, pero siempre hay algo posible. En cuanto al aprendizaje mis alumnos me han enseñado mucho más a mí que yo a ellos sin duda, pues cada error lo convertimos en una nueva oportunidad de aprender. Reto cada día al sentarme a su lado con sus miradas, sus sonrisas, sus enfados, sus conductas, sus silencios, validando cada uno de sus sentimientos y necesidades, creando vínculos de cercanía, de acompañamiento y de escucha activa con los chavales, pero también con las familias. El sentimiento de pertenencia y seguridad nos da el poder del grupo y eso casi siempre es sinónimo de éxito.

Pero no sería ni sincera ni realista si no hablara también de dificultades. En este camino no todo ha sido fácil, claro que no. He tenido momentos muy duros con fallecimientos, enfermedades muy complicadas… Cada día nos enfrentamos a realidades duras tanto de familiares como de salud, de miedo, de agresiones, conductas muy desajustadas. Pero, incluso ante esos momentos, siempre encuentras una sonrisa, una mirada de apoyo, una mirada de curiosidad, una mirada de amor.

Mis comienzos fueron muy originales. Cuando yo empecé no tenía ni libros de texto ni casi ningún material del que partir y organizarme las clases. Recuerdo que en aquel momento estaba Mercedes como coordinadora de la vicaría I y ella me dio unas cuantas fichas para que yo las trabajara con mis alumnos. Y justo un día le di a David, un alumno de los talleres formativos, unas fotocopias para repartirlas a sus compañeros donde aparecía una figura de Dios crucificado. David comenzó a leer: "Dios es tu Padre, está en el cielo y te quiere mucho". David me miró y me dijo: "Patri, no lo entiendo. Mi padre se llama Antonio y está en mi casa". Fue David quien me dio la clave para comenzar la verdadera misión que Dios me había puesto delante y le dije: "Tienes toda la razón David, devolvedme las fichas que empezamos de nuevo".

A partir de ahí comencé a aprender y a trabajar con ellos a través de sus experiencias, de sus necesidades. Una Religión desde el amor basado en la creencia de los valores de la familia, de la amistad, del bien común, del cuidado a los demás, de la aceptación de lo que somos. Partiendo de sus capacidades y trabajando sobre todo la equidad en cada uno de mis alumnos y alumnas.

Al no encontrar ni libros de texto ni material escrito adecuado a ellos, empecé a crear mis propias fichas, cuentos y juegos. Hice una recopilación de todo ese material y la editorial San Pablo lo publicó en forma de libro de texto: *Aprendemos a mejorar*. Tuve la suerte de hacer la presentación del libro acompañada de mi familia, algunos alumnos y sus familias y de Mercedes.

Años más tarde cayó en mis manos otro proyecto nuevo muy interesante cuyo objetivo era utilizar el teatro como herramienta de trabajo dentro del aula. A partir de este momento empecé a formarme en esta materia, a practicar, a crear y volví a cambiar la dinámica de las clases. Creé un proyecto para llegar a todo mi alumnado que, a través de las dramatizaciones, de las marionetas, de los cuentos teatralizados, podía contarles las historias de nuestro amigo Jesús y poner en valor cada uno de los valores que quería transmitirles a través de sus experiencias y de su vida cotidiana.

Los primeros años formamos un grupo reducido de alumnos de los talleres formativos, pero la verdad es que todos querían participar y por supuesto yo no se lo iba a impedir. Fuimos creciendo y aprendiendo a través de cada uno de los musicales que íbamos representando, llevando nuestra Religión especial al patio de butacas, durante más de veinte años.

Os podría enumerar uno a uno todos los objetivos y tareas que se consiguen trabajando con el teatro, pero nunca terminaría este artículo. Solo me voy a centrar en uno que resume perfectamente lo que hemos conseguido cada año. Nuestros alumnos y alumnas de Educación Especial cuando cada semana están subidos en su escenario son felices, se sienten capaces de superar cada una de sus limitaciones y desarrollar aún más sus capacidades.

Os puedo asegurar que, a lo largo de todos estos años, mis actores y actrices, decoradores, maquilladores, ayudante de sonido y de luces, etc., han superado con creces cualquier expectativa u objetivo que nos hubiéramos planteado al comienzo de esta aventura. Lo que empezó siendo una actividad de aula, con el paso del tiempo fue cogiendo forma y fuerza y conseguimos que se convirtiera en un Proyecto de Centro. Hemos conseguido que todos nuestros alumnos y alumnas y profesionales del colegio se contagiaran de la Magia del Teatro. Es más, en este curso hemos conseguido subir también a las familias a ese escenario, donde la Educación Especial garantiza una educación ajustada a las necesidades de cada alumno y, creedme, en algunos casos vitales para su desarrollo, pues cada alumno es el protagonista de su propio aprendizaje; y, además, trabajamos día a día la inclusión, los valores, el sentido de la vida y el bien común. Valores todos ellos basados en el Evangelio.

No nos olvidemos nunca por favor que nuestros chavales son especiales y únicos, pero con un afán de superación que muchos de los que estamos leyendo esto ya nos gustaría tener en muchas ocasiones.

Todo esto no lo podría haber llevado a cabo sin el apoyo incondicional y cercano que siempre he recibido de la delegación y en concreto desde mi vicaría con Mercedes en mis primeros años y luego con mi buena amiga Nieves, compañeras de fatiga cuando les contaba mis batallitas. Desde el principio han confiado en mí y han creído en mis métodos y en mis proyectos para trabajar la Religión especial.

Han sido muchos años de "lucha" para colocar la Religión para el alumnado de Educación Especial en el lugar que le corresponde. Poco a poco hemos ido tomando conciencia entre todos de la importancia de la inclusión y de la necesidad de adaptarnos y de aprender de ellos y con ellos.

La Iglesia, todos nosotros, tenemos que seguir trabajando de la mano para llegar a todos los rincones de nuestros centros especiales desde la cercanía, desde el Evangelio, partiendo de las necesidades y capacidades de cada centro, de cada sonrisa, de cara mirada.

Muchas gracias por darme la oportunidad de contaros mi experiencia. Me gustaría terminar con esta frase: "En la diversidad de la creación cada persona, con sus capacidades y limitaciones, es un regalo precioso de Dios".

Han sido muchos años de lucha para colocar la Religión para el alumnado de Educación Especial en el lugar que le corresponde. Poco a poco hemos ido tomando conciencia entre todos de la importancia de la inclusión y de la necesidad de adaptarnos y de aprender de ellos y con ellos. La Iglesia, todos nosotros, tenemos que seguir trabajando de la mano para llegar a todos los rincones de nuestros centros especiales desde la cercanía, desde el Evangelio, partiendo de las necesidades y capacidades de cada centro, de cada sonrisa, de cara mirada. "En la diversidad de la creación cada persona, con sus capacidades y limitaciones, es un regalo precioso de Dios".

14. Nuestro camino no se recorre en soledad, el acompañamiento me ha ayudado a mí misma y en el trabajo

Pilar Yuste Cabello, profesora de Religión en Secundaria

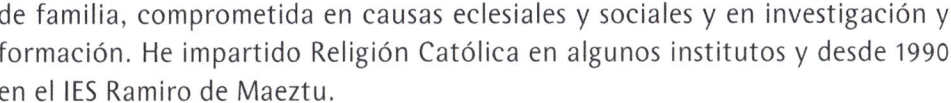

Nacida en Zaragoza, estudié Psicología y Teología en Salamanca y en Madrid, donde vivo. Soy laica, madre de familia, comprometida en causas eclesiales y sociales y en investigación y formación. He impartido Religión Católica en algunos institutos y desde 1990 en el IES Ramiro de Maeztu.

Era una joven estudiante que para financiar las especialidades de sus estudios de Teología y Psicología necesitaba compatibilizarlos con algún trabajo retribuido (de los otros siempre he ido sobrada). Mi vocación era ser misionera laica en un país pobre. Tras dos cursos con pocas horas de clase me ofrecieron un centro de destino con horario completo. Era un centro de Formación Profesional en el sur de Madrid, pero por error estaba ya cubierto. De sorpresa apareció otro centro. El 1 de octubre de 1990 llegué a la calle Serrano, "la milla de oro": ¡El Ramiro! Al llegar y ver todo tan vetusto y lujoso, lloré. Yo no estaba llamada a eso. O eso creía. No fue fácil. Había una inmejorable y diversa tradición intelectual y pastoral. Pero además de muchos errores, puse en mi tarea todo mi esfuerzo, profesionalidad y entusiasmo. No sé hacerlo de otro modo. Trabajé con la mirada en lo único importante: alumnado y asignatura. Y poco a poco, y con la ayuda de muchos compañeros, mi trabajo cobró sentido... Llegaron no pocas propuestas de universidades y de otros trabajos, pero, sin cerrarme a nada, fui enamorándome de ese camino. Pocas vocaciones me parecen más bonitas que la nuestra, y, para mí, ninguna otra asignatura.

No es fácil impartir una asignatura confesional en un contexto aconfesional. Nuevamente lo he ido aprendiendo de la mano de nuestro alumnado. Para quien lo cuestione sabemos que sería imposible hacer catequesis en un aula con tal diversidad de religiones, de denominaciones cristianas y de espiritualidades católicas, por no hablar de un número creciente de no creyentes o agnósticos sin etiqueta. Pero nuestra asignatura es un caudal de cultura y formación integral que, a decir de ellos y ellas en sus valoraciones anónimas, ha ayudado a no pocos a ser personas mejor formadas, más maduras y hasta algo más felices. Yo no podría pedir más. O sí. Aranguren decía que nuestra asignatura sirve para dejar una ventana abierta al Misterio...

A pesar de todos los problemas personales, profesionales y sociales nuestro objetivo vital es la felicidad. Y ante el dolor consciente incluso del Holocausto está en nuestras manos intentar, como E. Hillesum, descubrir la belleza del jazmín que hay en nuestra ventana y del Dios que nos habita. Nuestro camino no se recorre en soledad. El acompañamiento que como profesora me corresponde me ha ayudado a mí misma en muchas ocasiones. Poner espejo a sus vidas pasa por saberlo poner en la mía, y sobrecogerse ante la Belleza.

La vulnerabilidad emocional es hoy mayor aún. Técnicas, ejercicios y, como ejemplo, una carta final de curso que resume lo trabajado y anima a continuar desde otros ámbitos personales, culturales, eclesiales. Y siempre que sepan que estás ahí si lo necesitan, derivando a familia, Orientación u otros profesionales cuando hay que hacerlo... Pero ahí.

Mi trabajo desde la asignatura se vio completado cuando descubrimos la importancia del ámbito y el tiempo no formal. Comenzamos en 1990 con "Tertulias teológicas de los martes. Hablamos de lo divino y de lo humano". Y ese trabajo inductivo dio pie a que el Sur se abriera paso en el Norte, y ya en 1992 al Grupo Sin Fronteras (alumnado voluntario que gestiona el proyecto) y al Proyecto Diversidad, Solidaridad y Paz. Un auténtico motor interdepartamental de educación en valores en nuestro centro.

Cito solo algunas de las actividades realizadas. Detrás de cada una de ellas hay mucha creatividad, muchísimo trabajo en equipo y pensamiento inductivo, implicación de nuestra comunidad educativa extensa, pero sobre todo mucha solidaridad.

- Voluntariado: En la Cruz Blanca, en Hospital del Niño Jesús y ahora en una Residencia de ancianos: Compartiendo vida.

- Ayuda Mutua: Voluntariado entre iguales en el centro para apoyo extraescolar. Actualmente lo gestiona el departamento de Orientación.
- Operación Kilo: Incluso con un premio del Banco de Alimentos en 2024.
- Mercadillo solidario de Navidad.
- Apoyo económico a proyectos educativos. Como Paso a paso–Honduras.
- Jornadas sin fronteras: Charlas y conciertos.
- Gestos por la paz.
- Torneos solidarios de baloncesto, y En familia, en colaboración con diversas entidades, AMPAs y Club Movistar Estudiantes.
- Talleres: De alumnado de Bachillerato para clases de primer ciclo.
- Viajes solidarios, y En familia. Como los cinco realizados a los campamentos saharauis en Argelia, el intercambio durante los seis años de formación en el instituto de ocho alumnos y alumnas saharauis, o los dos viajes realizados a Tierra Santa. El tercero, ya con familias, tuvo que ser aplazado...

El fruto se ha materializado incluso en dos pequeñas asociaciones que articulan nuestro trabajo (Acercános y Oikologistas), premios, y un exhaustivo reconocimiento mediático... Pero el éxito rotundo ha sido el que cada año alumnos y alumnas críticos y solidarios tejan un nuevo Grupo Sin Fronteras. Cultivan las semillas de un mundo mejor y nos demuestran que estas están ya presentes en cada uno de nosotros.

Siempre hacia adelante. Tendiendo un puente entre tantos años de historia, estamos realizando como departamento un proyecto de investigación colectiva digitalizada con las pinturas que Antonio Cobos dejó en nuestra Capilla/Museo. Él, además de ilustrador, era profesor del centro y queremos dar ese sentido didáctico a su obra. Nuestro patrimonio artístico y educativo es sin duda una responsabilidad.

Este penúltimo proyecto llamado Claustrofilia está teniendo un éxito que corresponde a las comunidades monásticas que nos abren la perspectiva vital y eclesial. Y visitamos lugares que nos llevan también a la contemplación. Nos sentimos parte de una Tradición que nos abre a lo más profundo de nosotros mismos. Lo hemos extendido a familias de profes. Y así emprendemos el Camino de Santiago.

Estoy profundamente agradecida a la Iglesia que posibilita esta asignatura (en semilla desde mi pasado como alumna de religiosas maravillosas), a la delegación que nos apoya en todo momento profesional e incluso personal, a mi sindicato USIT-EP, al que le debo entre otras cosas casi un tercio de mi nómina, a mis compañeros y compañeras en su diversidad, a mis peques que soportan mi implicación profesional y vital, a mis alumnos y alumnas y familias como sentido de mi trabajo. Doy gracias a Dios.

Es emocionante encontrarte con antiguos alumnos. Dos (que yo conozca) son maravillosos presbíteros. Y no pocos inscriben a sus hijos e hijas a nuestra asignatura. La vida sigue. Una joven estudiante de Teología llora al llegar a un centro que creía equivocado. Dios mediante, una profesora recién jubilada llorará al salir del mismo instituto casi cuarenta años después. Serán lágrimas que broten de un corazón desbordado de nombres.

> Mi trabajo desde la asignatura de Religión se vio completado cuando descubrimos la importancia del ámbito y el tiempo no formal. Comenzamos con "Tertulias teológicas de los martes. Hablamos de lo divino y de lo humano". Y ese trabajo inductivo dio pie a que el "Sur se abriera paso en el Norte", al "Grupo Sin Fronteras" (alumnado voluntario que gestiona el proyecto) y al "Proyecto Diversidad, Solidaridad y Paz". Un auténtico motor interdepartamental de educación en valores en nuestro centro.

15. Comencé a trabajar en el año 2020, en plena pandemia

Ana Galán Jiménez, profesora de Religión en Educación Infantil y Primaria

Mi nombre es Ana Galán Jiménez y me defino como una persona alegre, risueña, comprometida y responsable en todo lo que hago, especialmente en mi trabajo. Comencé a trabajar en 2020, en plena pandemia, lo que supuso todo un desafío, fundamentalmente por las características y necesidades tan particulares de los centros educativos en aquel momento. Hoy, cinco años después, quiero agradecer de corazón a Paco y Sole por aquella llamada que cambió mi vida y me abrió la puerta al trabajo de mis sueños.

Desde entonces he tenido la oportunidad de pasar por 13 colegios diferentes, una experiencia enriquecedora que me ha permitido aprender y crecer profesionalmente. Y aunque sería imposible mencionar todos, guardo un recuerdo muy especial de cada uno de ellos. Quiero destacar el CEIP Daniel Vázquez Díaz, el primer colegio en el que empecé esta andadura y donde me acogieron con tanto cariño que me sentí "una niña más". También quiero mencionar al CEIP Gonzalo Fernández de Córdoba y a su maravilloso claustro, con quienes viví momentos inolvidables. Y, por supuesto, al CEIP Conde de Romanones, mi colegio actual, al que siento como un verdadero hogar; y es que, a pesar de ser un centro de especial dificultad y preferente TEA, lo que hace que algunos días sean realmente duros y llenos de desafíos, es un lugar en el que me siento plenamente realizada y donde mi vocación cobra todo su sentido.

Desde que decidí dedicar mi vida a la educación, cuando aún era una niña y jugaba en casa a "las maestras" con las muñecas, supe que mi vocación iba más allá de transmitir conocimientos, pues quería formar parte del crecimiento integral de mis alumnos, ayudándolos no solo a aprender, sino a reflexionar sobre valores fundamentales como el respeto, la solidaridad y la empatía, entre otros. Fue así como descubrí mi pasión por la enseñanza y más concretamente de la Religión. El entusiasmo y el compromiso de mis profesores de Escuni despertaron en mí el deseo de seguir sus pasos y dedicarme a la Religión con la misma entrega con la que ellos me formaron.

Ser maestra de Religión y más concretamente en la escuela pública es una labor de mayor dificultad. Trabajo con niños de diversas creencias y orígenes, lo que me permite fomentar un espacio de diálogo en el que aprendemos juntos sobre la importancia de la convivencia y el respeto mutuo.

Además, en la mayoría de los casos, la asignatura de Religión supone el primer acercamiento a la fe de nuestros alumnos, ya que no cuentan con otras oportunidades fuera del aula para conocerla. Muchos de ellos no tienen la posibilidad de asistir a la iglesia o vivir la fe en casa. Por eso, nuestra labor como docentes de Religión va mucho más allá de una simple materia: es una verdadera misión.

En cuanto a la misión educativa de la Iglesia, considero que sigue siendo un pilar fundamental en la sociedad. Más allá de la transmisión de conocimientos, su labor busca formar personas, capaces de transformar el mundo desde el amor y la justicia. Es por ello que la Iglesia continúa siendo un faro de esperanza y crecimiento para las futuras generaciones.

Por último, agradecer y felicitar a la Delegación Episcopal de Enseñanza por estos 50 años, donde he tenido la suerte de conocer a personas maravillosas. Y aunque en estos últimos años hemos vivido algunos cambios, despedidas y jubilaciones de compañeros muy queridos, la sensación de pertenencia y apoyo no ha cambiado. Pues el valor de un lugar está en las personas que lo forman.

En la mayoría de los casos, la asignatura de Religión supone para nuestros alumnos el primer acercamiento a la fe, ya que no cuentan con otras oportunidades fuera del aula para conocerla. Muchos de ellos no tienen la posibilidad de asistir a la Iglesia o vivir la fe en casa. Por eso, nuestra labor como docentes de Religión va mucho más allá de una simple materia: es una verdadera misión.

16. Gracias, Delegación Episcopal de Enseñanza

José María Martínez Manero, profesor de Religión en Secundaria (jubilado)

Soy contador y cantor de historias. Siempre he andado envuelto en palabra y canto. Creo que desde antes de nacer. Mi madre solía cantar con frecuencia mientras hacía las labores de la casa. Se entonaba muy bien. Luego la parroquia del pueblo, Cerezo de Río Tirón, en la Riojilla burgalesa, sería tierra de cultivo y primer escenario de palabra y canto en tareas de monaguillo. En el pueblo se cantaba muy bien. Y cuando ya la escuela rural no podía hacer más por nuestra educación, la única salida que teníamos los chicos de pueblo para seguir progresando era "ir a los frailes". La historia de esta hazaña de auténtico progreso social para miles y miles de niños de pueblo sin recursos está por escribirse. Aunque los sanados de la "lepra de la ignorancia" somos legión, no son pocos los que lo silencian, ocultan o tergiversan. Nada extraño, el evangelio habla de diez leprosos curados, y solo uno vuelve para dar las gracias. El caso es que yo me fui a Beire, en la ribera de Navarra, con los Misioneros del Corazón de María (Claretianos). Con ellos amplié palabra y canto hasta límites que no podía ni sospechar.

El primer contacto como profesor de Religión fue en la escuela rural de Guadalix de la Sierra (Madrid). Era una maravilla ver a la maestra como una alumna más entre sus niños disfrutando, como ella misma me decía, tanto o más que ellos. Siempre me han acompañado en las clases historias y cantos. En el curso 1974-75 fui profesor de Religión en el Instituto Ataúlfo Argenta, de Castro-Urdiales (Cantabria). Siguieron clases de Religión en Formación Profesional (Tecniban) en Madrid; y tres años en la escuela concertada, como profesor de Sociales en EGB y FP; y de Religión en cursos de FP, Bachillerato y COU.

En el curso 1980-81 recalé en el Colegio San Fernando de la Diputación de Madrid, un prestigioso centro de Formación Profesional dirigido por los salesianos. El centro escolar estaba en función de un gran internado que cubría necesidades sociales. Al acceder los socialistas al poder prescindieron de sus servicios y la diócesis tuvo que buscar profesores de Religión. Fuimos seleccionados cuatro, dos sacerdotes, los otros dos éramos laicos. Un avance de lo que hoy llamamos camino sinodal. Y tuvo su importancia, porque la combativa minoría que luchaba contra la presencia de la Religión en la escuela ya no podía dirigirse a nosotros con el despectivo "los curas", como decían de los salesianos.

Los primeros compases estuvieron marcados por la polémica, no buscada por nuestra parte ni por los alumnos ni por la mayoría del claustro. Cuestionado el cálculo de horas de Religión hecho por los salesianos, hablaron de una consulta a los alumnos. Pero parecía que los alumnos no estaban hartos de "los curas"; era mecanismo de proyección. Y ahí, en todo el proceso y posteriores años, estuvo permanentemente a pie de obra Fidel Herráez como delegado diocesano de Enseñanza, con su fiel escudero Pepe Blanco. El cardenal Tarancón sabía de la gran importancia de la enseñanza religiosa escolar.

Los socialistas ganaron las elecciones generales en octubre de 1982; a comienzos de curso del 83 ya estaba impuesta la experimentación de la reforma educativa en nuestro colegio en contra de la mayoría absoluta votada en claustro. Y empezamos a sufrir los nubarrones contra la asignatura de Religión, que se generalizarían a partir de 1990 con la LOGSE. En el colegio la mayoría de los trabajadores eran laborales, pero los de Religión figurábamos como proveedores. Recibiendo pagos delegados con un mínimo de tres meses de retraso, y en alguna ocasión hasta ocho. Difícil aguantar la quijotesca aventura sin el apoyo de una mujer trabajadora. Secuestraron nuestra ficha de control por si generaba derechos laborales. Finalmente, nos obligaron a hacernos autónomos. Solo nos defendía un compañero de trabajo sindicalista independiente. Para los llamados sindicatos mayoritarios, UGT y CCOO, más bien verticales, no éramos trabajadores, aunque trabajáramos con los mismos alumnos y a petición suya.

Pero la dificultad invita a ahondar raíces en lo esencial. Surgen las innovaciones porque se aclaran cuáles con los fines. Y te ves obligado a definirte. A las dificultades reseñadas había que añadir las propias del aula, con alumnos que cargaban con otros problemas además de los típicos de la edad. Tuve la suerte de compartir aula con Cesáreo Gabaráin, el músico, hasta 1991, fecha de su fallecimiento. Juntábamos su grupo y el mío para dar la clase entre los dos. Medios audiovisuales y música eran como el líquido amniótico de las clases.

Trabajar juntos de esta manera supuso un gran enriquecimiento para nosotros y nuestros alumnos, además de facilitar horarios y guardias del centro. Las casi infinitas diapositivas que dejaron los salesianos confraternizaban ahora con películas de 16mm y cantos. El primer aparato de vídeo y TV que entraron en el colegio lo compramos los profesores de Religión para nuestras clases. El colegio se fue transformando hasta convertirse en el IES San Fernando.

La década de 1990 fue tiempo de tribunales por la discriminación de los alumnos de Religión. Se confirmaba el nulo interés por el diálogo, la cultura y la sociedad. La preciosa asignatura "Sociedad, Cultura y Religión" nació abortada. Lo que no se evalúa, se devalúa, dijo un socialista experimentado en el campo de la educación. Y de eso se trataba, de devaluar hasta eliminar. Pero al dejar de tener el patio como alternativa, la mayoría de los alumnos volvió a la clase de Religión.

Para mi sorpresa algunos de fuera del colegio empezaron a interesarse por lo que hacía en el aula. La revista *Misión Abierta*, de los claretianos, me invitó a contarlo en un foro, ante gente con harta experiencia pastoral en campos diversos. Me sorprendió que se sorprendieran de lo que se podía hacer en una clase de Religión, y más en un instituto de enseñanza pública. De ahí surgió la invitación a seguir contando en la revista la vida del aula. En esta última década del siglo xx empecé a comprobar también la mágica influencia que ejercía la palabra escrita en el instituto para prestigiar la clase de Religión. Mis alumnos no salían de su asombro al ver los vídeos de las cinco grades religiones de la editorial San Pablo, ¡los había traducido su profesor! Y les faltó tiempo para propagarlo. O el profesor de Lengua y Literatura, tan trabajador, enemigo declarado de la presencia de la Religión en la escuela, que reparó en el traductor de un libro sobre Erasmo y me invitó a dar una conferencia a sus alumnos de bachillerato como ejercicio preparatorio para la selectividad. Colgó también en el corcho de la sala de profesores un artículo sobre "El trabajo en el Nuevo Testamento" que yo había escrito para la revista *A hombros de trabajadores*, de las Hermandades del Trabajo. No sé cómo se había hecho con él.

Por invitación de Fidel Herráez, en la última década del siglo xx fui profesor de Doctrina Social de la Iglesia en la Escuela Juan XXIII de las Hermandades del Trabajo. Enriqueció enormemente mi trabajo con los jóvenes. Les costaba creer que personas que podían la mayoría ser sus padres o abuelos pagaran por asistir a unas clases que no les daban más título que el de cultivar su espíritu de lucha por los trabajadores. Y estos se admiraban hasta la emoción al saber que había muchos jóvenes dispuestos a soportar la presión y el ninguneo en la escuela por apuntarse a Religión. Esta situación pude disfrutarla durante tres décadas, hasta que la pandemia cerró la Escuela y me jubilé del IES San Fernando y del CIEM Federico Moreno Torroba a los 71. En la época más álgida del "Jesucristo, sí; Iglesia, no", podía yo ver con toda nitidez encarnado en los trabajadores de las Hermandades del Trabajo el "Jesucristo, sí; Iglesia también"; y la pareja hombre y mujer en todos los puestos de responsabilidad.

Las dos décadas del siglo xx fueron un suma y sigue en la difusión de lo que había recibido, haciendo siempre partícipes a mis alumnos –jóvenes y mayores– de su contribución misionera. Muchas veces no hacía sino pregonar sus obras. Así lo hice desde los primeros tiempos de la revista *Misión Abierta*. También con los cursos a las salesianas de Bosco. Y cuando Herminio me subió al otero de *Misión Joven*, de los salesianos, a pregonar las semillas del Verbo o la catarata de parábolas que mostraba el cine, en una colaboración de siete años, que se hizo nada, aunque en su simbolismo el número es eternidad. Plenitud.

Así también la acogida de un perseguido por la diosa razón, Guillermo José Chaminade, en su magnífica obra al calor de María (SM) y del José que añadió a su nombre. Ahí descubrí la magia de las nuevas tecnologías puestas al servicio de la educación. Un artículo no tenía que dormir un mes para ver la luz. Era al instante. Fue mi colaboración en la página profes.net, por recomendación de un compañero, profesor de Física, nada amigo de la Religión en la escuela. Luego vinieron los cursos a profesores y la colaboración –diez años ya– en la revista *Religión y Escuela*, de la mano de Antonio Roura. También el privilegio de colaborar con un gigante de la educación, José de Calasanz; cursos a los agentes de pastoral que cultivan su espíritu, y colaboración en la Revista de Pastoral Juvenil (RPJ).

En todo ello ha latido siempre la convicción de que el saber ocupa lugar. Primero en los conocimientos específicos de tu campo, en mi caso la licenciatura en Teología Bíblica. Segundo, hacer todo en libertad. Aquí tengo que reconocer que la licenciatura en Filología Inglesa y la diplomatura en el Instituto de Lenguas Modernas y Traductores han hecho por mis clases de Religión lo que no está escrito ("Profe, ¿por qué no das Inglés?"). Y, finalmente, hecho todo en comunidad. Y aquí la Delegación Episcopal de Enseñanza ha ido alimentando y sosteniendo todo el camino. ¡Esas delegadas de la vicaría IX (después VIII) con sus cálidas visitas; y las de la VI, los últimos nueve años en que completaba horario con el Centro Integrado de Enseñanzas Musicales! Las clases en la vicaría con José Luis Larrabe antes de que se estructurara la formación del profesorado actual. Memoria imborrable de Santiago Martín Jiménez, jesuita abulense, delegado de Enseñanza, robusto pilar, eficacia, e interés y cálida cercanía personal.

Pero en medio de las dificultades, todo suscitado, movido y alentado de forma misteriosa por Aquel que perciben los listos de la clase: "Que bien sé yo la fonte que mana y corre, aunque es de noche".

La Delegación Episcopal de Enseñanza ha ido alimentando y sosteniendo todo el camino. ¡Esas delegadas de la vicaría IX (después VIII) con sus cálidas visitas; y las de la VI, los últimos nueve años en que completaba horario con el Centro Integrado de Enseñanzas Musicales! Las clases en la vicaría con José Luis Larrabe antes de que se estructurara la formación del profesorado actual. Memoria imborrable de Santiago Martín Jiménez, jesuita abulense, delegado de Enseñanza, robusto pilar, eficacia, e interés y cálida cercanía personal.

17. Creo profundamente en lo que enseño

Lourdes Martínez Díez, profesora de Religión en Educación Infantil y Primaria

Mi trayectoria como profesora de Religión comenzó en 1990. Desde siempre he sentido la vocación de transmitir valores cristianos y acompañar a los alumnos en su crecimiento, no solo académico, sino también personal y espiritual.

Mi primer destino fue el Colegio de Los Jarales, en Las Rozas, donde tuve la oportunidad de trabajar junto a Paco Puértolas. En aquel entonces, el colegio acababa de abrir sus puertas y durante tres años formé parte de su equipo docente. Sin embargo, mi camino tuvo una pausa inesperada. Me quedé embarazada de gemelos en 1993, un embarazo de alto riesgo que se complicó, por lo que tuve que dejar la enseñanza para dedicarme por completo a mi familia. Durante esos años me centré en la crianza de mis hijos hasta que, en 2006, decidí retomar mi vocación.

Volví a comenzar mi andadura educativa gracias a un encuentro fortuito con M.ª Eugenia Latorre (profesora de Religión), gracias a la que pude conocer a Mari Paz, la coordinadora de la vicaría V, que confió en mí y me dio la oportunidad de empezar de nuevo en esta labor, comenzando en un colegio de difícil desempeño, el República de Brasil, en el barrio de Usera, donde aprendí mucho y conocí a buenos compañeros. Más adelante, amplié mi jornada y comencé a compartir mi tiempo con el Colegio El Greco. Con el tiempo, logré completar mi jornada en este último centro, y ahora me encuentro en la etapa final de mi trayectoria profesional con la intención de jubilarme en él.

A lo largo de estos años he tenido muchas experiencias enriquecedoras, pero sin duda lo más gratificante ha sido el contacto con los alumnos. He visto a muchos crecer, madurar y formar su propio camino, y ha sido un privilegio poder acompañarlos en ese proceso. He aprendido tanto de ellos como ellos de mí, y cada historia, cada pequeño logro y cada conversación ha dejado una huella en mi corazón.

Sin embargo, también ha sido un camino con dificultades. La asignatura de Religión es menospreciada, incluso por parte de algunos compañeros que no la consideran importante o que la ven como una materia sin valor. En ocasiones, me he encontrado con situaciones en las que a los niños que no cursan Religión se les permite simplemente jugar o ver películas, enviando el mensaje de que esta asignatura es prescindible.

Además, en algunas familias he notado una falta de criterio a la hora de valorar la formación religiosa, dejando al niño decidir por sí mismo, como si solo fuera una cuestión de entretenimiento y apetencia y no una oportunidad de crecimiento personal y desarrollo de valores humanos. Esta falta de valores y solidez educativa suponen retos constantes en nuestra labor.

A pesar de ello, sigo adelante porque creo profundamente en lo que enseño. La Religión no es solo una asignatura, es un espacio para ayudar a los niños a ser mejores personas, a reflexionar sobre la vida, a desarrollar valores como la solidaridad, el respeto y la empatía. Y aunque a veces haya obstáculos, la satisfacción de ver cómo algunos alumnos encuentran en esta formación un apoyo y una guía para su vida es lo que realmente da sentido a mi vocación.

Por último, quiero expresar mi profundo agradecimiento a la Delegación Episcopal de Enseñanza por haberme brindado la oportunidad de dedicar mi vida a esta labor. Gracias a ellos he podido pasar todos estos años en la enseñanza, conociendo y profundizando en el mensaje de Jesús de Nazaret. Ese mensaje no solo me ha hecho crecer profesionalmente, sino que me ha transformado como persona, ayudándome a ser mejor y a transmitir esos valores a mis alumnos. Y, por supuesto, quiero destacar el papel fundamental de la Iglesia, que sigue dejando huella en la enseñanza y brindando la oportunidad a miles de profesores de Religión para extender este mensaje. A través de su labor, la Iglesia nos permite ser testigos y transmisores de una educación basada en el amor, la esperanza y el compromiso con los demás.

Ha sido un camino de entrega y aprendizaje, con momentos difíciles, pero también con muchas alegrías. Y, sin duda, cada alumno que ha pasado por mis clases ha dejado en mí una huella imborrable.

Quiero terminar expresando mi más sincero agradecimiento a dos personas muy especiales en mi camino profesional. En primer lugar a Beatriz Morcuende, mi excompañera del CEIP República del Brasil. Su positividad y compañerismo han sido una fuente de inspiración y motivación para mí. Gracias por ser una persona tan excepcional, Bea. En segundo lugar a Amparo Martínez, mi actual coordinadora de la vicaría. Su cercanía, disposición y apoyo han sido fundamentales para mí. Siempre está dispuesta a ayudar y aclarar cualquier duda. Gracias por ser una líder tan excepcional, Amparo. A ambas, gracias por hacer que mi trabajo sea más gratificante y por ser un ejemplo para seguir. ¡Os aprecio mucho!

Quiero expresar mi profundo agradecimiento a la Delegación Episcopal de Enseñanza, por haberme brindado la oportunidad de dedicar mi vida a esta labor. Gracias a ellos he podido pasar todos estos años en la enseñanza, conociendo y profundizando en el mensaje de Jesús de Nazaret. Ese mensaje no solo me ha hecho crecer profesionalmente, sino que me ha transformado como persona, ayudándome a ser mejor y a transmitir esos valores a mis alumnos. Y, por supuesto, quiero destacar el papel fundamental de la Iglesia, que sigue dejando huella en la enseñanza y brindando la oportunidad a miles de profesores de Religión para extender este mensaje. A través de su labor, la Iglesia nos permite ser testigos y transmisores de una educación basada en el amor, la esperanza y el compromiso con los demás.

18. La DEE ha jugado un papel fundamental en la educación católica de nuestra diócesis

Fausto Marín Chiva, director del Colegio diocesano San Bernardo y María Cristina

Con motivo de los 50 años de funcionamiento de la Delegación Episcopal de Enseñanza de Madrid, me permito dirigirme al delegado como representante de esta y dirigir unas palabras en calidad de director de los Colegios diocesanos San Bernardo y María Cristina. Me gustaría compartir algunas reflexiones sobre la valiosa contribución que la DEE ha realizado en los colegios diocesanos de Madrid a lo largo de estas cinco décadas.

Desde su creación, la delegación ha jugado un papel fundamental en el desarrollo y fortalecimiento de la educación católica en nuestra diócesis. A través de su liderazgo y guía, hemos podido ofrecer una formación integral que no solo abarca el ámbito académico, sino que también cultiva sus valores cristianos y humanos.

Uno de los aspectos más destacados de esta colaboración ha sido la formación continua que la delegación ofrece a los centros educativos. Dichos programas no solo enriquecen el conocimiento y la pedagogía de nuestros docentes, sino que también aseguran que estemos alineados con los objetivos de la enseñanza de la fe católica. Estos espacios de formación han resultado ser una fuente de inspiración y renovación para nuestro personal educativo.

La relevancia de la delegación en la selección y formación de profesores de Religión es también digna de mención. Gracias a sus criterios rigurosos y su enfoque en la doctrina cristiana, hemos logrado contar con educadores profundamente comprometidos con su misión. Estos docentes no solo transmiten conocimientos, sino que también acompañan a nuestros alumnos en su crecimiento espiritual, ayudándoles a integrar su fe con sus vidas cotidianas.

El desarrollo de planes pastorales es otra área donde la delegación ha dejado una huella significativa. Estos planes nos permiten estructurar y focalizar nuestras acciones pastorales, promoviendo la vida de fe dentro de la comunidad educativa. La Misa de Envío al inicio de curso marca cada año el ritmo de la acción pastoral y evangelizadora en los centros.

Además, hemos visto el impacto positivo que han tenido las actividades y encuentros que ha organizado la delegación durante todos estos años. Cabe destacar la Jornada de Enseñanza que cada año organizan, donde se reúnen profesionales y expertos en la enseñanza, propiciando intercambios enriquecedores y fomentando la reflexión sobre las mejores prácticas en la educación católica.

Sin dejar los momentos de encuentros deportivos (jornadas deportivas) y de fe (Misión Madrid, Camino de Santiago) que se han ido desarrollando y compartiendo a lo largo de los años junto con otros retos y triunfos, siempre con la convicción de que la educación es una herramienta poderosa para transformar vidas.

Agradecemos profundamente a la Delegación Episcopal de Enseñanza su apoyo incondicional y su compromiso constante con la excelencia educativa guiada por los valores del Evangelio.

En conclusión, celebro la trayectoria de la delegación durante estos 50 años y estoy convencido de que juntos continuaremos construyendo un futuro esperanzador para la educación católica.

Desde su creación, la delegación ha jugado un papel fundamental en el desarrollo y fortalecimiento de la educación católica en nuestra diócesis. A través de su liderazgo y guía, hemos podido ofrecer una formación integral que no solo abarca el ámbito académico, sino que también cultiva sus valores cristianos y humanos. Uno de los aspectos más destacados de esta colaboración ha sido la formación continua que la delegación ofrece a los centros educativos.

19. El seguimiento cercano y personal a los profesores ha sido esencial

Luci Ortega Martínez, coordinadora de Enseñanza de la vicaría 4

Hacer memoria de los años recorridos en la Delegación de Enseñanza y, en concreto, en la vicaría 4, Vallecas, con toda la realidad social que en ella se vivía y se vive, es entonar un canto de acción de gracias a Dios Padre que ha acompañado mis pasos, en muchas ocasiones inciertos y constatar la presencia amorosa de Dios que me guiaba.

Al principio, en 1988, eran pasos muy inseguros y con tanteos para descubrir la realidad que la Iglesia diocesana me encomendaba. Me parecía un campo inmenso en el que no era fácil poner límites y saber dónde estaba lo institucional, lo administrativo y lo pastoral: un campo que siempre he cuidado y he animado para que los profesores estuvieran informados de las parroquias del entorno.

Impartí unos años clases en Primaria y algunos meses en Secundaria. Esta experiencia me ayudó para comprender mejor la tarea del profesor, para conocer la realidad de los IES y CEIPS de la pública cuando empezaba con la coordinación de los profesores de Religión.

Al principio, buena parte de los centros públicos estaban atendidos por los mismos tutores funcionarios, por algunos sacerdotes, y muy pocos profesores especialistas de Religión. Con el tiempo cambió esa realidad y se fueron cubriendo los colegios con profesores especialistas con la DEI, equivalente a la actual DECA. Profesores que al principio no estaban bien remunerados, pues su recompensa era uno o dos cheques al año. Afortunadamente esa situación cambió y ya pasaron a ser reconocidos por la Administración y cobrar un sueldo digno, lo que facilitó que se fueran incorporando profesores titulados con la DEI. Gracias a Dios, en Secundaria ese reconocimiento ya se había logrado.

Comprendí que era muy importante en la coordinación el seguimiento cercano y personal de los profesores; eran tiempos que necesitaban hacerse un hueco digno en los centros públicos como profesionales y creyentes enviados por la Iglesia diocesana.

En la vicaría se creó un equipo de enseñanza formado por representantes de los varios arciprestazgos y también de los colegios concertados católicos. Pronto se crearon lazos de comunicación entre los profesores de las diferentes zonas arciprestales que ayudó al intercambio de experiencias y materiales.

Estoy muy agradecida a este equipo, pues es siempre un ámbito de reflexión en el que compartir gozos, dificultades, asesoramiento; siempre estuvo presente nuestro supervisor de vicaría, Paco González.

La labor de los profesores de Primaria como de Secundaria pronto se reveló un trabajo muy importante porque crecían en formación, deseo de aprender nuevas pedagogías, nuevos métodos; y, con la ayuda recíproca y el intercambio de los materiales que ellos mismos creaban, resultó ser muy gratificante. Pude comprobar con gran satisfacción que se iban ganando la confianza en los centros con buen saber, hacer y estar.

Cómo no recordar las numerosas experiencias de formación, siempre con profesores de la pública y la concertada, en la vicaría, en las mañanas de los sábados. Algún asesor del CPR no podía creer que unos 50 profesores para formarse se reunieran en sábado, hasta el punto de contar con su presencia para verificar que era cierto. Esa formación nos ayudaba en nuestra tarea difícil. En los múltiples cursos de formación compartíamos las dificultades y alegrías de nuestra difícil y apasionante tarea, luego en los CAP, y más recientemente en los CTIF. ¡Cuántas horas de vida compartidas!

Cómo no recordar los encuentros y celebraciones de la vicaría 4 y ya, en los últimos años, también con la vicaría 5 en torno a la Navidad, los comienzos y finales de curso. Gozosos momentos para el encuentro.

En cuanto a los centros concertados encontré profesores que impartían la clase de Religión sin tener tramitada la DEI (entonces así se llamaba), les orienté y facilité para que la solicitaran a la Comisión Episcopal de Enseñanza. Teníamos reuniones en sus centros con los profesores que impartían también Religión para orientarles y que fueran realizando el cambio de dar catequesis, o simplemente rezar, a impartir la enseñanza de la religión como una asignatura según los objetivos de la Comisión Episcopal de Enseñanza expresados en su documento *Orientaciones pastorales sobre la enseñanza de la Religión* de 1979. Su legitimidad, originalidad y contenido, desde una pedagogía creativa y adaptada a las diferentes edades.

En esos años se preparaban los congresos de Educadores cristianos. Se formaban grupos de reflexión en los mismos centros públicos y luego se enviaban sus aportaciones para la preparación de las ponencias del Congreso. He animado a los profesores a su vinculación con las parroquias cercanas a sus colegios e institutos para que la clase de Religión no fuera algo ajeno en la vida pastoral de las zonas arciprestales.

También quiero aquí recordar a los varios vicarios que han ido pasando por la vicaría en los que he encontrado siempre sintonía y apoyo por el tema de enseñanza. Con ellos, los profesores se han sentido respaldados y animados en la difícil tarea. A todos ellos, mi gratitud.

Añado a toda esta experiencia, el trabajo compartido con el equipo de la Delegación Episcopal de Enseñanza de la archidiócesis de Madrid, con los delegados y coordinadoras y coordinadores, el gran apoyo que he encontrado para esta ardua y apasionante tarea que reconozco que ha sido una experiencia de comunión eclesial.

En todo este recorrido he experimentado la presencia de Dios junto a mí. Es lo que deseo y siempre he deseado para todos los que estáis embarcados en esta maravillosa tarea. Ojalá, a través de vosotros, los alumnos también puedan percibir e incluso experimentar esa presencia en sus vidas.

Nada más. Ya sabéis que sigo estando a vuestra disposición para todo lo que necesitéis.

La labor de los profesores de Religión en Primaria y en Secundaria se reveló pronto como un trabajo muy importante porque crecían en formación, deseo de aprender nuevas pedagogías, nuevos métodos; y, con la ayuda recíproca y el intercambio de los materiales que ellos mismos creaban, ese proceso resultó ser muy gratificante. Pude comprobar con gran satisfacción que se iban ganando la confianza en los centros con buen saber, hacer y estar.

20. Lo mejor de mi tarea han sido los profesores que tenía a mi cargo

María Elena García Gallardo, coordinadora de Enseñanza de vicaría (jubilada)

Hay dos frases en el evangelio que siempre me han motivado: "Id y predicad" y "Amaos los unos a los otros". Fue entonces, por aquellos años ochenta, cuando la Iglesia necesitó con urgencia profesores de Religión para ocupar las vacantes que dejaban los de plantilla en los colegios públicos... ¡Para allá que me fui a evangelizar con amor! Fueron años difíciles... Me diréis que difíciles son todos. Sí, difíciles y novedosos. España era oficialmente laica y lo nuevo era ser ateo, agnóstico, infiel o pagano, que de todo había en las asociaciones de padres, hechos un lío al no saber dónde apuntar a sus hijos.

En una reunión de padres de las de principio de curso, la tutora les habló primero de todo lo relativo a la marcha del curso. Luego estaba previsto que la profesora de Religión les explicara lo relativo a su asignatura, dando la opción a salir si alguno de sus hijos no cursaba esa asignatura. Por aquellos primeros años, y a pesar de todas las propagandas, de treinta niños, veintiocho eran alumnos míos. ¡Oh, sorpresa! ¡Me quedé yo sola en el aula! En ese momento todos los padres quisieron ser los papás de los dos niños de ética.

En ese colegio pasé mis primeros diez años de docencia. Podría contar mil anécdotas que serían repetitivas para todos los que vivisteis aquellos años, donde se pasó del "voy a misa para que me vean" al "no voy a misa por si me ven".

En 1993 llegué a la delegación porque Dios quiso. ¡Pues vaya un comienzo! ¡Todos estamos aquí porque Dios ha querido! Y así es, pero dejadme explicar. En mi caso, Dios me abrió la puerta y, con cariño, me empujó para que me subiera a la barca de Pedro y me pusiera a remar... El motivo inmediato fue que sufrí un grave accidente de tráfico y después de dos años de incapacidad física acabé, como os cuento, perteneciendo a la Delegación Diocesana de Enseñanza.

En la delegación me encontré de verdad con la *barca de Pedro*. Con una verdadera Iglesia en marcha. Sacerdotes diocesanos, religiosos y religiosas de diferentes congregaciones, tres casados y una viuda. ¡Una verdadera Iglesia! Todos juntos remando contra corriente en unos tiempos nada favorables... ganando millas... sentencia judicial tras sentencia... de pleito en pleito con los artículos de la Constitución en la mano... En ocasiones parecía que el Señor se dormía en la popa en plena tormenta... ¡Que ahora quieren que la alternativa sea *hacer peponas*! ¡Que nos sacan del horario escolar! Y así, día a día. Paso a paso. Disfrutábamos con cada hito que se conseguía. Siempre unidos, de verdad nos sentíamos "Iglesia militante". Y fieles a nuestras argumentaciones para dejar clara la diferencia entre la ERE y las catequesis parroquiales.

Lo mejor de mi tarea han sido los profesores que tenía a mi cargo. La visita a sus colegios y ayudarles en su lucha diaria para que se cumplieran los horarios, para que dieran siempre lo mejor de ellos mismos. Eran, y son, como una avanzadilla seria en este mundo de contradicciones. El profesor de Religión acababa por sustituir la falta de aquella figura del maestro vocacional entregado a sus alumnos y siempre disponible para cualquier actividad escolar.

Recuerdo el primer ordenador instalado en mi despacho de la vicaría. La informática se imponía... Y los móviles... Hoy tan extendido su uso y entonces aparecieron como el mejor invento para facilitarnos la vida. Ahora se da un recado a todo un grupo por muy numeroso que sea en pocos segundos. Entonces, con las "cadenas telefónicas", el aviso podía tardar un par de días. ¡Pero llegaba!

La oferta de cursos de reciclaje para el profesorado era continua. Yo recuerdo que lo mismo me tocaba recibir como alumna, que coordinar, que incluso impartir como profesora. En ellos aprendí que nuestra Religión no era intransigente, porque esclavo es el que obedece la ley por obligación, aunque sea la divina. Libre es el que la entiende, la acepta y la integra en su vida. Y para entenderla está la inteligencia, para aceptarla está el corazón y para integrarla está la razón. En esos cursos aprendíamos a pensar y también a amar.

A los padres también se les cuidaba. La ERE era fe y cultura necesarias para impartir una educación en valores junto a un conocimiento del hecho religioso, sencillamente por sus implicaciones en la historia de la humanidad. No se puede ir por el mundo presumiendo de nivel universitario y desconocer de raíz las fuentes donde han bebido todas las manifestaciones artísticas de nuestra cultura occidental.

Recuerdo con especial cariño las convivencias en El Espinar que una vez al trimestre hacíamos todos los miembros de la delegación. Se trabajaba duro, como era nuestro estilo. Se preparaban los objetivos de cada departamento y de cada una de las vicarías, pero también se crecía en solidaridad, en amistad, en convivencias "convividas". El Evangelio nos dice: "Si alguno quiere ser el primero, que sea el servidor de todos". En esa casa de espiritualidad madrugábamos para sacar horas al día; aparecíamos puntuales en el comedor para desayunar todos juntos a la hora indicada. Pero Fidel, nuestro delegado, ya se nos había adelantado y nos daba los buenos días con una bandeja de apetitosos churros... ¡El primero era, sin duda, el servidor!

En la delegación me encontré de verdad con la barca de Pedro. Con una verdadera Iglesia en marcha. Sacerdotes diocesanos, religiosos y religiosas de diferentes congregaciones, tres casados y una viuda. ¡Una verdadera Iglesia! Todos juntos remando contra corriente en unos tiempos nada favorables... ganando millas... sentencia judicial tras sentencia... de pleito en pleito con los artículos de la Constitución en la mano...

21. Nuestros alumnos necesitan maestros que sean testigos de la vida buena

María Ángeles Quesada, directora del Colegio diocesano San Ignacio

Llevo más 20 años dedicándome a la enseñanza, primero como profesora de Lengua y Literatura y después también como profesora de Religión. Actualmente trabajo en el Colegio San Ignacio de Loyola de Torrelodones y llevo cinco años en la dirección del centro. San Ignacio es un colegio diocesano con 60 años de historia, tenemos todos los niveles educativos desde nido hasta bachillerato y FP básica, media y superior. Son casi 2000 alumnos. Tengo la suerte de poder mantener algunas horas de Religión en Secundaria y junto a mi departamento abordar nuestra materia en estrecha relación con las realidades del mundo.

¿Por qué Filología hispánica? Porque encontraba principalmente en la literatura, en la lectura de los grandes clásicos, palabras que reflejaban de modo genuino mucho de lo que yo personalmente vivía o descubría que vivían mis alumnos. Las obras que trabajábamos reflejaban los "motivos clásicos de la humana preocupación" tal y como decía Ortega y Gasset en su obra *Meditaciones del Quijote*. A través de estos textos fui descubriendo en mi persona un amor profundo por todo lo humano. Esto no fue algo inmediato, sino que tuve que ir entendiendo que era algo que yo por mí misma no había puesto en mi corazón, pero que allí estaba y me apremiaba a abrazar la situación concreta de cada persona que me encontraba. Fue más adelante cuando estudié Ciencias Religiosas en la Universidad de San Dámaso dando un paso más en la comprensión de todo lo humano.

Fue hace más de veinte años cuando comencé a impartir la asignatura de Religión católica y donde me encontré con la gran ayuda de la Delegación Episcopal de Enseñanza. Muchos de los documentos que se elaboraron en aquel momento por parte de la delegación fueron de gran ayuda para ir dando a la asignatura de Religión la entidad que le correspondía y a no confundirla con muchas propuestas pastorales que se hacían en los colegios y que siendo sin duda de gran valor no era lo que correspondía.

La delegación nos ayudó a dar esta entidad a la asignatura y a abordar sus contenidos con rigor, haciendo entender al claustro en general la importancia de no confundir lo que era propio de la asignatura de Religión con otras muchas propuestas. La asignatura de Religión se fue convirtiendo poco a poco en la asignatura que vertebraba todas las demás, que permitía un diálogo profundo con el alumno, que iluminaba al resto de asignaturas.

Sin duda no fue un camino sencillo porque las inercias en los colegios con el "siempre se ha hecho así" han pesado mucho, pero hoy puedo decir que en este sentido se ha hecho un camino importante y que la asignatura de Religión permite abordar cuestiones importantísimas y de calado que implican a toda la persona y que permiten ayudar al alumno en su camino hacia el verdadero sentido de la vida.

Con toda esta experiencia de vida docente llego al Colegio San Ignacio de Loyola en Torrelodones y, después de unos años, asumo la dirección del centro. En este tiempo tengo que decir que he hecho mías las palabras de Josep María Esquirol, en su obra *La escuela del alma*: "La verdadera escuela es aquella que se ocupa de las cosas del mundo y de los demás".

Esta atención a las cosas del mundo, como ya hemos hablado, nos lleva a abrir cada disciplina a la realidad. Para lograrlo se requiere un dominio importante de la propia disciplina y además poner unas asignaturas en relación con otras y evitar que se conviertan en compartimentos estancos.

En ocasiones, los profesores nos hemos convertido en especialistas de una pequeña parcela de la realidad, de nuestra materia, y con demasiada frecuencia perdemos incluso el sentido de referencia de esa porción a todo lo demás, al conjunto. No queremos alumnos que acumulen datos, incapaces de discriminarlos, sino personas con capacidad de diferenciar lo principal de lo accesorio, entre lo verdadero y lo falso, entre los hechos y las opiniones, de todo lo que tiene que ver con el verdadero sentido de la vida.

La clase de Religión sigue siendo esa materia privilegiada que ayuda al alumno a entender el mundo, a descubrir su proyecto personal y adquirir la responsabilidad para que desde este proyecto pueda colaborar en construir un mundo mejor. Pero no solo la clase de Religión, sino que cada una de nuestras asignaturas debe convertirse en un espacio que ayude a los alumnos a preguntarse por el sentido de las cosas, que los alumnos sean más reflexivos, más creativos, más críticos y mejores personas y profesionales.

Tenemos una misión educativa que debe responder al cambio de época en el que nos encontramos. Nuestros alumnos necesitan maestros que se presenten como testigos vivos de la vida, de una vida grande.

Termino con las palabras de Josep María Esquirol: "Hay casa porque hay intemperie y la intemperie pide amparo. Hay escuela porque hay mundo. Y el mundo pide atención". Abrazar al mundo con todas sus realidades y ser hogar que ampara tantas situaciones creo que es un programa que nos reclama como escuelas católicas. Mi felicitación a la Delegación de Enseñanza por todo su trabajo y su compañía en estos años. Gracias.

> La clase de Religión sigue siendo esa materia privilegiada que ayuda al alumno a entender el mundo, a descubrir su proyecto personal y que adquiera la responsabilidad para que desde este proyecto pueda colaborar en construir un mundo mejor. Termino con palabras de Josep María Esquirol: "Hay casa porque hay intemperie y la intemperie pide amparo. Hay escuela porque hay mundo. Y el mundo pide atención".

22. Dios puso en mi corazón el anhelo de estar con personas con diversidad funcional

Beatriz Martínez Álvaro, profesora de Religión en Educación Especial

Cuando sigues el camino que Dios tiene para ti es cuando encuentras la felicidad de verdad. En mi historia siento que Dios me ha ido llevando y me ha ido colocando en el lugar donde tenía que estar, dándome la oportunidad de cumplir la misión que tenía para mí y haciéndome inmensamente feliz con mi trabajo.

En mi caso la vocación de maestra de Religión y la vocación de ser maestra de Pedagogía terapéutica se dan la mano. No es lo que yo soñaba o anhelaba cuando estudiaba Bachillerato, pues siempre quise ser maestra, como mi madre, pero ni me imaginaba trabajar como maestra en un centro de Educación Especial, y mucho menos como maestra de Religión.

Pero Dios puso en mi corazón el anhelo de estar con personas con diversidad funcional, algo que nadie de mi alrededor comprendía, ni siquiera yo misma, pero cada vez que lo pensaba, ardía mi corazón. Y fue precisamente mi profe de Religión Católica, Mercedes, la que ayudó y me invitó a ponerlo en manos del Señor, y así acabé estudiando una carrera, en horario de tarde, que yo nunca había imaginado, pero disfrutando de cada asignatura y enamorándome cada vez más de la belleza de la diversidad.

En ese momento ni siquiera me planteaba aunar las dos cosas, mi fe y mi vocación de maestra, pero la providencia es maravillosa y acabé, aconsejada por mi madre, estudiando las asignaturas optativas para conseguir la DECA. Unas asignaturas muy disfrutadas, con María Eugenia Gómez, en las que aprendí más de Didáctica que en toda la carrera, y me enamoré de nuestra asignatura tan diferente a la catequesis y con tanto valor y sentido dentro de la escuela. Y con Avelino Revilla, fe y razón se dieron la mano, redescubriendo, aumentando y dando sentido a mi fe. Gracias a ambos por vuestras enseñanzas, vuestra orientación y vuestro saber hacer, guardo vuestras clases en el corazón con un cariño inmenso.

En medio de estos estudios universitarios, llegó un regalo del cielo de la mano del párroco de Nuestra Señora de la Misericordia, Óscar García, él me invitó junto con otros jóvenes a participar en un viaje a Tierra Santa. Para mí esa experiencia fue un antes y un después en mi vida, un encuentro con Él que me cambió. Yo acudía a la Iglesia, venía de una familia cristiana, pero os puedo asegurar que no fue hasta ese momento cuando realmente descubrí a Jesús caminando a mi lado. Y con esa felicidad del corazón de saberse hija amada no se puede hacer otra cosa que compartirla. De vuelta a Madrid, con esta nueva perspectiva, tenía más claro que quería estar cerca del Señor, quería conocerle más, y quería contar la felicidad que sentía por haberme encontrado con Él.

Terminé la carrera y, de nuevo guiada por la providencia, Óscar me invitó a entregar el currículo a la coordinadora de la vicaría IV, Luci, con quien tuve una entrevista, y desde el primer momento sentí una gran acogida y un gran cariño en la DEE. Mi primer destino fue una sustitución en un centro de Educación Especial, el Monte Abantos; con 21 años allí estaba dando clase a chavales mayores que yo con mucha ilusión, mucha fe y mucha teoría en la cabeza.

Gema, la persona que sustituí, tenía todo muy bien programado, explicado y su apoyo en este primer momento fue esencial para mí, sin estar con ella en el aula aprendí muchísimo.

Pero las cosas se cocinan a fuego lento, y Dios me fue poniendo en donde tenía que estar. Pasé por muchos centros ordinarios, recuerdo con especial cariño el CEIP Francisco Fatou, donde tuve la gran suerte de coincidir con mi madre, el CEIP Gustavo Adolfo Bécquer, donde aprendí muchísimo gracias a Emma y a todos los compañeros del centro, CEIP Ciudad de Valencia, CEIP Pasamonte...

En muchos he tenido muy buenas experiencias, en algunos no tanto, pero de todos ellos extraigo una conclusión: el maestro de Religión tiene que demostrar su profesionalidad y su buen hacer, tiene que ganarse su sitio en el claustro, mientras que en el resto de compañeros se presupone, y una vez que lo haces, una vez que te llaman por tu nombre, eres un elemento indispensable dentro de la vida del centro educativo, no solo como profesional sino como una persona a la que acudir ante las dificultades personales, una persona que hace que Cristo esté presente en el entorno educativo, mostrando lo que es ser Iglesia cada día.

A pesar de haber tenido muy buenas experiencias y haber disfrutado de cada centro, he de confesar que me enfadaba un poco con el Señor porque no entendía por qué había puesto en mi corazón el deseo de trabajar en Educación Especial y, en cambio, iba de un centro ordinario a otro sin perspectiva de cambio. Esa vocación latente hizo que me siguiera formando, estudiando la carrera de Psicopedagogía, y a través de diversos cursos y formaciones, muchos de ellos organizados por la DEE, para no perder esa vinculación con mi anhelo.

Pero como Dios sabe muy bien lo que se hace, esos años alejada de la Educación Especial me estaban preparando para lo que vendría. En 2018, siete años después, Dios me volvía a enviar al CPEE Monte Abantos, esta vez no como sustituta, sola ante el peligro. Intenté buscar recursos específicos que me pudieran servir de apoyo, libros específicos sobre Religión y Educación especial, pero no encontré nada.

Ahí comencé a hacer mi propia forma de trabajo, y por suerte tenía en la mochila toda la experiencia de los años en los centros ordinarios y la formación necesaria. Poco a poco iba creando recursos, coloqué una asamblea específica en clase, diseñaba actividades con la metodología TEACCH, y llegó junio y el concurso de traslados me llevó a Colmenar Viejo, un destino que yo no quería, y que no entendía, después de todo lo trabajado en el Monte Abantos. ¿Por qué el cambio, Señor, a un destino que estaba muy lejos de mi casa, un sitio que me venía fatal? Todos los inconvenientes del mundo llegaban a mi cabeza sin cesar.

Para colmo, el primer día que fui, acabé entre un rebaño de ovejas, perdiéndome por el centro del pueblo, con llamada de atención de la policía incluida, para llegar a un cole con gallinas donde me recibieron como la profe de valores. Yo no daba crédito, no entendía nada, poco sabía entonces que ese destino cambiaría mi vida en muchos sentidos.

Con más miedo que vergüenza, y con el apoyo de la DEE, hablé con el equipo directivo para desenredar el entuerto. Durante muchos años en el centro todo el alumnado se había matriculado en la clase de Religión para que la profesora de Religión diese valores a todos; uno de los argumentos era que los chicos y chicas con diversidad funcional no pueden acceder ni entender los contenidos de la clase de Religión, pero el Señor me había enseñado que sí, yo sabía que sí y que mi trabajo era hacer las adaptaciones necesarias para que algo tan grande como el amor de Dios pudiese llegar a todos. Mi argumento era claro, si los maestros de Pedagogía terapéutica luchamos porque el ACNEE tenga igualdad de oportunidades, por acercarles el mundo y buscamos su máximo desarrollo, ¿por qué no podía ser igual con su desarrollo espiritual?

Con mucho miedo a las represalias, por parte de compañeros o del Equipo Directivo, cambiamos de arriba abajo el horario, dimos nuevas circulares a las familias, y el cole volvió a tener clase de Religión. Y así se comenzó a crear una clase de Religión de la nada, en un centro donde de base no se creía posible que la ERE fuese impartida a los chicos y chicas con diversidad funcional.

Poco a poco, con la ayuda del Espíritu Santo, fui creando más materiales, aplicando lo que ya había visto que funcionaba... y mis compañeros vieron el valor que tenía la clase de Religión, vieron todo lo que estaban aprendiendo los chicos, cómo reconocían a Jesús, cómo identificaban una iglesia, cómo disfrutaban con las parábolas... hasta que fui "Bea Reli", y no solo sentía que se valoraba mi trabajo sino que se me quería y apreciaba, tanto que hasta se hizo obra en el centro para construir una clase de Religión, para que tuviese aula como todos los demás.

En este tiempo aprovechaba los largos trayectos en coche para rezar y ofrecerle el día al Señor. Un día de vuelta a casa nació en mí una idea, abrir un perfil de Instagram, donde otros compañeros y familias pudiesen encontrar material específico para la asignatura de Religión en los colegios de Especial y enseñar cómo trabajar en un cole de Educación Especial, abriendo una pequeña ventana que mostrara cómo estos chavales pueden cursar la asignatura de Religión, y así nació el perfil de Instagram **@recursosreeLi**.

A través de este perfil he podido conocer virtualmente a otros compis y familias que agradecen el trabajo hecho. He podido mostrar en cursos a profesores de Religión de toda España cómo es nuestro trabajo en un centro específico. He conocido a compañeros maravillosos con grandes iniciativas. He podido compartir en el encuentro de Innovareli y aprender de grandes profes y maestros de Religión de toda España. He comenzado a mostrar mis experiencias a través de las formaciones que se organizan en cada uno de los CTIF, compartir materiales a través del blog de *Religión y Escuela* y, ante todo, dando visibilidad a "los pobres de entre los pobres"… ofreciéndole este trabajo a Dios para que llegue hasta donde Él quiera. Tras cuatro maravillosos años en este centro mi vida personal me llevó a pedir traslado de centro, pero siempre sentiré el CPEE Miguel Hernández como mi casa.

Actualmente estoy en el CPEE Peñalara, confiando en Dios porque Él sabe qué misión he de cumplir en este centro, y dándole gracias cada día por mi vocación y el regalo que es poder impartir Religión en un centro de Educación Especial y seguir trabajando por que la sociedad vea el valor tan grande que entraña la diversidad. Como dice el papa Francisco, "Dios ha creado a los seres humanos con capacidades únicas para enriquecer la diversidad de nuestro mundo", "Cada uno de nosotros es único a sus ojos, a los ojos del Señor, y Él nunca nos olvida: nunca".

> En mi caso la vocación de maestra de Religión y la vocación de ser maestra de Pedagogía terapéutica se dan la mano. No es lo que yo soñaba o anhelaba cuando estudiaba Bachillerato, pues siempre quise ser maestra, como mi madre, pero ni me imaginaba trabajar como maestra en un centro de Educación Especial, y mucho menos como maestra de Religión.

23. Desde mi Educación Primaria
descubrí que quería ser maestra

Joanna Trawinska, profesora de Religión
en Educación Infantil y Primaria

Soy de Polonia, de familia tradicional y numerosa. Somos cinco hermanos, tres chicas y dos chicos, siendo yo la tercera por fecha de nacimiento. Desde mi Educación Primaria descubrí que quería ser maestra. En el colegio siempre me gustaba ayudar a compañeros que tenían dificultades con alguna asignatura, o a los que les costaba relacionarse porque eran más tímidos o se incorporaban a nuestra escuela viniendo de otra ciudad.

Con 18 años fui a EE.UU. para un programa de intercambio donde trabajé con niños y adolescentes discapacitados. Este trabajo me enriqueció mucho a nivel personal y profesional, más allá de vivir en otro país y otra cultura, y aprender a dominar otro idioma; fue mi entrada en el mundo docente con niños de muy diversa condición y grado de dificultad en su desarrollo educativo y social.

Creo que una buena parte de mi sintonía con este mundo docente se debe a que soy una persona que tiene mucha empatía hacia las personas y sus vidas, circunstancias familiares y dificultades: me importa la felicidad de los demás, creo que todas las personas merecemos tener una vida digna y desarrollar nuestras capacidades, y al tiempo ser felices y compartirlo con los demás.

Por mi forma de ser y educación cristina y familiar no me cuesta ayudar a los demás, escucharlos, darles ánimos; esto lo hago desde el corazón y sin esperar nada a cambio. Mucha gente me dice que les transmite buena energía, paz y tranquilidad.

Esta circunstancia la considero "mi riqueza" o "mi tesoro", porque sé desde la fe y también desde mi experiencia de vida que lo que uno da vuelve siempre, y por ello hay que hacer el bien todo lo posible. A veces mi forma de ser también me produce tristeza porque hay gente que no funciona así, que no quiere hacer bien a otros, pero tampoco quiere que lo hagas tú —les molesta mi espontaneidad y mi buena relación con las personas de mi alrededor.

Después de mi estancia en EE.UU. fui a París a visitar a mi hermana que acababa de tener un bebé, mi primer sobrino. Lo que iba a ser una corta estancia de unas semanas se convirtió en dos años, pues me surgió la oportunidad de trabajar para una organización americana que guiaba a familias anglosajonas que necesitaban ayuda para encontrar colegios y alojamiento, o no sabían bien cómo gestionar traslados para los miembros de la familia, en especial niños, a cuyos padres habían desplazado a Francia por motivos laborales. Esta organización (WISE) también tenía talleres educativos, y ofrecía formaciones para profesores que querían enseñar inglés, eventos sociales para ayudar a la integración en la comunidad angloparlante en París, y otras actividades de soporte.

Vi que hablar inglés me ofrecía una puerta a nuevas oportunidades laborales en el mundo de la enseñanza, así que hice en París, a través de la mencionada organización, una formación en TEFL (Teaching English as a Foreign Language) durante un año, y así obtuve el título oficial que me permitió dar clases de inglés: en esta época se necesitaba muchos profesores de Inglés no solo en

Francia, sino en toda Europa, y en particular en España. A través de amigos había conocido algo de las oportunidades y del estilo de vida en España y me decidí a venir.

Cuando vine a España (2002) trabajé en diversas academias y empresas (inglés para ejecutivos), así como en colegios impartiendo clases extraescolares de inglés, y obtuve el título de español en la Escuela Oficial de Idiomas en Madrid. Aquí conocí a mi marido, quien me animó a cursar la carrera de Magisterio de Lengua Extranjera en la Universidad La Salle de Madrid y así cumplir mi sueño de ser profesora de Infantil y Primaria.

A continuación, comencé a trabajar en colegios privados y concertados como profesora de Inglés, Science y Arts y en español dando clases de Valores siendo tutora: San Patricio, Los Sauces, Legionarios de Cristo, Gredos San Diego, entre otros, durante quince años. Al tratarse de colegios en los que la Religión tiene un peso importante, decidí obtener el título de DECA (que cursé a través de la Universidad de Granada, simultaneándolo con mi trabajo) para poder impartir la asignatura de Religión.

A través de una compañera me enteré de que se necesitaba una profesora de Religión por sustitución en vicaría IV: tuve una entrevista con Luci Ortega, que me dio la oportunidad junto con el supervisor Paco González para acceder a este puesto: les estoy profundamente agradecida por darme esta oportunidad de trabajar como profesora de Religión siendo extranjera. Decir gracias se queda corto por permitirme añadir esta experiencia tan bonita y gratificante a mi trayectoria docente.

He impartido la asignatura de Religión en los colegios CEIP Padre Mariana y CEIP San Pablo (3 años sustituyendo a la misma profesora); a continuación, he trabajado un curso entero en CEIP Arquitecto Gaudí (2/3 de jornada, en vicaría I con Nieves), y actualmente estoy sustituyendo en el CEIP Doctor Conde Arruga (de nuevo 2/3 de jornada, en vicaría III con Amada); mi sueño sería obtener una plaza fija, como otros compañeros ya han conseguido.

He descubierto que Religión es la asignatura que me llena como profesora, en la que puedo conocer a los alumnos como son, donde tengo el tiempo y la oportunidad de enseñarles y de escucharlos. Así me siento realizada, comparto mi experiencia de fe y los "milagros que han ocurrido en mi vida", y puedo hablarles desde corazón de mis propias vivencias. Los alumnos y yo estamos creciendo juntos como personas, aprendiendo los "valores cristianos y la humanidad". En mis clases la palabra "respeto" es la clave.

Para concluir, unas breves notas sobre qué supone la DEE en mi trabajo: estuve en casi todas las celebraciones organizadas por la delegación y he disfrutado mucho. Asistí a la última celebración por los 50 años de la delegación y me pareció muy conmovedor poder oír a todas las personas, sus historias tan interesantes –se respiraba mucha ilusión y entusiasmo, vocación y dedicación–. Se hace evidente que es una comunidad en la que nos apoyamos unos a otros, donde el trabajo en equipo y el reconocimiento del esfuerzo están presentes. Esta esperanza nos da alegría y ganas de seguir adelante y crecer en nuestra profesión. Me faltan palabras por describir todo y, como he dicho antes, gracias se queda muy corto.

Yo estoy muy agradecida cada día por tener esta oportunidad que me dieron y espero disfrutarlo durante muchos años, porque estoy enseñando algo que siento en mi corazón y puedo expresarlo a mis alumnos con naturalidad, y así transmitirles los conocimientos de la asignatura que imparto y los valores cristianos que tengo.

> Participo en casi todas las celebraciones organizadas por la delegación y disfruto mucho. Asistí a la última celebración por los 50 años de la DEE y me pareció muy conmovedor poder oír a todas las personas, sus historias tan interesantes. Se respiraba mucha ilusión y entusiasmo, vocación y dedicación. Esta esperanza nos da alegría y ganas de seguir adelante y crecer en nuestra profesión. Me faltan palabras por describir todo y, como he dicho antes, gracias se queda muy corto.

24. Soy miembro del Comité de Empresa de los profesores de Religión por USIT-EP

Roberto Lastra Muiña, profesor de Religión en Secundaria

Empecé dando clase de Religión por las tardes en un centro público de Primaria y, desde el curso 1988-89, estoy destinado en el IES Jaime Ferrán de Collado Villalba. Actualmente soy miembro del Comité de Empresa de los profesores de Religión por el sindicato USIT-EP.

Por el Acuerdo entre el Estado español y la Santa Sede sobre Enseñanza y Asuntos Culturales (BOE, 15 diciembre 1979) tenemos la asignatura de Religión y moral católica, dentro del horario lectivo, en la escuela y no por el artículo 27.3 de la Constitución Española que no señala que se imparta dentro del currículo escolar.

En estos 50 años de la delegación hemos tenido cinco papas (seis, con León XIV), siete presidentes de gobierno, ocho presidentes de la Conferencia Episcopal y nueve leyes de educación.

Hasta que se impuso la LOGSE, la Religión y la Ética eran alternativas en el Bachillerato; la Religión era una asignatura más con pleno valor. A partir de ese momento asistimos a un constante intento del PSOE de minar que se imparta "en condiciones equiparables a las demás disciplinas fundamentales". De aquellos años quedan sentencias judiciales iniciadas por obispados y asociaciones católicas en defensa de la asignatura y su alternativa. La alternancia en el poder del PP recupera el valor de la asignatura confesional e intenta una alternativa de estudio de las religiones, pero cada regreso del PSOE consigue devaluar la asignatura.

Como curiosidad, contra la situación de la Religión en la Ley Celaá, la delegación organizó una campaña en mayo de 2020 en la red social Twitter, pero no reaccionó judicialmente contra la desvalorización en los reales decretos de Primaria, ESO y Bachillerato del Ministerio, ni contra el deterioro en el Bachillerato en Madrid. Otra curiosidad es que, en las sucesivas reformas educativas, la Religión en la Formación Profesional, ahora en Ciclos Formativos, ha desaparecido.

En mis inicios como profesor, en las reuniones de la delegación, se nos insistía en la distinción entre enseñanza escolar y catequesis (*cf. Orientaciones pastorales sobre la Enseñanza Religiosa Escolar* de 1979). A lo largo de estos 50 años, asistimos a los cambios de las distintas sensibilidades de los pastores episcopales como podemos apreciar en *El profesor de Religión católica. Identidad y misión* de 1998, y en las *Orientaciones pastorales para la coordinación de la familia, la parroquia y la escuela en la transmisión de la fe* de 2013.

De la experiencia laboral como profesor me han publicado dos libros: *Los de dentro, los de fuera. Juego de rol para las clases de Religión, ética y sociales* y *El juego de la oca. Una propuesta interdisciplinar para Reforma*, así como varios artículos en las revistas *Religión y Escuela, Aldebarán, Misión Joven, Educar (nos), Pasos de Arte, Cultura y Patrimonio* y *Ferrán*.

Percibo que, a medida que han ido cambiando las leyes educativas, la distinción enseñanza-catequesis se ha inclinado hacia la catequesis como muestran los currículos actuales (BOE, 24 junio 2022).

Añadamos que, en la aplicación de la ley educativa Celaá se han recortado las horas. La delegación ha organizado algunas reuniones para abordar el malestar. Es curioso que ha sido la Delegación de Enseñanza de la Conferencia Episcopal la que ha negociado el nuevo currículo y no ha exigido las horas necesarias para ese currículo.

Profesores de Religión y moral católica de EGB y BUP (y variantes): la delegación no nos quiere trabajadores, nos homenajea jubilados. De feudalismo ha sido la situación en la que la jerarquía ha consentido la situación laboral de los profesores de Primaria no funcionarios en los centros públicos del Ministerio. Sin contrato, sin Seguridad Social, dependiendo de la arbitrariedad de las delegaciones para trabajar y para recibir unas migajas en metálico por sus servicios. Parece ser que el Ministerio pasaba los fondos a la jerarquía y esta los repartía de manera poco transparente. Se quiso mejorar esta situación con el Convenio de 1993 sobre el régimen económico para Primaria (BOE, 13 septiembre) y, sobre todo, con el Convenio de 1999 para los profesores de todos los niveles (BOE, 20 abril).

En otro ejemplo de la libre interpretación de aquel dicho que reza "que ni siquiera tu mano izquierda sepa lo que hace tu derecha", desde la delegación se promovió la reclamación judicial del reconocimiento de la Seguridad Social del colectivo de Primaria.

En Madrid se firmó el Convenio General de Cooperación sobre Enseñanza Religiosa Católica (BOCM, 29 junio 1999), en el que, entre otras cosas, la delegación puede nombrar con horas a profesores con función asesora técnica y para la Inspección de la Enseñanza.

En el tránsito de la situación de feudalismo a laborales de la Administración, a miles de profesores de Primaria no les pagaron cuatro meses de 1998, ni la diócesis ni el Ministerio. Los que se atrevieron a reclamar en los tribunales consiguieron que el Ministerio les pagase. Sería interesante que alguien investigara qué pasó con esas transferencias que pasaron por la jerarquía y no llegaron a los profesores.

Los profesores de Religión en centros de Enseñanzas Medias (ahora, ESO) disfrutaban de un nombramiento administrativo con fecha de inicio, pero sin fecha de finalización, con nómina y Seguridad Social, pero sin devengar complementos. Eran uno más del claustro de profesores.

Por demanda de una asociación profesional, el Tribunal Supremo sentenció que las retribuciones se fijaran de forma análoga al profesorado interino (BOE, 4 octubre 1978).

Otro asunto para recordar (y aclarar, si alguien tiene los datos) fue el del Real Decreto (BOE, 8 diciembre 1988) por el que el profesorado de Educación Física, Enseñanzas del Hogar y de "Educación Cívico-Social y Política" se integró en el Cuerpo de Profesores Especiales de Institutos Técnicos de Enseñanzas Medias, en situación "a extinguir" y por el que el profesorado de Religión y Moral católica quedó excluido. Aunque el colectivo continuó integrado en los centros, asegurado y cobrando, quedó en un limbo legal hasta que el Tribunal Supremo comenzó a definirlo como personal laboral docente de la Administración Educativa (la primera sentencia es de 1996).

Otro pequeño hito en la normalización de asignatura y su profesorado fue el reconocimiento civil de la titulación teológica (BOE, 4 febrero 1995).

Las transferencias educativas del Ministerio a la Consejería de Educación de la Comunidad de Madrid se producen en dos tiempos: los de Secundaria pasaron con el grueso de funcionarios en 1999 (BOE, 23 junio) y los de Primaria tuvieron que esperar a 2002 (BOE, 19 septiembre).

Aprovechando las transferencias educativas y el Convenio de 1999, la delegación quiso mantener su privilegio de asignar los destinos e imponer un contrato temporal que se renovaría arbitrariamente. Para los de Primaria suponía una aparente mejoría, pero para un grupo de Secundaria suponía pasar de un nombramiento sin fecha de finalización a una temporalidad que precarizaba a todo el colectivo.

El desencuentro con la jerarquía y la Administración desembocó en una huelga de hambre de tres profesores de Religión y un líder sindical del 2 al 29 de noviembre de 1999 (Orden 3583/1999, de 29 de noviembre. BOCM, 3 diciembre).

A partir del año 2000, el Tribunal Supremo sentenció que la relación laboral de los profesores de Religión con la Administración era temporal y especial. A la delegación le parecía conforme al Acuerdo con la Santa Sede.

En 2002, el sindicato USIT-EP interpuso una denuncia ante la Comisión Europea contra los contratos anuales y de duración determinada a tenor de la Directiva 1999/70/CE/, consiguiendo el contrato indefinido por imposición de la misma Comisión en 2006 (2 junio, 007975), con efectividad desde 2007.

El Real Decreto 696/2007, de 1 de junio (BOE, 9 junio), da cumplimiento al requerimiento de la Comisión Europea dictaminando que "la contratación de los profesores de Religión será por tiempo indefinido" (artículo 4) y que 2se accederá al destino de conformidad con los criterios objetivos de valoración que se estimen adecuados por la Administración competente" (artículo 6).

En numerosas ocasiones, la delegación ha mostrado su descontento con estos dos logros. Quizá por eso he sentido como una contradicción que la delegación organizase, durante varios cursos, actos para reconocer la colaboración en la evangelización de los profesores que se jubilaban. Parece que solo nos quiere cuando nos jubilamos.

Me cuesta reconocer lo que dice el actual delegado episcopal de Enseñanza de la archidiócesis de Madrid cuando, en la entrevista que en la revista digital *Alfa & Omega* (27 marzo 2025), afirma que "Medio siglo después, gracias al empeño de esta delegación, se ha conquistado un estatuto muy parecido al de profesor funcionario, casi con el mismo sueldo y vacaciones (...)". Ya hemos aludido a la situación feudal de los de Primaria y la reivindicativa de Secundaria (BOE, 4 octubre 1978), entonces, "empeño" por conseguir... ¿los trienios?, ¿los sexenios?, ¿el complemento de tutorías? Son derechos conseguidos, entre otros más, por las demandas del sindicato USIT-EP (STS 7/6/2012, STS 7/7/2014, STS 24/6/2013, respectivamente).

A pesar del citado RD 696/2007, la delegación sigue oponiéndose a que se organicen bolsas de acceso para los nuevos candidatos y está creando un problema nuevo: hay más profesores indefinidos que puestos de trabajo al proponer como indefinidos arbitraria e indiscriminadamente.

> En estos 50 años la situación laboral se ha ido aclarando a golpe de trabajo sindical (USIT-EP) y de sentencias judiciales con el consiguiente malestar de la delegación, pero también vemos cómo la asignatura se deteriora, el desinterés de la jerarquía aumenta, la confesionalidad se multiplica, la reacción contra todo lo religioso es más burda y vemos que no se encuentra la solución para conseguir una asignatura de Religión para todos que garantice su estabilidad y la de su profesorado.

25. Ser profesora de Religión ha sido un regalo

Berta Patricia de la Peña Escardó,
profesora de Educación Primaria

Soy profesora de Educación Primaria, especialista de inglés, Audición y Lenguaje y tengo un máster en Educación especial. En mi familia siempre me inculcaron los valores católicos y en mi colegio también ya que era religioso. Hoy tengo recuerdos muy entrañables de mi infancia, cuando mis abuelos todavía vivían y nos reuníamos toda la familia para ir a misa y pasar la tarde todos juntos en su casa.

Nací un 28 de septiembre de 1984 en Madrid, pero meses después por trabajo de mis padres nos tuvimos que ir a vivir a Barcelona. Soy la tercera de cuatro hermanos. Estudié hasta los 11 años en un colegio en Sant Just Desvern. Era muy buena estudiante, pero mis padres tuvieron muchas dificultades porque no hablaban ni escribían en catalán. Mi padre trabajaba como Ingeniero de Minas y un día empezaron a cerrar las minas para hacer museos. Mi padre se quedó sin trabajo y decidieron volver a Madrid, pues era aquí donde sentían su verdadero hogar, la ciudad donde habían crecido y junto a su familia. Todo parecía fácil, pero ahí empezaron mis primeros fracasos en los estudios.

Hablaba catalán y apenas nada de castellano. Mi autoestima cambió y empecé a tener problemas en la lectoescritura y en la atención (dislexia). En aquella época, la educación era distinta, y yo estaba muy por debajo de la media de mi clase. Los profesores pensaban que yo no quería estudiar, que era muy perezosa. Y sufrí mucho, porque no existía eso que hoy llamamos "bulling" en las escuelas. Había perdido mis raíces, mis amigas del colegio y aquí me sentía sola. Pero nadie me dijo que tenía dislexia. Repetí un curso y la selectividad (antigua reválida) me la tuve que preparar en un año. Pero lo conseguí con mucho esfuerzo y ayuda. Fui a una academia cuando terminé el bachillerato. Mi madre y a veces mis hermanos me ayudaban a estudiar porque me costaba muchísimo leer.

A pesar de todo, cuando terminé el colegio no me matriculé en Magisterio, sino en Derecho. Era joven y me dejé influenciar por aquellos que me decían que eso era tirar la nota, pero solo duró dos años, hasta que me di cuenta de que no quería dedicar mi vida a eso. Ser maestra era la gran ilusión de mi vida, lo que siempre había querido desde que tenía uso de razón, pues realmente nunca me imaginé haciendo otra cosa.

Uno de mis primeros regalos fue una pizarra con tizas de colores y un borrador, y así empezó todo... Colocaba a mis muñecos sentados en fila y empezaba la clase. Recuerdo jugar a muchas cosas, pero eso era más que un juego, me imaginaba siendo mayor y siendo profesora. Tenía miedo de decirlo en casa, pero gracias a mi madre, que era mi cómplice, di el salto a la gran ilusión de mi vida y empecé mis estudios en Magisterio de Educación Primaria. Fue aquí haciendo las prácticas de la carrera cuando una de las profesoras, que también trabajaba con niños de la ONCE, me dijo que tenía dislexia, lo que después corroboró el neurólogo.

Y este fue el gran impulso en mi carrera, recordar todo lo mal que lo pasé y utilizarlo para poder ayudar a niños con dificultades o necesidades. Aquí es donde entra la Religión, el enseñar valores a los niños, enseñar a abrir el corazón y entender que dentro de las diferencias todos somos iguales para Jesús.

Tras cuatro años maravillosos estudiando la carrera, cuidando niños, trabajando en lo que podía, en academias, ludotecas, repartiendo periódicos, siendo dependienta, etc., empecé a trabajar haciendo sustituciones en diferentes colegios concertados de España y la Comunidad de Madrid, sin dejar de formarme, mientras soñaba con tener la oportunidad de enseñar. Y la oportunidad llegó cuando me llamaron para hacer una sustitución en Canarias. No lo pensé ni un momento y allí me fui una semana después.

Pero después de mis experiencias sustituyendo, si me preguntas en qué educación creo, te diré en aquella en la que se recuperen los valores, la humanidad, en la que los niños sean libres, estimulados y felices aprendiendo y, sobre todo, creo en los maestros de corazón, que lo hagamos mejor o peor, hacemos todo lo que está en nuestras manos para mejorar el mundo en el que vivimos dando lo mejor de nosotros mismos y paliar las dificultades de los niños transmitiendo Amor y haciendo que sientan que la clase y el colegio es su otro hogar. Y en este sentido, para mí ser profesora de Religión ha sido un verdadero regalo. Nunca pensé que un día mi teléfono sonaría y me ofrecerían esta oportunidad. En ese momento pensé que quizás no iba a estar a la altura, pero recordé que fue Él quien me eligió y quien me había preparado para ello durante toda la vida, así que estaba más que preparada para transmitir sus enseñanzas a los más pequeños.

Cada día voy al colegio con la mochila cargada de ilusiones, de clases y materiales muy preparados, y ver esas caras mirándome, conociendo un poco más a Jesús a través de mi ilusión, de mi vocación y de mis palabras, todo se me olvida, es increíble. Estoy tan volcada en mis clases que vivo a través de ellos. Disfrutando con sus inocentes preguntas y sus ganas de aprender. Y todo esto se refleja en mi vida diaria.

En una ocasión leí una frase que se me grabó en el corazón: "Instruye al niño en su camino y aun cuando fuere viejo no se apartará de él" (Proverbios 22,6).

Uno de mis primeros regalos fue una pizarra con tizas de colores y un borrador, y así empezó todo... Colocaba a mis muñecos sentados en fila y empezaba la clase. Recuerdo jugar a muchas cosas, pero eso era más que un juego. Me imaginaba siendo mayor y siendo profesora. Tenía miedo de decirlo en casa, pero gracias a mi madre, que era mi cómplice, di el salto a la gran ilusión de mi vida y empecé mis estudios en Magisterio.

26. Educar es dejar huella: una vida entre pizarras, pupitres y esperanza

Jorge Dueñas Macías, profesor de Religión en Educación Infantil y Primaria

Soy maestro. Lo soy por vocación, con entusiasmo y una cierta capacidad para sobrevivir al patio del recreo, lo cual –todo hay que decirlo– nos hace a los docentes merecedores de una medalla al mérito educativo. Llevo casi veinte años dedicándome con pasión a la enseñanza, habiendo recorrido con ilusión los tres grandes ámbitos del sistema educativo: la escuela privada, la concertada y, desde hace un tiempo, la pública, dejando en cada etapa aprendizajes que me han transformado por dentro.

Mi historia comenzó en el Colegio privado de Arroyomolinos, donde durante más de una década fui maestro, tutor, especialista en Educación Física, jefe de Relaciones Institucionales y profesor de Religión. De allí pasé al Colegio concertado Hispano-Alemán, como tutor y especialista. Luego estuve en centros públicos de Leganés y Parla como maestro de Educación Física, y más adelante me incorporé al Colegio concertado de Navalcarnero, donde fui tutor, especialista y profesor de Religión. Finalmente, desde 2024, he asumido con plena dedicación mi vocación como educador cristiano en la escuela pública, impartiendo Religión en diversos centros de Madrid.

Cada colegio ha sido para mí una historia de entrega, de aprendizaje mutuo, de abrazar la diversidad y de estar al lado de los niños y niñas en su crecimiento. He enseñado tablas de multiplicar, valores del Evangelio, normas de juego limpio... y he vivido momentos tan peculiares como escuchar a un alumno decir muy serio: "Profe, yo creo que el Espíritu Santo es como una especie de Wifi que te conecta con Dios, ¿no?" Y, oye, me sorprendió cómo razonó su respuesta.

Lo que me mueve es una vocación honda: educar desde la fe. Mi tarea es acercar. Acercar a Dios sin fórmulas, sin miedo, sin distancia. Que lo vean como alguien con quien se puede hablar, reír, confiar...

En este caminar he vivido momentos de todo tipo. Uno inolvidable fue cuando un alumno, con cara de estar descubriendo América, me preguntó si Dios también se ponía nervioso antes de un examen. "¡No lo sé!", le dije, "pero si tú se lo cuentas esta noche, seguro que mañana vas más tranquilo".

Y es que lo que se vive en el aula es, muchas veces, una auténtica experiencia de Evangelio vivido donde la fe se hace cercana, humana, tangible. Es aquí donde te das cuenta de que cada clase es una oportunidad de encuentro: con ellos, con lo que somos, con la fe, con las preguntas que nos devuelven a lo esencial. El aula se convierte en ese lugar en el que, sin decirlo a veces con palabras, uno va descubriendo que la esperanza se enseña... viviéndola.

Educar es, para mí, acompañar: estar ahí, aunque no tengas todas las respuestas. Es mirar a un grupo de alumnos y pensar que voy a intentar que se lleven una chispa de fe, una pizca de sentido común y una buena ración de autoestima... Siendo esto, para mí, lo más esencial.

Hoy me encuentro en el mejor momento de mi andadura como docente. Plenamente feliz, profundamente convencido de que esta es mi misión. Y sentirme acompañado por la Delegación Episcopal de Enseñanza me asienta con alegría, con confianza y con gratitud. No estoy solo en esto. No estamos solos en esto. Y eso lo cambia todo.

Quiero agradecer de corazón a todos nuestros coordinadores que hacen una dedicación serena y ejemplar, a quienes están detrás en administración y contratación y, por supuesto, a nuestro delegado y a todo el equipo que conforma esta comunidad diocesana tan comprometida. Sin ellos, muchos de nosotros no podríamos realizar con tanta libertad ni tanta eficacia nuestra tarea.

Educar no es fácil. Pero es hermoso. Requiere entrega, creatividad, paciencia... y mucho sentido del humor. Yo me siento como ese maestro que no lo sabe todo, pero se lanza con fe a caminar con sus alumnos. A veces con prisas, otras con dudas, pero siempre con el corazón abierto.

Para mí, la misión educativa de la Iglesia es un regalo a la sociedad. Una propuesta llena de vida, de valores, de esperanza. En un mundo donde todo parece acelerado y a veces opaco, enseñar que hay un Dios que ama sin condiciones, que hay caminos de luz, que hay razones para vivir con alegría... eso, simplemente, no tiene precio.

Bajo mi criterio, no venimos a imponer, sino a inspirar. No traemos fórmulas cerradas, sino ventanas abiertas al misterio de Dios. Y si, además, logramos sacar una sonrisa, un "gracias" inesperado o una pregunta sincera como "¿profe, crees que Jesús se reirá con nosotros?", entonces sabemos que vamos por buen camino.

Estoy muy agradecido por ser parte de esta historia que compartimos entre tantos. Una historia que no va de libros ni de horarios, sino de personas, de miradas, de encuentros que dejan huella. Gracias a todos los que han estado y están en esta misión: los que inspiran, los que acompañan, los que creen que educar desde la fe tiene sentido.

Y gracias a todos nuestros alumnos. Porque con ellos la fe se vuelve algo vivo, algo que se ríe, que se canta, que se pregunta. Hablar de Dios puede hacerse entre risas, juegos y abrazos. Y la fe, si no pasa por el corazón... no se entiende. Por eso digo, con una sonrisa: la fe se vive con la cabeza, con el corazón... y también con mucho humor.

> Para mí, la misión educativa de la Iglesia es un regalo a la sociedad. Una propuesta llena de vida, de valores, de esperanza. No venimos a imponer, sino a inspirar, no traemos fórmulas cerradas, sino ventanas abiertas al misterio de Dios. Estoy muy agradecido por ser parte de esta historia que compartimos entre tantos. Una historia que no va de libros ni de horarios, sino de personas, de miradas, de encuentros que dejan huella.

27. LOS PROFESORES DE RELIGIÓN HACEN PRESENTE LA IGLESIA EN EL MUNDO EDUCATIVO

Alejandro de la Cocha Alba, profesor de Religión en Secundaria

Soy Alejandro de la Concha Alba. Tengo 60 años, casado, tenemos dos hijos. Desde febrero de 2025 soy diácono permanente de la diócesis de Madrid. Mi trayectoria como profesor de Religión de ESO y Bachillerato es relativamente reciente. Antes trabajé en la empresa privada, primero en el sector de la informática, y después en el sector de la promoción y gestión de proyectos de energía, principalmente renovables, y de infraestructuras de servicios. En un momento determinado con cuarenta y tantos años, decidí terminar los estudios de licenciatura de Ciencias Religiosas, que ya había iniciado en dos cursos de Teología en una etapa en el seminario de Madrid, de joven. La licenciatura la obtuve en 2016. La empresa en la que estaba entró un poco después en concurso de acreedores, lo que me hizo empezar a vislumbrar un cambio de actividad hacia la docencia como profesor de Religión, ya que tenía la titulación para ello, lo cual me llamaba mucho la atención. En 2019 cursé el máster del profesorado en Filosofía para estar preparado para la docencia en caso de que fuera necesario. En julio de 2019 se produjo mi salida de la empresa, y no lo dudé. Hubo quien me preguntó por qué no seguía en el sector en el que estaba, toda vez que tenía buena prensa, pero la docencia de la Religión se me presentaba como algo que me llamaba mucho la atención. En septiembre de 2019, solo un mes y medio después. empecé en mi primer destino como profesor de Religión de ESO y Bachillerato.

Mi experiencia desde entonces ha sido un año compartiendo centro en el IES San Agustín de Guadalix y el IES Luis García Berlanga de Guadalix de la Sierra. Al año siguiente también compartiendo centro en el IES Blas de Otero y en el IES Calderón de la Barca, ambos en Madrid capital. Al año siguiente, ya con jornada completa, en el IES Francisco Ayala de Madrid, y posteriormente también con jornada completa en el IES Enrique Tierno Galván de Madrid, donde el curso 2024-2025 ha sido mi tercer periodo en este centro.

Mi vocación como profesor de Religión tengo que decir que me vino un poco dada por dos circunstancias: por la salida de la empresa en la que estaba y por haber terminado los estudios de Ciencias Religiosas, con poca diferencia temporal. Empecé a ver que era algo que me llamaba, poder transmitir el mensaje cristiano en un ámbito académico, y poder trabajar con adolescentes era algo que me parecía muy bonito. Se juntaba la ilusión por una nueva profesión, un nuevo propósito en la madurez, con la sensación de poder aportarles algo a los alumnos y alumnas que les pudiera servir para su vida. Era un reto que se me antojaba difícil, pero que me parecía tremendamente ilusionante.

En los seis años que llevo he encontrado el sentido de ser profesor de Religión. En muchas de las charlas, seminarios, encuentros se nos decía que sobre todo somos testigos. Y eso es lo principal que yo he descubierto en mi experiencia en estos años. Los alumnos y alumnas reconocen el valor de la clase de Religión, lo que les aporta, pero también reconocen al profesor de Religión como testigo de eso que se enseña. Yo me quedo con esta experiencia fundamental. Aún recuerdo que hace tres años, en una ceremonia de graduación de los alumnos de cuarto de la ESO y de segundo de Bachillerato, en los discursos que hicieron, una alumna de segundo de Bachillerato, en el repaso que hacen de todos los profesores y profesoras, donde dan las gracias y dicen en lo que les han ayudado, dijo que gracias también a Alejandro, el profesor de Religión, porque les había mostrado un camino y una manera de vivir. Esta experiencia no la podré olvidar.

Si lo que han descubierto en la asignatura de Religión es esa manera distinta de vivir, para mí habrá valido la pena toda la trayectoria. Esa manera de vivir que humildemente quisiera mostrarles no es otra que la que nos muestra Jesús de Nazaret. Con todos nuestros defectos, que son muchos, si algo de esto les enseñamos yo creo que habremos cumplido nuestra misión. Con toda humildad, y sabiendo nuestras posibilidades, tratando en todo lo que podamos ser testigos de ello.

Esta última etapa en la que he recibido la ordenación como diácono permanente ha sido muy bonita en el instituto, con el apoyo y cariño del equipo directivo, el profesorado y del alumnado. Y para mí supone también enmarcar mi actividad en el instituto en esa vocación diaconal. El servicio es lo propio del diácono, y ojalá consiga ser servidor también en el ámbito laboral y educativo en el instituto, sirviendo al instituto en lo que de mí precise, a mis compañeros y compañeras del claustro, y sobre todo a los alumnos y alumnas, y ser testigo de lo que he recibido. Como esto es imposible por nosotros mismos, siento que se lo tengo que pedir al Señor para que venga en mi ayuda cada día.

En cuanto a dificultades, la verdad es que he encontrado pocas, han sido más las ayudas, pero si hay que destacar alguna es la adaptación por el cambio de ley que me ha tocado vivir, de la LOMCE a la LOMLOE, el reto que suponía el cambio legislativo sobre todo en Bachillerato, produciéndose una pérdida de horas lectivas y una disminución considerable de alumnado en segundo curso de Bachillerato.

Para mí la DEE ha sido fundamental en estos años. Cuando se comienza en este sector, y cuando además se hace a una edad avanzada, toda ayuda es poca. Siempre he sentido la cercanía de la DEE. He recurrido en muchas ocasiones a los supervisores que en cada momento me han correspondido para dudas que tenía. Siempre sentí esa cercanía y apoyo. También la utilidad de los cursos y seminarios a los que he asistido, que me han ayudado en mi labor. Y los encuentros, eucaristías, etc., que hemos tenido me han parecido momentos de compartir muy necesarios. En mi labor todo esto ha sido fundamental y de gran ayuda. También ha sido de gran ayuda el que, cuando comencé, tenía como compañero en el IES San Agustín de Guadalix a un profesor que llevaba muchos años y que me ayudó mucho. Asimismo, he contado con la ayuda de mi esposa que también es profesora de Religión de Primaria desde hace muchos años.

Una última cosa que me gustaría destacar es la labor educativa en la clase de Religión, dentro de la misión que la Iglesia tiene en el mundo. Yo no entiendo esta labor educativa sin estar intrínsecamente unida a esa misión. Es la Iglesia la que nos envía, nos sostiene y nos anima en esta misión que no es solamente educativa, sino que es evangelizadora. Siento a los profesores y profesoras de Religión como los responsables de hacer presente la misión de la

Iglesia en un ámbito tan importante y crucial como es el educativo. Estar atentos a lo que desde la Iglesia se nos propone me parece una tarea imprescindible del docente de la clase de Religión, así como la formación permanente. En esto también la DEE es de gran ayuda.

> Me gustaría destacar la labor educativa en la clase de Religión, dentro de la misión que la Iglesia tiene en el mundo. Yo no entiendo esta labor educativa sin estar intrínsecamente unida a esa misión. Es la Iglesia la que nos envía, nos sostiene y nos anima en esta misión que no es solamente educativa, sino que es evangelizadora. Siento a los profesores y profesoras de Religión como los responsables de hacer presente la misión de la Iglesia en un ámbito tan importante y crucial como es el educativo.

28. LA RELIGIÓN COMPLEMENTA EL RESTO DE LAS ÁREAS DEL CURRÍCULO ESCOLAR

Alodía Sánchez Fernández, profesora de Religión en Educación Infantil y Primaria

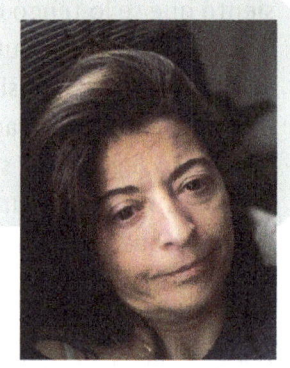

Empecé a trabajar en 1992 en el CEIP Julio Cortázar, y en el curso 2001-2002 compartí con el colegio de sordos hasta el día de hoy que sigo en el CEIP El Sol, que es como se llama ahora con integración de niños sordos.

El claustro y el equipo directivo siempre han respetado mi trabajo y el estar integrada como una profesora más en el centro. Para mí es lo mejor que me ha pasado, ser profesora de Religión. No cambiaría por nada la alegría y la cara con la que me reciben mis alumnos cuando voy a buscarlos. No tiene precio.

Lo religioso está presente en nuestra cultura, fiestas y tradiciones y es más fácil entenderlas si te las enseñan, poque algunos niños y niñas no oyen hablar de Jesús ya en sus casas y cuando ven un cuadro de la última cena, por ejemplo, como me ha pasado, ya no saben quiénes son los que están en la mesa.

Creo que los padres de hoy día dejan a los niños que decidan si van o no a Religión o no quieren saber nada de Religión sin entender lo que puede aportar a la formación de sus hijos. Pienso que la clase de Religión es un espacio que enseña a vivir y respetar en medio de una sociedad en la que se están perdiendo los valores y que vive con un ritmo frenético y no se para a preguntarse por el sentido de la vida.

La muerte es un tema que los niños solo abordan cuando fallece algún familiar. No lo dicen hasta que toca Religión y te lo cuentan como una necesidad sabiendo que tú puedes escucharlos. Son esas preguntas que muchas veces nos hacemos y no encontramos respuestas. Por último, quiero decir que nuestra asignatura complementa el resto del currículo.

> El claustro y el equipo directivo siempre han respetado mi trabajo y el estar integrada como una profesora más en el centro. Para mí es lo mejor que me ha pasado, ser profesora de Religión, no cambiaría por nada la alegría y la cara con la que me reciben mis alumnos cuando voy a buscarlos. No tiene precio.

29. Escribo esto en acción de gracias a Dios

José Fernando Lorente Álvarez, profesor
de Religión en Educación Secundaria

Ante todo, quiero deciros que escribo esto en acción de gracias a Dios, compartiendo con vosotros mi trayectoria vocacional sin ánimo aludador ni idealista. Tengo 56 años, estoy casado y tengo dos niñas de 11 y 13 años. Soy profe de Religión desde septiembre de 2014, primero en la concertada –tres cursos– y luego en la pública, siempre en Madrid.

Trabajé anteriormente en la gestión de hoteles hasta que, providencialmente, me despidieron y pude dedicarme a mi vocación tardía, la cual había sido totalmente desconocida por mí desde siempre.

Yo creo que todo viene de mis primeros años de cursillista de cristiandad, donde me entraron muchas ganas de formarme y colaborar en la evangelización con una preparación adecuada, pero siempre como hobby, nunca con un objetivo profesional.

En aquel entonces los laicos no aprendíamos Teología, pero allí estaba yo, estudiando a distancia y examinándome los sábados rodeados de monjitas... Allí conocí a Avelino, que me ayudó mucho con la tesina; y luego conocí a Inmaculada, que me llamó estando en un cole para animarme a pasarme a la pública. Ahí empezó mi peregrinaje por distintos centros, a veces compartiendo hasta tres, hasta que recalé en el Camilo, de Pozuelo, donde ya llevo cuatro años muy felices. Los que me conocen saben que no soy amigo de "peloteos", pero es de agradecer el apoyo y buenos consejos de "todos" los supervisores que tuve, de los cuales guardo uno que seguí a rajatabla: "Tu departamento es la sala de profes, intégrate, dialoga y tendrás el 70% de tu trabajo hecho".

He estado en muchos institutos, pero guardo especial cariño al Margarita Salas, por ser donde empecé. Había un clima de compañerismo muy bueno, siendo la convivencia muy fácil. Ahora, cuando miro hacia atrás, veo que Dios me ha estado guiando hasta aquí, mimándome en mi profesión y en todos los demás ámbitos de mi vida. Tengo a veces la sensación de que tendría yo que pagar por entrar en una clase, por todo el bien que me han hecho y me hacen mis alumnos, por todo lo que me hacen crecer como padre y como cristiano, haciéndome un poco más tolerante y humilde, cualidades de las que siempre he carecido bastante.

Doy también gracias a la delegación en su labor pastoral y formativa, especialmente por esos encuentros entre profes que tanto bien me han hecho.

Y sí, repito, me siento equipo de la misión educativa de la Iglesia, que especialmente en la pública consiste cada vez más en desbrozar el camino a la Buena Noticia para que la semilla dé fruto.

> Ahora, cuando miro hacia atrás, veo que Dios me ha estado guiando hasta aquí, mimándome en mi profesión y en todos los demás ámbitos de mi vida. Tengo a veces la sensación de que tendría yo que pagar por entrar en una clase, por todo el bien que me han hecho y me hacen mis alumnos, por todo lo que me hacen crecer como padre y como cristiano, haciéndome un poco más tolerante y humilde, cualidades de las que siempre he carecido bastante.

30. LA DOCTRINA SOCIAL DE LA IGLESIA HA ILUMINADO EL CAMINO DE LA ERE

Juan Souto Coelho, profesor de Religión en Secundaria (jubilado)

Me uno a la celebración del 50 aniversario de la Delegación Episcopal de Enseñanza con dos sentimientos: de gozo y de gratitud. Era el final del verano de 1979.

Fidel Herráez, delegado de Enseñanza, me acogió en la delegación, entonces en la calle Jerte 10. Siento una gran gratitud por haber confiado en mí para asumir la misión de profesor de Religión en la escuela pública, durante 22 años, en el Instituto Avenida de los Toreros (1979-2001). Conocí casi todas las leyes educativas, sus avances y retrocesos, sus beneficios y sus estragos. Conocí a los responsables diocesanos y de vicarías, de la formación del profesorado y a muchos compañeros. A los sacerdotes Fidel Herráez, José Félix Blanco y Avelino Revilla; a María Jesús Bescansa, Pili Beltrán de Heredia, Carlos Esteban, Gloria Pérez... A todos recuerdo, con su saber y su saber hacer, y guardo en mi corazón con gratitud, alegría y cariño.

Recuerdo mucho a mis alumnos, con nuestros aprendizajes mutuos, el impacto de nuestras actividades en el centro, su estima y respeto, su creatividad en la celebración de la Navidad y en la campaña de Manos Unidas. Además, recuerdo nuestras luchas para que se cumpliera la ley y se reconociera a los profesores de Religión como "miembros del claustro a todos los efectos". Se trataba de reconocer de manera efectiva, no solo en los papeles, la identidad y el papel específico y complementario del seminario de Religión en el Proyecto Educativo del Centro, así como la participación del profesor de Religión sin discriminación. Fui durante más de dieciocho años tutor y miembro del Consejo Escolar. En cambio, elegido Jefe de Estudios, la Administración se negó a reconocer mi elección, haciendo una interpretación restrictiva de la normativa y despreciando el respaldo del Claustro, del Consejo Escolar y de la Asociación de Padres de alumnos.

Los tiempos nunca han sido fáciles para la misión de los profesores de Religión. No somos catequistas ni adoctrinadores, pero estamos etiquetados con esos prejuicios por una parte de la sociedad. Nuestro desempeño en la escuela es abordar el "hecho religioso cristiano" en todas sus dimensiones: histórica, doctrinal, litúrgico-cúltica, ético-moral, social e incluso experiencial. Nuestra profesionalidad, que encuentra su fundamento y estímulo en la fe cristiana, consigue derribar barreras mentales y administrativas y, en circunstancias adversas, establecer un rico diálogo fe-cultura en la educación de niños y jóvenes.

Siendo ya licenciado en Ciencias Religiosas y Catequéticas (UPSA), trabajando y estudiando, descubrí y aprendí a conocer la Doctrina social de la Iglesia (DSI) cursando la carrera de Sociología, de la cual adquirí licenciatura y doctorado. La Doctrina social de la Iglesia era asignatura obligatoria para todos los estudiantes de la UPSA, pero a mí me resultó familiar y, más que obligatoria, me vino como un regalo. Fue tan grande la riqueza que descubrí para el desempeño de la misión de profesor de Religión que decidí encaminar mi oficio de sociólogo por la investigación y la docencia en esta área del conocimiento. En efecto, la DSI, como conocimiento e iluminación de los problemas sociales en cada época, desde la perspectiva interdisciplinar, es una base inspiradora para el diálogo y la cooperación con todos, en todos los ámbitos de la vida social: en lo económico, lo político, lo cultural, lo ecológico, lo religioso y lo social. Además, aprendí que puede ser presentada a todos, creyentes y no creyentes, y para los católicos es fundamental en la formación de buenos cristianos y verdaderos ciudadanos.

La preocupación por dar a conocer la DSI y de contribuir a la formación de la conciencia social en verdaderos ciudadanos pronto impulsó en mí la iniciativa de publicar algo que tuviera la marca de la didáctica y la metodología: que no solo diera a conocer la DSI, sino que, además, enseñara a aprender a comunicarla para ser bien recibida y vivida. Y, animado por Fidel Herráez publiqué *Iniciación a la Doctrina social de la Iglesia*, San Pablo 1995, destinado a profesores y educadores cristianos. Años más tarde, fruto de la experiencia que me ayudó a enriquecer mi aprendizaje y a extender hacia otros destinatarios el conocimiento de la DSI, *Educar en valores sociales. Doctrina Social de la Iglesia para adolescentes y jóvenes*, PPC 2017.

El departamento de formación del profesorado también se preocupó por garantizar la formación en Doctrina social de la Iglesia, y me ha dado la oportunidad de animar e impartir sendos cursos en centros de profesores y colegios. Algunos de los recursos trabajados pueden consultarse en <https://www.fpablovi.org/materiales-didacticos>. Es una amplia "mochila pedagógica" sobre la globalización, el desarrollo humano integral, la familia, el principio de subsidiariedad, la paz y los conflictos, las encíclicas, el compromiso público de los cristianos, etc.

Por todo doy gracias a Dios y a aquellos que me han acompañado en esta parcela de mi vida escrita como "profe de Reli" en la escuela pública.

Los tiempos nunca han sido fáciles para la misión de los profesores de Religión. No somos catequistas ni adoctrinadores, pero estamos etiquetados con esos prejuicios por una parte de la sociedad. Nuestro desempeño en la escuela es abordar el "hecho religioso cristiano" en todas sus dimensiones. Nuestra profesionalidad, que encuentra su fundamento y estímulo en la fe cristiana, consigue derribar barreras mentales y administrativas y, en circunstancias adversas, establecer un rico diálogo fe-cultura en la educación de niños y jóvenes.

31. Siempre había tenido clara mi vocación, ya intentaba enseñar a leer a mi abuelo

Cristina María Muñoz Román, profesora de Religión en Educación Infantil y Primaria

Me llamo Cristina María Muñoz Román, tengo 32 años y soy de un pueblecito muy pequeño llamado Aldea Del Cano, situado en Cáceres, Extremadura. Estudié el Grado de Educación Infantil con mención en Atención temprana, y mis prácticas las realicé en el CEIP Alba Plata y en el Colegio La Asunción, ambos de Cáceres, después me mudé a Sevilla para hacer el máster de Psicopedagogía, donde hice las prácticas en el colegio IBVM Nuestra Señora de Loreto. Ahí comenzaron mis inicios en esta profesión tan bonita y enriquecedora.

Siempre había tenido clara mi vocación, desde pequeñita sentaba a los peluches para darles clase e intentaba enseñar a leer a mi abuelo, ya que él no tuvo la oportunidad de poder hacerlo, por lo que, desde chiquitita, la enseñanza corría por mis venas. Tras acabar el máster, tuve la oportunidad de estar en una escuela infantil de tutora de aula de 2-3 en Sevilla y, posteriormente, en septiembre de 2019, me mudé a Madrid, donde también estuve trabajando de tutora de aula de 2-3 en una escuela del Ayuntamiento de Madrid de gestión indirecta.

En 2020, ese 11 de marzo, nos cerraron las escuelas. En plena pandemia del Covid 19 llegaron los videos semanales, videollamadas a las familias y tutorías en las que acompañábamos durante esos momentos de incertidumbre, mientras recordábamos la importancia de la figura del maestro y que la educación no era solo enseñar a los niños, sino también acompañar, apoyar y ayudarnos en todo. Los quince primeros días se convirtieron en tres meses, y lo que un día era cercano, teníamos que hacerlo con medidas de precaución. En julio de ese mismo año volvimos a la escuela, una escuela distinta, con sala de aislamiento, distancias, protocolos y mascarillas, pero... ¿cómo vas a negar un abrazo a un niño cuando más lo necesita?, había cosas por las que merecía la pena arriesgarse.

Una vez llegado julio cerramos las escuelas para volver en septiembre, con una realidad totalmente distinta a la vivida, desdobles en los colegios, contratación masiva de profesorado, y la misma incertidumbre que al inicio. Hasta que, un 3 de noviembre de 2020, recibo una llamada, era Paco que me ofrecía mi primer contrato como profe de Reli para estar en dos coles, CEIP Santa María y CEIP Pinar del Rey; lo que comenzó siendo 2/3 en una semana se convirtió en jornada completa, y ahí estaba yo, con 28 añitos, pasando de estar con niños de 2-3 años a dar clase desde niños de 3 añitos hasta alumnado de 6.º de primaria. ¿Qué iba hacer con niños tan grandes? Acostumbrada a los niños de Infantil, sin duda era un reto para mí, que acepté encantada.

En el cole del CEIP Pinar del Rey daría solo a Infantil, pero compartiría aula con Valores. Lo que resultó al inicio un reto, me capacitó para adaptarme a cualquier circunstancia con la mejor sonrisa. Dio la casualidad de que ese mismo año daba clase a 3 años y su tutora había sido profe de Religión durante 17 años. Ella escribió a mi coordinadora Nieves un texto muy bonito que aún guardo con mucho cariño, pues es muy gratificante ver como tus propios compañeros, equipos directivos o incluso familias te felicitan o te envían un email valorando tu trabajo, hablando de lo feliz que vienen sus hijos a la clase de Reli o que es su asignatura favorita. Es muy enriquecedor pues sientes que lo estás haciendo bien. Mira cómo es la vida, que justo en frente de ese mismo cole vivía mi tía, mi madrina tanto de bautismo como de confirmación, que siempre hizo bien de madrina, guiándome en la fe desde pequeñita junto a mi familia, haciéndome mis inicios mucho más familiares.

Durante estos 5 años como sustituta he pasado por diversos colegios. He dado clases desde en un cole de línea 4 hasta un CRA (Colegio rural agrupado), en los que itineraba a 4 de los 5 pueblos que lo componían, pasando por coles de línea 2 o en pueblos de línea 1. Todo esto me ha enriquecido muchísimo profesionalmente, pues ese "miedo" que pude tener al principio se disipó rapidísimo, teniendo la capacidad de adaptarme a cualquier realidad, con una sonrisa y dando siempre lo mejor de mí, preparada para otro nuevo curso.

Durante estos años he vivido diversas situaciones y realidades: colegios en los que teníamos hasta fondo económico para la clase de Religión y otros en los que tenías que ir pidiendo clase por clase los folios de los alumnos que tenías; tener aula propia o espacio compartido con otras asignaturas; ser profe de Religión en todo el colegio o tener compañeros docentes que están más a favor de la asignatura que otros que no lo están nada, clases con 20 alumnos y clases con 1 solo... Esto te hace estar en constante progreso, innovando y formándote constantemente para que cada clase sea una aventura nueva en la que la motivación y las ganas de aprender vengan de la mano.

Desde mi experiencia considero que la figura del profesor de Religión es importantísima en el colegio. Es una figura que se desvive por el alumnado, que da esa cercanía que muchos necesitan, llegando incluso a contarte cosas que no han contado a sus tutores. Se crea un clima de confianza y bienestar en el que no se les juzga, sino que se les tiende la mano para ayudarles, pues qué mejor forma de transmitir las enseñanzas de Jesús, y no dudan en acercarse a ti. Esto es muy gratificante.

Por la Delegación Episcopal, desde el inicio, me he sentido muy acompañada; empecé con Inmaculada y, al ser sustituta, he estado en varias vicarías. En la I con Nieves y esa ternura que le caracteriza, en la V con Amparo, y actualmente en la VII con Josefina; todas siempre han estado ahí para cualquier cosa que he necesitado. También he tenido en cada llamada a principio de curso a Paco, que pasara lo que pasase, siempre estaba ahí para ayudarnos, haciendo de la delegación una familia, y tras su merecida jubilación tenemos a María Eugenia.

Y así es como siento la Iglesia, como una gran familia llena de cosas buenas que ayuda a construir un mundo más bondadoso y justo, humanizando a la sociedad, otorgándole esos valores tan esenciales y necesarios que cada vez se están perdiendo más. La Iglesia nos guía hacia el bien, nos guía hacia Dios.

Y así lo veo yo, desde mi perspectiva como profesora de Religión, siendo mi propósito cada día, cuando entro en un aula, despertar la curiosidad por Dios y por su amor. De manera dinámica y divertida les presento a Jesús como un amigo cercano y les enseño a vivir según sus enseñanzas de paz y bondad. Por eso es tan importante estar en constante formación, estar actualizados y crear esa motivación que el alumnado necesita, pues nuestra labor de hoy siembra las semillas de esperanza para el futuro.

Y así es como siento la Iglesia, como una gran familia, llena de cosas buenas, que ayuda a construir un mundo más bondadoso y justo, humanizando a la sociedad, otorgándole esos valores tan esenciales y necesarios, que cada vez se están perdiendo más. La Iglesia nos guía hacia el bien, nos guía hacia Dios.

Y así lo veo yo, desde mi perspectiva como profesora de Religión, siendo mi propósito cada día, cuando entro en un aula, despertar la curiosidad por Dios y por su amor. De manera dinámica y divertida, les presento a Jesús como un amigo cercano y les enseño a vivir según sus enseñanzas de paz y bondad. Por eso es tan importante estar en constante formación, estar actualizados y crear esa motivación que el alumnado necesita, pues nuestra labor de hoy siembra las semillas de esperanza para el futuro.

32. Lo que me mueve cada día es el deseo de acompañar a los alumnos en su crecimiento

Fréderic Essomba Essomba,
profesor de Religión en Secundaria

Soy de nacionalidad camerunesa y me considero una persona apasionada por el encuentro con los demás, la educación y el servicio. Desde muy joven sentí una fuerte vocación por dedicar mi vida a acompañar a otros en su crecimiento personal, espiritual y académico. Esa vocación me ha llevado a desempeñarme como misionero y también como profesor, dos dimensiones profundamente conectadas en mi vida. Aunque hace unos años tuve que dejar el camino como misionero.

Comencé mi camino en el mundo de la educación en 2011, impulsado por el deseo de transformar realidades a través del conocimiento y los valores. Desde entonces he tenido la oportunidad de trabajar en diversos centros educativos, tanto en contextos urbanos como rurales, dentro y sobre todo fuera de España, lo que ha enriquecido mi mirada sobre la enseñanza y el ser humano. Algunos de los centros por los que he pasado son: Sacré Coeur de Jesus (Yaoundé, Camerún), donde he estado dando clases de Religión durante dos años. Luego estuve en Guinea ecuatorial dando clases tanto de Religión como de Francés en un colegio católico de los Claretianos Colegio Claret (Malabo, Guinea Ecuatorial) durante dos años. En estos centros he impartido clases, coordinado proyectos educativos y acompañado procesos formativos. En España me incorporé como profesor de Religión en enero de 2025 y estoy cumpliendo ya 6 meses de experiencia.

Mi vocación misionera me ha llevado a compartir vida y misión en lugares donde la educación es un puente hacia la dignidad, la esperanza y el futuro. Esto me ha permitido ver la enseñanza no solo como una transmisión de conocimientos, sino como una auténtica experiencia de encuentro, escucha y transformación mutua.

Estoy convencido de que educar es mucho más que formar mentes: es tocar corazones, despertar preguntas y acompañar procesos. Por eso, en cada aula, trato de ser presencia cercana, sembrador de inquietudes y testigo de fe y compromiso.

Soy licenciado en Filosofía por la Universidad de Yaoundé I. Pero por procesos largos no he podido homologar el título en España. También soy diplomado en Ciencias Religiosas por la Universidad La Salle donde, en la actualidad, estoy complementando mi formación con un año más para poder homologar los estudios eclesiásticos que tengo con el grado civil. Me considero una persona comprometida, cercana al alumnado y en constante búsqueda de metodologías activas que fomenten la participación, el pensamiento crítico y el aprendizaje significativo.

Mi vocación como profesor de Religión nace de una convicción profunda: la fe tiene un lugar en la vida, también en la escuela. Ser profesor de Religión no es simplemente enseñar contenidos, sino abrir un espacio de diálogo, de búsqueda y de sentido en medio de un mundo que muchas veces corre deprisa y olvida lo esencial.

Lo que me mueve cada día es el deseo de acompañar a los alumnos en su crecimiento personal y espiritual. La clase de Religión es una oportunidad única para hablar de temas fundamentales: el amor, el dolor, la justicia, la dignidad humana, la trascendencia... y hacerlo desde una perspectiva cristiana que invita a mirar el mundo con esperanza y compromiso.

He vivido experiencias muy positivas en este camino: alumnos que, a través de una actividad, una reflexión o un simple gesto, descubren algo nuevo sobre sí mismos o sobre Dios; momentos de diálogo profundo en los que los jóvenes se sienten escuchados y comprendidos; pequeños pasos que demuestran que la semilla ha sido sembrada, aunque muchas veces no veamos los frutos de inmediato.

Pero también hay dificultades. A veces cuesta romper prejuicios sobre la asignatura o despertar interés en un entorno que puede ser indiferente o incluso hostil hacia lo religioso. No siempre es fácil hacer ver que la fe no está en contradicción con la razón, ni que el mensaje del Evangelio sigue siendo profundamente actual. Y por supuesto, como en toda labor educativa, hay momentos de desánimo, cansancio o incomprensión.

Aun así, sigo creyendo que vale la pena. Porque la enseñanza de la Religión no solo forma, sino transforma. Porque, aunque no siempre se vea, cada palabra, cada gesto y cada encuentro puede ser una chispa que encienda una luz en el corazón de un joven. Y eso, para mí, no tiene precio.

Celebrar la historia de la Delegación Episcopal de Enseñanza (DEE) aunque lleve muy poco tiempo en el grupo de los docentes de Religión en Madrid es, para mí, mucho más que mirar al pasado: es reconocer una trayectoria de compromiso, acompañamiento y misión compartida en el campo de la educación. A partir de los diferentes testimonios veo que la DEE ha sido un pilar fundamental en la labor de muchos profesores de Religión, es la sensación que he tenido en el día de la celebración de los 50 años, o sea, no solo aporta en los ámbitos organizativo y formativo, sino que nos hace sentir parte de una comunidad más amplia, con una misión común: anunciar el Evangelio en el corazón de la escuela.

Como profesor y como creyente estoy convencido de que la misión educativa de la Iglesia es una de sus formas más concretas y necesarias de encarnarse en la sociedad actual. A través de la educación, la Iglesia no solo transmite conocimientos, sino que propone un modo de vivir, una mirada humana, crítica y esperanzada sobre el mundo. La presencia de la Iglesia en el ámbito educativo es fundamental porque intenta formar a la persona en su integralidad. Se trata de formar ciudadanos responsables, solidarios y abiertos a la trascendencia; personas capaces de construir una sociedad más justa, fraterna y compasiva.

Nuestra tarea como docentes de Religión, dentro de esta misión, es sembrar valores, despertar preguntas y acompañar procesos. No enseñamos solo una asignatura, sino que intentamos ser testigos de aquello que enseñamos: el Evangelio vivido con alegría, profundidad y compromiso. En tiempos donde muchas voces compiten por captar la atención de nuestros jóvenes, la Iglesia sigue apostando por una educación con alma. Y esa es, a mi modo de ver, una de sus mayores contribuciones al bien común: ofrecer raíces, sentido y horizonte. Porque educar desde la fe no es mirar al pasado con nostalgia, sino al futuro con esperanza.

Mi vocación misionera me ha llevado a compartir vida y misión en lugares donde la educación es un puente hacia la dignidad, la esperanza y el futuro. Esto me ha permitido ver la enseñanza no solo como una transmisión de conocimientos, sino como una auténtica experiencia de encuentro, escucha y transformación mutua. Estoy convencido de que educar es mucho más que formar mentes: es tocar corazones, despertar preguntas y acompañar procesos. Por eso, en cada aula, trato de ser presencia cercana, sembrador de inquietudes y testigo de fe y compromiso.

33. Me he sentido desde el primer momento parte de ti, Delegación

Cristina Ortiz Iglesias-Ussel,
Supervisora de Religión en la DEE

¡Muchas felicidades, Delegación Episcopal de Enseñanza, DEE, en tus 50 años cuidando la educación! ¡Y que cumplas muchos más! Te felicito con cariño y agradecimiento en este cumpleaños especial al que me uno como profesora de Religión. Me he sentido desde el primer momento parte de ti, de esta delegación, y me he sentido cuidada y acompañada desde hace treinta y cinco años en los que empezó una relación laboral y personal con muchas personas que también han formado o forman parte de ella. Personas que, con su buen hacer, sus nombres y su dedicación están unidos a la misión educativa de la Iglesia.

Y haciendo memoria agradecida de estos treinta y cinco años, aparece el envío a diferentes misiones de servicio en las que he ido adquiriendo experiencia docente y he crecido a nivel personal, siempre unida a compañeros y a amigos que reconocemos la importancia de la clase de Religión por lo que aporta dentro de la escuela.

Comenzó esta relación personal y laboral en el curso 1990-1991 con el título de mi carrera recién terminada de profesora de E.G.B en Bosco y la DEI, al igual que otras compañeras de estudios con las que sigo caminando, y con una llamada de mi párroco de aquellos años, de la que sigue siendo mi parroquia actualmente, a la que en ese momento era la coordinadora de Enseñanza de la vicaría IX, hoy vicaría VIII, para recomendarme en una entrevista como profesora de Religión en un colegio público.

Y desde aquel mes de septiembre de 1990 hasta hoy han pasado muchos cursos escolares formando parte del claustro del CEIP Alhambra como profesora de Religión. Aquel primer curso, el director llegó a mandarme a la fila como si estuviese en 8.º de EGB. Estuve tres de los primeros cursos compartida con CEIP Escuelas Bosque y dos de los últimos de mi trabajo en el aula con la Escuela Infantil La Plazuela. Otros seis cursos como asesora de formación en el CTIF Norte y, actualmente, desde casi el inicio de este curso escolar, 2024-2025, como supervisora en la delegación. Además, durante todos estos años me he licenciado en Historia del arte, he realizado mucha formación en el centro, en los CAPs o en los CTIFs y en otros espacios como aquella Escuela de

Verano de San Pío X. He participado en grupos de trabajo o en seminarios y ahora he iniciado Ciencias religiosas. Y me casé, he tenido tres hijos y hace unos meses nació mi nieto.

En tantos cursos escolares hay muchos nombres. ¡Cuánto he disfrutado con vosotros en el aula de Religión! Son muchos los alumnos y alumnas, y alguno de sus hijos, con los que he comprendido mi labor de enseñanza-aprendizaje y el educar para ser. Cuando estaba en el aula se me olvidaba todo lo que han supuesto los cambios de leyes, de currículo, elaborar y desarrollar programaciones, preparar recursos y actividades, buscar la innovación, nuevas metodologías... Porque realmente lo que más me ha gustado es escucharos en el patio y en el aula, esas largas asambleas de Infantil, ver vuestras caras de sorpresa cuando empezábamos la clase con vuestras anécdotas y llegábamos o no a lo programado y me decíais: "Cristina, contigo siempre todo lleva a Religión". Y así es, con mis objetivos de ayudaros a aprender a ser mejores personas con el ejemplo y los valores de Jesús de Nazaret, de ser responsables con la naturaleza y aprender a estar atentos a los demás, a saber mirar para descubrir y disfrutar de nuestro patrimonio, a comprender las fiestas del calendario litúrgico y del otro calendario, como decíais, he buscado que estuvieseis atentos y contentos en clase. ¡Cómo me emociona cuando nos encontramos por la calle o en diferentes lugares y me reconocéis, me saludáis y nos ponemos a recordar!

Desde la primera acogida, son muchos nombres de personal docente y no docente con los que me he sentido parte de varios claustros del Alhambra. La ERE siempre ha estado presente. He participado en la vida del centro, me he involucrado en sus proyectos, incluso en proyectos Comenius compartiendo experiencia con profesores de diversas áreas de varios países. He compartido la pasión por educar y las preocupaciones. A algunos, ya disfrutando de la jubilación, los considero mis padres, madres y hermanos profesionales y presumo de seguir en contacto. He sentido la valoración profesional de casi todos, y de los que no, me ha servido para aprender a convivir con respeto.

Y los momentos de dificultad como cursos sin aula de Religión, menos alumnos, no tener alternativa, conflictos de aula y malentendidos... los he visto como oportunidad de cambio, de adaptación y resiliencia. Y guardo bonitos recuerdos de aquellos cursos en los que en el centro estábamos dos profesores de Religión y trabajábamos coordinados.

Los profesores y profesoras de Religión, grandes compañeros y amigos. Desde los inicios, me recuerdo siempre unida en actividades de formación y en busca de mejoras laborales con los certificados de antigüedad, hechos desde la delegación, en las reuniones con abogados o con sindicatos, la firma de los primeros contratos, el paso de aquellos cheques a la nómina, el reconocimiento de la seguridad social, los trienios, los sexenios... todo forma parte de la historia a nuestro reconocimiento y lo agradecemos.

Y la alegría de los encuentros en tantas actividades propuestas desde la delegación. Vivir juntos muchas ceremonias de Envío, muchas Jornadas Diocesanas, días en la Universidad de Otoño, reuniones de vicaría, fiestas de jubilaciones, alguna excursión, cursos de formación, seminarios que tanto me han enriquecido a nivel profesional y personal. ¡Os lo recomiendo! En ellos trabajábamos, compartíamos recursos antes de que llegasen las redes sociales y merendábamos disfrutando con las visitas de las coordinadoras y coordinadores de vicaría y de los asesores de formación. Visitas en las que se sentía vuestra cercanía y apoyo a la formación realizada, y tanto se agradecen. ¡Alguna con bombones!

La mayor parte de esos años he tenido buena relación con todos los coordinadores de enseñanza de la vicaría VIII. Recuerdo, además de las reuniones de vicaría y actividades de la delegación, sus visitas al centro, sus visitas a los centros de formación, visitas a los seminarios, sus llamadas de teléfono o cariñosos WhatsApp para saber cómo estamos. El conocer a varios de esta vicaría me hace pensar que lo mismo sentirán mis compañeros con los coordinadores de las suyas. Alguno también he conocido o conozco. Gracias por la ayuda, la valoración a nuestro trabajo dentro y fuera del aula y por unirnos a otros profesores, a los vicarios, que estoy segura de que todos serán como los que yo he conocido en la VIII, y a los delegados. Todos vosotros manifestáis apoyo y cercanía a nuestra labor.

Unida al equipo de formación de la delegación, el tiempo de servir desde el CTIF Norte tuvo como objetivo que formarse fuese una parte complementaria y que facilita la docencia. Animando y cuidando a los profesores, sabiendo que muchos ya asistíais a cursos o seminarios por el buen trabajo de los anteriores asesores. Aquí creció el número de nombres, los que os formabais en actividades de Religión y en las de no Religión. Esto me llevaba a veros por el CTIF y a visitar proyectos en centros en los que casi siempre estaba presente el profesor o profesora de Religión y así se facilitaba el encuentro. Gracias por vuestra ayuda, por la buena respuesta y gracias a los que estáis detrás de esta oportunidad.

Y siguen creciendo los nombres con los supervisores. Conocía solo a alguno de ellos y agradezco aquellas felicitaciones de cumpleaños desde el correo ordinario al email. Estoy descubriendo un poco más la labor del supervisor, es también de ayuda y acompañamiento en coordinación con los coordinadores de vicaría y el delegado. Mi labor está en proceso de aprendizaje. Con el gran trabajo encontrado y la ayuda de todos se realiza mejor. Mi agradecimiento está en presente y destaco ese ratito de conversación en nuestro recreo y el saludo cada mañana del otro personal que con su trabajo también ayuda a crear un buen clima.

Termino mi agradecimiento destacando vuestra labor y liderazgo. De todos los que he conocido, he sentido también apoyo y cercanía a los profesores y a la ERE para hacer presente la acción de la Iglesia en la educación y cuidarla en todos lugares en los que se solicita vuestra presencia.

Espero que muchos al leer este texto os hayáis visto reconocidos y sonriáis. Es mi agradecimiento por el tiempo que hemos compartido en este camino y que continuará. Un abrazo a cada uno de los diferentes miembros que formamos parte de la delegación.

¡Muchas felicidades Delegación Episcopal de Enseñanza en tus 50 años cuidando la educación! Te felicito con cariño y agradecimiento en este cumpleaños especial al que me uno como profesora de Religión. Me he sentido desde el primer momento parte de ti, de esta delegación, y me he sentido cuidada y acompañada desde hace treinta y cinco años en los que empezó una relación laboral y personal con muchas personas que también han formado o forman parte de ella. Personas que, con su buen hacer, sus nombres y su dedicación están unidos a la misión educativa de la Iglesia.

34. MI VIDA SIEMPRE HA ESTADO ATRAVESADA POR UNA LLAMADA DE DIOS

Gabriel Zorrilla de San Martín, profesor de Religión en Secundaria

Soy un madrileño de Uruguay desde hace casi treinta años. Estoy casado con Jimena desde hace siete y tenemos una hija de 5 añitos: María de la Almudena (como buena madrileña), y otro hijo en el cielo, Santiago, que no llegó a nacer. Y desde septiembre de este curso trabajo como profesor de Religión en un instituto en Torrelodones.

Empiezo por el final y confieso que estoy viviendo mi mejor momento de vida profesional. Lo digo a mis 46 años, luego de dedicarme durante mucho tiempo al mundo de la empresa, dirigiendo un emprendimiento en el sector de la moda. Dios, que mueve los hilos de la historia de manera sorprendente y con un brillante sentido del humor, me llevó a "reciclarme" el curso pasado. Haciendo un máster de profesorado para educación secundaria, en la especialidad de Filosofía, y, a la par, la Declaración Eclesiástica de Competencia Académica (DECA).

Mi vida siempre ha estado atravesada por una llamada de Dios a la evangelización, y particularmente ligada a la diócesis de Madrid, donde fui seminarista los primeros años de mi juventud. Aquí enraíza quizás mi primer "flechazo" con esta apasionante vocación que Dios me está regalando vivir hoy como profesor de Religión.

Haciendo la DECA tomaba conciencia de algo que, si bien lo tenía por sabido, nunca lo había interiorizado: la enseñanza religiosa escolar forma parte del ministerio eclesial de la palabra, y como tal, es una concreción del mandato de Cristo a sus apóstoles de anunciar al mundo entero la buena noticia del Evangelio. Redescubrir que cada vez que atravieso la puerta del aula entra conmigo la Iglesia entera, supuso en mí una "explosión atómica", en cuya onda expansiva me subo cada mañana para impulsarme y llegar al instituto.

Esta es para mí la "perla preciosa" con la que Dios me ha sorprendido en este momento de la vida y que considero constituye el gran privilegio que tenemos los profesores de Religión. El hecho de que lo que nos vincula a nuestro puesto de trabajo no es solo un contrato laboral en el ámbito de la educación, sino un envío y una misión que la Iglesia en nombre de Cristo nos ha confiado.

Dicha singularidad atraviesa toda mi persona, y es la "pócima secreta" que me hace mirar con esperanza el día más complejo, el grupo más complicado o la dificultad más insuperable. Llevo poco tiempo en esta barca, pero lo suficiente para constatar que los obstáculos, tanto interiores como el desánimo o exteriores como la hostilidad del ambiente o los estereotipos con que carga nuestra asignatura son amenazas potentes y cotidianas. Pero contar con este componente sobrenatural hace que me sienta un privilegiado, portador de un "superpoder" que levanta todas las barreras.

La vivencia personal que acabo de contar conecta con la segunda gran baza que me he encontrado durante este corto tiempo en las clases y que también supone un gran motor en mi día a día: constatar que la propuesta antropológica que llevamos a "nuestros chicos" es lo que anhelan desesperadamente en su corazón, aún sin saberlo.

Parece una frase con pretensiones intelectuales o de sesuda reflexión filosófica, pero no he encontrado entre mis alumnos nada más sincero, liso, llano y crudo que la realidad que estas palabras quieren expresar. Cada uno en su grado de madurez personal y con los rasgos de identidad que lo hacen único e irrepetible. Pero todos los alumnos con que me encuentro cada mañana vibran en su interior cuando descubren en clase de Religión una propuesta muy concreta de vida que responde a la plenitud de felicidad que reclama su corazón.

Al principio, es solo caer en la cuenta de que en el fondo quieren ser felices: todo el tiempo, o sea, para siempre, y "a tope", plenamente. Luego, descubrir que ese "eco" de frustración, que ya arrastran en la vida, habla de un mundo que no responde a las exigencias genuinas de su corazón. Y es allí cuando la propuesta de realización humana y vida plena que muestra Cristo les sorprende como un camino verdadero. No deja de asombrarme cada día cómo estos jóvenes que tengo delante, tan anestesiados en algunos aspectos y bombardeados de estímulos en otros, se quedan impactados cuando consiguen, por un momento, hacerse las preguntas últimas de la existencia. Descubriendo, por ejemplo, que la libertad tiene más que ver con aquello que me construye como persona, que con hacer lo que me da la gana. O que Dios tiene un plan para mí, con el que pretende llevarme a lo más alto de mi humanidad y hacerme disfrutar, como nadie, de la existencia en todas sus dimensiones.

Me sobrecoge constatar el espacio privilegiado que es para los adolescentes la clase de Religión, y como, guiándolos, desde el diálogo con la cultura que les rodea, aparecen en ellos las preguntas últimas de la existencia. Muchas veces me han escuchado decirles que mi objetivo en el curso no es tanto que encuentren respuestas, sino que se hagan preguntas, sabiendo que la búsqueda de la verdad es el camino propicio para que ella misma le salga al encuentro y los cautive para siempre.

Esta es una de las grandes fortalezas y motivaciones que he encontrado en la enseñanza de nuestra asignatura, y que justamente constituye lo más genuino del proceso de enseñanza y aprendizaje. Pues son los alumnos quienes al descubrir las preguntas y buscar las respuestas, construyen un auténtico y significativo conocimiento de lo que expresa, supone y aporta la Religión católica. Tanto para ellos a nivel personal, como para el conjunto de la sociedad en que les ha tocado vivir.

Juan Pablo II pronunció varias veces, y una de ellas en Madrid, que "una fe que no se hace cultura, es una fe no plenamente acogida, no enteramente pensada, no fielmente vivida". Esta frase, que me ha acompañado en otros momentos de la vida, hoy adquiere para mí un especial significado. Como profesor de Religión siento que Dios me ha puesto en el lugar justo donde la fe se hace cultura. El sitio donde se propone una forma auténtica y verdadera de vivir los retos que hoy presenta la vida. El desafío que implica la tarea de construir en el mundo de hoy una persona. Ese lugar es la clase de Religión y también son los jóvenes que Dios me ha confiado. Creo que este es el gran aporte social que la clase de Religión está haciendo a nuestra sociedad, ayudando a formarse de modo integral a quienes configurarán el mundo del mañana.

En esta tarea, desde el primer momento, he encontrado en la Delegación Episcopal de Enseñanza un lugar donde me he sentido arropado. Es inherente a la vida eclesial ser parte de un cuerpo, de una familia, de un pueblo. Y esto es lo que yo estoy experimentando en la delegación. Un lugar donde la maternal presencia de la Iglesia toma un rostro muy concreto y específico. Un lugar donde siento que conocen, mejor que yo, los retos a los que me enfrento cada día en mi tarea.

Tengo que reconocer que empecé este curso con los temores de un "novato" que se interna en aguas nuevas y desconocidas, y en todo este tramo del camino, la presencia de la delegación ha sido permanente.

Muchas veces, adelantándose a lo que saben que voy a necesitar. Con una cercana visita a mi propio centro, con un mensaje de ánimo para saber cómo voy, con la oferta de múltiples instancias y seminarios de formación, o con ese inesperado email recomendándome especialmente este o aquel curso que creen que me pude interesar. No puedo más que estar agradecido al sentirme tan acompañado y apoyado en la misión. Respetando siempre mi idiosincrasia personal y dejándome el espacio necesario para la creatividad y la iniciativa.

Cuando me preparaba para esta tarea educativa, me costó entender el porqué de un currículum tan abierto y dispuesto a la impronta personal del profesor. Y ahora que me estreno "del otro lado", en el aula, veo en esto precisamente un detalle de profundo amor y confianza de la Iglesia que, como no podía ser de otra manera, se encarna adaptándose a cada persona y a la diversidad de cada realidad social.

El hecho de estar escribiendo este testimonio me hace sentir que soy parte de un legado que ha sido construido desde hace cincuenta años con "piedras vivas". Hermanos que han hecho actual, en las diferentes realidades sociales y culturales de cada generación, el anuncio que atraviesa toda la historia de la humanidad.

Solo puedo estar agradecido a Dios por la llamada que ha hecho en mi vida y por el privilegio que supone estar en la "primera línea" de contacto con ese mundo al que ha venido a salvar.

En esta tarea, desde el primer momento he encontrado, en la Delegación Episcopal de Enseñanza, un lugar donde me he sentido arropado. Es inherente a la vida eclesial ser parte de un cuerpo, de una familia, de un pueblo. Y esto es lo que yo estoy experimentando en la delegación. Un lugar donde la maternal presencia de la Iglesia toma un rostro muy concreto y específico. Un lugar donde siento que conocen, mejor que yo, los retos a los que me enfrento cada día en mi tarea.

35. MI TRABAJO ES HUMANIZAR EN LAS CLASES

Judith Ayuso, profesora de Religión
en Educación Infantil y Primaria

Hola, me considero una persona y profesora agradable, constante, metódica, paciente y risueña. Llevo trabajando como profesora de Religión desde 2015 pasando por muchos centros educativos. Anteriormente estuve ejerciendo como maestra de Infantil en otros centros.

Para poder desempeñar mi labor como maestra anteriormente me formé con el magisterio, especialidad en Educación Infantil (UAM), Declaración Eclesiástica de Idoneidad (FERE – Madrid) y grado de Educación Primaria (UJCJ).

En mi vocación como maestra, y fundamentalmente como profesora de Religión, destaco como experiencia más positiva de mi desempeño fundamentalmente poder humanizar a los alumnos y alumnas, el tiempo de escucha y los momentos tan enriquecedores que ofrece esta asignatura.

La DEE en mi tarea y trabajo diario es primordial. Siento que me acompañan desde el primer momento que formé parte de esta maravillosa labor y me siento siempre muy acompañada y escuchada. Es fundamental la DEE para nuestra labor.

Mi vocación como maestra, y fundamentalmente como profesora de Religión, como experiencia más positiva de mi desempeño es fundamentalmente poder humanizar a los alumnos y alumnas, el tiempo de escucha y los momentos tan enriquecedores que ofrece esta asignatura.

36. Mi vinculación con la fe se remonta a mis padres

Carlos-Andrés Álvarez Gómez, profesor de Religión en Educación Infantil y Primaria

Me llamo Carlos-Andrés Álvarez Gómez y mi papel en la educación siempre ha estado profundamente marcado por mi historia personal y espiritual. Mi escolarización se inició en el colegio redentorista Gamo Diana; institución en la que tuve el privilegio de cursar desde Infantil hasta Bachillerato. Años (varios) más tarde, también sería el lugar dónde comenzaría mi andadura como docente.

Mi vinculación con la Religión se remonta a mis padres. Desde pequeño he recibido los valores propios del cristianismo y estos fueron perpetuados desde el propio colegio, por su identidad, como en los distintos grupos religiosos a los que me incorporé en mi infancia y juventud: Alces, Adolescentes...

Una vez acabé el Bachillerato, me mudé a Huelva, ciudad donde por ese entonces vivían mi padre, mi hermana y mi sobrina. Fue allí donde continué mi formación cursando el grado en Educación Primaria. Fueron años duros, pero fructíferos. Saqué varias matriculas de honor y, tras haber obtenido la mejor calificación en el TFG, me ofrecieron la posibilidad de realizar una tesis de este; sin embargo, por en aquel momento, mis prioridades se encontraban en otros horizontes. Huelva me ofreció mucho, pero también me quitó; en medio de esos años de intenso aprendizaje, conocí, mientras cursaba mis prácticas, a la persona que hoy día es mi mujer y madre de mi hija. Pero no todo iba a ser bonito. Tuve que enfrentar la pérdida de mi padre, una experiencia que marcaría mi vida desde entonces.

Ante esa situación de dolor y cambio, encontré refugio en la Religión, que se convirtió en un pilar fundamental en mi vida para sobrellevar la adversidad. Con el paso del tiempo, logré consolidar amistades con distintos párrocos, que me inspiraron a seguir profundizando en el ámbito espiritual. Fue entonces cuando decidí cursar la DECA, un paso que significó, no solo un crecimiento profesional, sino también un compromiso personal con la misión de la educación religiosa. Este camino me llevó a impartir catequesis durante varios años en la parroquia San José Obrero (Huelva), labor que realicé junto a mi mujer mientras daba clases particulares y extraescolares.

Tras esta etapa, surgió la oportunidad de trabajar como maestro en el colegio de mi infancia, en Madrid. Una experiencia marcada por ilusiones, tristezas, miedos y numerosos viajes en tren. Mi mujer continuaba ejerciendo como maestra y encargada de pastoral en un colegio concertado de Huelva, mientras que yo trabajaba en la capital. Sin embargo, esta dualidad geográfica no impidió que mi vocación siguiera creciendo a los mandos de un grupo de sexto de Primaria. ¡Qué hermosos recuerdos y cuántos miedos!

Tras esta etapa, la Delegación Episcopal de Enseñanza llamó a mi puerta tras una entrevista personal con Soledad Fernández Marcote (a quién debo tanto). Desde aquel momento, fui enlazando aprendizajes por distintos centros de la capital (viajes y más viajes Madrid-Huelva). Primero como sustituto y, ahora, como indefinido.

Cada día agradezco el poder ser representante de una asignatura tan llena de valores como es esta. Me siento muy orgulloso de dónde estoy y de mi labor en su desempeño. La felicidad es casi plena. Pues mi mujer y mi reciente hija viven en Huelva. La Religión siempre ha sido mi refugio y sé que me seguirá dando fuerzas para afrontar esta situación, como así ha hecho en otras ocasiones.

Mi vocación como maestro de Religión se centra en ayudar a mis alumnos a descubrir y profundizar en su fe, así como a desarrollar valores y principios que les permitan ser personas más justas, solidarias y comprometidas con la sociedad, con el fin de encontrar su lugar en el mundo.

Mis experiencias más positivas han sido ver cómo mis alumnos crecen y maduran en su fe. Sin embargo, también he enfrentado dificultades, falta de interés y motivación, la presión por cubrir los contenidos que marca el currículo en un tiempo limitado, o, lo que es más difícil, hacer que los equipos directivos valoren la asignatura y, sobre todo, el trabajo que desempeñamos.

Durante este tiempo, la DEE ha sido fundamental en mi tarea como maestro de Religión. Me ha proporcionado recursos, formación y apoyo para desarrollar mi labor como educador (¡qué gozada tener cerca a tan grandes educadores!). Además, me ha permitido conectarme con otros profesores de Religión y compartir experiencias y recursos. También me ha brindado la oportunidad de participar en proyectos y actividades que promueven la educación en valores y la formación integral del alumno. En resumen, ha sido un pilar fundamental en mi trayectoria. Cuando me contactaron, no solo me ofrecieron un trabajo, me ofrecieron una comunidad y un propósito. La DEE es un apoyo constante, un recordatorio de que mi labor forma parte de algo mayor. Sin ellos, todo sería mucho más difícil.

En cuanto a la misión educativa de la Iglesia, creo que sigue siendo esencial hoy día. En una sociedad marcada por la prisa y el individualismo, la asignatura de Religión ofrece un espacio para detenerse y pensar en lo que de verdad importa: la dignidad de las personas, la solidaridad, el cuidado del planeta... No se trata solo de fe, sino de formar ciudadanos conscientes y humanos. Es por eso por lo que esta misión es fundamental en la sociedad, ya que busca formar personas íntegras, capaces de vivir según los valores del evangelio. La educación es un derecho fundamental que debe ser accesible a todos, y es la Iglesia quien se compromete a ofrecer una educación que promueve esa formación.

En resumen, me siento muy orgulloso de contribuir a esto, de ser puente entre la tradición anterior y los retos del siglo XXI, y confío en que mi trabajo, aunque pequeño, deje una huella positiva en mis alumnos y en la sociedad. Gracias por la oportunidad y por este espacio de agradecimiento.

> Mi vocación como maestro de Religión se centra en ayudar a mis alumnos a descubrir y profundizar en su fe, así como a desarrollar valores y principios que les permitan ser personas más justas, solidarias y comprometidas con la sociedad, con el fin de encontrar su lugar en el mundo.

37. Nuestras escuelas van de vida

Laura de la Viuda Pérez, directora de la Escuela Infantil diocesana Los Ángeles

Con el deseo de responder a la llamada que se nos hace desde la Delegación de Enseñanza del Arzobispado de Madrid para participar en la elaboración del libro conmemorativo de los 50 años de existencia de esta delegación, me siento ante el ordenador con la intención de hacer memoria de todo lo pensado, soñado y vivido en este maravilloso mundo de la enseñanza, al que fui llamada a través de una escuela diocesana, y deseo compartirlo con sencillez y gratitud.

Vienen a mi memoria múltiples experiencias, vivencias, sentimientos y encuentros que sin duda han marcado esta historia, que no es singular sino plural. En ella cabemos "tantos", porque ha sido escrita entre "todos".

Si tuviera que emplear una palabra muy presente en el ámbito educativo de hoy, diría que esta historia es profundamente inclusiva... pero no como tendencia, sino como vocación. Y es inclusiva en amor.

Mi deseo es también que lo que aquí escribo pueda servir de aliento y acompañamiento a quien pronto asumirá esta tarea.

¿Y por dónde comenzar? Sin duda, por dar gracias, gracias, gracias. En estos años he aprendido a vivir con asombro la novedad de cada día. Llena de sorpresa veía que todas las jornadas era diferentes e irrepetibles... De este modo, convencida de que "Alguien" iba a acontecer, comenzaba encomendado al Ángel de la Guarda a todas las criaturas de la escuela, a sus familias, a todo el personal del centro y a quienes nos habían puesto ante esta tarea. En la seguridad de mi necesidad y la certeza de Su compañía, todo podría ser para la Gloria de Dios.

Mis primeros momentos se llenaron de organización, planificación, propuestas pedagógicas innovadoras, mantenimientos y propuestas de mejora. Sin embargo, de repente descubrí que una escuela diocesana no va de eso.

Nuestras escuelas van de "vida". Una escuela diocesana va de la vida de cada una de las personas que forman la comunidad educativa, de acompañar a "todos" los que estaban, los que están y los que llegan. Y tiene que ver con abrir la puerta a todos los que llaman, sean quienes sean, vengan de donde vengan.

La escuela va de mirar viendo, de oír escuchando, de hablar en silencio. Va de abrazar respetando y va también de gustar la vida: la mía y la de los demás. Y como nuestra escuela es real, algunos días también va de enfados, de tristezas y de frustraciones. Sin embargo, y aunque me gustaría que esto no hubiera pasado, nunca nos faltó en ello esperanza y alegría.

Nuestro objetivo era llenar la escuela de sonrisas, de palabras amables, de Su Presencia... aunque, a veces, esto no se logra. Y entonces, levantas de nuevo los ojos al crucifijo de tu despacho y le pides que se manifieste en lo cotidiano: en la compañera que vive en la queja, en la alegría de una familia que espera un hijo, en el dolor de una madre de criaturas aún muy pequeñas a las que le han diagnosticado un cáncer.

O en ese dolor inconmensurable de una madre o un padre a cuyo hijo le detectan una enfermedad grave, o alguna de las múltiples necesidades educativas que hoy se diagnostican. Tras escuchar, abrazar, llorar con ellos, a veces solo queda decir: "No sé qué pasará, pero confío en que Dios tiene un plan bueno para todos nosotros".

También está la dificultad económica de algunas familias, ante la cual la escuela, creo, no puede ni debe asumir responsabilidades que le exceden. Porque una escuela diocesana va de otra cosa: va de dar "al césar lo que es del césar y a Dios lo que es de Dios". Por eso, buscamos ayudarles a gestionar las ayudas disponibles desde la Consejería o el Ayuntamiento, que no siempre son de fácil ejecución.

Una escuela diocesana va de unidad y está hecha de familias que cambian a través del encuentro con personas que reflejan la Bondad suprema. Familias que han transformado sus vidas –y la mía– para siempre.

Una escuela diocesana va de ser el rostro de una Iglesia universal que ofrece una vida plena a todo tipo de familias sin importar cuál es su origen, su estatus social, su nivel económico o, ni siquiera, sus creencias religiosas.

Nuestras escuelas van de esto porque, según nos recordaba el cardenal José Cobo en una de sus intervenciones para todo el profesorado de los centros diocesanos: "Hay niños abocados desde su nacimiento a la miseria social. Nuestros colegios y nosotros estamos aquí para evitar que esto les ocurra porque los queremos en nuestros centros".

Una escuela arzobispal es un lugar donde se acompaña porque somos acompañados, concretamente desde la Delegación de Enseñanza, a celebrar la Vida.

Para terminar, dejar plasmado el deseo de ofrecer una educación no solo buena, sino excelente, que abarque el crecimiento integral de la persona y que sea verdaderamente transformadora.

Y cierro con un "gracias" (porque nuestras escuelas también van de eso). Gracias por estos 50 años de existencia, por esta compañía fraterna que es la Delegación de Enseñanza, y con el deseo sincero de que sigamos caminando juntos durante 50, 100, 150 años más... o los que Dios disponga.

Nuestras escuelas van de vida. Una escuela arzobispal va de la vida de cada una de las personas que forman la comunidad educativa, de acompañar a todos los que estaban, los que están y los que llegan. Y tiene que ver con abrir la puerta a todos los que llaman, sean quienes sean, vengan de de vengan. La escuela va de mirar viendo, de oír escuchando, de hablar en silencio. Va de abrazar respetando y va también de gustar la vida: la mía y la de los demás. Y como nuestra escuela es real, algunos días también va de enfados, de tristezas y de frustraciones.

38. La asignatura de Religión abre espacios para el diálogo con el alumnado

Alberto Güendián Sánchez, profesor de Religión en Educación Infantil y Primaria

Mi nombre es Alberto Güendián Sánchez y, desde hace casi tres años, tengo la oportunidad y el privilegio de ser profesor de Religión Católica. En este tiempo he trabajado aproximadamente en 15 colegios diferentes, lo que me ha permitido conocer una gran diversidad de entornos educativos, alumnos con distintas realidades y equipos docentes con enfoques variados. Actualmente, desarrollo mi labor en el CEIP Antonio Machado de Alcobendas, donde sigo aprendiendo y descubriendo cada día el impacto y la importancia de nuestra asignatura en la educación integral de los alumnos.

Mis inicios en la enseñanza de Religión fueron una mezcla de ilusión y reto. Al principio, la adaptación a los distintos centros y metodologías supuso un desafío. Cada colegio tiene su propio ritmo, su identidad y sus necesidades particulares. Cambiar de centro con frecuencia me ha obligado a ser flexible, a ajustar mis métodos de enseñanza y a aprender a conectar con los alumnos desde diferentes perspectivas. Aunque no ha sido un camino fácil, cada experiencia me ha aportado algo valioso.

A lo largo de estos años, he entendido que ser profesor de Religión es mucho más que impartir conocimientos sobre una materia. Nuestra asignatura es un espacio privilegiado para la reflexión y el encuentro, donde los alumnos pueden explorar sus inquietudes más profundas y plantearse cuestiones fundamentales sobre la vida, el ser humano y la trascendencia.

Elegir ser profesor de Religión no es solo una decisión profesional, sino también vocacional. Desde que empecé, me ha motivado la posibilidad de acompañar a los alumnos en su crecimiento personal, ayudándoles a descubrir valores que les permitan construir un proyecto de vida basado en el respeto, la solidaridad y el amor al prójimo.

Lo que más disfruto de mi labor es el diálogo con los alumnos. La asignatura de Religión no solo transmite contenidos, sino que abre espacios de conversación donde los estudiantes pueden expresar sus pensamientos y preocupaciones sobre temas fundamentales. A menudo, en clase surgen preguntas profundas: ¿por qué existe el mal en el mundo?, ¿cuál es el sentido de la vida?,

¿cómo podemos perdonar a los demás? Estas cuestiones, lejos de tener respuestas simples, invitan a la reflexión y al crecimiento personal.

También me resulta muy gratificante ver cómo los alumnos, con el tiempo, van comprendiendo la importancia de los valores cristianos en su vida cotidiana. En muchas ocasiones, han surgido conversaciones sobre situaciones personales que los han llevado a reflexionar sobre el perdón, la justicia o la importancia de ayudar a los demás. Me llena de satisfacción saber que, a través de la asignatura, puedo contribuir a que los alumnos desarrollen una visión más humana y solidaria del mundo.

Sin embargo, no todo es fácil. A veces, la asignatura de Religión es vista como algo secundario o prescindible. En algunos contextos, se percibe con prejuicios o desconocimiento, lo que nos obliga a los profesores a demostrar con nuestro trabajo diario su verdadero valor. Otro reto importante es la diversidad de alumnos en el aula: algunos tienen un conocimiento profundo de la fe cristiana, otros apenas han tenido contacto con la Iglesia y algunos provienen de familias con creencias distintas. Esto nos exige encontrar un equilibrio para que todos se sientan acogidos y encuentren sentido en lo que se enseña.

A pesar de estas dificultades, cada día me reafirmo en mi vocación. Cuando veo a un alumno reflexionar seriamente sobre una enseñanza del Evangelio, cuando noto que las clases despiertan su curiosidad o cuando me doy cuenta de que han comprendido el valor del amor y la misericordia, sé que mi trabajo tiene un propósito. No siempre vemos los frutos de inmediato, pero confío en que la semilla que sembramos en el aula dará fruto en su debido tiempo.

Desde que inicié mi labor como profesor de Religión, la Delegación Episcopal de Enseñanza ha sido un pilar fundamental en mi formación y desarrollo profesional. He tenido la oportunidad de participar en numerosas actividades organizadas por la DEE, como las Jornadas Diocesanas de Enseñanza y diversos cursos de formación, entre ellos el dedicado al currículo de Religión.

Las Jornadas Diocesanas han sido experiencias muy enriquecedoras, no solo por los conocimientos adquiridos, sino también por el encuentro con otros profesores que comparten la misma vocación. En ellas, he podido escuchar testimonios de docentes con muchos años de experiencia, aprender de sus métodos y descubrir nuevas maneras de hacer que la asignatura sea más atractiva y significativa para los alumnos. También han sido espacios de comunión y de reafirmación en nuestra misión educativa dentro de la Iglesia.

Por otro lado, la formación ofrecida por la DEE ha sido clave para mi crecimiento como docente. En un contexto educativo que está en constante evolución, es fundamental mantenerse actualizado y contar con herramientas pedagógicas que nos permitan mejorar nuestra enseñanza. La delegación nos ha proporcionado recursos, orientación y apoyo, ayudándonos a afrontar los desafíos del aula con mayor preparación.

Además, la DEE nos recuerda constantemente que no estamos solos en nuestra labor. Ser profesor de Religión puede, en ocasiones, generar cierta sensación de aislamiento dentro del propio centro escolar, pero saber que formamos parte de una red de educadores con una misma misión nos da fuerza y motivación para seguir adelante.

La educación es una de las misiones más importantes de la Iglesia en la sociedad. A través de la enseñanza de la Religión en la escuela, la Iglesia no solo transmite conocimientos sobre la fe, sino que también ofrece una visión integral de la persona, ayudando a los alumnos a desarrollar una conciencia ética, una sensibilidad hacia los demás y una apertura a la trascendencia.

Vivimos en un mundo donde, a menudo, se valora más el éxito inmediato que la reflexión profunda, donde muchas veces se fomenta la individualidad en lugar de la comunidad. En este contexto, la asignatura de Religión tiene un papel fundamental. Nos invita a mirar más allá de nosotros mismos, a preguntarnos por el sentido de la vida y a descubrir la importancia de valores como el amor, la justicia y la solidaridad.

Por ello, nuestra labor como profesores de Religión es más relevante que nunca. Aunque a veces nos enfrentamos a dificultades, sabemos que estamos contribuyendo a la formación de personas con valores, con espíritu crítico y con una mirada esperanzadora hacia el futuro.

Personalmente, me siento agradecido por poder formar parte de esta misión educativa. Ser profesor de Religión me ha permitido crecer, aprender y, sobre todo, contribuir, aunque sea en pequeña medida, a la construcción de un mundo mejor. Aunque nuestro trabajo a veces pase desapercibido, sabemos que cada palabra, cada gesto y cada enseñanza pueden marcar la diferencia en la vida de nuestros alumnos.

Porque educar no es solo transmitir conocimientos, sino sembrar valores que perduren en el tiempo. Y en eso consiste, precisamente, nuestra vocación.

Lo que más disfruto de mi labor es el diálogo con los alumnos. La asignatura de Religión no solo transmite contenidos, sino que abre espacios de conversación de los estudiantes pueden expresar sus pensamientos y preocupaciones sobre temas fundamentales. A menudo, en clase surgen preguntas profundas: ¿por qué existe el mal en el mundo?, ¿cuál es el sentido de la vida?, ¿cómo podemos perdonar a los demás? Estas cuestiones, lejos de tener respuestas simples, invitan a la reflexión y al crecimiento personal.

39. ¡QUÉ HERMOSA ES NUESTRA LABOR!

Lidia-Salor Gil Molano, profesora de Religión en Educación Infantil y Primaria

Soy "Profesora de Religión", así con mayúsculas porque no es cualquier cosa. Creo que todos estamos de acuerdo en que la nuestra es mucho más que una profesión. En mi caso, y tras más de 33 años dedicados a ella, puedo decir que es mi esencia.

Con mi reciente título de maestra y mi Declaración Eclesiástica de Idoneidad (la famosa DEI, anterior a la actual DECA) comencé a trabajar en la diócesis de Getafe pues vivía entonces en Leganés. En aquellos tiempos las condiciones económicas y laborales eran muy precarias, trabajábamos sin contrato y sin ningún reconocimiento por parte de la Administración, pero lo hacíamos con una gran entrega y entusiasmo.

Después de pasar por un par de colegios que me sirvieron de toma de contacto y aprendizaje, me dieron una plaza a jornada completa en el Colegio Aben Hazam, en el barrio de Zarzaquemada, en Leganés. Allí no pude estar mejor pues tanto el equipo directivo como la mayoría de los compañeros valoraban y apreciaban mi trabajo y respetaban la asignatura. Además, el colegio estaba al lado de mi parroquia de toda la vida por lo que había mucha interacción. Las clases estaban llenas desde 1.º hasta 8.º de EGB (aún no se recibían clases de Religión en Infantil) y los alumnos tenían mucho interés. Sin pantallas ni la infinidad de recursos de los que disponemos ahora, pude llevar a cabo muchos proyectos muy interesantes. Uno que recuerdo especialmente fue una propuesta de apadrinamiento voluntario con una ONG. Al tercer año de ponerlo en marcha participaban también la mayoría de los alumnos que no venían a Religión.

Recuerdo aquella etapa con gran cariño y hace poco recibí una invitación para participar en la celebración del 50 aniversario del colegio. ¡Qué gran ilusión que después de 25 años que hace que me marché sigan recordándome!

En el curso 2000-2001 con el cambio de siglo, y gracias a una permuta, pasé a trabajar en esta diócesis (recuerdo con cariño la entrevista que me hizo Paco Puértolas) con pena por dejar atrás todo lo que he contado, pero ilusionada pues había formado aquí mi familia y fue un alivio acortar distancias.

Pasé a formar parte de la vicaría VIII y, aunque debido a las reducciones de jornada que casi todos hemos sufrido he pasado por otras, siempre he estado vinculada a ella. Tanto los coordinadores (María Amparo, Inmaculada, José Luis y actualmente Miguel Ángel) como los asesores (María, Toni) me han acompañado y he sentido siempre su cercanía y disposición.

Los cursos de formación, seminarios y especialmente el grupo de trabajo, del que formé parte varios años, me han permitido compartir vivencias con compañeros maravillosos. En este tiempo he pasado por diferentes colegios, pero quiero destacar el CEIP Luis de Góngora pues en él estuve muchos años hasta que su reducción a línea 1 me obligó con tristeza a concursar.

En septiembre de 2017 obtuve destino definitivo en el CEIP Complejo Escolar Príncipe Felipe donde, gracias a Dios, no faltan alumnos (de momento ha ampliado 1/3 de jornada) y ejerzo mi labor con gran ilusión desde 1.º de Infantil hasta 6.º de Primaria.

A lo largo de todos estos años no han faltado piedras en el camino y las fuerzas han flaqueado alguna vez, por eso contar con el respaldo de la Delegación Episcopal de Enseñanza es fundamental para ejercer nuestra labor en sus dos facetas: como profesión y como vocación, pues nos proporciona herramientas para la primera y alimenta la segunda. A través de los cursos, jornadas, seminarios, encuentros y demás actividades que organiza, nos nutre como profesionales de la educación y también como miembros de la Iglesia, pues nos acerca y une en nuestra vocación en la que es tan necesario sentirse parte de la comunidad.

¡Qué hermosa es nuestra labor! Pero también qué complicada. En estos tiempos que corren, aunque sea un tópico decirlo, resulta tan necesaria... Esta sociedad avanza cada vez más alejada de los valores del Evangelio y son muchas las dificultades que encontramos a la hora de transmitirlos. Los que llevamos mucho tiempo hemos visto este cambio sobre todo en el número de alumnos que se apuntan a clase de Religión. Cada vez son menos las familias que transmiten una educación religiosa a sus hijos y esto se nota incluso en los alumnos que sí acuden a nuestras clases. En los colegios nos ven como algo minoritario, estoy segura de que la mayoría de nosotros ha escuchado alguna vez eso de "Yo no tengo nada contra ti, pero la Religión no se tendría que dar en los colegios", por parte de los compañeros con los que tomamos el café. Pues ¿dónde si no?, para muchos niños es el único lugar en el que van a oír hablar de una propuesta diferente a la que ofrece (impone) nuestra sociedad.

Tenemos la suerte de acompañar a nuestros alumnos en toda su etapa escolar, desde que llegan con apenas tres añitos hasta su graduación en 6.º, y es emocionante cuando pasados los años nos saludan con cariño. Pero también tenemos una gran responsabilidad, la que se nos dio al recibir la *missio* canónica, que se renueva cada curso al ser enviados por la Iglesia.

Yo espero seguir poniendo mi granito de arena en esta maravillosa tarea de sembrar la Buena Noticia en los corazones de los niños, esos que para Jesús ocupan el primer lugar en su Reino.

Muchas felicidades a la DEE por estos 50 años y muchas gracias por darnos la oportunidad de expresar un poquito lo que significa ser profesor de Religión. Expresarlo todo sería imposible.

> En los colegios nos ven como algo minoritario, estoy segura de que la mayoría de nosotros ha escuchado alguna vez eso de "yo no tengo nada contra ti, pero la Religión no se tendría que dar en los colegios", por parte de los compañeros con los que tomamos el café. Pues ¿dónde si no?, para muchos niños es el único lugar en el que van a oír hablar de una propuesta diferente a la que ofrece (impone) nuestra sociedad. Tenemos la suerte de acompañar a nuestros alumnos desde tres añitos hasta su graduación al final de Primaria.

40. CONOCER LA HISTORIA DE LA DELEGACIÓN HA SIDO UNA GRATA SORPRESA

Daniel Dávila, profesor de Religión en Secundaria

Mi nombre es Daniel Dávila, tengo 33 años y me considero una persona curiosa, apasionada por aprender y profundamente motivada por la búsqueda de la verdad. Mi conversión consciente tuvo lugar a los 16 años, momento clave en el que se despertó en mí un fuerte deseo de conocer más profundamente el sentido de la vida y el fundamento último de todo.

Fui educado en colegios públicos, donde poco a poco tomé conciencia de cómo la Religión, en muchos contextos, es cuestionada o directamente marginada. Recuerdo especialmente que, durante el Bachillerato, era el único alumno que se quedaba a la séptima hora para cursar la asignatura de Religión, mientras todos mis compañeros se marchaban a casa. Aquella experiencia marcó en mí una diferencia significativa que, lejos de desanimarme, fortaleció mi interés por ahondar en el sentido y valor de la experiencia religiosa.

En mi búsqueda vocacional, inicié un proceso de discernimiento dentro del Seminario Conciliar de Madrid. Fueron años valiosos de formación y acompañamiento espiritual, donde junto a mis formadores pude ir clarificando mi vocación. Ellos mismos me sugirieron que probara a dar clases de Religión, y así fue como comenzó mi camino como docente.

Como profesor, me esfuerzo por despertar en mis alumnos el deseo de conocer la verdad de lo que nos rodea, conduciéndolos, si es posible, hacia la Verdad última que todo lo sostiene. Aspiro a que se formulen preguntas que los impulsen más allá de sí mismos, y que puedan descubrir que lo religioso no es solo un conjunto de creencias sociales, sino una dimensión esencial del ser humano. Esta labor la realizo desde una perspectiva antropológica cristiana.

Llevo tres años trabajando como profesor de Religión Católica en diversos institutos, siempre como sustituto. Mi recorrido docente ha incluido centros como: IES Palomeras, IES Parque Aluche, CIEM Federico Moreno Torroba, IES Conde Orgaz, IES Manuel Fraga Iribarne, IES María Moliner y, actualmente, el IES Mirasierra.

Lo que más valoro de esta experiencia es el diálogo que se genera, tanto con los alumnos como con algunos profesores. Me resulta especialmente enriquecedor cuando colegas no creyentes se acercan con respeto y curiosidad, abiertos al intercambio de ideas. Pero sin duda, lo más impactante es cuando los alumnos, desde lo más profundo de su alma, se atreven a preguntar por Dios y por el sentido de su existencia. No buscan solo una idea en la que creer, sino comprender si realmente es posible ser amados por un Dios que los llama a vivir en plenitud.

Muchas veces uno siente que su labor pasa desapercibida, pero basta un gesto, una palabra recordada, una conversación inesperada, para comprobar que algo ha quedado sembrado. Estos momentos son el verdadero combustible que renueva mi vocación como docente.

También he tenido dificultades, sobre todo con aquellos alumnos que desafían la autoridad en clase y consideran la asignatura como prescindible. Son casos conocidos por todo el profesorado, y aunque es complicado llegar a ellos, con un trato firme, paciente y pedagógico, es posible transformar la relación. En más de una ocasión, estos mismos alumnos han reconocido posteriormente el buen trato recibido, a pesar de sus actitudes.

Conocer la historia de la delegación ha sido una grata sorpresa para mí. No sabía que su creación era tan reciente —apenas 50 años— y me ha alegrado profundamente descubrir el compromiso de tantos profesores que dan testimonio con su entrega. Sus historias, sus logros y dificultades nos inspiran y nos ayudan a no sentirnos solos en una misión que, por momentos, parece cada vez más invisibilizada dentro de las instituciones públicas. Permanecer en esta labor por amor a Cristo y a la Iglesia es, en sí mismo, un testimonio valiente. No buscamos otro reconocimiento que el de hacer presente "la buena nueva" para contribuir al desarrollo integral del ser humano y al reconocimiento de su dignidad.

Considero que la misión que tenemos hoy como profesores de Religión es hacer presente la dimensión espiritual del ser humano, cada vez más callada, pero, al mismo tiempo, cada vez más buscada. Una vez que se despierta esta dimensión, se abre la posibilidad de presentar a Aquel que es el único capaz de colmar todo anhelo: el que se nos presenta como el Camino, la Verdad y la Vida.

Lo que más valoro de esta experiencia es el diálogo que se genera, tanto con los alumnos como con algunos profesores. Me resulta especialmente enriquecedor cuando colegas no creyentes se acercan con respeto y curiosidad, abiertos al intercambio de ideas. Muchas veces uno siente que su labor pasa desapercibida, pero basta un gesto, una palabra recordada, una conversación inesperada, para comprobar que algo ha quedado sembrado. Estos momentos son el verdadero combustible que renueva mi vocación como docente.

41. Los compañeros me han ayudado en todo para esta tarea educativa

Lucía Reyes González, profesora de Religión en Educación Infantil y Primaria

Tengo 24 años. Me considero una persona cercana, alegre, empática y con una gran vocación por acompañar y educar desde el corazón. Llevo ya tres cursos escolares trabajando como profesora de Religión, una etapa que comenzó cuando acabé la carrera y que ha marcado profundamente mi vida personal y profesional.

Comencé mi andadura con media jornada en el CEIP Adolfo Suárez, un centro que guardo con muchísimo cariño. Allí tuve la suerte de encontrarme con alumnos encantadores y compañeros muy acogedores, que me cuidaron y me hicieron sentir parte del equipo desde el primer día. Recuerdo ir a trabajar con una ilusión enorme, sabiendo que estaba creciendo y aprendiendo cada día. Quiero hacer una mención especial a mi compañero Alberto Cañas, profesor de Religión, que fue un verdadero pilar para mí en esos inicios. Su apoyo, consejos y cercanía fueron fundamentales para que pudiera afrontar los primeros retos con seguridad y confianza.

Durante ese mismo periodo, también trabajaba como autónoma, ejerciendo de "sombra-terapeuta" de un niño con autismo de once años en un colegio privado. Fue una experiencia muy especial, que me permitió desarrollar una mirada más sensible y personalizada hacia las distintas realidades del aula y que me aportó una riqueza enorme tanto profesional como humanamente.

Más adelante, pasé a trabajar en el CEIPSO José de Echegaray con un horario más amplio. Este centro tenía una metodología muy distinta, lo que en un principio me generó cierta inseguridad por miedo a no estar a la altura. Sin embargo, pronto me adapté y conecté con los alumnos, que en este caso eran de todas las edades, algo que me encantó y enriqueció muchísimo mi experiencia. Allí también encontré otra compañera maravillosa, Carmen, que me ayudó mucho y me hizo sentir acompañada.

Durante todo este recorrido, me gustaría destacar especialmente las reuniones de sustitutos de la vicaría IV con Luci, el padre Óscar (vicario) y otros compañeros. Esos espacios fueron un verdadero respiro y una fuente de motivación para mí. También los seminarios en los que participé me hicieron sentir parte de una comunidad viva y comprometida, donde podía compartir inquietudes, aprender y crecer junto a otros profesores que vivían la vocación con la misma pasión.

Al año siguiente, Paco (supervisor, que fue una persona encantadora que me escuchaba y me ayudaba siempre desde el primer momento, y nunca lo olvidaré, este mismo año se jubiló) me llamó para darme la oportunidad de trabajar en un centro de Educación Especial y acepté sin pensarlo.

Al principio, me costó mucho. Las situaciones que se viven allí son muy complejas, y no sabía bien cómo plantear las clases de Religión en ese contexto. Pero, gracias a la ayuda de mi gran amigo Alberto, de mi buena compañera Gemma y también de mis propios conocimientos como maestra de Pedagogía Terapéutica, fui encontrando poco a poco el modo de llegar a mis alumnos. Hoy puedo decir que siento paz y plenitud con mi trabajo. La Educación Especial es dura, sí, pero también me ha parecido uno de los retos más difíciles y admirables que he afrontado hasta ahora, y sin duda uno de los que más me ha hecho crecer.

Mi vocación como profesora de Religión nace del deseo profundo de compartir la fe, y de que mis alumnos reflexionaran y descubrieran que hay algo más allá de lo inmediato. Disfruto enseñando también valores, esperanza, justicia, perdón... en un aula donde a veces, sin saberlo, hay alumnos que necesitan precisamente eso. A lo largo de este camino, he descubierto que ser profesora de Religión no es solo enseñar contenidos, sino acompañar a personas que se están formando y poder darle un sentido a su vida.

La Delegación Diocesana de Enseñanza me ha hecho sentir parte de algo más grande, con una misión compartida, dándonos formación y escucha, y ha sido una guía muy valiosa para mí.

Y en cuanto a la misión educativa de la Iglesia, creo que es una tarea muy importante hoy día, ya que estamos en una sociedad que necesita constante aprobación, mucho consumismo y superficialidad; y, por tanto, nuestra asignatura de Religión no solo enriquece a los alumnos, sino que también puede ser un apoyo valioso para nuestros compañeros del claustro. Nuestra presencia y nuestra mirada centrada en la persona, en los valores del Evangelio y nuestro sentido profundo de la vida puede ofrecer apoyo, acompañamiento y otra forma de estar en la escuela, ya que a veces nuestra actitud de escucha y esperanza y apertura de diálogo puede marcar una diferencia en el ambiente educativo. Y es una tarea que no hay que dejar nunca que desaparezca, ya que estoy segura de que sembramos algo precioso que transforma tanto a los alumnos como a quienes nos rodean.

Por último, quería añadir mi enorme agradecimiento por formar parte de esta misión y por seguir aprendiendo, creciendo y, sobre todo, con mucha ilusión y alegría por todo lo que queda por vivir en esta hermosa vocación. Gracias por dejarme compartir mi experiencia, feliz 50 aniversario.

Mi vocación como profesora de Religión nace del deseo profundo de compartir la fe, y de que mis alumnos reflexionaran y descubrieran que hay algo más allá de lo inmediato. Disfruto enseñando también valores, esperanza, justicia, perdón... en un aula donde a veces, sin saberlo, hay alumnos que necesitan precisamente eso. A lo largo de este camino, he descubierto que ser profesora de Religión no es solo enseñar contenidos, sino acompañar a personas que se están formando y poder darle un sentido a su vida.

42. MI OBJETIVO ES AYUDAR A LOS ALUMNOS A DESARROLLAR UNA COMPRENSIÓN MÁS PROFUNDA DE SÍ MISMOS, DE LOS DEMÁS Y DEL MUNDO

David López Pons, profesor de Religión en Educación Infantil y Primaria

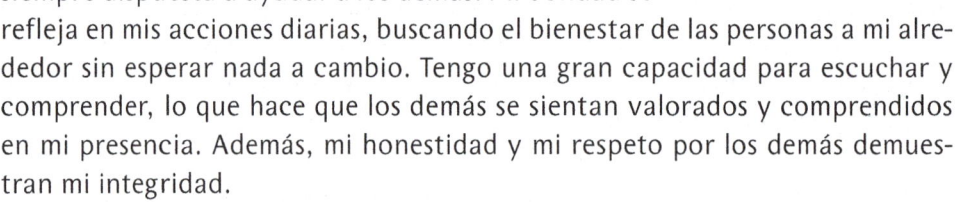

Me considero una persona empática, generosa y siempre dispuesta a ayudar a los demás. Mi bondad se refleja en mis acciones diarias, buscando el bienestar de las personas a mi alrededor sin esperar nada a cambio. Tengo una gran capacidad para escuchar y comprender, lo que hace que los demás se sientan valorados y comprendidos en mi presencia. Además, mi honestidad y mi respeto por los demás demuestran mi integridad.

Como profesor de Religión me considero una persona que transmite conocimientos con pasión y respeto por las creencias y valores de cada estudiante. Tengo la capacidad de hacer que los temas complejos sean accesibles, fomentando el pensamiento crítico y el diálogo abierto. No solo me enfoco en enseñar la doctrina, sino también en promover el respeto, la empatía y la comprensión entre los estudiantes.

Intento crear un ambiente de aprendizaje en el que todos se sientan seguros para expresar sus pensamientos y preguntas. Además, me intereso por el desarrollo moral y espiritual de mis alumnos, guiándolos no solo a través de los textos religiosos, sino también con ejemplos de cómo aplicar esos principios a la vida cotidiana. Mi manera de enseñar también puede ser muy cercana y cálida, lo que permite a los estudiantes conectar conmigo a nivel personal, mostrándoles que la Religión es una forma de vivir con propósito, compasión y respeto hacia los demás.

Respecto a mi vocación como profesor de Religión no lo veo simplemente como una profesión, sino como un llamado que te permite compartir tus valores y creencias con tus estudiantes de una manera que los ayude a encontrar su propio camino en la vida. Mi enseñanza va más allá de los contenidos académicos; mi objetivo es ayudar a los alumnos a desarrollar una comprensión más profunda de sí mismos, de los demás y del mundo que los rodea desde una perspectiva espiritual.

Mi vocación también implica acompañar a los estudiantes en su crecimiento moral y ético, brindándoles las herramientas necesarias para que puedan tomar decisiones informadas y responsables basadas en principios religiosos y humanos. Me preocupo por fomentar un ambiente de respeto y diálogo, donde cada alumno se sienta valorado y escuchado. Más allá de los libros, mi vocación se alimenta de mi capacidad para conectar con las emociones y el corazón de los estudiantes. Me inspira verlos crecer en su comprensión espiritual, desarrollando empatía y compasión por los demás. Como profesor de Religión no solo estoy enseñando lecciones sobre fe, sino que estoy formando seres humanos íntegros, comprometidos con la justicia, el amor y la paz.

Mi vocación, en definitiva, es un compromiso con la formación de una generación que no solo aprenda Religión, sino que viva sus principios con autenticidad y responsabilidad. La profesión de profesor de Religión es gratificante, aunque también puede presentar varias dificultades que requieren una gran dedicación, paciencia y flexibilidad.

Llevo una larga trayectoria dedicada a la educación, impartiendo clases de diferentes materias en colegios concertados y siendo tutor en diferentes cursos. Fue en el mes de octubre de 2024 cuando me llamaron para cubrir una baja en los colegios de los Jarales en el municipio de Las Rozas de Madrid y Miguel Delibes en el municipio de Collado Villalba.

Actualmente estoy en el Colegio Real Armada desde el mes de octubre de 2024. Mi predisposición por trabajar es absoluta, independientemente de la localización de los colegios.

Las dificultades más comunes que puedo llegar a detectar son las siguientes:

- En un entorno educativo, especialmente en sociedades diversas, los estudiantes provienen de diferentes contextos religiosos y culturales. Esto puede dificultar la enseñanza, ya que algunos pueden tener creencias muy diferentes a las que se están impartiendo en clase. Mantener un ambiente inclusivo, respetuoso y abierto al diálogo sobre lo religioso puede ser todo un reto.
- A veces, los padres o miembros de la comunidad pueden tener expectativas muy altas o muy específicas sobre cómo se debe enseñar Religión, lo que puede generar tensiones si tus métodos o enfoques no coinciden con sus expectativas. Además, las diferencias de opinión sobre el enfoque de la enseñanza religiosa pueden llevar a discusiones difíciles.
- Dependiendo del contexto en el que trabajes, los recursos didácticos para enseñar Religión pueden ser limitados. Además, en algunas instituciones educativas, el apoyo institucional para la enseñanza de la reli-

gión puede ser menor que en otras materias. Esto puede hacer que tu trabajo se sienta más difícil, ya que debes ser más creativo y autónomo para encontrar soluciones.

La misión educativa de la Iglesia en la sociedad tiene un enfoque integral, orientado a formar a las personas no solo en el conocimiento académico, sino también en el desarrollo humano, moral y espiritual. El objetivo es contribuir a una sociedad más justa, solidaria y compasiva.

Algunas de las principales dimensiones de la misión educativa de la Iglesia son:

- La misión educativa de la Iglesia busca formar a la persona en su totalidad, ayudándole a comprender su dignidad, su propósito en la vida y su relación con los demás y con Dios.
- La educación cristiana tiene como objetivo transmitir los valores fundamentales del Evangelio, como el amor, la justicia, la paz, la solidaridad, la humildad, el respeto a la vida humana y la defensa de los derechos humanos. Estos valores son considerados fundamentales para la construcción de una sociedad más justa y fraterna, que promueva el bienestar común.
- En un mundo marcado por conflictos, injusticias y desigualdades, la Iglesia promueve una educación orientada hacia la paz y la reconciliación. La misión educativa busca enseñar a los jóvenes a construir puentes entre las personas, a superar divisiones y a trabajar por la unidad y el entendimiento mutuo. La educación cristiana fomenta el respeto, la tolerancia y la cooperación entre diferentes culturas, religiones y contextos sociales.
- La Iglesia pone un énfasis particular en los más desfavorecidos de la sociedad, como los pobres, los marginados y los que sufren de discriminación. Su misión educativa incluye la atención a estos grupos, buscando promover una educación accesible para todos, especialmente para aquellos que más lo necesitan.
- La Iglesia también tiene una misión educativa orientada a acompañar a los jóvenes en la identificación de su vocación, ya sea en la vida religiosa, profesional, familiar o social. A través de la educación se busca que cada persona descubra su propósito en la vida y desarrolle sus talentos y capacidades para servir a los demás y a la sociedad en general.
- La Iglesia educa a través de su acción, al promover proyectos de ayuda social, de solidaridad y de servicio a los demás, especialmente a aquellos que se encuentran en situaciones de mayor vulnerabilidad.

A través de la educación, la Iglesia tiene la oportunidad de influir positivamente en la sociedad, formando a individuos que no solo sean competentes en el mundo académico, sino que también vivan de acuerdo con los valores cristianos que promueven una vida plena y una sociedad más humana y solidaria.

Por último, la Delegación Episcopal de Enseñanza suele organizar jornadas de formación, encuentros, retiros y otras actividades para apoyarnos en la tarea evangelizadora y educativa. Son encuentros enriquecedores para poner en común diferentes puntos de vista que nos ocurren en la vida diaria y crear unión entre los compañeros.

> Intento crear un ambiente de aprendizaje en el que todos se sientan seguros para expresar sus pensamientos y preguntas. Además, me intereso por el desarrollo moral y espiritual de mis alumnos, guiándolos no solo a través de los textos religiosos, sino también con ejemplos de cómo aplicar esos principios a la vida cotidiana. Mi manera de enseñar también puede ser muy cercana y cálida, lo que permite a los estudiantes conectar conmigo a nivel personal, mostrándoles que lo religioso es una forma de vivir con propósito, compasión y respeto hacia los demás.

43. EL CRISTIANISMO SE CARACTERIZA POR RESUCITAR, RECUPERAR SU IDENTIDAD EN MOMENTOS DE DIFICULTADES

María del Rosario Ferreira Aparicio,
profesora de Religión en Educación Secundaria

Tal vez mi nombre ya hacía presagiar mi futura vocación como portadora y transmisora de los misterios de la vida de Cristo, a pesar de que no lo supiera de primeras. Tuve la fortuna de nacer un 7 de octubre, el día de la Virgen del Rosario, y ante las dudas de mis padres, y la belleza de la celebración de ese día, de ahí surgió mi nombre; y por la experiencia y vivencias de la Divina Providencia, mi vocación y actual profesión, profesora de Religión Católica en centros públicos en la diócesis de Madrid.

Fui educada e intelectualmente formada en un gran colegio teresiano madrileño, con un precioso nombre, que probablemente también tuviera que ver con los pasos que más tarde seguiría: el Colegio Jesús Maestro, dotado de grandes profesores–educadores de quienes guardo un gratísimo recuerdo con la visión de perspectiva que proporciona los años. Lamentablemente, a pesar de la preciosa semilla bien sembrada hasta el inicio de la universidad, el influjo del momento de cambio social y estructural de finales del siglo xx me pasó factura, si bien nunca llegando a perder la semilla bien sembrada, sí pasando momentos de sequía, de falta de buena tierra, de terreno pedregoso y árido que me llevó a centrarme más en la vida pragmática y en el éxito profesional que en el cuidado espiritual. Así me veo, en lo académico y laboral, con una licenciatura en Ciencias Químicas por la UAM, con un trabajo y una posición muy bien valorada y remunerada en una prestigiosa empresa química nacional, con grandes relaciones sociales, viajes y una vida vertiginosa que a duras penas podía compaginar con mi vocación y devoción de esposa y madre de dos preciosas niñas.

Entonces llegó el momento de mi primera conversión, la primera gran conversión de vida, de forma de vida, aunque en el fondo ese inicio conllevaba una conversión mucho más profunda, como consecuencia del hastío del mero bienestar económico, laboral y social, de añoranza del sentido verdadero, de lo importante de la vida. Y así, tal cual, informé a mis superiores de mi deseo de acometer un viraje absoluto de vida, de dejar la empresa privada a pesar de la gran posición que tenía para dedicarme a la educación. Un salto en el vacío que decidí dar, sin saber cómo, a pesar de que conllevaba unos riesgos de locura, pérdida de la situación socioeconómica boyante de la que disfrutaba, pérdida de vehículo de empresa, de importantes ingresos, etc., con más de una década de trabajo en la empresa, para saltar al vacío a la educación, sin experiencia, con casi cuatro décadas a la espalda... Pero como Dios existe y si nos fiamos de Él, provee, al instante de despedirme de la empresa, en el mes de agosto, y enviar el currículum fui contratada en un maravilloso colegio salesiano que me permitió conocer al gran educador de los jóvenes que siguió de cerca el paso del único Maestro, san Juan Bosco. Así comenzó mi profundísima conversión, mientras instruía a los adolescentes y jóvenes en ciencias y su íntima relación con la fe cristiana.

Así, y sin darme cuenta, un 7 de octubre, providencialmente, en una ampliación de plazo, me vi matriculándome en Ciencias Religiosas en la Universidad Eclesiástica San Dámaso para profundizar en aquella fe que mis queridísimos padres —que desde el cielo nos guardan a hijas y nietas— sembraron personalmente y delegando en aquellos maravillosos educadores del colegio católico en el que me inscribieron. La semilla sembrada en mi infancia y adolescencia, al verse rodeada cada vez de más y mejor tierra comenzó a alimentarse de ella ávidamente, disfrutando sobremanera toda la bebida y alimento que le proporcionaba, de forma que, al finalizar los estudios, la trayectoria a seguir en mi vida fue clara, nítida y evidente, y de nuevo el camino me fue mostrado sin la menor duda.

Así, nuevamente por la guía de la providencia me encontré enviando mi currículum a la Delegación Episcopal de Enseñanza de la diócesis de Madrid, teniendo en plenas fechas navideñas de 2020 una entrevista con la delegada en aquel momento, Inmaculada Florido, compaginando durante unos meses la dirección de un pequeño centro educativo en la sierra madrileña con la docencia de Religión católica en un instituto de las Rozas de Madrid.

Desde entonces, me encuentro plenamente ubicada, feliz, convencida de que estoy donde Dios ha querido ubicarme, tanto en lo que a la docencia de la Religión católica se refiere, como en los diversos centros a los que me ha ido llevando durante estos años en los que he estado cubriendo sustituciones, en Madrid, las Rozas, San Lorenzo de El Escorial, Robledo de Chavela...

En este 50 aniversario de la delegación, como casi recién llegada desde hace solo cinco años, solo puedo valorar positivamente su acción. Su presencia, su apoyo, su trabajo incansable, acogiendo a todo recién llegado, compartiendo ilusiones, dificultades y retos, insertando en un gran abrazo tanto a los grandes veteranos que acumulan décadas de enseñanza de Religión católica sobre sus hombros como a los que recién llegados van incorporándose a esta gran familia educativa y formativa de la persona, enriqueciéndonos todos de poder compartir la experiencia y vivencias que se van poniendo en común desde los maestros de Infantil y Primaria hasta los profesores de las etapas de ESO y Bachillerato.

No podemos negar que no son tiempos fáciles para la enseñanza de la Religión católica en España, tanto por el laicismo creciente en la sociedad como por los prejuicios y falacias que llevan años siendo alimentadas en el discurso social. Sin embargo, el cristianismo se caracteriza por resucitar, recuperar y vitalizar su identidad en momentos de dificultades y de persecución, por lo que todo educador de la asignatura debe sentirse incentivado, motivado y llamado a ser alegría, vitalidad, esperanza ilusionada y energía revitalizadora en medio de la sociedad, en el círculo, aunque sea pequeño, de alumnos, compañeros profesores y maestros, padres y demás personas con las que convivamos mientras atendemos nuestra tarea diaria educativa.

Por todo ello, y para finalizar, deseo expresar mi más sincera gratitud a Dios por guiarme y embarcarme en tan maravillosa aventura vital, a todos los que desde niña me han ido acompañando y siguen haciéndolo en la tarea educativa en la que soy más alumna que profesora, a mi familia y especialmente a mis hijas por el apoyo incondicional que diariamente me brindan ante las dificultades cotidianas y, por supuesto, a la Delegación Episcopal de Enseñanza por brindarme la oportunidad de ir completando la carrera a la que Dios me ha ido llamando, haciendo mi vida verdadera y plena, compaginando tanto la enseñanza de la Religión Católica como el acompañamiento a los jóvenes y adolescentes en el confuso ambiente social en el que se desenvuelven en un momento tan importante de sus vidas, recibiendo la gratitud de muchísimos alumnos por descubrir en muchos casos el sentido de la vida, una perspectiva diferente y gratificante para ellos de la realidad de la persona. Todo ello, junto con el aprendizaje diario que los alumnos me brindan en el aula, es la causa y fundamento de la alegría, motivación y gratitud que llenan actualmente en el ámbito profesional todos y cada uno de los momentos de mi vida.

En este 50 aniversario de la delegación, como casi recién llegada desde hace cinco años, solo puedo valorar positivamente su acción. Su presencia, su apoyo, su trabajo incansable, acogiendo a todo recién llegado, compartiendo ilusiones, dificultades y retos, insertando en un gran abrazo tanto a los grandes veteranos que acumulan décadas de enseñanza de Religión Católica como a los que recién llegados van incorporándose a esta gran familia educativa y formativa de la persona, enriqueciéndonos todos de poder compartir la experiencia y vivencias que se van poniendo en común.

44. MI VOCACIÓN ESTÁ ESCRITA EN MIS PADRES

Luis Carlos Malo Gozalo, profesor de Religión en Educación Infantil y Primaria

Soy un profesor con magisterio en Educación Física y Lengua Extranjera: Inglés. Vengo de una familia tradicional, católica y conservadora. Mi padre es médico (psiquiatra) y mi madre maestra. Tengo dos hermanos, uno de ellos fisioterapeuta y el otro farmacéutico. También varios familiares religiosos: dos tías monjas (agustinas) y un tío sacerdote claretiano residente en Roma.

En el plano espiritual soy un calco de mis vivencias y entorno familiar. Unos padres de fe y grandes comunicadores. Me considero un hombre contemporáneo, tolerante y vertebrado en esa fe razonada y recibida con amor. Estoy muy unido a mi familia. No existe para mí nada más importante. Esos valores vitales, incluida mi tarea evangelizadora (aparte de la enseñanza técnica), es lo que pretendo trasladar con el mayor de los afectos al alumnado del que me encargo en mi labor diaria.

Pasé mi infancia y adolescencia hasta COU en el Colegio religioso Fundación Caldeiro en la calle Avenida de los Toreros, perteneciente a la orden de los terciarios capuchinos de Luis Amigó. Estudié las dos carreras de magisterio (Educación física e Inglés) en el Centro de Estudios Superiores Bosco (de San Juan Bosco) en la calle María Auxiliadora.

Empecé trabajando en el Colegio Santa Joaquina de Vedruna (Carmelitas de la Caridad) en Mirasierra, allí pasé 4 años hasta que me llamó sor María Díaz, directora del Colegio Dulce Nombre de Jesús (escuelas Vicencianas de San Vicente de Paúl) donde estuve 10 años, pero que terminó, tras mucho luchar, como colegio en crisis absorbido posteriormente por la Fundación Trilema.

Hace tres años me llamaron del Colegio Beata María Ana de Jesús y me seleccionó Juan Francisco Macías como profesor para el centro. Al año siguiente tuvo que ocupar su cargo como actual jefe de la oficina del arzobispo José Cobo.

Mi vocación está escrita en mis padres. Uno, psiquiatra y preventivista, profesor adjunto de la facultad de Medicina de la Universidad Autónoma durante más de 30 años, alternándolo con sus funciones de médico en el Hospital la Paz. Y mi madre, profesora de las Escolapias y posteriormente más de 35 años en el cuerpo de maestros del Estado. Me saqué la DEI (DECA) en Bosco. En los colegios donde estuve trabajando, alterné las enseñanzas técnicas que me encargaban (Matemáticas, Educación Física, Ciencias...) con tareas voluntarias de catequista.

Lo de la vocación de profesor de Religión me viene por añadidura y prolongación de mi ideario personal. No significa que no disfrute impartiendo enseñanzas técnicas, pero esas enseñanzas técnicas no las llevo tan dentro ni las vivo, ni me emociono tanto con ellas ni soy tan "feliz" transmitiéndolas y empapándome de las vivencias del alumnado. Lo técnico no es espiritual, testimonial o vivencial, la religión es todo eso.

Hasta la fecha, siempre que me han encomendado la Religión en los colegios religiosos, he tenido el mismo agradable resultado, incluso un mayor rendimiento en niños que van más flojos en otras asignaturas, porque se sienten más seguros en Religión y rinden más. La enseñanza de la Religión va más allá de las calificaciones ordinarias, es como lo veo yo. Y en este año que he comenzado mi andadura en la pública con ustedes y he tenido dos sustituciones de un mes y otra de diez días. He comprobado que se concentran aún más por parte del alumnado las ganas de saber, conocer y sentir a Dios, pues lo hacen de manera voluntaria, ya que tienen la opción de no hacerlo.

Por el momento, en estas dos únicas experiencias con ustedes todo han sido experiencias positivas. Pero si llegasen otro tipo de experiencias no tan positivas o chocantes, debemos estar preparados para aceptar y acoger, puesto que tenemos un mundo en constante movimiento. Debemos tener presente continuamente la fuerza de nuestra tarea evangelizadora. Trabajamos con niños y preadolescentes, ellos son lo mejor de la sociedad. Esa es la clave.

Cuando acudí a la celebración me llevé la grata sorpresa de que las ideas sobre los testimonios dados me hicieron sentir muy identificado. Con esa visión que partía de la experiencia de los grandes fundadores y primeros en llegar, presentes muchos en la reunión, hasta los más contemporáneos de hoy, de todas las edades. Por ello agradezco que tengamos esta ventana para poder también expresar por escrito nuestras vivencias particulares.

Además, pude volver a dar un abrazo a Juan Francisco Macías, mi antiguo director, al que no veía en persona desde hacía tiempo. Y pude ver al cardenal José Cobo en primera fila.

La misión que lleva a cabo la Iglesia en la sociedad es sanadora y auxiliadora. Hablamos de lo que yo considero "Mi Casa". He convivido toda mi vida con religiosos devotos de sus obligaciones, en mi colegio, en mi parroquia, en misa, y me quedaría corto respecto al testimonio que pueda emitir. Una actividad inagotable de todos aquellos que han sido ejemplo de vida para mí.

Y a ese respecto me gustaría emitir un juicio muy personal: que todos le demos a la Iglesia y a nuestra fe católica la trascendencia histórica que tiene. Que todos los católicos rememos en la misma dirección, no solo en un ámbito escolar, sino también en la vida cotidiana para favorecer el auge de esos valores cristianos que tanto nos marcaron a muchos de nosotros. El mundo nos depara grandes cambios que ya empiezan a notarse en la sociedad. Es maravilloso y obligado que respetemos la pluralidad multicultural y la acojamos con el mismo amor del que Dios nos dotó, pero sin olvidar quiénes somos ni nuestra posición en el mundo.

Gracias por poder tener estas líneas para contarles un poco sobre mi actividad docente y mi historia personal.

En el plano espiritual soy un calco de mis vivencias y entorno familiar. Unos padres de fe y grandes comunicadores. Me considero un hombre contemporáneo, tolerante y vertebrado en esa fe razonada y recibida con amor. Estoy muy unido a mi familia. No existe para mí nada más importante. Esos valores vitales, incluida mi tarea evangelizadora (aparte de la enseñanza técnica), es lo que pretendo trasladar con el mayor de los afectos al alumnado del que me encargo en mi labor diaria.

45. UNA MAESTRA DE RELIGIÓN QUE SUEÑA CON CAMBIAR LA SOCIEDAD

María del Rosario Fuster González, profesora de Religión en Educación Infantil y Primaria

La religión siempre estuvo presente en mi vida. Desde el Colegio concertado María Auxiliadora, las misas en las cuales cantaban mis padres, la devoción de mi abuela, los sacramentos que reafirmaban mi fe... Pero el amor por la educación llegó mucho después. A los 15 años creí haber descubierto que quería ser profesora de Informática. Pero lo cierto es que quería seguir el ejemplo de una de mis mejores profesoras de la ESO. Solo el tiempo me enseñó el camino que seguir; maestra de Religión. Y a partir de ahí, encontré la manera de acercarme a ese mundo que tanto desconocía.

La primera entrevista llegó tras la pandemia, Nieves fue esa persona que tendió la mano. Ese día me explicó que en mi trabajo me iba a encontrar con docentes que no querían la Religión en los colegios públicos pero que se enamorarían de la profesora como persona. Y así fue.

Una y otra vez me integraba en los centros y construía vínculos que fortalecían mi docencia y esa sensación de pertenencia. De otras profesoras de Religión aprendí también que, si bien los niños más pequeños no entendían muchos de los conceptos de Religión, era preciso esparcir semillas curso a curso, y un día, al igual que la parábola del sembrador, algunas darían su fruto y otras no.

Y de la propia experiencia como alumna, un abrazo te salvaba de la tristeza, aprendí a dar y recibir abrazos. Son instantes especiales, en los que la figura de la profesora de Religión ayuda a mediar en conflictos, a estar presente en el día a día del centro y a formar parte de esa infancia tan dispar, que atraviesa muchos cambios y sensaciones. Aunque no sepan reconocerlos y expresarlos. Aun así, el trabajo era duro y había días en que las lágrimas eran las mías. Llegué a sentirme rechazada y desatendida por algún equipo docente, pues consideraban que impartía una asignatura que no debía estar en un centro público y así me lo transmitían. Los minutos que perdía cuando recogía a los niños porque los docentes no habían acabado, el no incluirme en ninguna excursión... Aquello que enseñaba seguía mereciendo la pena.

Una de las cosas que mejor se me daba era recorrer Madrid. Eso fue lo que hice durante esos cuatro primeros cursos con las sustituciones. El CEIP Eduardo Rojo (Entrevías), CEIP Carmen Iglesias (Tres Cantos), CEIP Reina Victoria (Barrio de Salamanca), CEIP Conde de Romanones (Ciudad Lineal), CEIP Blas de Lezo (Las Tablas) y CEIP Ramón Pérez de Ayala (Hortaleza) fueron los centros donde dejé volar la imaginación para conseguir llegar a los corazones de los niños con la fe en Dios como bandera. Siempre con una sonrisa, el oído listo para escuchar y los brazos abiertos para consolar.

En cada uno de esos centros, el apoyo más importante era el de los coordinadores de las vicarías; quienes me orientaban ante las distintas situaciones que me encontraba. Pero los momentos en los que más aprendía (porque esta profesión es enseñar y aprender también), eran las jornadas que organizaba la Delegación Episcopal de Enseñanza, no solo por el contenido y las distintas actividades, sino por las personas que compartían sus inquietudes: catequistas y docentes se juntaban un sábado, con el cansancio de acabar la semana, pero alegres y entusiastas. Repaso de listas, trabajar en pequeños grupos, aprenderse una canción, leer, reflexionar...

> Una de las cosas que mejor se me daba era recorrer Madrid. Eso fue lo que hice durante esos cuatro primeros cursos con las sustituciones. Fui por los centros dejando volar la imaginación, siempre con una sonrisa, el oído listo para escuchar y los brazos abiertos para consolar. Así soy, una maestra de Religión que sueña con cambiar la sociedad, transmitiendo los valores del cristianismo, una maestra convencida de que ha nacido para esta profesión y que es a lo que quiere dedicarse el resto de su vida.

46. Me preocupo y me implico en las situaciones emocionales de mis alumnos

Marina Encinas Arribas, profesora de Religión en Educación Infantil y Primaria

Soy una mujer cristiana, sincera, empática y con fortaleza. Pienso que la comunicación y la transmisión de la información es una de mis cualidades. Considero que estamos en el mundo de paso y tengo muy claro que me gustaría llegar a la última fase de mi vida sabiendo que mis acciones me han llevado a mejorar este lugar pasajero y las personas que he encontrado en él. Pienso que el error forma parte de la vida y que aprender es una constante a lo largo de toda la vida.

Como docente pienso que lo más importante es la coherencia que los niños y niñas ven en mí y no tanto en lo que les cuento, que también. Por eso, como profesora trato de que mis alumnos vean mis cualidades para que ellos las aprendan. Y presto mucha atención en ser muy coherente con lo que digo y hago.

Elegí esta dura profesión que me ha enseñado mucho y me ha ayudado a ser más humana, comprender mejor la diversidad y sentir que el aporte que tenemos es esencial, aunque sea en silencio. He empezado a trabajar en septiembre.

Estaba haciendo una sustitución como profesora de Música en un colegio y decidí que quería llegar de manera más profunda a mi alumnado, por lo tanto, decidí enviar mi currículum a la delegación y allí conocí a Luci, que es maravillosa, y me dio la oportunidad de empezar una vez terminada mi sustitución en el colegio en el que trabajaba.

He trabajado durante muchos años en diferentes colegios como profesora de Música, Primaria e Infantil, enseñando diferentes temáticas tales como Música, Religión, Dramatización, Plástica, Matemáticas, Lengua…

Como aspecto relevante debo destacar que a lo largo de mi trayectoria me he implicado de manera continua en el mundo emocional de mi alumnado y en enseñarles el bien. He visto tanta necesidad en el alumnado de afecto, de comprender el amor y, en definitiva, de conocer a Dios que ese fue el motivo que me impulsó a definirme en la enseñanza de Religión.

La religión para mí supone una forma de sostener la ilusión, la esperanza y la fe en un bien mayor que es Dios y que nos ayuda a ser mejores y a contribuir en la construcción de un mundo mejor.

Mi vocación surge al ver todo el bien que mi alumnado encuentra en esta asignatura que, a pesar de que es poco tiempo a la semana, he visto a mi alumnado agradecer, sentirse mejor, pensar mejor, llevarse mejor entre ellos y estar más unidos. Se han permitido compartir preocupaciones y aspectos íntimos que les generan miedo o tensiones creando un clima de confianza y apertura que nos ha acercado más a Dios, a la luz y al bien.

Con estas experiencias, además de ayudar a los niños y niñas, he sentido mi vocación más fuerte aún y un aumento mayor en la confianza y fe en Dios, por lo que mi vocación contribuye en ellos, pero también en mí misma.

Las experiencias más positivas las ubico en mi alumnado y lo satisfechos que están con la asignatura y lo que hacemos en ella, llegándome a decir varios niños y niñas que se ha convertido en su asignatura preferida.

Viendo cómo al llevarlos desde su aula original a la mía vienen cantando a la vez: "Religión, Religión, Religión", o cuando me paran por los pasillos y me preguntan: ¿qué vamos a hacer hoy en Religión?, o ¿Cuándo nos toca?

He encontrado un alumnado abierto, que confía en mí y en mi labor, y que se ha unido más al bien y a Dios con las clases y lo realizado en ellas. Han sido agradecidos desde la palabra, comunicándomelo, con detalles personales y compartiendo experiencias personales.

Las experiencias más difíciles las he ubicado en tres momentos marcados: cuando el alumnado de sexto venía diciendo que su profesora titular, que es la misma que imparte Valores, ha explicado y avanzado temario cuando ellos se han encontrado en Religión, teniendo que pedir que respetase al alumnado no presente para avanzar en el contenido general; cuando el alumnado quería conocer qué se hace en el espacio de Religión, pero les han dicho que no porque ya tienen que esperar al siguiente curso; cuando han compartido los alumnos dificultades emocionales y personales y he sentido que me afectaba lo suficiente como para tener que gestionar mi mundo emocional con fuerza.

La DEE supone para mí un espacio de compartir, de apoyo y de unión fundamental que me ha permitido sentirme valorada, estable y sostenida. Estoy agradecida con la labor de la DEE en mi vida y con las personas que forman parte de esta. Pienso que entender las enseñanzas de Jesús y confiar en Dios es requisito para generar una convivencia con un sentido de pertenencia y respeto. La función de la Iglesia y la función educativa como docente bajo mi punto de vista es la misma, es decir, yo siento que mi labor en el aula es la misma. Y tiene que ver en definitiva con unirnos al bien y a Dios.

> Como docente pienso que lo más importante es la coherencia que los niños y niñas ven en mí y no tanto en lo que les cuento, que también. Por eso, como profesora, trato de que mis alumnos vean cualidades y valores para que ellos las aprendan. Y presto mucha atención en ser muy coherente con lo que digo y hago.

47. Se trata de presentar, de proponer, porque la fe no se impone

María Isabel Portilla Gutiérrez,
profesora de Religión en Secundaria

Me gustaría compartir con vosotros mi experiencia como profesora de Religión. En mi mente destaca la palabra "compartir". Esta palabra tiene relación con "comunión". La misma comunión en la que estamos, pues nos entendemos como "piedras vivas" del mismo cuerpo que es el de Cristo. En ella, lo que vive un miembro afecta a todo el cuerpo.

Mi niñez, adolescencia y juventud discurren en Gijón. Allí curso la diplomatura en Ciencias empresariales (lo que viene a ser ADE ahora). Para arrancar mi carrera profesional, decido vivir en Londres tres años. Este cambio de cultura abrió enormemente mi mente. Entendí que el crecimiento personal no se puede aislar de unas relaciones sociales marcadas por la diversidad. De ahí, ya en Madrid, pasé a diversos trabajos en el campo de la administración, contabilidad, etc.

Recibí la educación católica de mano de mis padres y en los colegios Liceo La Corolla y La Asunción. También, de forma especial, la parroquia de la Resurrección, a la que pertenecí, marcó mi camino. Con el tiempo, el deseo de crecer en la fe y transmitirla fue acentuándose. Tras la recepción del sacramento de la confirmación en la parroquia Santa Ángela de la Cruz, en Madrid, impartí catequesis de primera comunión y colaboré puntualmente en cursos Alpha.

En 2012 tuve la oportunidad de trabajar al servicio de la hospedería del monasterio trapense San Isidro de Dueñas en Palencia. En septiembre de 2014 realicé una experiencia monástica en el monasterio femenino cisterciense de La Santa Cruz, en Casarrubios del Monte, Toledo. Mi vida siempre estuvo con-

245

dicionada por una profunda búsqueda. Quizá, también, buscaba fuera lo que ya tenía dentro. Quería encontrarme con la Verdad, quería encontrarme con el Señor, saberlo todo sobre Él y descubrir lo que deseaba.

Con veinte años de experiencia como profesora de clases particulares, vi que mi vocación era transmitir conocimiento. Comprobé que, en mí, la experiencia de fe y la experiencia docente iban de la mano (de hecho, no entiendo una sin la otra). En 2017 comienzo los estudios de grado en Ciencias Religiosas en el Instituto Superior de Ciencias Religiosas y Catequéticas San Pío X de Madrid, adscrito a la facultad de Teología de la Universidad Pontificia de Salamanca. El cuarto curso trató sobre Pastoral educativa. Tanto el máster en Evangelización y Catequesis como el de Pastoral educativa significaron mucho en mi formación. La calidad de la enseñanza fue excepcional, con profesores comprometidos y siempre atentos a los signos de los tiempos. Esto último lo valoré, pues no podemos hablar de transmisión de la fe sin situarnos bien en la época que estamos viviendo, con su mentalidad, circunstancias, cosmovisión y lenguaje propios.

Entiendo la vida de cada persona como un gran puzle en el que se van colocando las piezas. Sí, digo "se van colocando" porque ahí está la mano del Señor. En este proceso, vamos "vislumbrando" su rostro, ese rostro que desea que cada uno de nosotros le conozca. Y, entonces, ahí está del profesor de Religión, simplemente como maestro, como instrumento.

En enero de 2024 vivo una experiencia de voluntariado en Benín (África), en la zona norte del país, que es la más pobre. Esto supuso una toma de contacto con una realidad docente distinta de la nuestra que me abrió la mente en muchos aspectos, como el de la relación alumno-maestro, el contexto globalizado en el que vivimos, la convivencia respetuosa entre distintas religiones en el mismo entorno escolar, etc.

Todos estos años significaron una enseñanza. Pero se trató de un aprendizaje, no solo a nivel académico, sino también espiritual, en tanto que supuso, en gran medida, un abandono a la voluntad del Señor. A esto se une la vivencia de ricas relaciones personales en un mismo sentir, que es el de la Iglesia.

Posteriormente, me incorporo al Colegio Santa Joaquina de Vedruna y Luz Casanova (FEC). Allí estoy varios meses como sustituta, impartiendo clase a todos los niveles de Secundaria y Bachillerato. Actualmente trabajo en el IES Pedro Salinas, en el barrio de Usera. En él imparto clases desde 3.º y 4.º de Secundaria hasta 2.º de Bachillerato. Como aspecto positivo señalo que en este instituto la asignatura de Religión es aceptada y respetada, tanto por parte del claustro como de la dirección.

En la XL Jornada Diocesana de Enseñanza, celebrada el 15 de marzo de 2025, alguien testimoniaba que sentía como si la Iglesia entera entrase en el aula con él. Esa misma impresión tuve yo. Pero, en ese estar en esta misión no solo aportamos, sino también recibimos. Esta actividad reclama colaboración, apoyo, compañerismo, formación, actualización, entrega, etc. Muestra de ello es el acompañamiento que me están ofreciendo la coordinadora de la vicaría V, Amparo Martínez González, y la supervisora Cristina Ortiz, pendientes de mi situación en el instituto en todo momento. Además, tengo contacto con el anterior profesor y aquel a quien sustituyo. El ser miembros de la Iglesia implica dar testimonio de ella. Esto es, el anuncio de la Buena noticia y el testimonio de vida. Siendo consciente de que la clase de Religión no es ni evangelización ni catequesis, también entiendo que esto no impide que se imparta con entusiasmo y credibilidad, dando razones de nuestra esperanza.

Al mismo tiempo, debemos tener muy en cuenta que no podemos enseñar la Religión Católica sin una profunda comprensión de la realidad que nos toca vivir y de los contextos, específicos y globales, en los que se mueven nuestros alumnos. Sobre todo, prestar atención al lenguaje, ya que somos comunicadores. Pero creo que es esencial entender que no se trata de una simple comunicación de contenido, sino la comunicación de la realidad de un Dios que está vivo con nosotros y en nosotros, que no nos ha dejado ni nos deja ni un solo momento y que busca nuestra felicidad y plenitud.

Puedo comprobar que los chicos y chicas de hoy día demandan referentes creíbles, en los que exista armonía entre su decir, hacer y pensar. Esto es hoy especialmente importante, dado el bombardeo indiscriminado de información que existe, donde parece que todas las verdades se sitúan al mismo nivel. Por tanto, es necesario que se dé en ellos un pensamiento crítico y discernimiento por el cual puedan apreciar a Jesucristo en el culmen de esas verdades. Es decir, que abra a la posibilidad de descubrir el amor y misericordia de Dios, que, precisamente, no impide nuestro desarrollo como seres humanos, sino que lo favorece y plenifica.

Creo que tenemos el privilegio y la oportunidad de llevar esperanza y credibilidad allí donde no la hay. Como dice el papa León XIV, "en lugares en los que la misión es más urgente porque la falta de fe lleva a menudo consigo dramas como la pérdida de sentido de la vida, el olvido de la misericordia, la violación de la dignidad de la persona, etc.". Del mismo modo que, en Cesarea de Filipo, "Jesús estableció una conversación con los suyos acerca de su identidad", así nosotros podemos presentar la figura de Jesucristo. Se trata de presentar, no imponer u obligar, porque la fe no se impone. Esto es hacer eco del amor de Dios, que no bloquea nuestra libertad, sino que la respeta.

Para terminar, agradezco la oportunidad que nos da la Delegación Episcopal de Enseñanza para dar visibilidad a nuestras experiencias e inquietudes y proporcionarnos el apoyo y la guía necesarios, de modo que la asignatura de Religión se oriente adecuadamente.

> Creo que tenemos el privilegio y la oportunidad de llevar esperanza y credibilidad allí de no la hay. Como dice el papa León XIV, "en lugares en los que la misión es más urgente porque la falta de fe lleva a menudo consigo dramas como la pérdida de sentido de la vida, el olvido de la misericordia, la violación de la dignidad de la persona, etc.".

48. Doy clase de Religión porque creo que es una asignatura que toca el corazón

Marta Alcocer Martín, profesora de Religión en Educación Infantil y Primaria

Me dedico a la enseñanza desde hace más de diecisiete años. Siempre he sentido una conexión muy fuerte con el mundo educativo, con acompañar a los niños y jóvenes, estar cerca de sus procesos, y ayudarles a crecer no solo en conocimientos, sino también como personas. Empecé con muchas ganas, algo de incertidumbre —como todos al principio—, pero con la intuición clara de que esto era lo mío. A lo largo del tiempo he pasado por distintos centros educativos, cada uno con su estilo y su ritmo, y en todos he vivido experiencias que me han marcado. La verdad es que en esta profesión nunca dejas de aprender de tus compañeros, de las familias y, sobre todo, de los alumnos.

Doy clase de Religión porque creo que es una asignatura que toca el corazón. Lo que me mueve es poder acompañar a los chicos y chicas en las grandes preguntas de la vida: el sentido, la fe, el sufrimiento, el amor, la justicia... Y hacerlo desde el Evangelio, desde una propuesta que no impone, sino que invita, que abre puertas y que ofrece esperanza. Lo mejor de mi trabajo es cuando siento que los alumnos conectan, cuando una clase se convierte en algo más que una explicación, cuando te hacen una pregunta que sabes que viene desde el fondo. Esas pequeñas luces que aparecen de vez en cuando son las que me recuerdan que vale la pena. También hay momentos difíciles: la asignatura a veces no se valora, o se la pone en entredicho. Pero ahí es donde intento ser más coherente, más creativa y cercana. Creo firmemente que la Religión tiene mucho que decir en el mundo de hoy.

La Delegación Diocesana de Enseñanza ha sido un gran apoyo desde mis comienzos. Me ha dado formación, recursos, ideas, pero sobre todo me ha hecho sentir que no estoy sola, que hay una comunidad de profes que caminan en la misma dirección. Eso da mucha fuerza. Para mí, la DEE es una red que sostiene, que anima, que impulsa. Es también un recordatorio de que lo que hacemos es parte de una misión más grande, con un sentido profundo y con un valor que muchas veces va más allá de lo que se ve.

Creo firmemente que la Iglesia sigue teniendo una voz y una presencia muy necesarias en el mundo educativo. No para imponer, sino para acompañar. Para aportar humanidad, valores, sentido y también una mirada trascendente. Como profesora de Religión, siento que formo parte de esa misión: sembrar, acompañar procesos, estar cerca de los jóvenes en momentos clave. A veces nuestra labor es silenciosa y puede parecer que no da fruto inmediato, pero sabemos que lo que sembramos con amor, fe y paciencia acaba germinando.

Y nada más. Solo quiero dar gracias al Señor por esta vocación que me sigue llenando, por las personas que me acompañan en el camino, y por cada alumno que ha pasado por mis clases y me ha ayudado a crecer también como persona. Ojalá sigamos sembrando esperanza, construyendo puentes y acompañando vidas desde lo que somos y desde lo que creemos.

La Delegación Diocesana de Enseñanza ha sido un gran apoyo desde mis comienzos. Me ha dado formación, recursos, ideas, pero sobre todo me ha hecho sentir que no estoy sola, que hay una comunidad de profes que caminan en la misma dirección. Eso da mucha fuerza. Para mí, la DEE es una red que sostiene, que anima, que impulsa. Es también un recordatorio de que lo que hacemos es parte de una misión más grande, con un sentido profundo y con un valor que muchas veces va más allá de lo que se ve.

49. Lo que más me mueve como profesora de Religión son las preguntas

Marta Navarro Sánchez-Migallón,
profesora de Religión en Secundaria

A veces la vida no nos lleva por el camino más recto, sino por el más necesario. Yo estudié Derecho, pero desde el principio sentí que aquello no era lo mío. Había en mí una inquietud más profunda, una llamada al servicio, a la comunicación desde lo esencial. Y fue en esa búsqueda, aparentemente casual –aunque hoy sé que fue providencial–, donde descubrí la carrera de Ciencias Religiosas. Enseguida me sentí en casa: era un espacio en el que lo académico y lo espiritual se abrazaban, donde podía conectar mi vocación con una tarea concreta y fecunda.

Comencé mi andadura docente en el Instituto Veritas, de la institución teresiana, un lugar en el que se respiraba el carisma povedano, esa síntesis innovadora entre fe, cultura y educación puesta al servicio de la transformación social. Allí aprendí mucho sobre cómo acompañar a los jóvenes, no solo desde los contenidos sino desde la presencia, la escucha y el testimonio. Paralelamente, me fui formando en diversas herramientas y recursos de desarrollo personal e inteligencia emocional que han enriquecido profundamente mi manera de enseñar y de estar en el aula.

Recuerdo con especial emoción aquellas sesiones en las que algún alumno, al hablar sobre el perdón, el sentido de la vida o el dolor se atrevía a compartir su historia personal. Momentos en los que la clase dejaba de ser solo un aula para convertirse en un lugar sagrado. Momentos que te confirman que estás en el lugar correcto.

Con el tiempo, llegué al IES Jaime Ferrán, un instituto público donde me he encontrado con una realidad muy distinta, mucho menos confesional, pero igualmente viva y desafiante. Aquí he tenido que adaptar mi lenguaje, cuidar mucho los puentes entre lo académico y lo espiritual, y sobre todo aprender a sembrar con paciencia, sabiendo que muchas semillas germinarán fuera de mi vista. No es fácil hablar de Dios donde parece que no hay espacio para Él, pero ahí es donde la pedagogía del Evangelio cobra su verdadero sentido.

Lo que más me mueve como profesora de Religión son las preguntas. Las que hago a mis alumnos, pero también las que me hago yo al prepararlas. No busco dar respuestas cerradas, sino abrir espacios de sentido. Me conmueve ver cómo una pregunta sencilla puede despertar algo profundo en un adolescente. "¿Qué te sostiene cuando todo se tambalea?" "¿Cómo encontrar mi propósito vital en un mundo tan incierto?" Son preguntas que no aparecen en los libros de texto, pero que ayudan a construir personas. Para mí, la clase de Religión no es solo una asignatura, es un lugar de búsqueda, de diálogo interior, de interpelación y confrontación cultural y social, de despertar la consciencia.

Claro está, he vivido y vivo también dificultades. La incomprensión de algunos compañeros, la visión reduccionista de la asignatura, el escepticismo de muchos adolescentes... Todo eso forma parte del camino. Pero también me ha ayudado a crecer, a buscar nuevas formas de comunicar, a revisar mi propia fe y a confiar más en el poder del ejemplo silencioso que en los grandes discursos.

La Delegación Episcopal de Enseñanza ha sido para mí una red de apoyo y comunión. Saber que no estoy sola en esta tarea, que hay otros profesores que comparten la misma pasión y enfrentan los mismos desafíos, ha sido clave para sostenerme en los momentos más áridos. La Delegación Episcopal de Enseñanza ha sido un verdadero sostén. También por las formaciones que ofrece, que han enriquecido enormemente mi labor docente. Cada curso, cada encuentro, cada propuesta formativa me permite actualizarme, renovar el sentido de lo que hago y, sobre todo, sentir que formo parte de una misión compartida. Son espacios donde se alimenta tanto la mente como el alma.

Creo profundamente en la misión educativa de la Iglesia. No como imposición, sino como propuesta. Como una presencia humilde que siembra humanidad, sentido, trascendencia. En un mundo que muchas veces vive de espaldas al misterio, los profesores de Religión somos pequeños faros, discretos pero necesarios, que ayudan a muchos a orientarse. Y si algo tengo claro, después de estos años, es que educar no es llenar cabezas, sino tocar corazones. Por eso sigo aquí, intentando ser instrumento, palabra viva, mano tendida.

En mis clases hago preguntas a mis alumnos, también me las hago yo. No busco dar respuestas cerradas, sino abrir espacios de sentido. Me conmueve ver cómo una pregunta sencilla puede despertar algo profundo en un adolescente. "¿Qué te sostiene cuando todo se tambalea?" "¿Cómo encontrar mi propósito vital en un mundo tan incierto?" Para mí, la clase de Religión no es solo una asignatura, es un lugar de búsqueda, de diálogo interior, de interpelación y confrontación cultural y social, de despertar la consciencia.

50. ME LLAMA LA ATENCIÓN EL ASOMBRO Y LA SINCERIDAD CON LA QUE LOS NIÑOS ACOGEN LOS RELATOS EVANGÉLICOS

Miriam Arquero Urbanos, profesora de Religión en Educación Infantil y Primaria

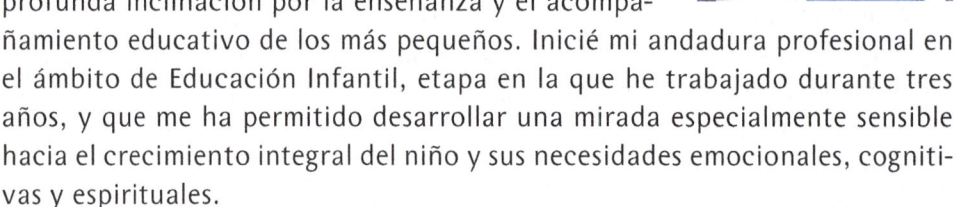

Soy maestra de vocación. Desde muy joven sentí una profunda inclinación por la enseñanza y el acompañamiento educativo de los más pequeños. Inicié mi andadura profesional en el ámbito de Educación Infantil, etapa en la que he trabajado durante tres años, y que me ha permitido desarrollar una mirada especialmente sensible hacia el crecimiento integral del niño y sus necesidades emocionales, cognitivas y espirituales.

A lo largo de estos años he pasado por distintos centros educativos, cada uno de ellos con sus particularidades, sus equipos docentes y su propio ritmo. Esta diversidad de contextos me ha enriquecido enormemente, tanto en lo profesional como en lo personal, y me ha ayudado a reafirmar mi compromiso con una educación cercana, respetuosa y centrada en la persona.

En el curso 2024-2025 he asumido con gran entusiasmo el reto de ser profesora de Religión. Esta nueva etapa ha supuesto para mí no solo un cambio profesional, sino también una oportunidad para profundizar en mi vocación cristiana y en mi deseo de acompañar a los niños en su proceso de descubrimiento de la fe, del amor de Dios y del mensaje de Jesús. Durante este tiempo, he podido desarrollar múltiples experiencias didácticas, materiales creativos y propuestas pedagógicas adaptadas a las características de mis alumnos, siempre con el deseo de que la clase de Religión sea un espacio significativo, alegre y vivo.

Entre las experiencias más positivas que he vivido, destaco el asombro y la sinceridad con la que los niños acogen los relatos evangélicos, sus preguntas llenas de curiosidad y los momentos de oración y silencio compartidos en clase, que muchas veces nos sorprenden por su profundidad.

Este año celebramos con alegría el 50 aniversario de la Delegación Episcopal de Enseñanza y me siento profundamente agradecida de formar parte de esta misión. La delegación no solo orienta y respalda nuestra labor, sino que también nos hace sentir acompañados, parte de una comunidad educativa eclesial más amplia, donde compartimos inquietudes, recursos y celebraciones. Saber que no estamos solos, que formamos parte de una red de educadores que creemos en la importancia de la formación religiosa en la escuela, es un gran aliciente para seguir adelante con ilusión y esperanza.

> El reto de ser profesora de Religión no ha sido solo un cambio profesional, sino también una oportunidad para profundizar en mi vocación cristiana y en mi deseo de acompañar a los niños en su proceso de descubrimiento de la fe, del amor de Dios y del mensaje de Jesús. Durante este tiempo, he podido desarrollar múltiples experiencias didácticas, materiales creativos y propuestas pedagógicas adaptadas a las características de mis alumnos, siempre con el deseo de que la clase de Religión sea un espacio significativo, alegre y vivo.

51. LA EDUCACIÓN ES MUCHO MÁS QUE TRANSMITIR CONOCIMIENTOS, ES FORMAR PERSONAS

Natalia López Gómez, profesora de Religión en Educación Infantil y Primaria

Soy maestra de Religión Católica desde el curso escolar 2020-2021. Empecé como sustituta hasta el curso escolar 2024-2025 en que me hicieron indefinida. Mi vinculación con la educación y con la Iglesia comenzó mucho antes. Desde joven he sentido una profunda inquietud por comprender y transmitir los valores que dan sentido a la vida, y fue precisamente esa búsqueda la que me llevó a estudiar magisterio de Educación infantil con la DECA, con la ilusión de poder compartir con mis alumnos lo que yo misma había recibido.

Empecé a trabajar como docente en el CEIP República del Salvador, compartida con el CEIP Emilia Pardo Bazán, fue una experiencia que recuerdo con especial cariño por el entusiasmo con el que fui recibida, también por las ganas, alegría e ilusión de poder trabajar de maestra de Religión Católica y por todo lo que aprendí de mis compañeros y alumnos, así como los retos que se fueron presentando a lo largo del curso, ya que es un colegio de difícil desempeño. A lo largo de los años he pasado por distintos centros, cada uno con realidades muy distintas, sus retos y sus alegrías. Actualmente estoy muy feliz en el CEIP La Alameda, desempeñando mi función como maestra de Religión

Católica, que cada día me hace más feliz y aumenta mi crecimiento profesional a la par que se enriquece.

En todos estos centros he intentado sembrar esperanza, respeto, espíritu crítico y, sobre todo, el mensaje de amor y salvación que anuncia el Evangelio. Soy una persona cercana, paciente y apasionada por el diálogo con mis alumnos. Creo firmemente que cada alumno es una historia sagrada, y mi labor consiste en acompañarlos en su camino, ofreciéndoles herramientas para comprender el mundo desde la fe y también para vivir con coherencia y compromiso.

Ser maestra de Religión no es solo una ocupación profesional, es una vocación que nace del deseo profundo de compartir la fe. Lo que me mueve, día a día, es la posibilidad de ayudar a mis alumnos a encontrarse con Jesús, con su mensaje liberador, y con una Iglesia que camina junto al ser humano en todas sus etapas.

Entre las experiencias más positivas de mi tarea destaco los momentos en los que los alumnos se abren, hacen preguntas profundas, expresan sus dudas, comparten sus búsquedas o simplemente se sienten escuchados. Muchas veces, una conversación en el pasillo, una tutoría o una reflexión en clase se convierten en auténticos espacios de encuentro y de crecimiento.

También hay dificultades, por supuesto. A veces la asignatura de Religión es vista con prejuicios, como algo "menor" o poco relevante. En otras ocasiones, nos enfrentamos a contextos familiares o sociales donde la fe está muy debilitada y el diálogo se hace cuesta arriba. Pero incluso ahí, creo que nuestra presencia tiene sentido. Estamos llamados a ser testigos, no solo transmisores de contenidos. Y en medio de esas dificultades, surgen también oportunidades: para sembrar en tierra aparentemente estéril, para acompañar con ternura, para mostrar una Iglesia cercana y humana.

En este camino, la Delegación Episcopal de Enseñanza ha sido un apoyo constante. Gracias a ella he sentido que no estoy sola en esta misión, que formo parte de una comunidad más amplia que comparte la misma vocación. Las formaciones, los encuentros, los materiales y, sobre todo, el espíritu de comunión que promueve la DEE, han sido fundamentales para mantener viva mi motivación, para creer en mi profesión e ir solventando retos que se han ido presentando.

Celebrar la historia de la delegación es celebrar también nuestra historia como profesores de Religión, y agradecer todo el esfuerzo y el acompañamiento que hemos recibido a lo largo de los años. Cada año tenemos encuentros que son muy enriquecedores y nos ayudan mucho en nuestro trabajo como docentes y también a nivel personal.

La Iglesia tiene una misión insustituible en el ámbito educativo. No solo por su tradición y sus instituciones, sino porque ofrece una mirada única sobre el ser humano, sobre el sentido de la vida, sobre la esperanza. Como maestra de Religión, me siento parte de esa misión: ser luz, sal y levadura en medio del aula, dialogando con la cultura actual, y mostrando que la fe no es un obstáculo, sino un camino de plenitud.

La educación es mucho más que transmitir conocimientos: es formar personas. Y la Iglesia tiene mucho que decir en este terreno, porque cree en la dignidad de cada ser humano, en el valor de la comunidad, en la justicia social, en la fraternidad, en la trascendencia.

Por eso, sigo adelante con ilusión, confiando en que, más allá de mis límites, el Espíritu actúa. Y que, en cada clase, en cada palabra, en cada gesto, Dios puede estar tocando corazones y haciendo nuevas todas las cosas.

> La Iglesia tiene una misión insustituible en el ámbito educativo. No solo por su tradición y sus instituciones, sino porque ofrece una mirada única sobre el ser humano, sobre el sentido de la vida, sobre la esperanza. Como maestra de Religión, me siento parte de esa misión: ser luz, sal y levadura en medio del aula, dialogando con la cultura actual, y mostrando que la fe no es un obstáculo, sino un camino de plenitud.

52. Creo en una escuela que transforma, que acoge y que potencia lo mejor de cada persona

Nerea Trapero Bernal, profesora de Religión en Educación Infantil y Primaria

Soy una docente profundamente comprometida con la educación, caracterizada por mi curiosidad, iniciativa y pasión por la innovación pedagógica. Considero que el proceso de enseñanza-aprendizaje debe partir siempre de los intereses del alumnado, promoviendo un enfoque motivador, cercano y adaptado a sus necesidades individuales.

Comencé mi trayectoria profesional en el mundo educativo en un contexto tan complejo como fue la pandemia de 2020. Por aquel entonces trabajaba en un comedor escolar cuando recibí mi primera oportunidad para trabajar como profesora de Religión, iniciando así un camino que me ha permitido crecer, aprender y evolucionar como docente a lo largo de estos años.

En estos cuatro años de experiencia he pasado por diversos centros educativos públicos de la Comunidad de Madrid, lo que me ha permitido conocer realidades escolares muy diferentes y desarrollar una gran capacidad de adaptación. Comencé en el CEIP Miraflores (Alcobendas), donde estuve durante tres semanas, y posteriormente en el CEIP Pradolongo, donde desempeñé mi labor docente durante casi un año. A partir de ahí, mi trayectoria ha continuado en centros como el CEIP Ciudad de Jaén, CEIP Haití, CEIP Maestro Padilla (allí estuve un periodo prolongado), el CEIP Mario Vargas Llosa, y actualmente, desde agosto de 2024 que me hicieron indefinida, en el CEIP San Miguel (Las Rozas).

Me defino como una profesora que cree que el aprendizaje comienza en el propio alumno o alumna, y que nuestra labor consiste en acompañarlos con propuestas motivadoras, activas y que despierten su interés genuino por aprender. Creo en una escuela que transforma, que acoge y que potencia lo mejor de cada persona.

Desde que comencé mi camino como docente, he sentido una profunda vocación por acompañar a los alumnos no solo en su aprendizaje académico, sino también en su desarrollo personal y espiritual. Como profesora de Religión, mi mayor motivación es ayudar a los niños y niñas a construir su propio camino, ofreciéndoles herramientas para reflexionar, conocerse mejor, respetar a los demás y comprender el mundo desde una mirada más humana, abierta y compasiva.

Uno de los aspectos que más valoro de esta labor es la diversidad que encuentro en el aula: diferentes culturas, creencias, formas de pensar y de sentir. Esta riqueza me permite generar espacios de diálogo, escucha y respeto donde cada alumno puede expresarse con libertad. Además, uno de los mayores regalos de esta profesión es el cariño que los niños me muestran, tanto hacia mí como persona como hacia la asignatura. Saber que se sienten a gusto, que confían en mí y que disfrutan con lo que aprenden es para mí una fuente constante de motivación.

Sin embargo, no puedo dejar de reconocer algunas de las dificultades con las que me he encontrado. La asignatura de Religión, en muchas ocasiones, sufre el reflejo de los prejuicios y tensiones presentes en la sociedad. A menudo, he sentido cómo otros profesionales del centro la infravaloran o la consideran prescindible, lo que representa un reto diario. A pesar de ello, sigo creyendo firmemente en el valor educativo de la Religión como espacio para formar personas más empáticas, críticas, solidarias y conscientes de su papel en el mundo.

Mi vocación se alimenta cada día de pequeñas experiencias, de conversaciones, de gestos, y, sobre todo, del convencimiento de que educar no es solo transmitir contenidos, sino acompañar a cada alumno en el descubrimiento de sí mismo y de los demás. Y eso, para mí, es profundamente significativo.

La Delegación Episcopal de Enseñanza es un pilar fundamental para nosotros. Siempre está ahí cuando lo necesitamos y es uno de los mayores apoyos hacia nuestra labor como docentes. Siempre han creído en nosotros y en nuestro trabajo, lo que hace que sea más fácil realizar nuestra tarea.

Por último, desde mi experiencia como profesora de Religión, la misión de la Iglesia en la sociedad va mucho más allá de transmitir conocimientos religiosos. Es una labor muy importante hoy día, ya que se trata de formar personas íntegras, críticas y con valores sólidos, capaces de comprometerse con el bien común.

Mi tarea como docente es sembrar, acompañar y despertar en ellos preguntas profundas sobre el sentido de la vida, la justicia, la solidaridad, el perdón, el amor y la espiritualidad, haciendo visible el mensaje de Dios a través de gestos, actitudes y relaciones cotidianas.

Uno de los aspectos que más valoro de esta labor es la diversidad que encuentro en el aula: diferentes culturas, creencias, formas de pensar y de sentir. Esta riqueza me permite generar espacios de diálogo, escucha y respeto de cada alumno puede expresarse con libertad. Además, uno de los mayores regalos de esta profesión es el cariño que los niños me muestran, tanto hacia mí como persona como hacia la asignatura. Saber que se sienten a gusto, que confían en mí y que disfrutan con lo que aprenden es para mí una fuente constante de motivación.

53. La Iglesia tiene un papel fundamental en la sociedad a través de la educación en valores

Patricia Valls Mansilla, profesora de Religión en Educación Infantil y Primaria

Soy de Cabeza del Buey, un pequeño pueblo de la provincia de Badajoz. A finales de octubre de 2020 se me propuso la oportunidad de comenzar a trabajar como profesora de Religión y en poco más de un mes me asignaron mi primer colegio.

Este cambio supuso una gran transformación en mi vida, ya que me trasladé a vivir a Madrid. A pesar de las dificultades del momento, del cambio y de tener que adaptarme a una gran ciudad, lo afronté con ilusión y esfuerzo. Con el tiempo me fui adaptando y hoy día puedo decir que estoy muy contenta con esta nueva etapa.

Desde hace cinco cursos tengo el privilegio de ejercer como profesora de Religión, una labor que inicié en noviembre de 2020, en plena pandemia. Aquel año, marcado por la incertidumbre y los desafíos, supuso también una etapa de gran aprendizaje y crecimiento personal para mí. Mi trayectoria ha transcurrido por diversas vicarías (I, V y VII), colegios y zonas de la Comunidad de Madrid, lo que me ha permitido conocer distintas realidades educativas y sociales. Cada centro en el que he trabajado me ha aportado valiosas experiencias, enseñanzas y desafíos que han contribuido a mi evolución como docente y como persona.

Comencé mi andadura en el CEIP Federico García Lorca (Alcobendas), en un contexto complicado debido a las restricciones por el COVID-19. La enseñanza se desarrollaba con desdobles y limitaciones de espacio, lo que me llevó a compartir aula y clases con atención educativa. Aquel primer contacto con la docencia estuvo marcado por el miedo y la incertidumbre, pero también por el descubrimiento de mi vocación.

A mediados de mayo de ese mismo curso, me trasladé al CEIP Pintor Rosales (Madrid), donde finalicé el año escolar con más seguridad y confianza. En septiembre, Paco me ofreció la oportunidad de incorporarme al Núria Espert (Valdebebas), donde tuve que impartir clases en el comedor y trabajar con agrupación de aulas. A pesar de que las restricciones y las condiciones derivadas del COVID-19 habían mejorado, los profesores de Religión, como en muchos otros centros, no disponemos de aula propia. Por esta razón, nos vemos obligados a dar las clases en los espacios disponibles, lo que genera distracción y dificulta el normal desarrollo de las actividades. La falta de recursos y medios adecuados hace que las clases no se puedan llevar a cabo con la calidad deseada. Desde entonces, he pasado por otros centros como el CEIP Siglo XXI (Las Rozas), el Federico García Lorca (Majadahonda) y, actualmente, el Manuel de Falla (Villaverde). A diferencia de años anteriores, en los últimos cursos he contado con aula propia, lo que facilita considerablemente el desarrollo de las clases. Tener un espacio propio me permite organizar el material y la decoración de manera constante durante todo el curso, mejorando así la experiencia tanto para los alumnos como para mí.

Cada colegio ha sido una nueva aventura, con sus propios retos y particularidades, pero todos han dejado una huella en mi trayectoria docente. Mi vocación como profesora de Religión nace de una conexión profunda con la Iglesia desde mi infancia. Desde pequeña, mi familia me inculcó los valores cristianos, y cuando se me presentó la oportunidad de compartirlos con los más pequeños, no lo dudé ni un instante. Considero que la educación en la fe es un pilar fundamental en la formación integral de los niños, pues les ayuda a desarrollar valores, sensibilidad y un sentido trascendente de la vida.

Mi objetivo no es solo transmitir conocimientos, sino tocar corazones. Cada día me esfuerzo por hacer que la asignatura sea cercana, significativa y enriquecedora para mis alumnos. La mayor recompensa es ver su entusiasmo, escucharlos decir con ilusión que soy "la mejor profe de Religión" o presenciar cómo algunos, aún sin pertenecer a la asignatura, muestran interés y piden permiso a sus padres para participar en ella.

Especialmente emotivo es cuando alumnos de atención educativa o de otras religiones se sienten atraídos por el contenido de la clase. Esto me confirma que la enseñanza de la Religión no solo es necesaria, sino que despierta en muchos corazones una búsqueda de valores y sentido.

Como en cualquier labor, he encontrado dificultades en el camino. En algunos colegios, los recursos son limitados y la motivación de los alumnos no siempre es la ideal, y cuando se suma la falta de empatía por parte de algunos equipos directivos hacia nuestras creencias, así como la sensación de ser excluidos del claustro, la labor se vuelve aún más difícil y se genera un ambiente negativo. Sin embargo, estos obstáculos me han impulsado a innovar y buscar nuevas estrategias pedagógicas. Para hacer la asignatura más atractiva, he apostado por la creatividad: juegos didácticos, dinámicas participativas, formación en nuevas tecnologías e inteligencia artificial (IA). Adaptarse a las nuevas herramientas y metodologías es clave para mantener el interés de los niños y hacerles ver que la enseñanza religiosa también puede ser innovadora y emocionante.

En este camino, la Delegación Episcopal de Enseñanza ha sido un pilar fundamental. Gracias a sus encuentros, seminarios y cursos, he encontrado apoyo, formación y motivación para seguir desempeñando mi labor con entusiasmo y compromiso. Su trabajo es esencial para fortalecer nuestra presencia en la escuela y dotarnos de herramientas que nos ayuden a transmitir el mensaje de Jesús en el aula. En especial, quiero expresar mi más sincero agradecimiento a Inmaculada, Paco y Nieves, quienes, aunque ya no forman parte de la Delegación, fueron un gran apoyo y acompañamiento durante todo este tiempo. Su dedicación y cercanía han sido esenciales en mi crecimiento como docente y siempre llevaré conmigo su huella. Y también mencionar a Amparo, mi actual coordinadora, que se ha mostrado muy cercana ayudándome en todo lo que he necesitado a pesar de llevar muy poco tiempo en esta vicaría.

Ser profesora de Religión es mucho más que impartir una asignatura: es una vocación y una misión. La Iglesia tiene un papel fundamental en la sociedad a través de la educación, formando personas con valores, sensibilidad y un sentido profundo de la vida. Me siento afortunada de formar parte de esta labor y de poder sembrar, día a día, semillas de fe y amor en el corazón de mis alumnos. Porque más allá de los libros y los contenidos, lo que realmente permanece es el testimonio, el cariño y la huella que dejamos en cada niño. Y ese, sin duda, es el mayor regalo de mi profesión.

> Mi objetivo no es solo transmitir conocimientos, sino tocar corazones. Cada día me esfuerzo por hacer que la asignatura sea cercana, significativa y enriquecedora para mis alumnos. La mayor recompensa es ver su entusiasmo, escucharlos. Especialmente emotivo es cuando alumnos de atención educativa o de otras religiones se sienten atraídos por el contenido de la clase. Esto me confirma que la enseñanza de la Religión no solo es necesaria, sino que despierta en muchos corazones una búsqueda de valores y sentido.

54. ME QUEDO CON EL AMOR QUE ME LLEVO A MI HOGAR TODOS LOS DÍAS

Tanya López Palacios, profesora de Religión en Educación Infantil y Primaria

Soy maestra de Educación Infantil, especialista en Atención temprana. También soy madre, amiga y compañera de trabajo de todos aquellos y aquellas con los que he podido disfrutar y aprender, de los cursos académicos que han ido pasando por mí. Sin el objetivo principal, disfrutar, no hubiera sido tan significativo.

Empecé en la delegación en enero de 2022, en una época que podríamos denominar post-covid. Salvando las asperezas de los dos años anteriores tan duros para la enseñanza, en los cuales la capacidad adaptativa lo fue todo para los centros educativos. Ese enero de 2022 recibí la llamada de Paco. Fue toda una alegría para mí, todo un regalo.

Los años siguientes han ido pasando por mí arrolladoramente, auténticos años de enseñanza-aprendizaje, con una maternidad de por medio que también me ha ido moldeando cara a mis alumnos y alumnas. Maternidad que ha hecho aún más presente, en mí, a Dios. Años llenos de experiencias positivas y también negativas.

Me quedo con los cambios minúsculos en mis alumnos, que, por pequeños que hayan sido, han supuesto un verdadero gran paso en sus vidas. Esos cambios que, a su vez, me han propuesto situaciones de difícil desempeño, que nos han enseñado, tanto a ellos como a mí, a valorar aún más el esfuerzo que ponemos en nuestra tarea diaria.

Me quedo con las canciones, bandas sonoras de mis aulas, con los trabajos, llenos de color y entusiasmo, que han ido decorando paredes vacías. Me quedo con la felicidad con la que entran en mi aula, el amor que me profesan, la felicidad que llena cada rincón.

Me quedo también con el amor que me llevo a mi hogar todos los días, intentando siempre al día siguiente volver a llenar sus almas del regalo de Dios: el amor.

Quiero hacer referencia a los cursos y seminarios de la delegación, que han ido cimentando mis conocimientos. Cursos que me han llenado de otras experiencias y aprendizajes, con los que también ¡me he llevado compañeros!

Y, por último, no puedo no mencionar a: María Victoria Gómez, Mariví (CEIP Pinar de San José) de la vicaría 6, a Soledad y sobre todo a Fefi (Josefa Carrasco) (CEIP Pinar de San José), dado que este es su último año. Quiero darles las gracias por todo, por estar ahí a cada paso que he ido dando y que daré, nunca mejor dicho, "si Dios quiere". Por darme los mejores consejos. Simplemente "por estar", sin preguntar. Y sobre todo por escuchar. Porque a veces los problemas solo necesitan una escucha activa, sin opinión o consejo. Y ante todo, dar las gracias a la delegación por confiar en mi labor docente.

Me quedo con las canciones, bandas sonoras de mis aulas, con los trabajos, llenos de color y entusiasmo, que han ido decorando paredes vacías. Me quedo con la felicidad con la que entran en mi aula, el amor que me profesan, la felicidad que llena cada rincón.

55. Ser profesor de Religión es mucho más que enseñar, es estar cerca de sus primeras preguntas sobre la vida

Trifón Valera Flores, profesor de Religión en Educación Infantil y Primaria

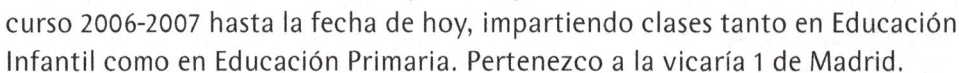

Soy profesor en el Colegio Arco de la Sierra, en la localidad de El Molar. Llevo trabajando aquí desde el curso 2006-2007 hasta la fecha de hoy, impartiendo clases tanto en Educación Infantil como en Educación Primaria. Pertenezco a la vicaría 1 de Madrid.

Para mí, ser profesor de Religión es mucho más que enseñar la asignatura de Religión... es una vocación. Es acompañar a los más pequeños en su crecimiento, no solo intelectual, sino también personal y espiritual. Es estar cerca de sus primeras preguntas sobre la vida, sobre Dios, sobre lo que está bien o mal, y ayudarles a descubrir que la fe puede ser algo que les acompañe siempre, con libertad y con sentido.

Lo que más me llena de este trabajo es ver cómo, incluso desde muy pequeños, los niños son capaces de sorprenderse, de emocionarse, de tener gestos de generosidad y profundidad y hacerme a mí también partícipe de ello. A veces, una frase espontánea, una reflexión en clase o una actitud en una celebración te hace pensar: "esto merece la pena".

Por supuesto, también hay retos y momentos difíciles, no siempre es fácil mantener el interés o transmitir la importancia de esta asignatura en un mundo que a veces vive de espaldas a lo religioso y al proceso de la fe. Pero sigo convencido de que cada gesto, cada historia, cada valor que sembramos puede marcar una diferencia en cada uno de mis alumnos y alumnas.

Después de tantos años, sigo creyendo que educar en la fe, en el amor, en el respeto, sigue siendo una misión bonita, importante y necesaria. Y si en algo puedo ayudar a que mis alumnos crezcan con más luz y esperanza, entonces mi vocación está cumplida.

> Lo que más me llena de este trabajo es ver cómo, incluso desde muy pequeños, los niños son capaces de sorprender, de emocionarse, de tener gestos de generosidad y profundidad y hacerme a mí también partícipe de ello. A veces, una frase espontánea, una reflexión en clase o una actitud en una celebración te hace pensar: "esto merece la pena".

56. Estoy agradecida por ser profesora de Religión

Verónica de Pinto Castellano, profesora de Religión en Educación Infantil y Primaria

Soy profesora de Religión de Primaria desde 2005, ¡madre mía cómo pasa el tiempo! Ahora estoy en la vicaría VI (mis centros pertenecen a Aluche), pero hasta llegar aquí he pasado por un proceso importante, pues yo venía de un centro de Educación especial de adultos en el que desarrollaba mi labor como educadora inicialmente los fines de semana y posteriormente en el Centro Ocupacional entre semana, y, cierto es, que aprendí mucho y también me llevé muchas lesiones, disgustos y tristeza porque no era capaz de avanzar debido a que tenía muy delimitada mi evolución. Es por ello por lo que se me ocurrió la idea de que, ya que había cursado las asignaturas de DECA en el CES Bosco, ¿por qué no echarlo (el cv)?, ¿por qué no intentar hacer algo que me gusta? Así que me armé de valor y pedí una excedencia (que ya estaba concedida en el centro en el que trabajaba), hice mi examen en la delegación y la entrevista con Paco Puértolas y, al poco tiempo, me enviaron resultados y me dijeron que ya me llamarían. Y así fue, efectivamente coincidió con mi excedencia cuando me llamaron de la DAT Madrid Capital para ofrecerme un contrato de sustitución en el CEIP Rufino Blanco, efectivamente no me lo pensé y directamente me lancé a la piscina. Sabía que era algo que yo quería hacer y a lo que dedicarme y más viniendo de una familia muy católica en la que he nacido y me he criado, estaba en mi ADN.

Los primeros días fueron un mar de dudas, de querer hacerlo bien, de querer demostrar que era lo que quería hacer y que la confianza que habían depositado en mí se viera reflejada en mi trabajo en forma de agradecimiento. Posteriormente me volvieron a llamar para hacer otra sustitución, pero en este caso era en la vicaría VI y, casualidades de la vida, en uno de los centros en los que yo tengo mi plaza (CEIP Hernán Cortés), y nuevamente aprendí mucho.

Posteriormente me llamaron para hacer sustituciones en otros centros. La experiencia fue muy positiva y enriquecedora ya que era cuestión de organizarse. Aquel año salió adelante y seguí formándome (Universidad de Otoño, cursos...), y dentro de esta vorágine de organización la Comunidad de Madrid me notifica que me hacen indefinida. Aquello me llenó de orgullo y me dio energía para continuar con mi labor y en ese año me empecé a plantear formarme aún más y con rigor universitario, de tal manera que decidí matricularme en CCRR (San Dámaso) de forma presencial, decidí coger asignaturas sueltas ya que no quería dejar de lado las clases de Religión, pues era mi prioridad. Y en mis ratos libres acudía a la parroquia e incluso iba de monitora a los campamentos; de hecho, el propio párroco siempre se sorprendía cuando me ofrecía de voluntaria para ir de monitora e incluso cuando íbamos al Camino de Santiago.

El siguiente paso fue coger un centro de un 100 % de jornada, de tal manera que iba a tener dos coordinadoras: Encarnación (vicaría VII) y Nieves (vicaría I). A pesar de algunas dificultades me sentí acompañada por la Delegación de Enseñanza (Avelino, Paco G, Paco P, Toni...), los compañeros de vicaría y mi director espiritual, y con respecto a la Universidad continuaba con mis asignaturas sueltas, y cómo no recordar aquellas salidas que hacíamos a principio de curso.

El tiempo se me paró cuándo, en 2016, a mi padre le diagnosticaron una enfermedad muy grave que desgraciadamente se lo llevó en 2018. Hubo una época, hasta que se descubrió la enfermedad, que estuve trabajando, recibiendo apoyo por parte de algunos compañeros y el quitarle hierro por parte de otros; en cualquier caso, di un paso al frente y decidí –por supuesto contando con el apoyo de la Delegación de Enseñanza, así como mi coordinadora– pedir una baja para poder acompañar a mi familia y a mi padre en esos momentos. Jamás podré olvidar el cariño, el ánimo y el cuidado con el que me trataron desde la delegación, porque no podía estar en clase hablando de la Buena Noticia cuando yo estaba hecha un mar de dudas y mi cabeza estaba en el hospital. Una vez mi padre se marchó estuve un tiempo cuidándome y recuperándome, siempre contando con el apoyo del Equipo de Delegación de Enseñanza, y llegó el momento de incorporarse y de mostrar que tenía mucho que ofrecer y mostrar a esos alumnos. Así después vino la pandemia, y lo que se supone que iba para 15 días acabó siendo tres meses, y dando gracias a Dios, rezando mucho por aquello: familiares, víctimas, compañeros, alumnos, y sorteando todas aquellas dificultades que se nos plantearon.

Hoy día sigo en los mismos centros, sigo formándome y creciendo y dándolo todo: fines de semana (preparando las clases, pensando cómo me puedo acercar a este o a aquel alumno, cómo puedo adaptar este material, contando con la ayuda de familiares y amigos (madre, sobrinos), apoyo de sacerdotes y acudiendo a la parroquia.

Entre medias, he de decir que aprobé Ciencias Religiosas y me preparé DECA de Secundaria. Confieso que ha habido momentos no ausentes de dificultades, pero que siempre se han compensado cuando te encuentras alumnos que ya no están en el centro y familias que te dan las gracias por hacer presente a Cristo y el Evangelio en las aulas, y también confieso que me gustaría seguir creciendo, pero si tuviera que volver a comenzar, sin duda alguna volvería a ser profesora de Religión.

> Confieso que ha habido momentos no ausentes de dificultades pero que siempre se han compensado cuando te encuentras alumnos que ya no están en el centro y familias que te dan las gracias por hacer presente a Cristo y el Evangelio en las aulas, y también confieso que me gustaría seguir creciendo, pero si tuviera que volver a comenzar, sin duda alguna volvería a ser profesora de Religión.

57. Ser profesora de Religión
ha sido mi mejor decisión

Noemí Muñoz Banderas, profesora de Religión en Educación Infantil y Primaria

Desde que era pequeña, mi sueño era ser profesora. Ya en casa jugaba con mi familia o peluches a impartir clase y enseñar los conocimientos que yo iba adquiriendo. Durante mi infancia y adolescencia ese sueño no cambió y cuando terminé el instituto era una de las pocas personas que tenía muy claro que iba a entrar en la universidad para estudiar magisterio de Educación Primaria.

Durante esa etapa tuve la ocasión de formarme y de impartir clases a variedad de alumnos con distintas necesidades y edades. Todo ello ayudó a dar forma a la persona y la profesora que soy ahora mismo.

Compaginaba mis clases en la universidad y las clases que yo impartía con mis tareas en la parroquia. Era monitora de ocio y tiempo libre y catequista, y los fines de semana, junto con más amigos, los pasábamos haciendo actividades para chicos y chicas de la parroquia. Las convivencias, las actividades semanales y, sobre todo, los campamentos contribuyeron a mi formación religiosa y a un aumento de mi gusto por la enseñanza de los valores cristianos.

Finalmente, obtuve mi grado de Educación Primaria con mención en Inglés y Pedagogía terapéutica, y por supuesto con la obtención de la DECA.

Hasta aquí mi vida iba progresando año a año, pero llegó el final de la universidad y no fue tan maravilloso como pensaba. Encontrar un puesto como profesora en un colegio era mucho más complejo. Por supuesto, seguía activa haciendo cursos, impartiendo clases particulares, trabajando como profesora de extraescolares de danza y en algún puesto no educativo, pero con el mismo objetivo, estudiar más y conseguir ser maestra en un colegio.

Fue en 2019 cuando llegó mi oportunidad, me llamaron para una sustitución y por fin pude estrenarme como maestra. ¡Qué felicidad! Desde entonces, aunque a veces no era todo el curso escolar, estuve activa compaginando el trabajo de profesora por la mañana con otros por la tarde o los fines de semana.

Mi formación en Pedagogía terapéutica y mi formación cristiana han sido dos pilares fundamentales para el desarrollo de mi metodología. Entender las diferentes necesidades que podemos encontrarnos en el aula y tener la fe como apoyo y guía para superar el día a día de un colegio e intentar ser un ejemplo de vida para el alumnado han ido dando forma a la profesora que soy hoy.

En 2022-2023 tuve la entrevista en la delegación y justo en el curso 2023-2024 me llamaron para trabajar. Ese año fue el primero en el que me convertí en Noemí, la profe de Religión. Sin duda, es una experiencia distinta. Desafortunadamente, en las clases de Religión nos encontramos con aulas muy poco numerosas, pero esta faceta tiene una ventaja maravillosa. Al ser grupos reducidos, podemos conectar de una forma muy especial con los alumnos, convirtiéndonos en ocasiones en una persona muy importante para ellos con la que pueden expresarse abiertamente.

Al mismo tiempo, en la mayoría de los casos, al ser una materia optativa y que está vinculada a una forma de vida, el interés del alumnado suele ser mayor, pero es cierto que la decisión de las familias actualmente para escoger esta materia, en muchos casos no suele ser por su fe, sino por un "capricho" del alumno o porque a veces piensan que es una materia menos significativa en la que el alumnado puede obtener mejores resultados.

En mi opinión, los profesores de Religión tenemos una responsabilidad muy grande. De nosotros depende que el alumnado en los diferentes centros siga eligiendo la formación religiosa en lugar de la alternativa. Es por ello por lo que debemos formarnos muy bien e impartir unas clases que sean educativas y atractivas para garantizar la conservación de esta materia en los centros públicos.

Por otro lado, los profesores de Religión somos muy afortunados, ya que contamos con una red de apoyo muy grande. Desde la delegación siempre estamos informados, y con la participación en los eventos religiosos, o gracias a la asistencia a los cursos de formación, nos vamos conociendo unos a otros. A diferencia de otras especialidades, esta comunicación tan continuada y cercana nos facilita mucho algunas de las gestiones que el maestro debe hacer a lo largo del curso. Al mismo tiempo, los eventos sociales nos ayudan a mantener una conexión religiosa con nuestros compañeros para no perder el foco de nuestra enseñanza, teniendo a Jesús como el maestro por excelencia.

Definitivamente, escoger ser profesor de Religión es una gran decisión. Poder trasmitir en el aula tus conocimientos y tus experiencias de fe es algo muy especial.

> Mi formación en Pedagogía terapéutica y mi formación cristiana han sido dos pilares fundamentales para el desarrollo de mi metodología. Entender las diferentes necesidades que podemos encontrarnos en el aula y tener la fe como apoyo y guía para superar el día a día de un colegio e intentar ser un ejemplo de vida para el alumnado han ido dando forma a la profesora que soy hoy.

58. Mi experiencia en la Plataforma de Profesores de Religión

Amelia Álvarez Rodríguez,
profesora de Religión en Secundaria

Llegado el tiempo de la jubilación, miro hacia atrás y recuerdo mi contribución con este proyecto. En 2006 se inició la tramitación de la nueva ley de educación LOE. El profesorado de Religión estaba muy preocupado por el futuro. De hecho, se iniciaron contactos entre el gobierno del PSOE y la CEE para plantear un nuevo modelo de presencia del docente de Religión (dejaría de ser empleado público para pasar a ser personal subcontratado por las autoridades religiosas). Las noticias que llegaron a los y las docentes de Religión hizo que se rebelarán contra ese intento de precarizar más su situación y ese proyecto se paralizó. En esta rebelión colectiva hay que destacar al profesorado andaluz que supo movilizarse y catalizar a todo el Estado.

En ese contexto de incertidumbre por el futuro, decidí moverme y comencé a contactar con docentes de Religión de todo el Estado, me reuní con autoridades de la Administración y de la Iglesia para buscar una solución definitiva al colectivo que salvaguardase su dignidad laboral, profesional y personal.

Busqué otros docentes de Religión que tuvieran experiencia en la negociación de condiciones laborales dignas para el profesorado de Religión. Y envié mensajes tanto al norte (Pablo de la Iglesia, del País Vasco) como al sur (Rafael Martín, de Andalucía) y al centro (Luis Gutierrez, Antonio Roura, Carlos Esteban y Pedro, de Madrid). Y luego se unieron otros docentes (Fernando de Navarra, Bernard Villalonga, de Cataluña; Maestro Pedro de Málaga, M.ª Jose Soria, de Extremadura...) y entre todos y todas constituimos la denominada Coordinadora de profesores de Religión.

Todos estos docentes de Religión remamos al unísono para buscar fórmulas en favor de la estabilidad laboral del profesorado de Religión y comenzamos a mantener encuentros con grupos políticos y responsables eclesiales para encontrar un camino de consenso.

A mí me tocó moverme por el Congreso de los Diputados presentando la necesidad de regularizar al profesorado de Religión en esa ley educativa y también acudí a la Conferencia Episcopal para encontrar apoyo en esta lucha.

En ese proyecto de incluir al profesorado de Religión, encontré receptividad positiva en EAJ-PNV, en concreto en Aitor Esteban, que en aquel tiempo era su portavoz en el Congreso. Recuerdo una reunión con Aitor y Alfredo Rubalcaba (PSOE) en la que Aitor le planteó a Alfredo redactar un texto de consenso en relación con el profesorado de Religión para incluir en la ley. Así Aitor comenzó a redactar el texto de lo que luego se conocería la Disposición Adicional Tercera conjuntamente conmigo y con el grupo de docentes de la Coordinadora.

Luego, Aitor lo negoció con Alfredo. Así surgió el texto de la Disposición Adicional Tercera de la LOE. Fueron muchas las reuniones que mantuve con congresistas de todos los colores. También el resto de los docentes de la Coordinadora se reunieron con agentes políticos de sus territorios para socializar la necesidad de apoyar el texto de la Disposición Adicional Tercera, que obtuvo un gran consenso entre diferentes.

También fueron muchas las reuniones que mantuve con la CEE, con Monseñor Ricardo Blazquez y Monseñor Antonio María Rouco para obtener el apoyo de las autoridades eclesiásticas al texto.

El resultado de este trabajo fue que la Disposición Adicional Tercera de la LOE fuese respaldada por la casi totalidad del arco parlamentario. Y, de hecho, el texto de amplio consenso ha sido respetado en su integridad por las leyes posteriores LOMCE y LOMLOE.

Este texto, que se mantiene vigente, ha servido al País Vasco para mejorar aún si cabe su convenio colectivo consiguiendo, por este marco legal, la fijeza laboral del profesorado de Religión en mayo de 2009. Este marco legal de la LOE también ha servido para afianzar acuerdos de estabilidad laboral del profesorado en Cataluña y Galicia.

Solventada la cuestión laboral, quedaba el estatus de la asignatura de Religión amenazada por criterios ideológicos de los nuevos gestores del PSOE. No me quedé parada y moví a unos y a otros hasta que se gestó un encuentro en El Escorial, con la financiación de la revista *Religión y Escuela*, al que acudieron personalidades diferentes del mundo educativo. Entre las personas que participaron en el encuentro estuvo Gómez Llorente del PSOE, compañero de claustro. En aquel encuentro se llegó a la conclusión que la educación integral del alumnado tenía que serlo de manera total, abordando todas las dimensiones de la persona, incluida la dimensión transcendente. Gómez Llorente consiguió que en la LOE, en Secundaria, además del estudio asistido como alternativa a la asignatura de Religión confesional, se impartiese la asignatura de Historia y Cultura religiosa desde claves aconfesionales, pero con el objetivo de que el alumnado no fuera un analfabeto religioso.

Esta propuesta tuvo su reflejo en algunos planes experimentales, tanto en el País Vasco como en Cataluña, que trabajaron la asignatura propuesta en la anterior ley orgánica (LOCE) denominada Sociedad, Cultura y Religión, con ese mismo objetivo. Estos proyectos decayeron cuando la nueva ley educativa imposibilita que la posible asignatura de Cultura religiosa, que figura en la Disposición Adicional Segunda, pueda ser una alternativa a la asignatura de Religión confesional. Luego habrá que esperar a una nueva ley educativa que solvente la cuestión del analfabetismo religioso.

Tras la LOE, llegó la LOMCE que recuperó el rango de asignatura fundamental, pero trajo otra bomba de relojería (la reducción de la carga horaria a una hora semanal). Durante una serie de años, el grupo de la Coordinadora estuvo inactivo. Lamentablemente, con la LOMLOE volvieron los ataques contra la asignatura de Religión al quitarle el rango de asignatura equiparable al resto de las asignaturas fundamentales y quedar relegada a una asignatura ofertada de manera obligada por cumplimiento de acuerdo internacional con el Vaticano, siendo voluntaria cursarla o no cursarla por el alumnado. Los alumnos y alumnas que no la cursasen tendrían que ser "debidamente atendidos", sin que en ese crédito horario se pudiera reforzar el currículo de las otras asignaturas ni abordar el hecho religioso (es decir, se prohibía una asignatura de Historia y cultura religiosa, como en la LOE, y se alentaba el analfabetismo religioso).

La LOMLOE rechazó todos los avances de la LOMCE en el tema de la asignatura de Religión, pero sí asumió la reducción de la carga horaria al mínimo de una hora semanal. Esta disminución de la carga horaria tuvo su impacto en el profesorado de Religión pues tanto en autonomías gobernadas por el PSOE como por el PP se aplicó en toda su crudeza el artículo 4 del RD 696/2007. Solo se salvaron de estos ataques el profesorado de Religión del País Vasco (protegidos por su Convenio Colectivo) y el profesorado de Galicia y Cataluña (por sus acuerdos de estabilidad). Luego también el profesorado navarro consiguió la estabilidad (gracias a una Orden foral). En el resto de las comunidades autónomas los sindicatos representativos del colectivo han intentado diversas iniciativas para garantizar una cierta estabilidad laboral del profesorado de Religión, unas veces con éxito y otras no.

En esta situación de incertidumbre, nuevamente conseguí activar la Coordinadora de profesores de Religión, consiguiendo nuevas incorporaciones de prácticamente todas las comunidades autónomas. Animé al colectivo a asumir su capacidad de lucha y resistencia ante la injusticia de la situación y viajé a muchos sitios animando a los y las docentes de Religión a no decaer en el pesimismo y mantener el espíritu de lucha. Conseguí que ser retomasen las reuniones de la Coordinadora con agentes políticos y sindicales, así como con autoridades eclesiales.

Volví a reunirme con agentes varios (políticos, sindicales...), planteando la necesidad de llegar a acuerdos de estabilidad de las diversas Comunidades Autónomas con el profesorado de Religión y sus representantes sindicales, y animé al resto de los compañeros y compañeras de la Coordinadora a hacer lo mismo en sus autonomías. Las Administraciones Públicas no podían desentenderse de unos empleados públicos en un grado alto de vulnerabilidad laboral.

Y todo ello sin desatender mis clases en el instituto en el que he recibido numerosos homenajes y reconocimientos tanto del claustro como del profesorado y de toda la comunidad educativa. Un proyecto de bienestar emocional que gestioné recibió reconocimiento del Ayuntamiento.

El profesorado estaba preocupado por el futuro. Las noticias que llegaban a los docentes han sido, en ocasiones, muy preocupantes. Por eso fue necesario asociarse y moverse para mejorar las condiciones laborales. Ahora que se acerca mi jubilación mantengo la esperanza de que finalmente pueda llegarse a una solución definitiva, tanto en el ámbito de la estabilidad laboral del profesorado como de la dignidad de la asignatura en la escuela.

59. LAS CONDICIONES DE TRABAJO HAN MEJORADO NOTABLEMENTE

Gema Blasco Moreno, profesora de Religión en Educación Infantil y Primaria

Empecé a trabajar como profesora de Religión en 1990. Terminé la carrera de magisterio y en septiembre contactaron conmigo para ir como profesora al que había sido mi colegio. Me quedé sorprendida porque mis planes eran seguir estudiando (me había matriculado ya en Geografía e Historia), pero acepté la propuesta. Al principio compaginaba las clases con mis estudios. Quería seguir formándome, pero tenía clarísimo que me gustaban los pequeños para trabajar.

Tengo que decir que a lo largo de más de treinta años que llevo ejerciendo la profesión solo he pasado por dos colegios. El primero, como dije anteriormente, fue mi cole y estuve más de veinte años en él y en la actualidad estoy trabajando en otro cole más cerca de mi residencia actual. Desde pequeña sentí la vocación de maestra. Cuando llegaba a casa después del cole jugaba a ser profesora con mis muñecas.

Cuando contactaron conmigo para ser "profe de Reli", lo acepté sin más. Lo que no imaginaba en ese momento es que fuera a ser "profe de Reli" toda mi vida laboral. Pasados los años estoy muy contenta con esta misión porque combina mi vocación de maestra con mi fe. En la actualidad no me imagino haciendo otra cosa.

Lo más positivo de este trabajo es el trato con los niños y la tarea tan bonita que es educar. La vocación es fundamental y hace que pueda superar las dificultades que surgen en el trabajo. Hace años la situación laboral era muy complicada. En la actualidad las condiciones de trabajo han mejorado notablemente.

En general he tenido mucha suerte durante estos años con mis compañeros. Pero a veces me ha hecho sentir que somos los últimos. En estas ocasiones pienso en los alumnos y sigo hacia delante.

En este año que celebramos los cincuenta años de la delegación hay que decir que me hace sentir que tenemos a alguien que se preocupa por nosotros y nuestra asignatura y que en caso necesario podemos contar con su ayuda.

La Iglesia tiene una misión educativa muy importante y difícil en estos tiempos. La sociedad actual camina en dirección contraria a nuestros valores. A muchas personas en su familia no les han dado a conocer a la persona de Jesús porque no creen o porque viven de espaldas a la Religión. Muchos niños solo oyen hablar del testimonio de vida de Jesús en nuestra clase y otros solo lo escuchan a través de lo que les puedan contar nuestros alumnos. Por todo ello creo que es muy importante nuestra labor en los colegios. Es una misión muy bonita que a la vez entraña mucha responsabilidad.

> Lo más positivo de este trabajo es el trato con los niños y la tarea tan bonita que es educar. La vocación es fundamental y hace que pueda superar las dificultades que surgen en el trabajo. Hace años la situación laboral era muy complicada. En la actualidad las condiciones de trabajo han mejorado notablemente.

60. LA FE COMO GUÍA DE MI TRABAJO

Ignacio Fernández de la Vega, profesor
de Religión en Educación Infantil y Primaria

En el ámbito cercano soy conocido como Nacho. Me dedico con pasión a la docencia de Religión, una labor que me ha permitido transitar por diversas vicarías a lo largo de este curso académico. Cada centro educativo por el que he pasado ha supuesto una experiencia profundamente enriquecedora, permitiéndome constatar la diversidad socioeconómica de cada enclave y, a su vez, la resiliencia y el entusiasmo infinito que emana de los niños, a pesar de las diversas problemáticas que puedan enfrentar.

Mi trayectoria profesional como docente abarca cerca de ocho años, durante los cuales he tenido el privilegio de impartir clases en múltiples colegios concertados-privados. Ligado a la delegación episcopal desde hace cuatro años, este ha sido mi "bautismo" oficial como profesor de Religión en la modalidad de sustitución, recorriendo, como ya he mencionado, distintas vicarías. Inicié esta senda gracias a la invaluable oportunidad que me brindaron Paco y Sor Luci, a quienes les profeso un profundo agradecimiento. De igual modo, una parte esencial de mi vida religiosa se la debo a mi abuela Pilar que, con su sabiduría y amor incondicional, me inculcó el mensaje infinito de amor a través de la vida de Jesús y las enseñanzas divinas.

Entre los centros donde he ejercido mi vocación y labor docente se encuentran el Raimundo Lulio, Inmaculada Concepción, La Salle Nuestra Señora Maravillas, La Salle San Rafael y Gredos San Diego. Cabe destacar mi paso por este último, donde, pese a su disposición laica, pude ejercer mi labor como profesor de Religión. Tras estas experiencias, he tenido la oportunidad de impartir clases en los CEIP correspondientes a cada vicaría que me ha sido asignada.

Mi vocación hunde sus raíces en la infancia, gracias a la influencia transformadora de mi abuela. Fue ella quien me presentó la vida de Jesús de una manera maravillosa y desinteresada, despertando en mí un interés profundo por su existencia y sus enseñanzas, plasmadas en cada parábola, pasaje, milagro y oración. De esta fuente inagotable he aprendido que el conocimiento es infinito cuando se cimienta en los valores del amor, la amistad, la familia y la unión. La fe, la creencia y la esperanza constituyen los pilares más entrañables de una vida plena de amor, y considero que transmitir estos principios es un privilegio inmenso y una fuente de profundo orgullo personal.

He sido testigo de momentos verdaderamente memorables en el aula. Entre las anécdotas más enriquecedoras, destaco la curiosidad de alumnos con distintas creencias religiosas que han mostrado un genuino interés por comprender el cristianismo. O el hecho de que estudiantes que están en atención educativa acudan a las clases de Religión con entusiasmo, atraídos por la diversidad de recursos y las cautivadoras historias que se comparten. A nivel cultural, histórico y religioso, la asignatura de Religión posee matices y profundidades que no siempre son fáciles de abordar en otras disciplinas.

Recuerdo, por ejemplo, una ocasión en la que un alumno de origen musulmán se acercó al finalizar la clase, fascinado por la parábola del Buen Samaritano. Quería entender cómo el concepto de "prójimo" se expandía más allá de lo esperable, y cómo el amor incondicional podía trascender barreras. Fue un diálogo precioso que trascendió el aula, demostrando la capacidad de la religión para tender puentes y fomentar la empatía. Otra experiencia que atesoro es la de una niña, inicialmente reacia a la asignatura, que un día me entregó un dibujo de la Última Cena, diciéndome: "Nacho, creo que Jesús era muy bueno y quería mucho a sus amigos". Es en esos pequeños gestos, en esa chispa de comprensión y afección, donde reside la verdadera recompensa de mi labor.

Para finalizar, considero que la Iglesia nos confiere un valor añadido al proporcionarnos esa conexión intrínseca con Dios. Es un faro que nos permite liberarnos de nuestros momentos de oscuridad y reconducir nuestra existencia, a menudo entorpecida por las exigencias del día a día, el estrés o la angustia que a veces nos embarga. En este espacio de fe, volvemos a calibrar nuestro espíritu y alma, encontrando el camino correcto para ser mejores personas y superar los tramos difíciles que la vida nos presenta. Es un recordatorio constante de que, incluso en la adversidad, la esperanza y el amor son las brújulas más fiables.

> He sido testigo de momentos verdaderamente memorables en el aula. Entre las anécdotas más enriquecedoras, destaco la curiosidad de alumnos con distintas creencias religiosas. Recuerdo una ocasión en la que un alumno de origen musulmán se acercó al finalizar la clase, fascinado por la parábola del Buen Samaritano. Quería entender cómo el concepto de "prójimo" se expandía más allá de lo esperable, y cómo el amor incondicional podía trascender barreras. Fue un diálogo precioso que trascendió el aula, demostrando la capacidad de la religión para tender puentes y fomentar la empatía.

61. Simplemente, gracias

Javier Álvarez Gómez, profesor de Religión en Educación Infantil y Primaria

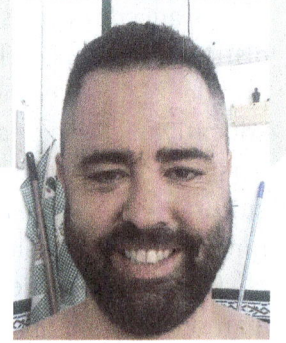

Hoy me dedico con pasión a la enseñanza de la Religión, pero mi camino hasta aquí fue largo y no exento de dificultades. Antes de convertirme en profesor, trabajaba en otro sector nada parecido, un campo que, aunque me proporcionaba estabilidad, no llenaba mi vida de sentido. Cada día me encontraba más insatisfecho y frustrado, luchando por encontrar

274

una motivación genuina en lo que hacía. A pesar de tener un trabajo estable, sentía que algo fundamental me faltaba: el propósito. Me di cuenta de que, aunque tenía todo lo que "debería" tener, mi alma no encontraba descanso. Fue entonces cuando, después de un tiempo de reflexión y de escuchar mi corazón, decidí cambiar radicalmente de rumbo.

En 2022, a pesar de los temores y las dudas, decidí emprender un viaje hacia lo que en mi interior siempre había sentido: la vocación de ser profesor de Religión. Este cambio de vida no fue una decisión fácil, pero sentí, en lo más profundo de mí mismo, que era el paso necesario. Desde el momento en que tomé esta decisión, mi vida comenzó a transformarse. El vacío que sentía se empezó a llenar con la satisfacción de saber que mi labor tenía un propósito real y profundo. Ser testigo del crecimiento espiritual y académico de los jóvenes, acompañarlos en su proceso de descubrimiento personal y de fe, me dio una alegría que nunca antes había experimentado. Sentí que, por fin, estaba en el lugar en el que debía estar.

No solo fue un cambio en mi carrera profesional, sino también en mi vida personal. Estoy casado y tengo dos hijos pequeños, que han sido mi mayor apoyo a lo largo de todo este proceso, al igual que mi hermano Carlos (que también es profesor de Religión) y mi madre. Ellos, al igual que yo, han sido testigos de cómo este cambio ha reavivado mi pasión y mi vocación. Ellos han visto cómo me levanto cada día con una sonrisa, con la satisfacción de que, a pesar de las dificultades que puede conllevar el ser un profesor sustituto, mi trabajo tiene un impacto real en las vidas de los estudiantes. La oportunidad de compartir los valores que guían mi vida con mis hijos, de ser testigo de su crecimiento espiritual y de cómo esa semilla se va sembrando también en ellos ha sido una bendición inmensa.

Mi camino como profesor de Religión ha estado marcado por un constante aprendizaje. Desde que comencé en 2022, he recorrido numerosos colegios, lo que ha sido una experiencia enriquecedora, aunque desafiante. Cada centro, cada clase, cada encuentro con un estudiante me ha dejado algo inolvidable. Si bien mi situación como profesor sustituto no siempre ha sido fácil, nunca he dejado de mantener una actitud positiva. La sonrisa ha sido mi compañero constante, así como el agradecimiento profundo que siento por cada oportunidad que se me presenta. En cada colegio al que llego, me esfuerzo por entregar lo mejor de mí mismo, sabiendo que, a pesar de las distancias y los cambios, siempre puedo hacer una diferencia en la vida de un estudiante.

A partir de septiembre de 2024 puedo decir con orgullo que he alcanzado una estabilidad laboral que me ha permitido estar en un centro de forma fija.

Ser docente fijo ha marcado un antes y un después en mi vida profesional. Esta estabilidad me ha permitido conectar aún más profundamente con mis estudiantes y con el entorno educativo en el que me desenvuelvo. Ahora puedo dedicarme a construir relaciones duraderas con los jóvenes, sabiendo que mi presencia en el centro no es temporal, sino una parte fundamental de su proceso de formación. Me siento enormemente agradecido por esta oportunidad, y mi gratitud se extiende tanto a la Delegación Episcopal de Enseñanza como a mis compañeros docentes de Religión, que han sido un gran apoyo durante todo este proceso.

Uno de los aspectos que más valoro de esta experiencia es la oportunidad de sentirme parte de una misión más grande. La DEE ha jugado un papel fundamental en mi desarrollo como docente. Gracias a ella, he recibido el apoyo y los recursos necesarios para crecer como educador y ser testigo de la importancia de la enseñanza religiosa en la sociedad actual. A través de sus iniciativas formativas y de la comunidad que se ha creado entre los compañeros, he podido encontrar un sentido de pertenencia y apoyo constante. La DEE no solo me ha ofrecido herramientas prácticas para mi labor en el aula, sino que también me ha permitido conectar con otros docentes que comparten la misma vocación, lo que ha sido esencial para mi crecimiento personal y profesional.

No obstante, ser profesor de Religión en la época actual no está exento de desafíos, algunos de los cuales pueden resultar desalentadores. Vivimos en una sociedad cada vez más secularizada, donde la religión, y especialmente la religión cristiana, ocupa un lugar cada vez más periférico en la vida de los jóvenes. En un mundo lleno de información, opciones y libertad, muchos de nuestros estudiantes ven la enseñanza religiosa como algo lejano o incluso innecesario. Esto, sumado al ritmo frenético de la vida moderna, a veces genera en los jóvenes una desconexión con los temas que tratamos en clase. Las dificultades que presenta la enseñanza de la religión hoy día son innegables: el relativismo, la falta de interés por la trascendencia, la sobreabundancia de estímulos ajenos a la fe, y la falta de comprensión de la importancia de los valores cristianos en un mundo tan cambiante y diverso.

Sin embargo, estos desafíos no me desmotivan. Todo lo contrario. En cada clase veo la oportunidad de sembrar una semilla, de abrir una puerta a la reflexión, al cuestionamiento sano y a la búsqueda de un sentido más profundo de la vida. Es cierto que en muchos momentos los estudiantes parecen ajenos a lo que les ofrezco, pero también es cierto que, con el tiempo, algunos comienzan a comprender la importancia de lo que les comparto. La clave está en ser perseverantes, en estar dispuestos a acompañarlos en sus dudas y preguntas, sin imponer nada, sino mostrándoles la belleza de la fe y de los valores cristianos como un camino de vida pleno y lleno de sentido.

Cada día, al entrar al aula, soy consciente de la responsabilidad que conlleva ser profesor de Religión. La misión educativa de la Iglesia, en tiempos como los actuales, es más relevante que nunca. Vivimos en una sociedad que muchas veces se encuentra perdida y sin rumbo, y el testimonio que podemos dar los educadores católicos es fundamental. A través de nuestra enseñanza, no solo transmitimos conocimiento, sino que acompañamos a los jóvenes en su búsqueda de respuestas, en su camino de fe, y en su desarrollo como personas íntegras, capaces de amar y servir a los demás. Ver cómo los estudiantes se cuestionan, se enriquecen y, en muchos casos, descubren un sentido más profundo de la vida, me llena de una satisfacción indescriptible.

Mi experiencia como profesor sustituto me ha permitido, también, conocer la diversidad de realidades en los colegios. En cada uno de ellos he encontrado desafíos diferentes, pero también he experimentado el profundo agradecimiento de los alumnos y compañeros. Aunque en algunos momentos la incertidumbre ha sido parte de mi día a día, lo cierto es que he aprendido a valorar cada momento. A pesar de la variedad de situaciones y contextos, siempre he mantenido la convicción de que, como educadores de Religión, nuestra labor tiene un impacto transformador.

Este camino, que comenzó en 2022, me ha dejado lecciones valiosas que atesoro con gratitud. Y aunque mi situación de profesor sustituto cambió con mi nombramiento fijo en septiembre de 2024, siempre recordaré los primeros años con una sonrisa. He recorrido muchos colegios, conocido a muchísimos estudiantes, y he sido testigo de su crecimiento. El haber podido compartir con ellos mi fe y mis conocimientos me ha dado una profunda satisfacción. Gracias a esta labor, me siento realizado en mi vocación y agradecido por cada día que paso en las aulas. No importa el lugar ni el colegio ni las dificultades, siempre he mantenido una actitud positiva y agradecida por el hecho de poder ser parte de la formación de los jóvenes.

La misión educativa que la Iglesia lleva a cabo en nuestra sociedad tiene, a mi parecer, un papel esencial en el mundo contemporáneo. En tiempos de relativismo y constantes cambios, la enseñanza religiosa ofrece a los jóvenes una brújula moral que les ayuda a encontrar un camino firme, lleno de valores y principios éticos. La educación religiosa no es solo una cuestión de conocimiento, sino de formación integral, que busca que los estudiantes se desarrollen como personas con un compromiso real con la sociedad, con los demás y, por supuesto, con Dios.

Como educadores de Religión, nuestra misión es ayudarles a comprender que la fe no es algo abstracto, sino algo que se vive en lo cotidiano, en sus decisiones diarias, en su relación con los demás. Somos testigos de cómo los jóvenes, a través del encuentro con el Evangelio y con la Iglesia, descubren un sentido más profundo de la vida. Nuestra labor no solo les proporciona las herramientas para comprender los principios cristianos, sino que también les invita a vivirlos, a ser coherentes con lo que profesan y a ser agentes de cambio en la sociedad.

Es un reto que asumimos con alegría, sabiendo que nuestro trabajo tiene un impacto no solo en los jóvenes, sino en las futuras generaciones. La misión educativa de la Iglesia es un compromiso con el futuro de todos, y me siento profundamente agradecido de ser parte de este proyecto. Cada día, al entrar al aula, tengo la certeza de que estoy contribuyendo a algo mucho más grande, algo que tiene el poder de transformar vidas y, con ello, transformar el mundo.

Agradezco profundamente la oportunidad que la Delegación Episcopal de Enseñanza me ha brindado. No solo por el apoyo en mi formación como docente, sino también por permitirme ser parte de una misión tan hermosa y necesaria en la sociedad actual. Hoy, con más de tres años en esta tarea, me siento más convencido que nunca de que este es el camino que debía seguir. La enseñanza religiosa, lejos de ser solo un trabajo, es una verdadera vocación, un compromiso con el futuro de nuestros jóvenes y, sobre todo, con los valores que nos dan vida. Gracias a todos los que han sido parte de este proceso, y a los que cada día me permiten acompañarlos en su camino de fe.

Ser docente fijo ha marcado un antes y un después en mi vida profesional. Esta estabilidad me ha permitido conectar aún más profundamente con mis estudiantes y con el entorno educativo en el que me desenvuelvo. Ahora puedo dedicarme a construir relaciones duraderas con los jóvenes, sabiendo que mi presencia en el centro no es temporal, sino una parte fundamental de su proceso de formación. Uno de los aspectos que más valoro de esta experiencia es la oportunidad de sentirme parte de una misión más grande. La DEE ha jugado un papel fundamental en mi desarrollo como docente. Gracias a ella, he recibido el apoyo y los recursos necesarios para crecer como educador y ser testigo de la importancia de la enseñanza religiosa en la sociedad actual.

CAPÍTULO 4

MEMORIA EN CONTEXTO

ERE y DEE, una historia trenzada y en paralelo

Carlos Esteban Garcés

Contenidos:

Para completar este libro conmemorativo de los 50 años desde los inicios de nuestra Delegación Diocesana de Enseñanza de Madrid, tras la memoria agradecida –capítulo primero–, compartida –capítulo segundo– y continua –capítulo tercero–, en este cuarto capítulo proponemos una panorámica de la enseñanza de la religión en el sistema educativo. Esta temática fue una de las razones de su puesta en marcha y, sin duda alguna, constituye uno de sus objetivos prioritarios a lo largo de su historia.

De alguna manera, las historias de la DDE y de la ERE se han entretejido a lo largo del tiempo llegando a veces a fundirse en una misma historia. Por esta razón parece oportuno ofrecer un recorrido histórico de la ERE que, a su vez, también lo es de las preocupaciones y tareas propias de la DEE. Por supuesto, somos conscientes de que, con el paso del tiempo, la mirada a la misión educativa de la Iglesia se ha ido ampliando y cuidando otras realidades como, por ejemplo: los colegios diocesanos, la relación con Escuelas Católicas de Madrid o la atención a los educadores cristianos.

Así pues, con esta panorámica de la enseñanza de la religión en la escuela hacemos también memoria, en el contexto de la Delegación Diocesana de Enseñanza en estos 50 años, y lo hacemos con el compromiso renovado de seguir construyendo un futuro mejor para todos desde la misión educativa de la Iglesia. En este sentido, estamos convencidos que la enseñanza de la religión en el sistema educativo es una buena contribución a la formación integral y al bien común.

1. Un pasado lejano
Enseñanza religiosa en confesionalidad cultural, política y educativa

Una de las dificultades con las que ha cohabitado la enseñanza de la religión en estos 50 años ha sido su vinculación con lo que fue en la dictadura franquista. Durante aquellos años, también en tiempos anteriores, la enseñanza religiosa fue católica y solo católica, no se permitía ninguna otra confesión, y era obligatoria tanto para el alumnado como para el profesorado, era enseñanza, culto y moral. Aquella enseñanza religiosa como catecismo era de alguna manera coherente con un contexto y una cultura propias de aquellos tiempos. No solo sucedía en la escuela, también ocurría así en otros contextos sociales y políticos de cristiandad. Eran sociedades con una identidad homogénea en las que la religión formaba parte con naturalidad de una vida condicionada por aquella cultura y así se transmitía sin vacilaciones configurando todos los factores de la vida, incluso la política. No solo era una cuestión de occidente o el cristianismo, son características históricas que se han repetido en todas las culturas y religiones; lamentablemente hoy persisten en algunas latitudes, aunque la libertad y la pluralidad se han abierto paso en las democracias.

De aquel contexto proviene lo que calificamos como la "primera versión de la enseñanza religiosa católica" –solo católica, obligatoria y como catecismo–, consecuencia lógica de una identidad cultural homogeneizada que en otros contextos también acontecía cambiando solo la confesión religiosa.

En aquel tiempo toda la acción educativa giraba en torno a los principios de la fe cristiana, así lo confirman estudiosos del tema[1], mostrando cómo el surgimiento de los sistemas educativos se enmarcó en una confesionalidad cultural y política. Autores de referencia confirman la presencia de la Iglesia

---

[1] *Cf.* T. García Regidor, *La polémica sobre la secularización de la enseñanza en España (1902-1914)*, SM, Madrid 1985. M. Puelles Benítez, *Modernidad, republicanismo y democracia, una historia de la educación en España (1898-2008)*, Tirant Lo Blanc, Valencia 2009.

en la educación mucho antes del surgimiento de los sistemas educativos; mencionan, a modo de ejemplo, la primera escuela pública y gratuita, abierta a todos, establecida por José Calasanz en Italia y Juan Bautista de La Salle en Francia; desde entonces la educación se ha consolidado como derecho fundamental y no ha dejado de universalizarse llegando a ser uno de los pilares de las civilizaciones[2].

Los primeros indicios, en España, de configurar una política educativa los encontramos en el siglo XVIII y tampoco fueron ajenos a la Iglesia. Es clásica la referencia a la primera ley educativa de Instrucción Pública, en 1857, conocida como la Ley Moyano, aunque la escolarización básica obligatoria no se alcanzará hasta la segunda mitad del siglo XX.

Con el impacto de la ilustración y la secularización, que abrirá caminos de autonomía para la política y la cultura respecto de lo religioso, se alumbrarán los primeros indicios de la separación de la política y la religión a partir de finales del siglo XIX. Es precisamente aquí cuando surgió la primera controversia real sobre la presencia de la religión en la escuela y la sociedad.

Estas relaciones entre religión y escuela adquieren un tono de mayor conflictividad con la llegada de la Segunda República (1931–1936) que comenzó por declarar el derecho a la libertad de conciencia y suprimiendo la obligatoriedad de la enseñanza religiosa, pero acabó imponiendo un modelo de escuela única y laica excluyendo lo religioso de la educación. Con la dictadura franquista (1939-1975) se restableció una legislación única y autoritaria que recuperaba la confesionalidad del Estado y reintegraba la religión a la escuela con un carácter pretendidamente inspirador de toda la enseñanza.

Las posiciones sobre la enseñanza de la religión oscilaban, ya a finales del XIX, entre tres posturas que prácticamente llegan a nuestros días del XXI: la defensa vehemente de la religión católica en la escuela, por parte de la Iglesia; una escuela liberada de la Iglesia y de cualquier religión –posición cercana a la de Francia al comienzo del XIX–, por parte del laicismo ideológico; y una postura intermedia abierta a una cierta enseñanza religiosa en la escuela desvinculada de la confesionalidad, una posición frágil desde sus primeras propuestas.

Parece evidente que la controversia fue, desde sus inicios, más política y eclesiástica que pedagógica. De hecho, los indicadores clásicos de este pro-

---

[2] Véase la ponencia de F. REIMERS en el congreso *La Iglesia en la Educación*, 28 de febrero de 2024, en línea: <https://haciaelcongreso2024.educacionyculturacee.es/wp-content/uploads/2024/02/FReimers.pdf> (consultado el 19 de junio de 2025).

ceso son las relaciones del Estado con la Santa Sede. El Concordato de 1851, en el que Iglesia y Estado se reconocían mutuamente notables privilegios, estuvo vigente hasta 1931; durante la Segunda República se incumplieron artículos, en la práctica quedó en suspenso, pero no llegó a ser derogado formalmente. En 1953 se firmó un nuevo Concordato, símbolo del nacionalcatolicismo, estableciendo que "en todos los centros docentes de cualquier orden y grado, sean estatales o no, la enseñanza se ajustará a los principios del dogma y de la moral de la Iglesia Católica". Y concluía que "los Ordinarios ejercerán libremente su misión de vigilancia sobre los centros docentes en lo que concierne a la pureza de la fe, las buenas costumbres y la educación religiosa".

Con la llegada de la modernidad, la cristiandad fue superándose en un largo proceso no exento de problemas entre los que la educación y la enseñanza de la religión son claros exponentes. Se abrían caminos de autonomía en la política y la cultura. Un nuevo dominio de la razón provocará la definitiva progresiva separación de lo civil (*saeculum*) y lo religioso (*sacrum*), cuyas consecuencias serán una "desclericalización" de la escuela y "desconfesionalización" de la enseñanza.

Durante siglos, la Iglesia había ejercido un buen servicio a la educación, también una influencia excesiva y hasta un control ideológico, pero asistirá a un significativo retroceso cediendo espacios más al Estado que a la sociedad civil. María Dolores Gómez Molleda explica sabiamente cómo esta secularización de la enseñanza puede ser calificada como un proceso propio e irreversible de la modernidad, pero explica que no tenía por qué haber sido necesariamente en contra de la Iglesia[3].

1. La enseñanza religiosa como catecismo obligatorio

Con el régimen franquista se estableció una legislación única y autoritaria que recuperaba la confesionalidad del Estado y, como consecuencia, se reintegraba la religión a la escuela con un carácter pretendidamente inspirador de toda la enseñanza.

En aquellos casi cuarenta años, la unidad política y religiosa impuesta por la dictadura franquista hizo inviable cualquier iniciativa de laicidad o neutralidad en los centros escolares; también en los privados, en algunos casos llegando a suprimirlos, por ejemplo, de la Institución Libre de Enseñanza y de

---

[3] *Cf.* M. D. Gómez Molleda, *Los reformadores de la España contemporánea*, CSIC, Madrid 1981.

otras confesiones. Parecía que en España se había detenido el proceso de secularización que en los países europeos era una realidad creciente.

En cuanto a las relaciones del Estado con la Santa Sede, recordemos que hasta 1931 estuvo vigente el Concordato de 1851, obviamente confesional, en el que Iglesia y Estado se reconocían mutuamente notables privilegios. Durante la Segunda República se incumplieron muchos artículos, pero no llegó a ser derogado formalmente, en la práctica quedó en suspenso.

Posteriormente, hubo un nuevo acuerdo en 1941 y algunos otros acuerdos parciales, hasta que el 27 de agosto de 1953 se firmó un nuevo Concordato con la Santa Sede. Este Concordato de 1953 constituye el dato más emblemático de aquel nacionalcatolicismo, por ejemplo, reconocía a la Iglesia Católica como única:

- La Religión Católica, Apostólica y Romana sigue siendo la única de la nación española y gozará de los derechos y prerrogativas...
- El Estado español reconoce a la Iglesia Católica el carácter de sociedad perfecta y le garantiza el pleno ejercicio de su poder espiritual...

Aquel Concordato reconocía el derecho de la Iglesia a estar presente en todos los niveles de la enseñanza y en cualquier tipo de centros, a organizar y dirigir escuelas públicas y a velar por la ortodoxia de la enseñanza impartida:

- En todos los centros docentes de cualquier orden y grado, sean estatales o no, la enseñanza se ajustará a los principios del dogma y de la moral de la Iglesia Católica.

Cuadro 1

LA ENSEÑANZA RELIGIOSA EN LA DICTADURA, PRIMERA VERSIÓN DE LA ERE

En el marco del Concordato de 1953, además del Estado y la sociedad, también la escuela era necesariamente confesional. En cuanto a la enseñanza religiosa católica, la determinación de aquel concordato era muy clara: "El Estado español garantiza la enseñanza de la Religión Católica como materia ordinaria y obligatoria en todos los centros docentes, sean estatales o no estatales, de cualquier orden y grado".

Esta enseñanza religiosa católica obligatoria fue regulada –explica en su tesis Marifé Ramos– en 1953 de la siguiente manera: "La educación religioso-moral será dirigida por el profesor de educación religiosa y a ella cooperarán los demás profesores.

Habrá de ajustarse a los principios del Dogma y de la Moral Católica y comprenderá: la enseñanza, la práctica de ejercicios piadosos y asistencia a actos de culto, y conferencias doctrinales y morales conducentes al cultivo de los valores espirituales y a la formación del carácter de los alumnos".

Se trataba de una enseñanza religiosa católica que incluía no solo el conocimiento del dogma católico, también el culto y la práctica religiosa en la escuela. Nosotros condensamos aquel modelo de enseñanza religiosa como catecismos basados en su lógica de citar el texto íntegro del catecismo católico en sus programas.

En los últimos años de este nacionalcatolicismo surgirá la Ley General de Educación de 1970, considerada un anticipo en la escuela de algunos aires democráticos. Modernizó la estructura del sistema educativo y aportó una renovación pedagógica, pero mantenía la confesionalidad como rasgo esencial. Prueba es que, en sus fines educativos, en el primero de sus artículos, explica que la formación "se inspirará en el concepto cristiano de vida y en los principios fundamentales del movimiento nacional", recuerda el profesor Manuel de Puelles.

Sobre la enseñanza religiosa, aquella LGE mantenía la obligatoriedad en todos los niveles, como catecismo, aunque se abría paso una posibilidad de solicitar la exención, algo posible legalmente, pero muy complicado socialmente.

2. Los cambios necesarios
Transición del CVII en la Iglesia y Transición democrática en España

La transición del contexto de cristiandad a la pluralidad, además de la complejidad del proceso y sus tensiones, se explicará por algunos factores de cambio tanto en el ámbito eclesial como social que parece necesario recordar aquí.

Los primeros antecedentes del proceso de secularización los encontramos en el marco de las guerras de religión en la Alemania de los siglos XVI-XVII y la confiscación de los bienes eclesiásticos por parte de los nuevos Estados laicos. A finales del XIX y comienzos del XX, este proceso incluirá una descristianización y las consiguientes reacciones de la Iglesia católica. En España tiene matices propios y se percibe claramente en las desamortizaciones.

En el ámbito eclesial hay que situar en el Concilio Vaticano II, sin duda, el origen del cambio de la cristiandad a la modernidad. En España faltaba una década para la transición democrática y aquellas propuestas conciliares prepararon el camino para superar el nacionalcatolicismo con suficiente templanza.

Entre las aportaciones significativas es inevitable referirnos a *Dignitatis humanae* (7 de diciembre de 1965) que proclamaba la libertad religiosa en línea con las libertades y derechos fundamentales de los *Derechos Humanos* de solo unos años antes (10 de diciembre de 1948). Se trataba de un nuevo planteamiento eclesial en abierta contradicción con la situación de la Iglesia española. *Lumen gentium* ayudará a situar a la Iglesia como pueblo de Dios en una sociedad plural inspirados por *Gaudium et spes*.

En nuestro tema es inevitable mencionar *Gravissimun educationis* (28 de octubre de 1965) que reconocerá el derecho a la educación, definida como pleno desarrollo de la personalidad, y reivindicará el derecho a la libertad de educación para los padres en la formación religiosa y moral de sus hijos de acuerdo con sus propias convicciones. Sin duda, planteamientos más modernos y cívicos coherentes con los tiempos democráticos.

El impacto del Concilio Vaticano II desencadenó en aquella España un proceso de desenganche del régimen franquista, como evidencia la Asamblea Conjunta celebrada en septiembre de 1971. El historiador Feliciano Montero explica que "implicaba necesariamente cuestionar el modelo nacionalcatólico, sustituyéndolo por la separación y mutua independencia. Significaba también revisar el catolicismo de cruzada, intolerante, en nombre de la libertad religiosa promovida por el Concilio; y, por tanto, superar la legitimación otorgada al régimen de Franco desde 1936"[4].

En el ámbito social, la Constitución de 1978 culmina una ejemplar transición política de la dictadura a la democracia en la que el Estado dejó de ser confesional y la sociedad se abría a la construcción de la diversidad en todos los ámbitos, también en el religioso.

Las claves más significativas remiten a la libertad religiosa, artículo 16, como uno de los derechos fundamentales. El derecho de todos a la educación, artículo 27, con expresa referencia al desarrollo pleno e integral de la personalidad del alumno, a la libertad de enseñanza y al derecho de las familias a elegir el tipo de educación.

En este nuevo marco democrático hay que recordar que el Estado sea aconfesional no significa que convierta necesariamente en aconfesional todo lo que toque. El Estado aconfesional, en palabras de González Vila, "lo es precisamente para hacer posible a todos los ciudadanos el ejercicio, en condicio-

---

[4] F. Montero García, *La Iglesia, de la colaboración a la disidencia (1956-1975)*, Encuentro, Madrid 2009.

nes de igualdad, de la libertad religiosa, esto es, la libertad de, públicamente, profesar, o no, una u otra religión. La neutralidad del Estado no es necesariamente una actitud de desentendimiento, sino exigencia de un compromiso en el que los poderes públicos no se limitarán simplemente a respetar el ejercicio de las libertades, sino que habrán de remover los obstáculos que lo dificulten y promoverlo de forma positiva"[5].

El régimen constitucional del 78 –explicaba Gómez Llorente–, no es laico, ni confesional, sino aconfesional. Y lo aplica a la política educativa: "el modelo de escuela propuesto en la Constitución no es un modelo de escuela laica, de exclusión de la religión confesional del ámbito escolar, antes bien, es la afirmación de su opuesto, de la presencia de la enseñanza religiosa confesional, eso sí, con absoluto y riguroso respeto a la voluntariedad de los maestros que la imparten y a los escolares que la reciben[6].

En este nuevo escenario, la obligatoriedad de la enseñanza religiosa católica, como cualquier otra imposición religiosa, será incompatible con la democracia; nunca ha sido obligatoria desde entonces. Esta nueva aconfesionalidad –añadía Gómez Llorente– exige el reconocimiento de que en los centros públicos corresponde un espacio a la enseñanza confesional de la religión y, por tanto, a que esta enseñanza se lleve a cabo en condiciones académicas y de estatus docente que la hagan efectiva.

Lógicamente, consumados los factores de cambio, eclesiales y sociales, era necesario actualizar sus relaciones derogando el simbólico Concordato de 1953. Una vez abolido, la novedad se escenifica en otros Acuerdos Iglesia-Estado, diferentes, suscritos el 3 de enero de 1979 y ratificados por el Parlamento el 4 de diciembre de ese mismo año, una vez constituida la primera legislatura constitucional. Además de este acuerdo, el Estado suscribió en 1992 otros acuerdos de cooperación con otras tres confesiones religiosas.

El impacto de la natural secularización, desde la Ilustración, a partir del siglo XVIII, abría caminos de autonomía en la política, la cultura, la individualidad y en el resto de los espacios sociales, ante el férreo control de lo religioso. Se conquistaban libertades individuales y pluralidad social. El nuevo dominio de la razón y sus implicaciones en todos los ámbitos de la vida provocará una progresiva separación de lo civil (*saeculum*) y lo religioso (*sacrum*).

---

[5] *Cf.* T. GONZÁLEZ VILA, "La enseñanza religiosa escolar en la España constitucional (1978-202)", en *Revista Española de Pedagogía* 222 (2002) 263-284.

[6] L. GÓMEZ LLORENTE, "El papel de la religión en la formación humana", en R. JAUREGUI y C. GARCÍA DE ANDOIN (eds.), *Tender puentes, PSOE y mundo cristiano*, Desclée de Brouwer, Bilbao 2001.

Los efectos de esta secularización de la enseñanza y de la sociedad son calificados por García Regidor como de "desclericalización" de la escuela y "desconfesionalización" de la enseñanza. En general, podríamos decir que la Iglesia cede el espacio educativo al Estado más que a la sociedad civil.

Como hemos visto, la Iglesia, que había ejercido durante siglos un servicio a la sociedad a través de la educación, también un control ideológico, vivirá un retroceso en esa actividad. La secularización de la enseñanza puede ser considerada como un "proceso propio e irreversible de la modernidad" –explica Gómez Molleda–, aunque –añade– "ese proceso no tenía por qué haber sido necesariamente en contra de la Iglesia".

1. Factores de cambio en la Iglesia: Concilio Vaticano II

En la década de los sesenta, en pleno régimen franquista, la Iglesia celebra en Roma el Concilio Vaticano II. La novedad de aquel Concilio obligó a la Iglesia española a prepararse para los cambios necesarios y para nuevos tiempos democráticos. Las aportaciones del Vaticano II facilitaron a la Iglesia jugar un decisivo papel en la transición política para la que faltaba todavía una década; fueron, sin duda, una palanca de cambio del nacionalcatolicismo hacia la democracia.

Entre las aportaciones del Concilio, es muy relevante la declaración *Dignitatis humanae* (7 de diciembre de 1965) que proclamaba la libertad religiosa en línea con las libertades y derechos fundamentales proclamados universalmente en los Derechos Humanos solo unos años antes (10 de diciembre de 1948). Se trata de un nuevo planteamiento eclesial que entra en abierta contradicción con la situación española en la que la Iglesia, de acuerdo con el Estado, obligaba en religión y moral a la sociedad.

Junto con esta declaración, debemos mencionar la *Gravissimun educationis* (28 de octubre de 1965) en la que se habla del derecho a la educación, del concepto de educación como pleno desarrollo de la personalidad y del derecho a la libertad de educación para los padres en la elección de centro y en la formación religiosa y moral de sus hijos de acuerdo con sus propias convicciones.

La Iglesia corrige en el Concilio su autocomprensión como sociedad perfecta, en *Lumen gentium*, y corrige también su relación con el mundo y ya no se sitúa al margen esta realidad, sino que, respetando la autonomía de lo temporal, comparte todo lo humano, según la *Gaudium et spes*.

Como consecuencia, comienzan a gestarse signos de cambio en España. Por ejemplo, en 1967 aparece la primera de libertad religiosa, Ley 44/1967, de 28 de junio, con el propósito de adecuarse al Concilio Vaticano II. Se abre así la posibilidad de solicitar la exención de la enseñanza religiosa católica. Aunque difícil de ejercer, este régimen de posible exención continuará en la LGE de 1970.

En este proceso de desenganche del régimen, mencionemos la Asamblea Conjunta en 1971. En cuanto los temas educativos, desde 1969 hasta 1979, la Asamblea Plenaria publicó 18 documentos; la Comisión Permanente hizo 8 textos, y la Comisión Episcopal elaboró 11 escritos oficiales.

2. Factores de cambio en la sociedad: Constitución de 1978

La aprobación de la Constitución española de 1978 culmina una transición política de la dictadura a la democracia y, con ello, nuestra sociedad se sitúa ya en un nuevo escenario social de pluralidad y político de democracia. Lógicamente, el Estado deja de ser confesional y pasa a una nueva situación de neutralidad, de aconfesionalidad.

Por una parte, el derecho a la educación, con garantía de obligatoriedad y gratuidad en formación básica, y un concepto de educación que incluye el desarrollo pleno e integral de la personalidad del alumno, son claves de la política educativa establecida en el 27 de la Constitución de 1978. La libertad de enseñanza alcanza no solo a la creación de centros, sino a la elección por parte de los padres del tipo de educación religiosa y moral.

Por otra parte, la Constitución establece, en el 16, la libertad religiosa, como uno de los derechos fundamentales. Además, establece que ninguna confesión tendrá carácter estatal y el compromiso de los poderes públicos para cooperar con las confesiones citando expresamente a la Iglesia Católica.

Esta acertada respuesta constitucional, por consenso social y político, a la cuestión religiosa, tan relevante para nuestra historia, se asienta en el mismo reconocimiento de los Derechos Humanos, entre las que ocupa un lugar indiscutible la libertad de enseñanza y la libertad religiosa. El artículo 27.3 expresa la íntima conexión existente entre ambas libertades fundamentales.

Que el Estado sea aconfesional no quiere decir que convierta necesariamente en aconfesional todo lo que toque. "El Estado aconfesional" –recordemos estas palabras de González Vila al que perdimos recientemente– "lo es precisamente para hacer posible a todos los ciudadanos el ejercicio, en condiciones de igualdad, de la libertad religiosa".

En este nuevo escenario, la obligatoriedad de la enseñanza religiosa católica, como cualquier otra imposición religiosa, será ya incompatible con el nuevo régimen democrático y la enseñanza de la religión pasará a ser de libre opción por parte de los padres o, en su caso, de los propios alumnos.

Esta aconfesionalidad del Estado —explica González Vila— "no puede invocarse en modo alguno para impedir que los alumnos reciban en los centros educativos de titularidad pública una formación religiosa y moral".

Este consenso requiere —añade Gómez Llorente— "una lealtad al espíritu constitucional que exige el reconocimiento de que en los centros públicos corresponde un espacio a la enseñanza confesional de la religión y, por tanto, a que esta enseñanza se lleve a cabo en condiciones académicas y de estatus docente que la hagan efectiva".

3. Resultado de los cambios eclesiales y sociales: Acuerdos de 1979

Los dos nuevos escenarios, en la Iglesia, con el Concilio Vaticano II, y en la sociedad española, con la Constitución de 1978, harán necesario actualizar las relaciones entre ambos dejando atrás el nacionalcatolicismo, superando la confesionalidad, y derogando el *Concordato* de 1953. Se abre paso la conocida afirmación de "independencia y sana colaboración entre Iglesia y Estado".

Al día siguiente del primer Gobierno de Adolfo Suárez —recuerda Landelino Lavilla, ministro de Justicia en aquel momento, en la revista *XX siglos*–, el 9 de julio de 1976, el Rey comunicó su decisión de renunciar al derecho de presentación del nombramiento de obispos. El 28 de julio se firmó en Roma ese acuerdo y el compromiso de negociar nuevos acuerdos que derogaran el *Concordato* de 1953. Esos acuerdos se firman el 3 de enero de 1979, "en íntima conexión con el nuevo orden constitucional", explica Landelino Lavilla, y fueron objeto de la correspondiente tramitación parlamentaria, una vez constituida la primera legislatura constitucional, culminada el 4 de diciembre de 1979.

Estos Acuerdos suponen la derogación formal y definitiva del anterior *Concordato* de 1953 y contribuyen a resituar la Iglesia en el nuevo escenario democrático y constitucional junto a otros acuerdos con otras confesiones. Merecen una primera valoración positiva, en cuanto que hasta ahora han sido la garantía para que se imparta enseñanza de la religión. Pero, más allá de esta garantía jurídica, para algunos suena demasiado al Concordato de 1953.

3. La transición del catecismo al currículo
Nuevo concepto de enseñanza de la religión en democracia

En esta lógica de la historia, los cambios supondrán una transición del catecismo al currículo escolar. Aquella primera versión de la enseñanza religiosa obligatoria evolucionará hacia una "segunda versión democrática", en contextos de creciente pluralidad, que abarca ya hasta nuestros días.

Esta transición tendrá su epicentro en un documento oficial de la Iglesia en España, firmado el 11 de junio de 1979 por la Comisión Episcopal de Enseñanza[7]. Francisco Ferrer, secretario de aquella Comisión, lo confirma en un artículo de referencia publicado en 1987 precisamente en la revista *Sal Terrae*: "el documento del 79 presenta un renovado concepto de enseñanza de la religión en la escuela que constituye una novedad respecto a la enseñanza religiosa católica obligatoria y catequética"[8]. Desde 1979 y hasta la actualidad no ha habido ningún otro documento oficial de la Iglesia sobre este asunto[9].

Las aportaciones que vertebran esta nueva versión de la enseñanza de la religión son dos: su dimensión cultural, proponiendo un diálogo entre la fe y la cultura en el ámbito escolar; y su dimensión escolar, afirmando expresamente que esta enseñanza de la religión se sitúa en el marco de las finalidades propias de la escuela, como materia escolar ordinaria, tanto en su forma como en sus métodos. Su diferencia con la catequesis se explica, según aquel documento eclesial, porque se imparte en ámbitos distintos, la escuela y la comunidad cristiana, tienen diversas fuentes de iniciativa y distinta intencionalidad de los destinatarios, por tanto, objetivos diversos.

Esta definición democrática de la enseñanza de la religión que se propone en aquel momento tiene, en síntesis[10], cuatro características básicas:

---

[7] Comisión Episcopal de Enseñanza, *Orientaciones pastorales sobre la enseñanza religiosa escolar, su legitimidad, carácter propio y contenido*, Edice, Madrid 1979.

[8] *Cf.* F. Ferrer Luján, "La enseñanza religiosa escolar en el pensamiento de la Comisión Episcopal", en *Sal Terrae* 884 (1987) 193-210.

[9] Sobre el profesorado hubo otro documento años después de menores consecuencias: Comisión Episcopal de Enseñanza, *El profesor de Religión. Identidad y misión*, Edice, Madrid 1998.

[10] Hemos desarrollado esta definición democrática de la ERE en: C. Esteban Garcés, "Del catecismo al currículo. La transición de la enseñanza de la religión", *Vida Nueva* 3133 (2019) 23-30; Id., "Un nuevo concepto de clase de Religión en la democracia", *Religión y Escuela* 331-332 (2019) 24-33.

- es materia escolar ordinaria, por ser exigencia de la escuela;
- es confesional, por ser derecho de los padres educar a sus hijos según sus propias convicciones;
- es una síntesis de la fe y cultura;
- y, en definitiva, es formación humana.

1. Un nuevo concepto de la religión en la escuela, un área curricular

En el marco de las transiciones eclesiales y políticas de los años sesenta y setenta, existe esta otra transición que a nosotros nos ocupa: del catecismo –el modelo de la enseñanza religiosa en el nacionalcatolicismo– al currículo escolar –un nuevo modo de entender la enseñanza de la religión con un enfoque netamente escolar–. El epicentro de esa transición de la ERE, como hemos dicho, está en el documento episcopal de 11 de junio de 1979[11].

Sin lugar a duda, el conocido como *documento del 79* instituye un nuevo modo de entender la enseñanza de la religión en una sociedad plural y en un marco democrático. Aquel documento presenta un concepto renovado de enseñanza de la religión en la escuela que constituye una novedad respecto a la enseñanza religiosa católica obligatoria y catequética.

Las aportaciones que vertebran este nuevo concepto de ERE son dos: su dimensión cultural, proponiendo un diálogo entre la fe y la cultura en el ámbito escolar (n.º 9), y su dimensión escolar, afirmando expresamente que esta enseñanza de la religión se sitúa en el marco de las finalidades propias de la escuela (n.º 11), como materia ordinaria, tanto en su forma como en sus métodos.

En la definición de enseñanza de la religión que se propone en aquel momento se determinan cuatro características: "entendemos la enseñanza de la religión como materia escolar ordinaria, por ser exigencia de la escuela. La entendemos como confesional, entre otras razones, por ser derecho de los padres educar a sus hijos según sus propias convicciones. Y finalmente, la concebimos como síntesis de la fe y cultura ofrecida al alumno, por ser inseparable de la formación humana" (n.º 48).

---

[11] Comisión Episcopal de Enseñanza, *Orientaciones pastorales sobre la enseñanza religiosa escolar, su legitimidad, carácter propio y contenido,* Edice, Madrid 1979.

Con estas dimensiones y características se abre camino un nuevo modo de entender la enseñanza de la religión como materia escolar, esto es, asumiendo los fines y métodos propios de la institución escolar; y cuya legitimidad se fundamenta en ser una formación humana, además de ser un derecho de los padres[12].

La dimensión confesional de esta nueva asignatura constituye un estatuto peculiar propio y representa una cierta continuidad con las etapas anteriores. Es precisamente por esta peculiaridad, por su dimensión confesional, por la que se plantea la enseñanza de la religión como un derecho de los padres –nótese que el documento lo hace en este orden– (n.º 17). Posteriormente este orden se invertirá.

Nos parece pertinente recordar que este nuevo concepto afecta en mayor medida a los centros públicos, como el propio documento del 79 explica bajo el titular de sus motivos de este documento. "Nos referimos principalmente a la enseñanza de la religión tal como nos parece corresponde hacerla en los centros estatales y en otros centros no confesionales; no tratamos de un modo expreso la enseñanza de la religión en las escuelas católicas, ya que esto no se podría hacer sin referencias más amplias a su intencionalidad institucional y a su contexto educativo peculiar".

2. DOS FUENTES DE INSPIRACIÓN PARA LA RENOVADA ENSEÑANZA DE LA RELIGIÓN

Existe un precedente del concepto de enseñanza de la religión como materia ordinaria, diferente de la catequesis de la comunidad cristiana, es un documento titulado *La enseñanza de la religión en la escuela*, fruto de un Sínodo conjunto de las diócesis de la República Federal Alemana celebrado en 1974. Se aprobó en su sexta asamblea, 20-24 de noviembre; de los 240 votos emitidos, fueron positivos 223 y solo 8 negativos, además de 9 abstenciones.

Pues bien, aquel documento aborda con valentía el problema de la enseñanza de la religión que decía "se ha convertido en un tema polémico". Eran situaciones que acontecían de la misma manera en España en aquella década: por una parte, quienes proponían que no deberían existir religiones en la es-

---

[12] Para una descripción más amplia de este nuevo modo de comprender la enseñanza de la religión, a partir de este documento del 79, véanse los artículos citados en *Vida Nueva* y en *Religión y Escuela* escritos con motivo del cuarenta aniversario de aquel documento eclesial.

cuela, por otra, en el seno de la Iglesia también emergían dudas sobre esta enseñanza en escuelas públicas. El documento alemán, una vez analizada la situación de los alumnos, los profesores y las familias, aborda las nuevas relaciones entre la Iglesia y la sociedad, y considera que ha llegado el momento de valorar por separado la catequesis de la comunidad cristiana y la enseñanza de la religión en las escuelas. La segunda parte del documento es un "Esbozo de la enseñanza escolar de la religión", argumentando los fundamentos legales y aportando un fecundo diálogo de pedagogía y teología.

Este documento fue traducido en el entorno de la Comisión Episcopal de Enseñanza y se publicó en julio de 1978 en *Actualidad catequética* que dedicó tres números al tema de "Escuela, Iglesia y sociedad". Por tanto, parece evidente que las propuestas alemanas, junto con las propuestas de una cultura religiosa que circularon a finales de los años 70 —así lo reconoce Francisco Ferrer—, influyeron decisivamente en la redacción del documento del 79 publicado un año después.

La enseñanza de la religión definida en el documento del 79 contiene tres finalidades educativas que el documento vincula a otro de la Congregación para la Educación Católica del Vaticano de 1977. Estas tres finalidades explican su contribución educativa y permiten identificar sus aprendizajes esenciales en línea con las finalidades propias del marco escolar:

- ayuda a los alumnos a "situarse lúcidamente ante la tradición cultural";
- ayuda a los alumnos a "insertarse críticamente en la sociedad";
- y puede ofrecer a los alumnos "respuestas al sentido último de la vida con sus implicaciones éticas".

En síntesis, estos tres objetivos de la ERE se sitúan en línea con los fines de la escuela e inspiran la definición de cuáles deben ser los aprendizajes esenciales de la religión en la escuela. Alejarse de estas finalidades, a la hora de definir los currículos, ha sido un factor de riesgo para la identidad de la ERE en el sistema educativo.

Cuadro 2

La enseñanza de la religión en la democracia, segunda versión de la ERE

En el marco de la Constitución de 1978, de pluralidad y aconfesionalidad, se crea un nuevo modo de entender la enseñanza de la religión. Se trata de un concepto pedagógico del saber religioso que se propone en línea de las finalidades propias del marco escolar, asumiendo sus fines y métodos.

Podríamos decir que lo que se crea en el documento del 79 es un área curricular de religión –en aquel momento se hablaba de materia ordinaria–. Es un "área" porque se desarrolla en el marco de la institución escolar con una intencionalidad de formación humana y ciudadana, y no de iniciación religiosa. Asume las finalidades propias de la escuela y reconoce la insustituible competencia del Estado en la gestión política del derecho a la educación. Es una materia "curricular" por su acento cultural y académico (números 10-16), equiparable a otras materias académicas.

Es un área curricular "opcional" por su acento confesional (números 17-21). Esta es su peculiaridad, plantea como compatibles y complementarias el diálogo entre de la fe y la cultura –estatuto original– y la formación humana de la que forma parte (números 34-40). Es una propuesta en la escuela que no se impone a todos, pero que forma parte del derecho de las familias (números 22-27), y no deriva de una posible confesionalidad del Estado. Como el Estado no tiene el monopolio de los valores y de las respuestas de sentido a la vida, necesita de la cooperación de los grupos sociales que sí tienen esos valores y creencias, aunque ninguno de ellos con exclusividad.

Como se trata de una materia académica que se imparte en la escuela, "no debería confundirse en ningún caso con la catequesis" de la comunidad cristiana. Son dos acciones que se realizan en ámbitos diferentes y tienen una iniciativa e intencionalidad diferentes (números 58-82). En este sentido, y como resultado de este marco cívico y democrático, la enseñanza de la religión es un "servicio eclesial" (números 42-51), también de las otras confesiones.

En síntesis, el nuevo concepto de ERE de 1979 supone una ruptura con el modo tradicional de entender la enseñanza religiosa en los tiempos de la dictadura. A partir de la democracia, la enseñanza de la religión ya no será obligatoria; se impartirá como materia académica junto a otras religiones; y se plantea como cultura religiosa, en línea con las finalidades propias de la escuela, como diálogo desde la fe con la cultura; asumiendo como marco la escuela y no la comunidad cristiana, por tanto, con una finalidad de formación humana, pero no de iniciación cristiana; con métodos propios de la escuela y no del catecismo. El enfoque confesional deriva en la libre elección por parte de las familias en cuanto derecho fundamental.

4. Persistencia de problemas sobre la ERE en la democracia
Encasillamiento político y debilitamiento pedagógico

La transición con la que la Iglesia acompañó a la enseñanza de la religión de la dictadura a la democracia fue clarividente en su definición y costosa en su ejecución. Todavía perviven hoy nostálgicos que añoran los tiempos del catecismo con apenas actualizaciones formales; en ocasiones estas añoranzas no han sido tan aisladas y se han plasmado en enfoques, currículos y planes oficiales de formación del profesorado durante estas cuatro décadas de democracia. A pesar de ello, podemos confirmar que la segunda versión de la enseñanza de la religión ha funcionado razonablemente bien como lo evidencian los estudios sociológicos que se han realizado[13].

Las mayores dificultades para la ERE en democracia, no obstante, no han sido internas o pedagógicas, sino legislativas. En la política educativa, las enseñanzas de religión fueron impugnadas ya en la primera década de la democracia en las incipientes reformas experimentales. Sin entrar en detalles, la LOGSE de 1990 marginó la religión a una disposición adicional, suprimiendo su evaluación, reduciendo su horario y eliminando la alternativa. Desde entonces, la regulación de la ERE en todas las reformas educativas ha sido polémica y ya no ha superado aquella primera codificación política adicional. La LOGSE de 1990, LOCE de 2002, LOE de 2006, LOMCE de 2013 y LOMLOE de 2020, con pequeñas oscilaciones, a mejor o a peor, han consumado aquella primera marginación[14]. En no pocas ocasiones han sido los tribunales los que han forzado una mejor consideración académica de la ERE. De todo ello se ha derivado, en tantos años, reformas y sentencias, un debilitamiento de su consideración académica tanto en los entornos educativos como en la percepción social.

A esta debilidad, que tiene que ver con la política educativa, debemos añadir otra de carácter más interno: el discurso oficial en defensa de la enseñanza de la religión se ha ido estrechando, quedando prácticamente reducido a lo

---

[13] Véanse los dos estudios sociológicos: C. Esteban Garcés, *Protagonistas de la clase de Religión*, Fundación SM, Madrid 2010; Id., *Panorama de la Religión en la Escuela*, Fundación SM, Madrid 2020.

[14] Esta evolución histórica la hemos explicado en: C. Esteban Garcés, "La enseñanza de la religión en la democracia. Una historia poco conocida", en *Boletín del Colegio de Doctores y Licenciados* 285 (2019) 19-38; Id., "Estereotipos y realidades de la religión en la escuela", en *Cuadernos de Pedagogía* 518 (2021) 58-63.

jurídico, al derecho de las familias, lógicamente, como respuesta a su regulación legislativa. Como consecuencia, hemos alcanzado un agotamiento del discurso oficial que ya no resulta suficiente hoy. Sin negar el indiscutible derecho de las familias, este relato desemboca inevitablemente en los Acuerdos Iglesia-Estado, lo cual hace revivir reminiscencias de la primera versión de la ERE vinculada a la dictadura.

Las debilidades de la enseñanza de la religión, tanto a nivel político como eclesial, se percibirán más visiblemente en algunos estereotipos que se han instalado en la opinión publicada. Son estereotipos sobre ERE que se explican por su vinculación con el pasado, sobre todo de la dictadura, y que a pesar de haber conquistado escenarios democráticos y de pluralidad, persisten hoy como imágenes de aquella realidad. Uno de los estereotipos sitúa la ERE como privilegio versus a la libertad, se asocia a la imposición del concordato de 1953 mostrándola como privilegio de la Iglesia Católica; las referencias a los acuerdos de 1979 como concordato avivan aquella imagen. Otro de los estereotipos es el adoctrinamiento y la referencia a los dogmas que asocia el saber religioso a una imagen esotérica y poco racional; la ausencia de la Teología de las universidades públicas contribuye a alimentar este estereotipo. Y otro estereotipo sitúa a la ERE en la política y no en la pedagogía, fundamentando la religión en la escuela no por su contribución educativa, sino por imperativos jurídicos ajenos a la escuela como los acuerdos; este reduccionismo político sortea cualquier planteamiento pedagógico sobre el saber religioso y sus contribuciones educativas.

Por nuestra parte, lógicamente, proponemos que el auténtico fundamento de la enseñanza de la religión en los sistemas educativos no es tanto jurídico sino pedagógico, porque se refiere a dimensiones antropológicas que deben ser cuidadas en el ámbito escolar de la formación básica. En este sentido, nos parece una puerta al futuro que el currículo de Religión Católica de 2022 haga precisamente esta fundamentación sin referencia alguna a los acuerdos de la Iglesia con el Estado.

1. SE CREAN ESTEREOTIPOS SOBRE LA ERE

Algunas dificultades con las que cohabita la enseñanza de la religión es que sobre ella se concentran demasiados estereotipos, apoyados en realidades de opresión política y monopolio moral que ya son historia, pero que, en nuestros tiempos democráticos, obstaculizan una sana percepción de sus planteamientos pedagógicos.

Es frecuente comprobar cómo las políticas educativas, también algunas minorías cognitivas, presentan la cuestión del saber religioso en el sistema educativo como un tema controvertido. De hecho, suele utilizarse para polarizar desmedidamente las posiciones ideológicas. Por ello, cada vez es más pertinente un diagnóstico ecuánime que distinga limitaciones y oportunidades en este asunto.

En esta cuestión cohabitan estereotipos y realidades que conviene analizar con cierto rigor académico. Sin negar aspectos discutibles, nos proponemos examinar algunos "estereotipos" que predominan en el imaginario colectivo y contraponerlos con "realidades" que ocultan, tras una primera impresión, aportaciones cívicas y edificantes.

Los estereotipos sobre la cuestión religiosa se pueden explicar porque, hace tiempo, la religión estuvo asociada a contextos de autoritarismo. Con el progreso histórico se han conquistado escenarios democráticos y de pluralidad, pero persisten imágenes de aquella religión vinculada a las dictaduras y los fascismos. La pervivencia de aquellas situaciones hoy superadas es lo que genera los estereotipos a los que nos referimos.

Lamentablemente, tenemos experiencias cercanas de absolutismos entre religiones e ideologías. Por ejemplo, dictaduras de nacional-catolicismo, fanatismos de islamismo radical y totalitarismos del nacional-ateísmo, entre otras tiranías o sectarismos. En unas y otras se trata de imponer ideas y creencias desde estructuras de poder violentando las libertades individuales y la diversidad social. Ni unas, ni otras, tienen justificación en sociedades democráticas fundadas en la dignidad humana. Ni las religiones ni las ideologías pueden imponer sus creencias o sus ideas. La conquista de la libertad y de los derechos humanos, traducida en democracias, hace inviables aquellos esquemas de poder.

Afortunadamente, hemos avanzado en otros paradigmas políticos asociados al Estado de derecho y del bienestar. En los contextos democráticos no desaparecen las ideas y creencias, pero tampoco se imponen, forman parte de la autonomía personal y de las libertades y derechos fundamentales, propios de la dignidad humana, que cada persona elige, si quiere, soberanamente. En las democracias no desaparecen las religiones ni las ideologías, forman parte de lo humano y de la diversidad social y cultural. Obviamente, en las democracias, ideas y creencias, ideologías y religiones, quedan subordinadas a la dignidad personal y al bien común.

La enseñanza de la religión ha existido en unas y otras realidades, en aquellos absolutismos y en las actuales democracias. Por nuestra parte, denunciamos cualquier práctica de enseñanza religiosa asociada a la imposición. Nos sumamos a una construcción social de una diversidad en la que las ideas y creencias sean libremente elegidas por las personas y en la que los sistemas educativos puedan contribuir a la libre construcción de identidades personales y sociales.

Constatamos, por tanto, dos escenarios socioculturales bien diferentes en la gestión política y en la educación sobre las ideas y creencias. Ha habido una lógica evolución hacia el respeto de la dignidad humana. Mientras los primeros esquemas totalitarios merecían nuestro rechazo, la conquista de las libertades y de la democracia merece nuestro reconocimiento.

Pues bien, esta afortunada y cívica evolución democrática no solo ha afectado a los modelos sociopolíticos, también ha acompañado la enseñanza de la religión que ha transitado de aquellas estructuras de opresión a contextos de libertad. Por ello, calificamos como estereotipos la pervivencia de aquellas percepciones ya superadas por la actualidad.

2. Democracia y religión son compatibles

Para nosotros, las ideas y los valores, las creencias y convicciones, son realidades antropológicas esenciales para la dignidad humana. Por ello, elogiando la superación de cualquier fanatismo ideológico y religioso, las proponemos para el bienestar personal y la ciudadanía global; las entendemos como necesarias para la democracia y las sociedades diversas; las presentamos como parte necesaria de la mejor educación del futuro. La enseñanza de las religiones en las democracias se ubica, precisamente, en esas finalidades educativas y los estereotipos no deben eclipsar las aportaciones.

Este planteamiento lo vemos admirablemente expresado en un documento oficial del Consejo de Europa: la Resolución 1396[15], con Luis María Puig como ponente (diputado español del grupo socialista en el Parlamento Europeo). En dicha resolución, se dice: "Democracia y religión no tienen por qué ser incompatibles. Más bien al contrario. La democracia ha demostrado ser el mejor marco para la libertad de conciencia, el ejercicio de la religión y el pluralismo religioso. Por su parte, la religión, por su compromiso moral y ético, por los valores que sustenta, por su enfoque crítico y su expresión cultural, puede ser un compañero válido de una sociedad democrática".

---

[15] Consejo de Europa (1999). Recomendación 1396 relativa a la religión y a la democracia.

Compartimos la denuncia del Consejo de Europa cuando dice que "el extremismo no pertenece a la religión misma, sino que es una distorsión o perversión de ella. Ninguna de las grandes y viejas religiones predica la violencia. El extremismo es una creación humana que desvía la religión de su camino humanista, para hacer de ella un instrumento de poder". No podríamos decirlo de mejor manera.

Por ello, esta resolución europea concluye sus recomendaciones a favor de la enseñanza de la religión. Recomienda a los gobiernos de los Estados de la Unión Europea: garantizar la libertad de conciencia y expresión religiosa; salvaguardar el pluralismo religioso en la sociedad, la cultura y la educación; alentar un diálogo entre las religiones, y promover la educación sobre las religiones. Resumimos aquí tres de las cinco medidas que el Consejo de Europa recomienda sobre la enseñanza de la religión en la escuela:

- Reforzar el aprendizaje de las religiones en cuanto conjunto de valores y sentido crítico, en el marco de la educación de la ética y de la ciudadanía democrática.
- Promover la enseñanza en la escuela de la historia comparada de las diferentes religiones, insistiendo sobre la diversidad de costumbres y tradiciones.
- Cooperar con las instituciones religiosas para introducir en los currículos escolares aspectos relativos a los derechos humanos, la historia y la filosofía.

3. LA REALIDAD DESMIENTE LOS ESTEREOTIPOS

Como nos proponíamos, sin obviar elementos discutibles y posibles discrepancias, sin ser exhaustivos, mostraremos el contraste de estereotipos y realidades. Nuestra pretensión es invitar a la superación de viejos arquetipos y abrir oportunidades de mejora para la escuela. Máxime cuando las preocupaciones por el futuro de la educación proponen mejoras como la competencia global de la OCDE, la ciudadanía mundial de la UNESCO o la educación intercultural de la UE y la OSCE. Precisamente en esas dimensiones educativas descubrimos algunas sinergias con la enseñanza de la religión que los estereotipos impiden visibilizar.

Privilegio versus libertad

Uno de los *estereotipos* que se mantienen hoy en el imaginario colectivo procede del papel de la enseñanza religiosa en los tiempos de la dictadura franquista que imponía su obligatoriedad. El concordato de 1953 entre el Estado español y la Santa Sede confirmaban un arquetipo de escuela monopolizado por la moral católica. Por tanto, un privilegio de la Iglesia Católica.

Sin embargo, aquella enseñanza religiosa fue oficialmente superada con la transición democrática. Todavía no se ha valorado adecuadamente la "realidad" de una clase de Religión de libre opción, solución propuesta desde el inicio de la democracia. Se pasó inmediatamente de la obligatoriedad a la opcionalidad. Desde 1978, la enseñanza de las religiones nunca ha sido obligatoria en el sistema educativo. Este dato debería ser suficiente para diluir un estereotipo que persiste, quizá, alimentado por algunos sectores.

Una evidencia de este estereotipo es la insistente vinculación de la enseñanza de la religión a los Acuerdos Iglesia Católica-Estado de 1979. Pero, digámoslo claramente, la enseñanza de la religión existe en muchos países europeos sin depender de este tipo de acuerdos. Sea suficiente recordar que hay Estados de tradición protestante o anglicana, incluso ortodoxa, que no fundamentan, lógicamente, su enseñanza de la religión en su relación con la Iglesia Católica.

Adoctrinamiento versus currículo

Otro de los "estereotipos" que erosionan la percepción de la enseñanza de la religión es el adoctrinamiento y la referencia a los dogmas. Se maneja una imagen esotérica y poco racional del saber religioso. No faltan quienes proponen "la escuela para aprender y las iglesias para rezar". Una evidencia de este estereotipo es la típica impugnación de la religión en la escuela por su falta de rigor académico; el catecismo simboliza la referencia a la doctrina que se adoctrina.

Durante décadas, incluso siglos, la referencia de la enseñanza religiosa fue el catecismo y la doctrina, pero aquel fundamento ha sido superado por una "realidad" menos catequética y más pedagógica. Nosotros hemos explicado en otros lugares esta transición del catecismo al currículo escolar. La enseñanza de la religión debe entenderse como formación humana y no como iniciación religiosa. Fue la Iglesia alemana en 1974, y la española en 1979, las que establecieron oficialmente esta diferencia. Escuela y comunidad religiosa son ámbitos diferentes y con intenciones educativas diversas.

Si los saberes religiosos estuvieran en las universidades públicas, como lo están en países nórdicos, centroeuropeos o anglosajones, ayudaría a superar este estereotipo. Tengamos en cuenta que universidades como Harvard, Oxford o Cambridge, entre las incontables que podríamos mencionar, tienen facultades de Teología o Ciencias religiosas. Y este saber académico constituye la fuente epistemológica del currículo escolar de la enseñanza de las religiones. Tener en cuenta esta visión holística de los saberes ayudaría a una visión de la ciencia más humanista y menos utilitarista.

Política versus pedagogía

Estas percepciones sobre la enseñanza de la religión tienen su impacto en las políticas educativas y derivan en otro "estereotipo" jurídico a la hora de legislar. Por ejemplo, las leyes educativas regulan la enseñanza de la religión no por su contribución educativa a la formación integral, sino invocando imperativos jurídicos ajenos a la escuela. La LOMLOE ha puesto de manifiesto, otra vez, este estereotipo. La disposición adicional segunda, que procede de la LOGSE de 1990, reduce el tratamiento de la enseñanza de la religión al escrupuloso cumplimiento de los acuerdos con las confesiones religiosas. Un reduccionismo político que sortea cualquier planteamiento pedagógico sobre el saber religioso y sus contribuciones a la educación integral.

Sin embargo, el auténtico fundamento de la enseñanza de la religión en los sistemas educativos no es tanto jurídico, político, incluso de derecho internacional, su "realidad" responde a un planteamiento pedagógico que proviene de la dignidad humana, sus derechos elementales y sus libertades fundamentales, que necesariamente tienen que ser atendidos en la institución escolar. Su realidad es tan esencial que ha sido proclamada en los derechos humanos (art. 26) y garantizada en el derecho internacional.

Nosotros entendemos que la enseñanza de las religiones debe ser integrada en el sistema educativo reconociendo su aportación a la formación del alumnado, es decir, por sus contribuciones formativas. Solo así se podrá superar el habitual reduccionismo jurídico de las políticas educativas. Este necesario planteamiento pedagógico tendrá en cuenta, lógicamente, el marco del derecho internacional que va más allá de los acuerdos.

4. LOS DATOS DE LA REALIDAD

Los datos de esta realidad pueden verse en el informe publicado en 2020 sobre la enseñanza de la religión[16]. Allí se muestran numerosos indicadores positivos

---

[16] C. ESTEBAN GARCÉS, *Panorama de la Religión en la Escuela. Informe 2020*, Fundación SM, Madrid 2020.

sobre la realidad pedagógica de la religión en la escuela. Destaquemos solamente algunos de un estudio de casi 400 páginas:

- Alta satisfacción del alumnado (el 64,5 % de todos los estudiantes del sistema educativo elige libremente Religión) con sus aprendizajes en valores (85 %), tolerancia (82 %), diversidad cultural, lo que ponen en práctica en sus propias clases, ya que más de la mitad incluyen alumnado de diversas religiones.
- Notable satisfacción de las familias que eligen la asignatura para mejorar la formación de sus hijos (73 %) y que la recomiendan para creyentes y no creyentes por sus contribuciones educativas (83 %).
- Cualificación profesional de los docentes, la mayoría con doble titulación universitaria (75 % en secundaria), una amplia mayoría comprometida socialmente con la justicia (71 %) y obteniendo la mejor valoración del alumnado (51 % en los centros públicos).
- Y la positiva valoración de los antiguos alumnos que hoy reconocen el impacto formativo de aquellas clases en su desarrollo personal (79 %) y profesional (66 %) y que, entre otras aportaciones, afirman que aquella formación les hizo más sensibles hacia los más débiles de la sociedad (77 %) y desarrollaron pensamiento crítico (67,5 %).

5. LA PROPUESTA PEDAGÓGICA COMO OPORTUNIDAD DE SUPERACIÓN

Detrás de esta realidad estereotipada emerge un nuevo relato que posibilita no solo su superación, sino una oportunidad de mejora de la educación en las sociedades democráticas. Por ello, proponemos un "nuevo relato más pedagógico" y menos jurídico sobre la enseñanza de las religiones, en el que lo más nuclear sea la definición de sus aprendizajes esenciales en línea con las finalidades educativas de la educación. Una educación básica y pública en la que el papel de las Administraciones será insustituible, pero en la que toda la sociedad sea protagonista.

La superación de estos "estereotipos" no es una mera cuestión dialéctica o de opinión pública. Es una reivindicación ética fundada en el análisis académico de la "realidad". Nosotros aportamos dos evidencias académicas que justifican esta propuesta. La primera tiene que ver con una investigación sobre la percepción social de la enseñanza de la religión y, la segunda, con una descripción en clave pedagógica de la identidad escolar de la enseñanza de la religión. Ambos publicados en 2020.

Un nuevo relato pedagógico sobre la enseñanza de la religión ha sido publicado en 2020[17]. Allí se describen sus aprendizajes esenciales en el marco de las finalidades propias de la escuela y en dialogo con emergentes iniciativas rehumanizadoras de la educación a nivel global: nuevo informe de la UNESCO con el horizonte 2050; Agenda 2030 y sus ODS con su Declaración de Incheon; iniciativa de la OCDE de la competencia global que reubicará sus evaluaciones PISA; el renovado planteamiento sobre la educación de la ciudadanía global, y una creciente atención a la educación intercultural en la UE y la OSCE.

Esta propuesta pedagógica sobre la clase de Religión describe los cuatro territorios que conforman los aprendizajes esenciales de la enseñanza de la religión: aprendizajes culturales, el patrimonio artístico y las identidades culturales de los pueblos; aprendizajes sociales y éticos, la dimensión moral y los valores cívicos; aprendizajes vitales y de sentido, aprendizajes invisibles como son las creencias y los ideales. Esto hace que la enseñanza de las religiones sea una auténtica formación humana que contribuye a la formación personal y ciudadana.

Desde nuestro punto de vista, en la educación integral no podemos prescindir de las humanidades ni debilitar los fines de la educación. Enseñar el cómo, pero no el porqué y el para qué nunca es una idea inocente. Sin las creencias y las ideas, sin los valores y las convicciones, no sabremos dónde ir, solo podremos bajar la cabeza y obedecer órdenes, como en los mundos de George Orwell o Aldous Huxley.

Así entendida, esta enseñanza de la religión es un bien común que hace posible una educación transformadora comprometida con sociedades más equitativas y sostenibles, sin exclusión alguna, porque, "todos significa todos", como indica el informe de 2020 sobre el estado de la educación en el mundo[18].

5. Una enseñanza de las religiones con futuro
La necesidad de anticipar el futuro de la ERE

Esta narrativa de la enseñanza de la religión, en las dos versiones que hemos descrito hasta ahora, necesita abrirse al futuro y dialogar con los signos de los tiempos para responder a los desafíos actuales, es la continuidad lógica de la

[17] C. Esteban Garcés, *Clase de Religión en salida*, PPC, Madrid 2020.

[18] GEM de UNESCO, *Informe de Seguimiento de la Educación en el Mundo 2020: Inclusión y Educación*, París 2020: <https://en.unesco.org/gem-report/report/2020/inclusion> (consultado 11 de enero de 2021).

historia. No faltan quienes auguran su próxima desaparición, por su anclaje en el pasado y su problemática en el presente; nosotros sí apostamos por su futuro. Creemos que tiene futuro porque, bien entendida, la enseñanza de las religiones es un bien común y necesario para la formación de las personas y la construcción de las sociedades[19]. Para ello, será necesario visibilizar sus contribuciones educativas en los procesos escolares y encontrar una renovada ubicación en el sistema educativo que supere estereotipos y problemáticas que nos han aferrado al pasado. Es una tarea propia de las religiones, en diálogo con las sociedades democráticas, pero también un desafío que se juega en la cultura y en la política.

No solo auguramos un mejor futuro, creemos que ese futuro ha comenzado ya porque está alumbrándose una tercera versión de la enseñanza de las religiones que hemos denominado simbólicamente como "Clase de Religión 3.0"[20]. Citaremos dos indicadores que revelan un nuevo tiempo. Por una parte, en 2020, con motivo de los diálogos de la Conferencia Episcopal con el Ministerio de Educación, se manejaron escenarios para una renovada ubicación del saber religioso en el sistema educativo; la responsabilidad de las Administraciones crecía, el planteamiento interdisciplinar también, y la esencia de las contribuciones educativas de lo religioso se mantenía; lamentablemente no prosperaron, pero estuvieron encima de la mesa. Por otra parte, el currículo de Religión de 2022, no solo en su renovado diseño, también en su proceso participativo de elaboración, ha supuesto avances sin precedentes hasta ahora y hemos asistido, por fin, a un renovado diálogo de la Teología con la Pedagogía; la recepción eclesiástica de este resultado no fue entusiasta; su acogida en la comunidad educativa fue mejor, y la prensa valoró ese paso adelante[21]. Podemos concluir, globalmente, que la implantación de su novedad ha sido hasta ahora más formal que profunda, pero ha comenzado.

Además, otras realidades emergentes en la educación, a nivel internacional y a nivel eclesial, se han incorporado ya en el argumentario de la ense-

[19] Para ayudar a superar el encasillamiento y debilitamiento del relato de la ERE y a abrir ventanas al futuro escribimos el citado libro *Clase de Religión en salida*.

[20] Esta nueva versión de la enseñanza de las religiones está explicada en C. Esteban Garcés, "Clase de Religión 3.0", en *Vida Nueva* 3284 (2022) 2-30.

[21] Podríamos citar como evidencia, y a modo de ejemplo, algunos titulares de la prensa general. Sea suficiente el titular del *El País* reconociendo "un giro progresista" (4 de octubre de 2021) que contrasta con un editorial anterior en el que un domingo calificó al currículo anterior de "rancio currículo" (22 de febrero de 2015).

ñanza de las religiones. Que se haya tenido en cuenta la Agenda 2030, la Brújula del Aprendizaje de la OCDE, el Área Europea de Educación y su actualización de las competencias clave de 2018, los informes mundiales de la UNESCO, la preocupación por la ciudadanía global y el bienestar emocional, además de las prioridades y compromisos del Pacto Educativo Global promovido en la Iglesia, confirma que la enseñanza de la religión no ha perdido el tren de la historia y está preparándose para ser un actor educativo en los futuros de la educación.

Cuadro 3

AVANZAR EN CONTEXTOS DEMOCRÁTICOS DE DIVERSIDAD, HACIA UNA TERCERA VERSIÓN DE LA ERE

El futuro de la enseñanza de las religiones ha comenzado ya y pasa necesariamente por ese diálogo con los datos de la realidad cultural y sociológica de su relato pedagógico que tendrá que crecer y ser acogido en mejor y mayor medida. Por otra, su constitutiva reflexión teológica tendrá que dialogar con estas realidades emergentes asumiendo que su desarrollo práctico solo podrá articularse a modo de "nuevo atrio de los gentiles" y no como prolongación "de lo que siempre se había hecho".

Obviamente, mientras se construye el futuro, sigue siendo necesario el enfoque confesional de la enseñanza de las religiones sin nostalgia de la primera versión de la enseñanza religiosa y superando estereotipos y reduccionismos, como hemos mostrado recientemente. Solo en este marco de diálogo abierto, acogido en el entorno eclesial y en los ámbitos sociopolíticos, el futuro de las enseñanzas de religión en la escuela será viable. Necesitamos un concepto pedagógico del saber religioso visiblemente articulado en línea de las finalidades propias del marco escolar y asumiendo sus fines y métodos; solo así podremos enriquecer la educación con aprendizajes muy necesarios no se atenderán en otras áreas.

Esta versión 3.0 de la enseñanza de las religiones está centrada en la formación humana del alumno, propone aprendizajes esenciales inspirados en la mejor tradición cristiana y educadora de la Iglesia, proporciona los nutrientes necesarios para una educación personal íntegra y sólida, emocional y cognitiva, con sentido y valores, inspirados en la antropología cristiana. En síntesis, es una contribución al bien común por su aportación de aprendizajes invisibles, poco útiles en una cultura del pragmatismo, –como denunciaba Nuccio Ordine –, pero cuya necesidad será reclamada de manera creciente en las sociedades que se avecinan.

Estamos alumbrando, por tanto, una nueva arquitectura pedagógica de la ERE que ha inspirado el currículo de 2022 con una nueva geografía de sus contribuciones educativas articuladas en tres territorios:

- Acoger el legado de nuestra cultura en un sentido amplio, lo que es, lo que la ha hecho surgir, lo que nos ha hecho ser, y asumir el compromiso personal y social de su mejora como responsabilidad compartida e intergeneracional.
- Comprender la responsabilidad de aprender a vivir en sociedad, de habitar el planeta, cuidando los valores humanizadores y la formación cívica y ética necesaria, para construir una ciudadanía inclusiva en la casa común.
- Cultivar el sentido de la vida y el proyecto vital, personal y social, en el que las creencias y los ideales son necesarias para nutrir las raíces de la personalidad humana y encontrar posibles respuestas a sus aspiraciones de plenitud.

Con la presencia de esta tercera versión de la enseñanza de las religiones en los sistemas educativos se abre la puerta a la espiritualidad posibilitando desarrollos personales y sociales de las religiones, en contextos de libertad y pluralidad, superando prejuicios y previniendo fundamentalismos. Se conquistará así la diversidad religiosa como se van conquistando otras diversidades. Proponemos, en definitiva, aprendizajes que aparentemente son invisibles, pero que son esenciales para despertar la dignidad humana de todos, todos, todos.

Por nuestra parte, percibimos que estamos entrando en un nuevo tiempo para la ERE, una tercera versión de la enseñanza de las religiones. Clase de Religión 3.0 es la expresión que simboliza estos nuevos tiempos. La Pedagogía de la Religión se ha abierto a dialogar con todo lo que está aconteciendo en la educación internacional y local, y con todo lo que está pasando en la Iglesia, porque en esta nueva versión de la enseñanza de las religiones nada de lo humano nos es ajeno. Con esta apertura se ha contribuido a ensanchar su relato y fundamentos en contextos de democracia y pluralidad, de diversidad cultural y religiosa; y se ha inspirado una actualización en los mapas que vertebran sus aprendizajes esenciales. Necesitábamos enriquecer una narrativa de una ERE más pedagógica y menos jurídica, y era urgente renovar la arquitectura de su propuesta formativa; ambos objetivos se han conseguido con fidelidad creativa, manteniendo su esencia y dando respuesta a los desafíos del momento presente.

Lo que caracteriza este nuevo tiempo es, sobre todo, un renovado relato más pedagógico sobre la enseñanza de las religiones. Se cuida lo esencial de su identidad y naturaleza, se mantienen los argumentos jurídicos y se ensancha su narrativa visibilizando las contribuciones educativas. Se fortalece así la definición de una clase de Religión que se sitúa visiblemente en el marco escolar. Y se identifican las contribuciones educativas que se derivan de su fuente epistemológica, la Teología, y de las otras fuentes del currículo escolar, la Psicopedagogía y la Sociología.

La didáctica de la religión ha propuesto una nueva geografía para identificar y estructurar los aprendizajes esenciales de las clases de Religión en el sistema educativo. La versión 3.0 es una enseñanza de la religión centrada en la formación integral del alumno, que contribuye visiblemente al desarrollo de los estudiantes en sus edades escolares para crecer y construirse como personas, en línea con nuestra mejor tradición humanista y educadora. La clase de Religión 3.0 contribuye así al humanismo, a un nuevo humanismo, en línea con nuestra mejor antropología teológica.

1. Una ERE en diálogo con los signos de los tiempos

En resumen, lo que más caracteriza este renovado relato pedagógico de la enseñanza de la religión, coherente con los nuevos tiempos, que hemos denominado Clase de Religión 3.0, es su apertura al diálogo con todo lo que está pasando desde su propia identidad y naturaleza. Para evidenciar esta conclusión vamos a enumerar los escenarios sociales y eclesiales con los que esta renovada ERE ha dialogado y en los que se han revelado numerosas sinergias que incrementan significativamente sus propios fundamentos.

En diálogo con iniciativas internacionales de la educación

Este nuevo tiempo para la enseñanza de la religión converge con numerosas iniciativas que están emergiendo con fuerza en la educación supranacional y que calificamos como oportunidades para rehumanizar la escuela. Estamos ante la oportunidad de un giro antropológico en la educación que podría revertir el pragmatismo economicista en el que la educación había entrado en las tres últimas décadas. Nuccio Ordine denuncia cómo el utilitarismo ha invadido los centros educativos y cómo el escaso interés por los bienes del espíritu ha pasado de ser una debilidad pedagógica a ser una fragilidad antropológica.

El nuevo currículo de Religión ha sido diseñado teniendo en cuenta esas tendencias humanizadoras de la educación que aquí solo vamos a enumerar y que merecen ser apoyadas desde nuestra visión cristiana.

- La UE ha creado el Espacio Europeo de Educación que debe ser una realidad en 2025 y, para ello, ha actualizado su descripción de las competencias clave en 2018 con un claro enfoque personal y ciudadano que no estaba presente en su primera propuesta de 2006. Esta decisión ha condicionado la LOMLOE, pero va más allá de esta reforma y necesariamente permanecerá en futuras reformas educativas.
- La OCDE está recentrando sus evaluaciones PISA y sus prioridades cuyos primeros estudios internacionales han sido ya publicados como competencia global y competencias emocionales. Sin duda que estas nuevas evaluaciones que ahora emergen como esenciales impulsarán un equilibrio más humanista de la educación priorizando el desarrollo personal, social y cultural de los estudiantes.
- La UNESCO ha publicado recientemente un nuevo informe de referencia mundial con el horizonte puesto en 2050 con el título de *Los futuros de la educación*. A sus conocidas propuestas humanistas sobre el aprender a ser, sumó otra perspectiva más social sobre la educación como un bien común y, ahora, añade otra propuesta sobre la educación inclusiva, participativa, solidaria y sostenible.
- Naciones Unidas aprobó la Agenda 2030 y su compromiso con los Objetivos de Desarrollo Sostenible cuyo objetivo 4.7 está centrado en la educación. Su apuesta por hacer realidad los derechos humanos de todas las personas, de erradicar la pobreza y la injusticia, y de contribuir a la inclusión de todos en una ciudadanía global inspira las prioridades de los currículos escolares.

Este impulso humanizador que se percibe en estas y en otras propuestas, por ejemplo, la educación intercultural en Europa o la educación de una ciudadanía global, revela una sugerente convergencia con el humanismo propio de la ERE y somos responsables de aprovechas las sinergias resultantes. El currículo lo ha tenido en cuenta.

En diálogo con una Iglesia en salida

Este nuevo tiempo para la enseñanza de la religión también está en línea y ha sido inspirado por el momento eclesial que se sintetiza en la expresión en salida. Ciertamente se puede afirmar que estamos ante un currículo de Religión en salida. Las propuestas de la Iglesia expresadas en *Evangelii gaudium, Laudato si* y *Fratelli tutti* han consolidado lo que algunos calificaron inicialmente como expresiones coloquiales de un papa argentino; ahora ya constituyen categorías antropológicas y teológicas del magisterio eclesial que, con la propuesta del Pacto Educativo Global, estamos llamados a transformar en pedagógicas.

Pues bien, el nuevo currículo de Religión Católica se ha dejado afectar e iluminar por estas categorías y las ha incorporado entre su selección de competencias y saberes propios. Por ejemplo, conceptos como la cultura del encuentro, la fraternidad universal, salir a las periferias, ecología integral y el cuidado de la casa común están incorporadas en el currículo. También los compromisos y prioridades del Pacto Educativo Global: poner a la persona, la voz de los propios alumnos, las familias, la dignidad y los derechos humanos, la cooperación y la paz, entre otros, han sido incorporados al currículo promoviendo ese antropocentrismo moderno de una nueva alianza entre la humanidad y la naturaleza.

El currículo también es sensible al diálogo interreligioso que ha adquirido una renovada fuerza en este tiempo eclesial con el que se reclama la urgencia de superar la intolerancia y los integrismos religiosos para comprometernos definitivamente en la cultura del diálogo y de la paz, para que las religiones sean puentes entre pueblos y culturas, y todos seamos artesanos de la fraternidad humana.

En definitiva, una vez mostradas las sinergias de este nuevo tiempo de la enseñanza de la religión con la vida, evidenciadas sus concordancias, correlaciones y analogías con las emergentes tendencias educativas y las categorías eclesiales del momento, concluimos afirmando que la versión 3.0 de la ERE mejora la educación y humaniza el mundo porque contienen creencias y valores que nutren lo humano y lo elevan hasta lo divino.

2. Un diálogo asumido en el currículo de Religión Católica de 2022

El nuevo currículo de Religión Católica para la LOMLOE, elaborado por la Conferencia Episcopal Española en un proceso participativo y sinodal, está en línea con esta versión de Clase de Religión 3.0. Creemos que tanto el proceso como el resultado de este nuevo currículo confirman los nuevos tiempos y constituyen una aportación significativa a la Iglesia y a la educación que dará mucho fruto en el futuro. Era un desafío decisivo para la viabilidad de la enseñanza de la religión y, afortunadamente, la Iglesia ha respondido con altura de miras y no solo ha dado respuesta a las urgencias de esta reforma educativa, también ha preparado el futuro de la enseñanza de la religión en la escuela.

Antes de describir algunas novedades del nuevo currículo es oportuno recordar nuestra posición crítica con el tratamiento que la LOMLOE ha impuesto sobre las enseñanzas de Religión: a pesar de la nueva pedagogía de la religión, esta reforma ha mantenido sus viejas políticas; no ha asumido ningún planteamiento educativo sobre el saber religioso; y se ha quedado, una vez más, en un escrupuloso cumplimiento de los acuerdos del Estado con las religiones. Una oportunidad perdida, sin duda. Los diálogos han existido y se han manejado escenarios mejores, pero el Ministerio de Educación no ha estado a la altura de los nuevos tiempos como lo evidencia lo legislado sobre la ordenación académica de la ERE y la ausencia del mínimo planteamiento educativo sobre el hecho religioso.

Para explicar el currículo de Religión[22] es necesario indicar que está afectado, en buena medida, por lo que está pasando en el contexto internacional de la educación, además de lo que está pasando en la Iglesia universal, como confirmaremos al final. Este currículo de Religión se ha visto obligado a dialogar también con el nuevo marco curricular general de la LOMLOE, con las competencias clave de la Unión Europea y con el perfil de salida que se ha establecido para las etapas del sistema educativo. Lógicamente, el currículo de Religión ha asumido la estructura y forma que el Ministerio de Educación había fijado.

Estos diálogos se han realizado con lealtad desde la propia identidad y naturaleza de la enseñanza escolar de la religión, sin renunciar a ninguno de sus fines formativos, y manteniendo su peculiaridad epistemológica, es decir, teológica. Como resultado, un nuevo currículo en línea con las finalidades propias de la escuela, que responde a los desafíos de la sociedad del siglo xxi y que permite desplegar íntegramente la identidad y naturaleza de la clase de Religión Católica. Su nueva estructura, coincidente con las otras áreas y materias, es la siguiente.

---

[22] Una explicación detallada del contexto en el que se diseña este nuevo currículo de Religión católica, por primera vez con un proceso participativo, se puede leer en: C. Esteban Garcés, "Las enseñanzas de religión en la LOMLOE: vieja política, nueva pedagogía", *Sinite* 62 (2022) 401–470. Puede consultarse en: <https://doi.org/10.37382/sinite.v62i188.585>.

- La introducción describe el sentido y la legitimidad de la Religión Católica en el sistema educativo por sus contribuciones formativas. La narrativa pedagógica ha sido tan suficiente que no ha sido necesario mencionar los Acuerdos Iglesia-Estado.
- En lugar de objetivos propone competencias específicas de Religión Católica que hacen referencia a conocimientos de carácter cognitivo, instrumental y actitudinal, y contienen sugerencias a situaciones de aprendizaje que favorecerán su adquisición.
- Establece criterios de evaluación relacionados con las competencias específicas que están formulados en aprendizajes competenciales y vinculados a los descriptores del perfil de salida que marcará la evaluación de cada etapa escolar.
- Presenta lo que hasta ahora definíamos como contenidos que ahora se denominan saberes básicos. No se trata solo de un cambio nominal, se trata de centrar el aprendizaje en lo esencial de cada materia.
- Por último describe algunas orientaciones metodológicas y para la evaluación que proponen situaciones de aprendizaje que los centros educativos podrán programar con autonomía en proyectos propios de forma disciplinar o globalizados.

La principal novedad de este currículo de Religión es que ha expresado sus intenciones educativas, por primera vez, en seis competencias propias que se mantienen a lo largo de todas las etapas educativas. Merece la pena proponer aquí una aproximación a esta novedosa propuesta que revela los objetivos formativos de la clase de Religión Católica.

Desarrollo personal, proyecto vital y dignidad humana

Una primera competencia está centrada en el crecimiento personal del alumnado, su libertad y responsabilidad, cuidando las experiencias de sentido. Integra las dimensiones psicoemocionales y cognitivas.

Los saberes básicos que se proponen derivan de la visión cristiana de la persona y la antropología teológica. Con ellos se contribuye a la configuración de la identidad personal, el despertar de la dignidad y autonomía, y la construcción del propio proyecto vital con sentido.

Esta competencia específica de Religión Católica está vinculada explícitamente con la competencia clave de la Unión Europea denominada personal, social y de aprender a aprender, y sus contribuciones educativas afectan positivamente a la adquisición de las otras.

Desarrollo social y relaciones con el entorno

Esta segunda competencia específica contribuye al desarrollo social del alumnado, sin descuidar la autonomía personal, y propone la comprensión cristiana de la dimensión relacional y cosmovisión cristiana de la sociedad.

Sus saberes básicos emanan básicamente de la enseñanza social de la Iglesia. Con ellos se contribuye a que el alumnado aprenda a vivir con otros y desarrolle sus pertenencias sociales y culturales y se comprometa con una ciudadanía global con sentido.

Esta competencia de Religión vincula la dimensión social con la identidad personal y se relaciona con la competencia clave ciudadana de la UE. La propuesta formativa es aprender a vivir con otros como condición y enriquecimiento del propio proyecto vital desarrollando habilidades de convivencia.

Sensibilidad en la inclusión y la fraternidad

La tercera competencia específica complementa el desarrollo personal y social del alumnado subrayando propuestas propias del mensaje cristiano, en concreto, se vincula al Reino de Dios como proyecto de plenitud para la vida humana.

Los saberes básicos que se proponen transcienden la antropología y la sociología para alcanzar la teología explicando la propuesta del proyecto de Dios para la humanidad desde la vida y el mensaje de Jesucristo.

Esta competencia específica de Religión Católica asume y culmina las competencias clave personal y la ciudadana de la UE. Lógicamente está relacionada con otras competencias a las que contribuye porque las creencias y convicciones movilizan la motivación y la responsabilidad.

Interacción con el patrimonio social y cultural

Otra competencia específica del currículo de Religión plantea la formación de los alumnos en la acogida crítica del patrimonio cultural de nuestra historia y del presente, la comprensión de sus lenguajes, expresiones y su significado.

Se plantea como formación de la sensibilidad estética, de la expresión en diversos lenguajes de las ideas y creencias propias. Sus contenidos forman la toma de conciencia de la identidad cultural y la responsabilidad de mejorarla en contextos de pluralidad e inclusión.

Esta competencia está vinculada con la competencia clave en conciencia y expresiones culturales de la UE y contribuye a las otras. La propuesta es la formación con las posibilidades de la cultura, para comprender la historia de la humanidad y su legado, y para expresar y participar crítica y creativamente en la diversidad cultural.

Cuidado de la interioridad y la experiencia religiosa

Esta competencia específica del currículo de Religión trata de cuidar el crecimiento interior de los alumnos y contribuir al despertar espiritual y la experiencia religiosa.

Se propone cultivar las preguntas existenciales y la búsqueda de respuestas para emprender proyectos vitales con sentido. Los contenidos que se necesitan en esta competencia proponen el diálogo de las respuestas del cristianismo con otras religiones.

Esta competencia está relacionada explícitamente con las competencias personal, ciudadana y cultural de la UE. Las aportaciones de esta competencia complementan la configuración del proyecto vital y un desarrollo de la vocación humana con sentido. Sin duda es una aportación propia de la clase de Religión que no hacen otras materias.

Jesús de Nazaret y la comunidad eclesial

La sexta competencia específica del currículo de Religión está centrada en ayudar a los estudiantes a disponer de una síntesis del mensaje cristiano, reconociéndolos en la cultura y en la historia.

La propuesta de una síntesis propia, con su identidad y pertenencia, es necesaria para facilitar el diálogo con otros saberes y completar así una comprensión de la vida, de la historia y del mundo. Los contenidos que se necesitan explican los conocimientos esenciales del Credo de la Iglesia y la tradición cristiana.

Las aportaciones de esta competencia, tal como se articulan en la teología, capacitan para el diálogo con las distintas racionalidades y saberes. Con ellas se contribuye al desarrollo de las competencias clave de la UE y al perfil de salida de la formación básica enriquecido con las aportaciones propias de la antropología cristiana.

3. Un renovado diálogo de la ERE con la Teología

Este nuevo currículo de Religión Católica es fruto de un laborioso diálogo entre la teología, como fuente epistemológica, que garantiza su enfoque confesional –por ello es un servicio eclesial–, y las otras fuentes del currículo, psicopedagógicas y sociológicas, respondiendo al método escolar en la ERE, por ello es formación humana. El resultado de un audaz equilibrio que supera la clásica preponderancia teológica en la articulación curricular. Ahora, el currículo es aparentemente más pedagógico, por tanto, visiblemente en línea con las finalidades educativas de la escuela, en línea con la nueva narrativa de la ERE más pedagógica.

Entendemos algunas posiciones críticas sobre si el currículo de Religión Católica debería subirse a este tren de las competencias y si la teología tendría que dialogar con la psicopedagogía o la sociología. La respuesta fácil era dejar que pasara este tren y mantener intacta la narración doctrinal ya conocida de un currículo cognitivo. Aunque era más complejo, valoramos el atrevimiento de diálogo que, como hemos escrito en otro lugar, permitirá que la clase de Religión no pierda el tren de la historia. Con esta aportación se garantiza la viabilidad de la enseñanza de la religión en futuros currículos todavía más competenciales y menos disciplinares.

6. ¿Por qué una asignatura de religión confesional en la escuela?
Un diálogo desde las identidades necesarias para la diversidad

A modo de epílogo a esta historia de la ERE compartimos esta reflexión que responde a una insistente pregunta: ¿por qué la enseñanza de las religiones tiene que ser confesional en la escuela y no se puede pensar en una materia curricular sin depender de ninguna confesión religiosa?[23] La respuesta dependerá de presupuestos previos y necesarios que responden a interrogantes de fondo. Si contestamos directamente a la pregunta nos quedaremos en un nivel

---

[23] Estas reflexiones de nuestro epílogo han sido previamente publicadas en dos revistas en términos muy parecidos. C. Esteban Garcés, "¿Por qué una asignatura de religión confesional en la escuela?", *Sinite* 64 (2024) 473–485: <https://doi.org/10.37382/sinite.v64i194.1148>. Previamente se publicó en catalán, en la revista de la Fundació Joan Maragall, *Qüestions de Vida cristiana*, en un monográfico dedicado a "Educació, religió i espiritualitat"; el artículo se tituló: "¿Per què una assignatura de religió confessional a l'escola?", 274 (2022).

superficial que afecta a cuestiones organizativas concretas, lo que sería casi suficiente, pero no estable. Nosotros creemos que es más sólido vincular nuestra respuesta a esas cuestiones de fondo que inspiran posibles respuestas. Las preguntas de fondo son: ¿de qué educación hablamos? y ¿de qué sociedad hablamos? Las respuestas a estos interrogantes previos proporcionan argumentos de los que deriva la respuesta concreta a la pregunta inicial.

Las cuestiones de fondo son tan decisivas que podrían cambiar completamente la respuesta a la pregunta inicial. Por ejemplo, no estamos de acuerdo con una asignatura de religión confesional en la escuela si el contexto educativo y social es de dictadura, como lo fue en el nacionalcatolicismo o como lo fue en el nacionalateísmo, cambiando lo católico por lo ateo. Sí estamos de acuerdo con asignaturas de religiones, confesionales o no, en contextos de pluralidad, de democracia y en escenarios de diversidad escolar. Por tanto, podría ser ingenuo por nuestra parte responder a preguntas concretas sin la referencia a los presupuestos que inspiran la respuesta. Para nosotros tiene sentido la religión en la escuela con diversidad de fórmulas que podrían cambiarse con más facilidad que los presupuestos que la sustentan.

1. IDENTIDADES Y REFERENCIAS COMUNES

Nosotros apostamos por una educación que despierta la dignidad de todos y todas y es capaz de suscitar sueños y utopías que transformen las sociedades hacia el bien común. Entendemos que estos relatos de dignidad, sueños y utopías se aportan en la vida comunitaria, inicialmente, desde identidades personales y colectivas; a partir de ahí se transforman en cultura y en estructuras sociales o políticas. Así ha sido históricamente. Debemos reconocer, no obstante, que ha sido necesario el paso del tiempo para conseguir que estas identidades aprendieran a vivir en escenarios de pluralidad y a proponer sus relatos sin pretensión de monopolio. Hemos avanzado mucho, pero todavía persisten identidades con pretensión de totalidad.

Precisamente para proponer en la educación estas necesarias aportaciones de dignidad, sueños y utopías, las sabidurías religiosas, depuradas de todo fundamentalismo, pueden ser convocadas a la escuela para compartir e inspirar los sueños y utopías que otras instituciones políticas, por su democrática neutralidad, no pueden aportar. Estas aportaciones han sido y siguen siendo necesarias en la educación que queremos, también en la sociedad que queremos.

La educación que queremos, la de todos y todas, no puede identificarse con una visión concreta o una identidad particular, con una ideología o doctrina concretas. Aunque en los procesos educativos se considera el contexto y el entorno del estudiante, su lengua, su tradición, etc., de ahí no se deriva que esa tradición deba ser la referencia normativa común para todos. Por tanto, lo propio de una identidad cultural, social o religiosa es necesario tenerlo en cuenta en la educación y en la sociedad, es inevitable y edificante, pero eso no convierte lo particular en lo común, lo identitario en lo colectivo; es posible también tener en cuenta tendencias y modas, por ejemplo, pedagógicas o ideológicas, pero esto no convierte esas inercias en lo común.

Así pues, las identidades particulares son naturales y necesarias. Y, a la vez, se necesitan referencias comunes que puedan ser válidas para todos, más allá de las respuestas particulares. Esta construcción colectiva es la más alta aspiración política y democrática. Podría estar expresada en los derechos fundamentales y en la propia declaración universal de los Derechos Humanos. En ningún caso, la más alta construcción colectiva debería significar la anulación o disolución de las aportaciones previas que la inspiraron; su represión o desconsideración no sería edificante ni democrática. La radical exigencia que vamos alcanzando con la enseñanza compartida de la historia es que las identidades particulares aprendan a vivir en común y a respetar esa alta referencia colectiva de los Derechos Humanos.

La democracia y el Estado, en cuanto referencias comunes, no coinciden con las diferentes visiones del mundo que son propias de la diversidad personal y social, más bien se apoyan en ellas y deben mantener una cierta cooperación e independencia respecto de ellas. Llegamos así a la paradoja de que el Estado de Derecho es neutral respecto de las visiones del mundo, pero necesita esas identidades para seguir fundamentándose en ellas.

Así, las identidades personales o colectivas y las referencias comunes son necesarias para que la educación haga posible que todas las personas puedan ser auténticamente libres teniendo en cuenta su identidad y tradición, pero sin ser limitadas en sus naturales opciones particulares.

2. ESCUELAS E IDENTIDAD

Los presupuestos indicados sobre las identidades personales y colectivas y las referencias comunes salvaguardan excelentemente, a nuestro juicio, la dignidad humana y sus derechos y libertades fundamentales, la centralidad de la persona en los procesos educativos, la institucionalización democrática de lo políticamente común y el reconocimiento de las identidades prepolíticas que inspiran la construcción colectiva.

Con estos presupuestos respondemos, al menos inicialmente, a las preguntas por la educación que queremos y por la sociedad que soñamos. A partir de aquí habrá que alumbrar una escuela abierta e inclusiva que haga posible la construcción colectiva soñada. Será necesario el acceso universal a la escuela en igualdad de oportunidades armonizando la igualdad de oportunidad con la diversidad y libertad de educación, es decir, garantizar la equidad y la calidad.

Las escuelas públicas, por su carácter público –expresamente abierta a todos y todas–, deben ser cuidadosamente inclusivas sin menospreciar la calidad. Estas escuelas, para hacer posible la educación que queremos, no pueden identificarse con ninguna identidad ideológica o religiosa, ni tampoco pueden prescindir de las voces que están presentes en la sociedad y que la fundamentan. Sin duda, son una de las mejores expresiones de las referencias comunes a las que hemos llegado con la modernidad; aunque no debemos olvidar que la escuela se inició mucho tiempo antes de que los Estados asumieran su responsabilidad en la educación.

Otras escuelas privadas, que puedan identificarse con alguna de las visiones de la vida que forman la diversidad cultural del entorno, deberán mantener el interés público de la educación que forma parte de lo construido colectivamente. Su identidad, lo que se conoce como su carácter propio, deberá ser respetuosa con el fin último de la educación y la sociedad que queremos. La armonía y complementariedad de los diversos tipos de escuela será un indicador de logro de la educación y la sociedad que queremos; problematizar su coexistencia dificulta seguir armonizando lo particular y lo común.

Entendemos que las estructuras que nos permiten la vida colectiva, desde el municipio hasta el Estado, desde la organización política hasta su expresión legislativa, están llamadas a armonizar las identidades personales, sociales, culturales y religiosas con la pertenencia y la corresponsabilidad comunitaria. Podemos pedirnos avanzar en la construcción de identidades flexibles y múltiples, pero siempre serán identidades particulares que forman parte de lo colectivo y fundan lo político. Los principios básicos de participación, inclusión, corresponsabilidad y subsidiariedad pueden inspirar la vida común y la política; en este sentido, el contrato social configurado a partir de la dignidad humana será una exigencia para las identidades compartidas que no supone su disolución.

3. Las limitaciones de la educación neutral

Responder a la pregunta que nos convocaba hacía necesario identificar los presupuestos desde los que estamos reflexionando: entendemos que la educación no es neutral, tampoco la sociedad, porque ambas son expresión de la feliz diversidad personal y pluralidad social o cultural que soñamos; y entendemos que la gestión política y democrática tiene que ser inclusiva y, a la vez, mantener una exquisita neutralidad. Lógicamente, reflexionamos en el contexto de un Estado de Derecho, en términos democráticos, y en el marco de los Derechos Humanos. Estos presupuestos articulan necesariamente los derechos y libertades fundamentales de la ciudadanía con la gestión comunitaria de la vida pública a través de las necesarias instituciones sociales y políticas. Esto supone un grado de acuerdo social y unos mínimos éticos compartidos y exigidos.

En lo referido a la educación, por un lado, no se nos ocultan viejas reivindicaciones de una educación neutral, como si fuera ajena a su contexto, su historia y a los propios educadores; aquellas reivindicaciones estaban más centradas en la instrucción que en la educación que queremos. Por otro lado, siempre ha habido otros modelos de educación muy centrados en la transmisión de un orden establecido fuese religioso o ideológico; este riesgo de adoctrinamiento ha existido en modelos confesionales y en regímenes totalitarios. Lamentablemente sigue existiendo en algunos lugares de nuestro mundo.

Por nuestra parte, creemos que la educación no puede ser neutral porque afecta a las personas, acontece en culturas y ni unas ni otras son neutrales, tienen su identidad, su historia, sus valores y sus creencias; estas identidades constituyen de manera natural lo que todos elogiamos como sociedad plural y diversa. Sin identidades diferentes, no habrá diversidad cultural, y sin diversidad de modos de entender la educación, no será posible la sociedad plural.

Compartimos con Francesc Torralba que presentar una educación como neutral u objetiva, cuando no lo es ni puede serlo, parece una falta de honestidad y de transparencia, aunque esas posiciones pueden ser explicables por el concepto extremadamente limitado de educación que subsiste en el imaginario colectivo[24]. En ocasiones hemos analizado cómo esta fragilidad es una cuestión más antropológica que pedagógica.

En otros lugares hemos citado a Counts para reconocer que la educación es una fuerza de gran poder, un enorme instrumento de promoción humana, pero no es un proceso espontáneo y automático que siempre conduce al bien. Hay que elegir bien sus fines, porque si la educación es buena o mala, depende no tanto de sus medios cuanto de sus fines, no tanto de la pedagogía cuanto

---

[24] *Cf.* F. Torralba, *Inteligencia espiritual en los niños*, Editorial Plataforma, Barcelona 2010.

de la antropología de fondo que le da sentido y dirección. Por tanto, si pretendemos que la educación contribuya a la dignidad humana y sus derechos fundamentales, a los valores de justicia y libertad, hay que convocar estos valores e ideales a la educación, sin ellos, sus fines humanizadores no están garantizados.

4. LAS SOSPECHAS DEL ADOCTRINAMIENTO EN LA ESCUELA

Cuando se plantea la cuestión de la enseñanza de la religión en la escuela es inevitable que emerjan sospechas y suspicacias, por lo menos en algunos sectores sociales y políticos, quizá minorías activas. Entendemos que es una desconfianza que pervive en el imaginario colectivo y que responde a una enseñanza religiosa vinculada al adoctrinamiento y la imposición moral que existió, por ejemplo, durante toda la dictadura franquista. Como consecuencia, aunque ha pasado tiempo y se ha superado aquella realidad, se mantiene aquella realidad de enseñanza religiosa como estereotipo y genera recelo en ámbitos culturales, mediáticos, incluso pedagógicos.

Reconozcamos que tienen razón quienes critican aquella enseñanza religiosa. Hoy sabemos que solo en las dictaduras y las tiranías se utiliza la escuela y las religiones o las ideologías para dominar la sociedad. La historia nos muestra numerosos y lamentables ejemplos. También sabemos también que, alcanzada la legítima separación de la Iglesia y el Estado, democracia y religión, lejos de ser incompatibles convergen en favor de la dignidad humana y los derechos fundamentales. Digámoslo, una vez más, con palabras de un diputado español socialista en el Parlamento Europeo: "Democracia y religión no tienen por qué ser incompatibles. Más bien al contrario. La democracia ha demostrado ser el mejor marco para la libertad de conciencia, el ejercicio de la religión y el pluralismo religioso. Por su parte, la religión, por su compromiso moral y ético, por los valores que sustenta, por su enfoque crítico y su expresión cultural, puede ser un compañero válido de una sociedad democrática"[25].

En la actualidad vivimos escenarios muy diferentes. Atrás quedaron algunos nacional-ateísmos, nacionalcatolicismos y nacional-islamismos. Ojalá. Aquellos modos de entender tanto la escuela como la enseñanza religiosa al servicio del orden establecido han sido superados afortunadamente. Pueden quedar algunos nostálgicos de entonces. Pero la democracia y la pluralidad

---

[25] CONSEJO DE EUROPA, Resolución 1396 de la Asamblea Consultiva, 27 de enero de 1999.

son conquistas ojalá irreversibles para la humanidad. Aquella oscuridad no se superará con más oscuridades, necesitamos alumbrar nuevos tiempos en los que nadie quede excluido de la luz de la democracia y la diversidad.

Por nuestra parte, nos posicionamos claramente contra cualquier manipulación o coacción moral en la enseñanza de la religión o en la educación. Estamos en contra del adoctrinamiento, que contradice la finalidad más esencial de la educación de promover la dignidad humana en todas sus potencialidades. Rechazamos cualquier proselitismo en la enseñanza de las religiones, porque también contradice su regla de oro compartida por todas las religiones de no hacer a otros lo que no quieres que te hagan. Por el contrario, creemos en la educación y en la enseñanza de las religiones como el mejor camino para erradicar los fundamentalismos ideológicos y los extremismos religiosos, para superar la violencia y la injusticia, para construir la casa común de la humanidad[26].

5. La educación que queremos

Describir la educación que soñamos es ahondar en la pregunta de fondo que planteábamos al inicio y que inspirará la respuesta al porqué de la enseñanza de la religión confesional en la escuela[27]. La educación que queremos forma parte de un sueño y una utopía social: hacer posible fraternidad universal con un horizonte humanista que supone el despertar de la dignidad humana en todos y todas. Soñamos, por tanto, el mundo como casa común, con diversidad y sin exclusión, solidario y ecológico, de justicia y con paz. Para los cristianos, este es el sueño de Dios, este es su proyecto para la humanidad.

Aunque que la misión tradicional de la escuela haya sido enseñar contenidos, principalmente conceptuales, ahora entendemos que sus fines se han ensanchado para el alumnado hasta aprender a ser personas y a vivir con otros. Este cambio es radical, más de lo que pudiera parecer a primera vista

---

[26] Hemos descrito más ampliamente esta transición de una enseñanza religiosa como imposición moral y adoctrinamiento hacia una enseñanza de la religión en democracia y pluralidad en el artículo ya citado y publicado en *Boletín del Colegio de Doctores y Licenciados* (sept 2019).

[27] No es posible describir aquí cómo entendemos la educación y la sociedad, presupuestos previos necesarios para la respuesta que planteamos. Sí hemos reflexionado más ampliamente sobre esta educación que queremos en la primera parte del libro citado *Clase de Religión en salida*.

y quizá, por eso, aunque se habla de ello desde hace décadas, no acaba de implementarse. Hay que innovar con sentido, y esta transformación solo puede partir de un gran relato, de una utopía que oriente estas expectativas holísticas de la comunidad educativa. Solo a partir de un relato utópico podemos avanzar comunitariamente. Solo una utopía puede hacer avanzar al mundo y la educación hacia una buena vida para todos y todas. Como dijo Paulo Freire y hemos indicado en el frontispicio del artículo: "La educación necesita tanto de formación técnica, científica y profesional como de sueños y utopías"[28].

Nuestra visión de la educación que queremos, inspirada en el humanismo cristiano, se caracteriza precisamente porque tenemos ese gran relato, esa utopía, es la fraternidad universal, la cultura del encuentro, la construcción de la casa común, el cuidado de las personas, de los pueblos y de la naturaleza, el reconocimiento de la dignidad humana de todos y todas. A través de la educación podemos dejar atrás la injusticia, la violencia y hacer de este mundo la casa común. No hay motivo para que haya pobres en el mundo y esperamos que llegue un día en que podamos crear un museo de la pobreza, de forma que los niños se pregunten cómo pudo existir y porqué la aceptamos durante tantos años, como decía Muhammad Yunus, economista y Premio Nobel de la Paz[29]. Así, los mejores fines de la escuela no son la empleabilidad o la producción de riquezas, ni el progreso infinito, sino la dignidad humana de todos y todas.

Soñamos una visión de la educación en la que todos los estudiantes sean capaces de conformar un sentido para sus vidas que incluye el cuidado propio y de la casa común. Esta educación humanizadora debe enseñar a asumir la vida como proyecto, algo que no tiene que ver tanto con los cómo, sino con los porqués y los para qué de la vida. La buena educación debe orientarse al desarrollo de todas las potencialidades del alumno o alumna, debe afectar a la totalidad de las dimensiones de la persona. Esto supone una visión antropológica capaz de expresar la inmensidad de la vida personal. Promover esta educación integral reclama poner un acento especial en aquellas dimensiones menos visibles en el día a día de la escuela porque no se ven reflejadas en los rankings o no se evalúan en las pruebas estandarizadas, por ejemplo, el ámbito vital de cada persona.

[28] P. Freire, *A la sombra de este árbol*, Editorial El Roure, Barcelona 1997, 87.
[29] *Cf.* M. Yunus, *Hacia un mundo sin pobreza*, Editorial Complutense, Madrid 1998.

6. LA ENSEÑANZA DE LAS RELIGIONES QUE QUEREMOS

La razón por la nos hemos referido a la educación y a la sociedad que queremos es porque en ella tiene sentido la enseñanza de las religiones que proponemos. Unas y otra tienen las mismas raíces, emergen de los mismos sueños y utopía, y se inspiran en una misma antropología cristiana. Son estos fines últimos los que convocan a la educación para mejorar el mundo con la cooperación de una enseñanza de las religiones que, si se entiende bien, contribuirá a esa construcción colectiva[30].

La enseñanza de la religión que queremos está centrada en la educación integral y en la dignidad humana, está orientada hacia ese nuevo renacimiento del humanismo que necesita nuestro mundo. Necesitamos renovar el pensamiento ético, nutrir la democracia, cultivar la justicia y las libertades, recuperar las humanidades, disfrutar de la poesía y de la música, de todos los lenguajes artísticos, reivindicar una ecología integral y una solidaridad fraterna. Enseñar el cómo, pero no el porqué y el para qué nos puede llevar a bajar la cabeza y obedecer órdenes, y nosotros soñamos con la emancipación de todas las personas y los pueblos. Y la enseñanza de la religión se enmarca en este renacimiento humanista.

La enseñanza de la religión, confesional o no, puede ensanchar las tendencias culturales predominantes de nuestro tiempo, los imperativos de lo políticamente correcto y el pragmatismo neoliberal, que nos han llevado a un modelo de vida centrado en lo exterior. No entendemos lo exterior como sinónimo de superficialidad, tenemos una percepción positiva de todo lo exterior, incluyendo la corporalidad, y del entorno físico y natural de la casa común que nos acoge. Es tiempo de cultivar una interioridad más allá del individualismo, la escucha profunda de las emociones y sentimientos, la conciencia, la imaginación, los recuerdos, las emociones, la creatividad.

Proponemos un concepto pedagógico del saber religioso que se articula curricularmente en línea de las finalidades propias del marco escolar y asumiendo sus fines y métodos. En definitiva, un área curricular que se responsabilizará de aprendizajes que muy probablemente no se atienden en otras áreas. Esta enseñanza de las religiones no es una cuestión que afecta solo a las confesiones religiosas, más bien es una responsabilidad de los poderes públicos que

---

[30] Hemos desarrollado este concepto de enseñanza de la religión en la tercera parte del libro citado *Clase de Religión en salida*.

deben garantizar la educación integral a toda la ciudadanía y que pueden cooperar con las confesiones presentes en la sociedad.

Una característica de la enseñanza de la religión católica como área curricular es que se trata de formación humana. Por desarrollarse en el ámbito escolar está orientada al pleno desarrollo de la personalidad de los alumnos, es decir, es formación integral. Sus métodos y objetivos están en línea con las finalidades propias de la escuela. Por tanto, se trata de una pedagogía diferente a la catequesis y la iniciación cristiana propia de las comunidades religiosas.

La peculiaridad de su enfoque confesional, su carácter propio, derivará en su opcionalidad como materia escolar en relación con el derecho preferente de las familias. Esta peculiaridad y su opcionalidad no restan rigor a su consistencia académica. Es precisamente su fuente epistemológica, el saber teológico, la que hace posible un diálogo fe-culturas y el contraste con otros saberes y ciencias. Esta opcionalidad está vinculada a la confesionalidad y podría ser superada en soluciones más plurales para todos y todas, pero, hasta ese momento, la propuesta confesional garantiza la necesaria educación integral.

Esta enseñanza de la religión propone aprendizajes culturales que, además de formar parte de nuestro patrimonio material e inmaterial, han surgido como expresión social o cultural en cualquiera de los lenguajes artísticos de la experiencia y tradición religiosa y hoy conforman nuestro entorno e historia. Es obvio que el alumnado podrá asumir o distanciarse de la cultura heredada, pero necesita esta interacción para configurar su propia identidad personal. Esta finalidad educativa de la cultura y su significado se revela al pensamiento autónomo y crítico para situarse lúcidamente ante la tradición cultural y fortalecer la ética, la creatividad y la sensibilidad estética.

La enseñanza de la religión propone aprendizajes sociales y éticos que el alumnado necesitan para comprender la realidad social y hacerse responsables de su transformación y mejora. Estos objetivos sobre la dimensión moral de la persona y de aprender a vivir en comunidad no son instrumentales y ocasionales, no se pueden desvincular de la identidad personal. La vida comunitaria no es un mero ornamento en la persona, emerge de la dignidad humana y está vinculada a una realización personal en la que adquieren sentido la armonía entre la autonomía y la comunidad. Esta propuesta de valores cultiva la motivación y la responsabilidad individual porque además de valores e ideales, propone creencias y convicciones.

La enseñanza de la religión propone aprendizajes de valores y de sentido para que el alumnado pueda desplegar la propia personalidad, aprenda la gestión de sus emociones y pueda configurar proyectos de vida capaces de realizarles como personas y hacerles felices. En ese proceso de crecimiento se suscitan preguntas existenciales que las religiones vienen haciéndose en todas las civilizaciones desde el inicio de la humanidad y se conocen las respuestas que han ido surgiendo a lo largo de la historia y que se han vertebrado como culturas y religiones. Este es uno de los objetivos más específicos para que el alumnado pueda encontrar por sí mismo posibles respuestas a las preguntas existenciales y de sentido.

Así, esta educación inevitablemente llama a la puerta a la espiritualidad y a las religiones desarrollando una inteligencia espiritual que se caracteriza por su aspiración a la totalidad del sentido, su capacidad de superación del bienestar individual y su impulso para la transformación del mundo[31]. Un nuevo horizonte humano que la educación no podrá evitar por más tiempo; una apertura a la trascendencia y a la pregunta por Dios que ninguna ideología podrá reprimir definitivamente. Así, la posibilidad de Dios es una de las cuestiones esenciales que propone la enseñanza de la religión. Si acontece encuentro o no con Dios está fuera del alcance de lo que constituye una materia escolar.

7. LA RELIGIÓN CATÓLICA EN LA ESCUELA ES UNA APORTACIÓN AL BIEN COMÚN

La pregunta que nos convocaba, "¿por qué una asignatura de religión confesional católica en la enseñanza pública de un Estado aconfesional?", tiene ahora nuestra respuesta: "porque es una aportación al bien común". Una aportación particular que forma parte de lo común, porque precisamente lo común no solo está formado por la suma de lo particular, todos tenemos en común ser particulares.

Los presupuestos indicados revelan que el bien común necesita, para fundarse y seguir manteniéndose, de la aportación particular de sueños y utopías. La enseñanza de la religión católica, si se entiende bien, contribuye a despertar la dignidad humana en todos y todas, es decir, a despertar sueños y utopía como la del bien común. Así entendida, la religión confesional católica en la escuela pública es una aportación al bien común.

---

[31] *Cf.* D. ZOHAR y I. MARSHALL, *La inteligencia espiritual*, Editorial Plaza & Janes, Barcelona 2001.

ÍNDICE GENERAL

Capítulo 3. Memoria compartida